Jüdischer Widerstand in Europa (1933–1945)

Europäisch-jüdische Studien
Beiträge

―

Herausgegeben vom Moses Mendelssohn Zentrum
für europäisch-jüdische Studien, Potsdam, in
Kooperation mit dem Zentrum Jüdische Studien
Berlin-Brandenburg

Redaktion: Werner Treß

Band 27

Jüdischer Widerstand in Europa (1933–1945)

Formen und Facetten

Herausgegeben von
Julius H. Schoeps, Dieter Bingen
und Gideon Botsch

DE GRUYTER
OLDENBOURG

Tagung und Drucklegung des Bandes wurden durch die Fritz Thyssen Stiftung gefördert.

ISBN 978-3-11-060769-7
e-ISBN (PDF) 978-3-11-041535-3
e-ISBN (EPUB) 978-3-11-041563-6
ISSN-2192-9602

Library of Congress Cataloging-in-Publication Data
A CIP catalog record for this book has been applied for at the Library of Congress.

Bibliografische Information der Deutschen Nationalbibliothek
Die Deutsche Nationalbibliothek verzeichnet diese Publikation in der Deutschen Nationalbibliografie; detaillierte bibliografische Daten
sind im Internet uber http://dnb.dnb.de abrufbar.

© 2018 Walter de Gruyter GmbH, Berlin/Boston
Dieser Band ist text- und seitenidentisch mit der 2016 erschienenen gebundenen Ausgabe.
Satz: Konvertus B.V., Haarlem
Druck und Bindung: CPI books GmbH, Leck

♾ Gedruckt auf säurefreiem Papier
Printed in Germany

www.degruyter.com

Inhalt

Vorwort —— IX

Der Jüdische Widerstand als Problem der Forschung

Julius H. Schoeps
Vor der Geschichte Zeugnis ablegen
Arno Lustiger, die Juden und ihr Widerstand gegen die
NS-Vernichtungspolitik —— 3

Peter Steinbach
Zur Kontextualisierung des Widerstands von Juden
Exemplarische Überlegungen zum Widerstandsbegriff —— 17

Jüdischer Widerstand im besetzten Polen

Melanie Hembera
Verstecken und Flucht am Beispiel des Ghettos in Tarnów —— 35

Markus Roth
Jüdischer Guerillakampf
Der bewaffnete Widerstand in Krakau —— 56

Sara Berger
Jüdischer Widerstand in den Vernichtungslagern der „Aktion Reinhardt"
Bedingungen, Formen und Relevanz —— 70

Jüdischer Widerstand in Südosteuropa

Marija Vulesica
**Formen des Widerstandes jugoslawischer Zionistinnen und Zionisten
gegen die NS-Judenpolitik und den Antisemitismus** —— 89

Esther Gitman
Courage to Resist
Jews of the Independent State of Croatia Fight Back —— 106

Martina Bitunjac
„Es war ein schwerer, aber ehrenvoller Kampf gegen den Faschismus."
Jüdinnen im jugoslawischen Widerstand —— 126

Steven Bowman
Greek Jews against the Axis —— 139

Jüdischer Widerstand in Westeuropa

Kurt Schilde
Marianne Cohn – „... dass sie sich absolut nicht für eine Heldin hielt."
Eine Fluchthelferin aus Deutschland in der Résistance —— 161

Tanja von Fransecky
Fluchtroute durch Westeuropa
Die Rettungsaktivitäten der Westerweel-Gruppe —— 182

Jüdischer Widerstand im Deutschen Reich

Johann Nicolai
Erfolge unserer Arbeit – **Jüdische Selbstbehauptung durch den Central-Verein (C.-V.) in den Jahren nach den Nürnberger Gesetzen** —— 211

Stefanie Mahrer
Schreiben aus den Katakomben
Bücher als Widerstand – Der Schocken-Verlag Berlin —— 222

Gideon Botsch
Wer rettete das Jüdische Krankenhaus Berlin?
Zur Frage des Widerstands Berliner Juden gegen die Vernichtungspolitik —— 240

Kulturelle Überlieferung und Rezeption

Stephanie Benzaquen
Mediums of Resistance
When Art Historians Look at the Art of Ghettos and Camps —— 257

Sahra Dornick
"[D]er Abfall fehlt"
Überlegungen zur Zeugenschaft als widerständiger Tätigkeit im Familienroman
So sind wir von Gila Lustiger——**274**

Bertram Nickolay/Morgan Nickolay
"Nejn, mir woln nit kejnmol sajn letzte mohikaner"
Jüdische Partisanenlieder——**294**

Anhang

Literaturverzeichnis——313

Über die Autorinnen und Autoren——331

Personenregister——337

Sachregister——343

Geografisches Register——346

Vorwort

„Eigentlich ist es nur der Aufstand im Warschauer Ghetto, der hierzulande einen gewissen Bekanntheitsgrad erreicht hat", so monierte mit Recht Arno Lustiger in seiner 1994 erschienen Überblicksdarstellung *Zum Kampf auf Leben und Tod! Das Buch vom Widerstand der Juden in Europa 1933–1945*. Dabei habe sich der jüdische Widerstand gegen die nationalsozialistische Vernichtungspolitik „in Wirklichkeit durch eine Fülle von Formen" ausgezeichnet.[1]

Lustiger, selbst Überlebender der Vernichtungslager und autodidaktisch geschulter Historiker, hatte es sich mit seinem umfangreichen Werk zum Ziel gesetzt, einen Beitrag zu leisten, um den verbreiteten – und in Deutschland nicht selten zur Exkulpation missbrauchten – Eindruck „jüdischer Passivität" entgegenzutreten. Zugleich belebte er damit die auch innerjüdisch geführte Kontroverse über mangelnden Widerstand – und stellte sich hier entschieden gegen die Einschätzungen von Hannah Arendt und Raul Hilberg.

Während das allgemeine Lesepublikum sehr positiv auf sein Buch reagierte, betrachtete die deutsche Geschichtswissenschaft es offenbar als unerbetene Intervention im eigenen Bereich.[2] Im *Jahrbuch für Antisemitismusforschung*[3] erschien eine Rezension von seltener Schärfe und Aggressivität, die ausgerechnet der von Lustiger hoch geschätzte, in seinem Werk lobend hervorgehobene Konrad Kwiet, ein australischer Historiker deutscher Herkunft, verfasst hatte. Doch das Verdikt gegen den jüdischen Zeitzeugen Arno Lustiger kann im Lichte der jüngeren internationalen Forschung über jüdische Reaktionen auf die nationalsozialistische Vernichtungspolitik nicht aufrechterhalten werden. Ohne die Unterstützung eines akademischen Apparates, als Privatforscher, hatte Lustiger genau jene resistenten Verhaltensweisen umrissen, die heute allgemein dem Feld der jüdischen Selbstbehauptung und des jüdischen Widerstands zugerechnet werden. Es erstaunt darum umso mehr, dass noch zwanzig Jahre nach Erscheinen von Lustigers Buch Wolfgang Benz – den inzwischen erreichten Stand der Forschung ignorierend – mit Verweis auf die Rezension im seinerzeit von ihm herausgegebenen *Jahrbuch* meinte, die abwertende Einschätzung des Buches erneuern zu müssen.[4]

---

[1] Lustiger, Arno: Zum Kampf auf Leben und Tod! Vom Widerstand der Juden 1933–1945. Köln 1994, S. 18f.
[2] Vgl. zum Folgenden den Aufsatz von Julius H. Schoeps im vorliegenden Band.
[3] Kwiet, Konrad: Ein Lesebuch zum jüdischen Widerstand. In: Jahrbuch für Antisemitismusforschung 4 (1995), S. 301–304.
[4] Benz, Wolfgang: Die Erinnerung an den Widerstand gegen den Nationalsozialismus. Überlegungen zum 70. Jahrestag des 20. Juli 1944. In: Zeitschrift für Geschichtswissenschaft 7/8 (2014), S. 589.

Als das Moses Mendelssohn Zentrum Potsdam und das Deutsche Polen-Institut Darmstadt vom 7. bis 9. April 2013, 70 Jahre nach dem Beginn des Warschauer Ghettoaufstandes, eine internationale wissenschaftliche Konferenz zum Jüdischen Widerstand gegen die nationalsozialistische Vernichtungspolitik eröffneten, war ursprünglich vorgesehen, dass Lustiger die einleitenden Worte sprechen wird. Leider hatten wir aber noch in der Planungsphase der Konferenz, im Mai 2012, die Nachricht von seinem Tod zur Kenntnis nehmen müssen. So blieb die Tagung dem Andenken Lustigers gewidmet. Dies war mehr als eine symbolische Verbeugung. Lustigers Begriff von jüdischem Widerstand, der sich bewusst nicht auf den bewaffneten Kampf reduzieren ließ, auch Aktivitäten außerhalb des nationalsozialistischen Herrschaftsbereichs umfasste – etwa die Beteiligung von Juden am spanischen Bürgerkrieg auf Seiten der republikanischen Kräfte oder der Kampf gegen das NS-Regime „von außen", in den Reihen der alliierten Streitkräfte –, und erstmals auch den Rettungswiderstand würdigte, wurde für die Auswahl der Vorträge und die Reichweite der Themen bestimmend.

„Sog nit kejnmol, as du gejsst dem leztn weg", Hirsh Glicks eindringlicher Appell zur Selbstbehauptung und zum Aufbegehren, stand am Auftakt der Veranstaltung, vorgetragen und interpretiert von dem Berliner Musiker *Karsten Troyke*. In den Räumen der Stiftung Topographie des Terrors skizzierte *Julius H. Schoeps* den Gang der Forschung zum Jüdischen Widerstand und hob dabei die Bedeutung Lustigers für die Öffnung und Hinwendung deutscher Fachwissenschaftlerinnen und Fachwissenschaftler zum Thema hervor. Die folgenden beiden Konferenztage fanden in der Gedenkstätte Deutscher Widerstand, Berlin, statt, deren wissenschaftlicher Direktor *Peter Steinbach* den jüdischen Widerstand in die allgemeine Widerstandsforschung und die Diskussion um den Widerstandsbegriff einordnete. Nach zwei Schweigeminuten aus Anlass des Yom HaShoah – der präzise in Israel Yom HaZikaron LaShoah we LaGwurah, also Tag der Erinnerung an die Shoah und an den Widerstand heißt – folgten in acht thematischen Panels mehr als 20 Vorträge in englischer und deutscher Sprache zu verschiedenen Facetten des Widerstands von Jüdinnen und Juden gegen die Vernichtungspolitik. Am Abend des 8. April 2013 sprach im Rahmen unserer Tagung Slavko Goldstein, kroatischer Historiker und selbst ein Veteran der Partisanenbewegung, in den Räumen der kroatischen Botschaft in Berlin über jüdische Partisanen in Jugoslawien.

Der vorliegende Sammelband dokumentiert einen Teil der Vorträge, ergänzt um einige weitere thematisch verwandte Beiträge. Im ersten Abschnitt über den jüdischen Widerstand als Problem der Forschung sind die beiden einleitenden Beiträge von *Julius H. Schoeps* und *Peter Steinbach* dokumentiert.

Ein erster thematischer Abschnitt widmet sich dem jüdischen Widerstand im besetzten Polen. *Melanie Hembera* dokumentiert Beispiele für Flucht- und

Rettungswiderstand am Beispiel des Ghettos in Tarnów. *Markus Roth* beleuchtet ein Kapitel des bewaffneten Kampfes im Ghetto, das gegenüber den Ghettoaufständen in Warschau, Wilna oder Białystok häufig vergessen wird: den Kampf jüdischer Guerillas in Krakau. *Sara Berger* erörtert die Bedingungen und Formen des Widerstands in den Todeslagern der sogenannten Aktion Reinhardt – Bełżec, Sobibór, Treblinka – und fragt nach der Relevanz dieser Aktivitäten.

Während der jüdische Widerstand im östlichen Europa – insbesondere im besetzten Polen – in der Zwischenzeit relativ gut bekannt ist, beginnt die Forschung erst langsam, sich dem jüdischen Widerstand in Südosteuropa zuzuwenden. *Marija Vulesica* fragt nach den verschiedenen Formen, in denen jugoslawische Zionistinnen und Zionisten sich gegen Antisemitismus im Allgemeinen – auch vor Beginn der Besatzungspolitik – und die NS-Vernichtungspolitik im Besonderen zur Wehr setzten. *Esther Gitman* gibt einen Überblick über den Widerstand im unabhängigen jugoslawischen Staat. *Martina Bitunjac* widmet sich dem Widerstand jüdischer Frauen im Rahmen der jugoslawischen Widerstandsbewegung. *Steven Bowman* beleuchtet den Kampf griechischer Juden gegen die Besatzungsmächte, der sich als Kampf gegen die „Achse Rom-Berlin" gestaltete.

War der jüdische Widerstand im östlichen Europa mit den unmittelbaren Massenmord-Aktionen konfrontiert und vollzog sich zugleich vor dem Hintergrund einer völlig entgrenzten Kriegführung und Besatzungspolitik, so gestalteten sich die Bedingungen für jüdischen Widerstand im Westen Europas anders, und auch die Herausforderungen an Jüdinnen und Juden waren anders gestellt. Jüdische Emigrantinnen und Emigranten wirkten vor Kriegsbeginn von außen auf Deutschland ein, organisierten Fluchthilfe, und schlossen sich dann auch selbst dem einheimischen Widerstand an, wie *Kurt Schilde* am Beispiel von Marianne Cohn und ihren Aktivitäten im Rahmen der französischen Résistance zeigt. Ein faszinierendes Beispiel für das Zusammenwirken von Juden und Nichtjuden im Rahmen des Rettungswiderstandes bietet die Gruppe um Joop Westerweel in den Niederlanden, die *Tanja von Fransecky* vorstellt.

Ob es im Deutschen Reich überhaupt Widerstand von Jüdinnen und Juden gegeben hat, ja ob unter den Bedingungen der nationalsozialistischen Gewaltherrschaft und angesichts der integrativen Kraft der Volksgemeinschaftsideologie solcher Widerstand überhaupt möglich war, bleibt eine der zentralen Kontroversen der Forschung. Besonders die jüdischen Institutionen stehen im Licht der Kritik, waren sie doch von der SS gezwungen worden, die angeordneten Zwangsmaßnahmen umzusetzen und schließlich ab Herbst 1941 an der Deportation der jüdischen Gemeinden in die Ghettos und Vernichtungslager im Osten aktiv mitzuwirken. Dass aber der Central-Verein deutscher Staatsbürger jüdischen Glaubens seine eigene Arbeit noch in den Jahren nach Erlass der Nürnberger Gesetze vom September 1935 als Form der Selbstbehauptung zu gestalten versuchte, schildert

Johann Nicolai. Kulturelle Selbstbehauptung war ein weiteres Feld, auf dem Juden dem Einfluss der NS-Verfolgungspolitik entgegenzuwirken suchten. Die im Schocken-Verlag Berlin edierten Bücher und Buchreihen betrachtet *Stefanie Mahrer* daher als Form von Widerstand. Aber das schmerzliche Eingeständnis, dass es einen organisierten Widerstand deutscher Juden – sieht man von wenigen zionistischen oder kommunistischen Jugendgruppen ab – faktisch nicht gegeben hat, dass namentlich die jüdischen Organisationen keinen Handlungsspielraum für Widerstand sahen, fiel nicht immer leicht. Potential für neue Legendenbildungen bietet eine Episode um das Jüdische Krankenhaus Berlin, das als einzige jüdische Institution in Deutschland den Zweiten Weltkrieg überstand. Die Frage, wer das Jüdische Krankenhaus „rettete", untersucht *Gideon Botsch*.

Abschließend widmen sich drei Beiträge der kulturellen Überlieferung des jüdischen Widerstands in Europa und seiner Rezeption. Künstlerische und schöpferische Tätigkeit in Ghettos und Lagern wurde zu einem Medium der Zeugenschaft und Überlieferung einer Geschichte, die uns ansonsten häufig nur in Form der Aktenüberlieferung der Täter oder retrospektiver Zeitzeugenberichte begegnet. *Stephanie Benzanquen* schaut auf die Kunst der Ghettos und Lager und auf den Blick, den Kunsthistoriker auf diese Werke richten. *Sahra Dornick* analysiert den Roman *So sind wir* der Schriftstellerin Gila Lustiger, einer Tochter Arno Lustigers, mit Blick auf die Frage der Zeugenschaft als widerständiger Tätigkeit. Zu den ergreifendsten Dokumenten des jüdischen Widerstands zählen die Partisanenlieder. Ihre Autoren gehören teils zu den bedeutendsten Dichtern und Schriftstellern der jiddischen Sprache, einer durch die Shoah weithin zerstörten Kultur. *Bertram Nickolay* und *Morgan Nickolay* haben eine Auswahl aus der Überlieferung jiddischer Partisanenlieder für den vorliegenden Band zusammengestellt.

Die Veranstalter der Konferenz sind allen Referentinnen und Referenten zu Dank verpflichtet. Als Kooperationspartner der Konferenz traten die folgenden Institute und Einrichtungen auf: Centrum Badań nad Zagładą Żydów IFiS PAN Warszawa, Polen; Centrum Judaicum – Stiftung Neue Synagoge Berlin; Gedenkstätte Deutscher Widerstand Berlin; Moses Mendelssohn Institut zur Erforschung der Geschichte und Kultur der Juden in Südosteuropa, Universität Zagreb, Kroation; Stiftung Topographie des Terrors, Berlin; Zentrum Jüdische Studien Berlin-Brandenburg. Für ihre großzügige Förderung danken wir der Fritz-Thyssen-Stiftung. Der Gedenkstätte Deutscher Widerstand Berlin danken wir für die gastfreundliche Beherbergung der Tagung; unser besonderer Dank gilt Christine Müller-Botsch für ihre unverzichtbare Unterstützung vor Ort. Umsichtig und mit viel Geduld unterstützte Juliane Radig als studentische Hilfskraft Vorbereitung und Durchführung der Tagung, und Ronny Noak trug im Rahmen eines Praktikums zu ihrem Gelingen bei. Für den vorliegenden Sammelband danken die Herausgeber vor allem den Autorinnen und Autoren für ihre Geduld, Sabine Schröder für das Lektorat und Alexander Lorenz für die redaktionelle Mitarbeit an den Texten, dem Literaturverzeichnis und den Registern.

Potsdam, im Dezember 2015
Julius H. Schoeps, Dieter Bingen, Gideon Botsch

Der Jüdische Widerstand als Problem der Forschung

Julius H. Schoeps
Vor der Geschichte Zeugnis ablegen

Arno Lustiger, die Juden und ihr Widerstand gegen die
NS-Vernichtungspolitik

So mancher, der die Shoah, den Holocaust, so der nicht ganz korrekte[1] doch häufiger gebrauchte Begriff, überlebt hat, findet die Behauptung, die europäischen Juden hätten sich zwischen 1938 und 1945 widerstandslos wie die Schafe zur Schlachtbank treiben lassen, nicht nur abwegig, sondern geradezu obszön. Diese Behauptung, bekanntlich einem Bibelzitat entlehnt[2] und mitunter sogar von namhaften Historikern vorgetragen, unterstellt, und zwar unterschwellig, die Juden seien selbst schuld an ihrem Schicksal. Hätten sie sich gewehrt, hätten sie nicht alles mit sich geschehen lassen, dann wären nicht sechs Millionen, sondern vielleicht nur zwei oder drei Millionen Juden ums Leben gekommen.

Auf Feststellungen dieser Art, die zynisch wirken, obwohl sie meist so nicht gemeint sind, reagieren Überlebende verstört, manchmal auch gereizt. Zu Recht. Denn wer Untergrund, KZ oder Vernichtungslager überstanden hat, den quälen verständlicherweise solche Bemerkungen. Es gibt kaum einen Überlebenden, der sich nicht irgendwann die Frage gestellt hat, wieso gerade er und nicht die vielen anderen überlebt haben. Die Passivitätsbeschuldigung wird deshalb als ungerecht und beleidigend empfunden: Überlebende können gar nicht anders, als die Äußerungen dieser Art auf sich persönlich gemünzt zu begreifen.

Arno Lustiger, dem meine einstige Universität, die Universität Potsdam, die Ehrendoktorwürde verliehen hat, war ein Überlebender der Vernichtungslager. Er kämpfte in Wort und Schrift gegen den sich zäh haltenden Mythos, Juden wären nicht in der Lage gewesen, sich zur Wehr zu setzen. In seinem Buch *Zum Kampf auf Leben und Tod* (1994) und in seinem Essay-Band *„Wir werden nicht untergehen"* (2002) verwies Lustiger darauf, dass der Mythos des feigen, des sich ewig wegduckenden Juden eine der letzten „historischen Lügen"[3] sei, eine hartnäckig sich haltende Legende. Sie habe alle Phasen der „Betroffenheit" und der

---

1 Der aus dem Griechischen stammende Begriff „Holocaust" bezeichnete ursprünglich ein Brandopfer, das hebräische Wort „Shoah" heißt auf Deutsch „Vernichtung".
2 Jeremia 11,19: „[...] ich war wie ein argloses Lamm gewesen, das zur Schlachtbank geführt wird [...]." Die Bibel nach der Deutschen Übersetzung D. Martin Luthers. Altenburg 1965.
3 Lustiger, Arno: Zum Kampf um Leben und Tod! Vom Widerstand der Juden 1933–1945. Köln 1994, S. 592.

„Aufarbeitung" der NS-Verfolgungsgeschichte überdauert und bestimme nach wie vor das Denken der Menschen.

In zahlreichen weiteren Büchern, Zeitungsartikeln und Vorträgen erinnerte der im Mai 2012 – im Alter von 88 Jahren – in Frankfurt am Main verstorbene Arno Lustiger immer wieder daran, dass es Anfang der vierziger Jahre in fast hundert Ghettos in Polen, Litauen, Weißrussland und der Ukraine zu Aufständen kam. Ihm gebührt das Verdienst, dieses Thema öffentlich gemacht zu haben. Das wird allseits anerkannt. Eine Ausnahme ist nur Wolfgang Benz, der einstige Leiter des Zentrums für Antisemitismusforschung, der erklärt hat: „Seinen Vorstellungen zu folgen, setzte allerdings viel guten Willen und die Bereitschaft zum Primat von Schuldgefühlen bei seinem Publikum voraus."[4]

Von bösartigen Einlassungen dieser Art abgesehen, steht außer Zweifel, dass es einen „jüdischen" Widerstand gegeben hat. Wie, so müssen wir uns fragen, sah dieser aus? Es war nicht immer ein aktiver Widerstand in dem Sinne, dass zu den Waffen gegriffen wurde. Nur in den seltensten Fällen standen den Widerstandleistenden solche zur Verfügung. Teilweise wehrten sie sich in den Lagern mit Messern, Äxten und Knüppeln, teilweise auch nur mit den bloßen Händen. Aufstände wie jene gegen die SS-Mannschaften in den Vernichtungslagern Treblinka, Sobibór und Auschwitz-Birkenau, von Überlebenden beschrieben, werden von den Historikern als reine Verzweiflungsaktionen bewertet.

Diese Bewertung ist indes ungerecht, und zwar deshalb, weil diese Aktionen mehr waren als nur reine Akte der Verzweiflung, sie waren mehr als nur ein letztes Aufbäumen. Sie waren, wie Lustiger das zu belegen versucht hat, ein letzter Versuch, in auswegloser und verzweifelter Situation die menschliche Würde zu wahren. Bedenkt man, dass die meisten dieser Häftlinge, die ihre Peiniger angriffen, halb verhungert waren, von der Zwangsarbeit ausgemergelt, kaum noch Überlebenshoffnungen hatten, dann sind die in den Lagern verübten Widerstandshandlungen gar nicht hoch genug einzuschätzen.

Der Mut der Aufständischen im Warschauer Ghetto ist legendär und mittlerweile vielfach dokumentiert wie auch in zahlreichen Liedern besungen worden. Rekapitulieren wir: Im Frühjahr 1943 – also vor 72 Jahren – begann der Aufstand gegen einen brutalen und bis an die Zähne bewaffneten Gegner. 22 Kampfgruppen bildeten sich damals, über 1.000 unterirdische Bunker und Verstecke wurden gebaut. Es war ein aussichtsloser Kampf, und doch wurde er geführt.

---

[4] Benz, Wolfgang: Die Erinnerung an den Widerstand gegen den Nationalsozialismus. Überlegungen zum 70. Jahrestag des 20. Juli 1944. In: Zeitschrift für Geschichtswissenschaft 7/8 (2014), S. 589.

Kommunisten, Bundisten, Links- und Rechtszionisten hatten sich im Ghetto zu einer verschworenen Kampfgemeinschaft vereinigt. Mordechaj Anielewicz, der Kommandant der Zydowska Organizacja Bojowa [ZOB] (Jüdische Kampf-Organisation),[5] der am 8. Mai 1943, dem 15. Tag des Aufstandes, im Kampf fiel, bemerkte in einem seiner letzten Briefe: „Unsere letzten Tage nahen. Aber so lange wir noch eine Kugel haben, so lange werden wir weiterkämpfen und uns verteidigen."[6]

Arno Lustiger hat das Geschehen in Warschau nicht selbst erlebt, doch die Erfahrungen, die er machte, waren ähnlich gelagert und ähnlich dramatisch. Lustiger, 1924 im polnisch-oberschlesischen Bedzin geboren, hat unter nationalsozialistischer Besatzung mehrere Konzentrationslager durchlebt und hat – geradezu wie durch ein Wunder – auch die Todesmärsche von Auschwitz-Blechhammer und von Langenstein im Januar und April 1945 überstanden.

Die Erfahrungen und Erlebnisse, die Arno Lustiger dabei machte, hat er in verschiedenen Erinnerungsbüchern geschildert. Manches liest sich geradezu beklemmend, und der Leser dieser Rückblicke spürt, dass es dem Autor ganz offensichtlich schwergefallen ist, sich den eigenen Erinnerungen zu stellen.

Arno Lustiger hat, wie er selbst bekannte, lange Jahre geschwiegen. Es sei ihm so gegangen wie vielen anderen. Bis ein Shoah-Überlebender sich durchringe, über die Todeslager zu sprechen, sei es häufig ein langer und schmerzhafter Weg gewesen. Viele Überlebende hätten ihre Lagererfahrungen verdrängt und seien bemüht, sie tief in ihrem Innersten zu begraben. Arno Lustiger war einer derjenigen, der, wenn es ihm auch schwer fiel, die mentale Selbstblockade durchbrochen hat.

In seinem Buch „Wir werden nicht untergehen" beschreibt Lustiger ausführlich das Lagerleben im KZ Langenstein – ein Konzentrationslager, das erst im April 1944 im Harz errichtet wurde und für das die SS die Parole ausgegeben hatte: „Verschrottung durch Arbeit". Der Leser von Lustigers Erinnerungen erfährt, dass die durchschnittliche Lebenserwartung im Lager nur sechs Wochen betrug.

Die Häftlinge, die kaum etwas zu essen bekamen, hatten in einem 12- bis 14-stündigem Arbeitstag kilometerlange unterirdische Stollen zu graben und den Abraum in schweren Loren wegzuschaffen. Viele verhungerten regelrecht, andere kamen bei Sprengungen ums Leben, und wieder andere wurden schließlich von sadistischen SS-Wachen zu Tode geprügelt. Lustigers Bericht lässt Dantes Inferno Wirklichkeit werden.

---

5 Vgl. Jäckel, Eberhard/Longerich, Peter/Schoeps, Julius H. (Hrsg.): Enzyklopädie des Holocaust. Die Verfolgung und Ermordung der europäischen Juden, Bd. III. Berlin 1993, S. 1665.
6 Jäckel [u. a.], Enzyklopädie des Holocaust, S. 85

Arno Lustiger berichtet, an einem Tag seiner Haft im KZ Langenstein sei er körperlich in einer so schlechten Verfassung gewesen, dass er geglaubt habe, sein letztes Stündlein hätte geschlagen. Durchfall quälte ihn, und er konnte sich gerade noch in den Stollen schleppen, wo die Häftlinge sich sammelten, um zur Arbeit eingeteilt zu werden. Lustigers Glück im Unglück war, dass er auf einen der wenigen Gerechten traf, auf einen Menschen, der menschliche Regungen zeigte und bereit war, ihm zu helfen.

Es handelte sich dabei um einen zivilen Meister eines nicht zur SS gehörenden Kommandos, der seinen Schwächezustand erkannte und ihn, ohne dass er darüber ein Wort verlor, in einer Werkzeugkiste versteckte. Das ersparte Arno Lustiger an diesem Tag die Plackerei im Stollen. Dieser eine, wenn man so will, „arbeitsfreie Tag", hat ihm, wie er im Rückblick bekannte, das Leben gerettet.

Dass es auch in jener dunklen Zeit Menschen gab, die Zivilcourage hatten, die Menschlichkeit zeigten und Juden, so gut sie konnten, auf ihrem schweren Weg halfen, ist ein Kapitel NS-Geschichte, das gegenwärtig zunehmend auf Beachtung stößt und die Historiker beschäftigt.[7] Die „Judenretter", wie diese Menschen genannt werden, interessierten auch Arno Lustiger, vermutlich weil er selbst einem solchen sein Überleben verdankte.

In dem seinem Buch „Wir werden nicht untergehen" gedachte Lustiger zum Beispiel der Taten eines bis vor kurzem weitgehend unbekannten Wehrmachtssoldaten, eines Mannes namens Anton Schmid, der offenbar aus uneigennützigen Motiven Juden half. In seiner Funktion als Leiter der Versprengten-Sammelstelle in Wilna hat dieser unbekannte Soldat in der Zeit von Spätsommer 1941 bis Januar 1942 unglaubliche Heldentaten vollbracht und dadurch zahlreichen Juden das Leben gerettet.[8]

Widerstandsaktivitäten wie die des Wehrmachtsfeldwebels Schmid verdienen es, dass man sich diese auch in Zukunft noch vergegenwärtigt. Wer wie Anton Schmid Juden half, und dabei sogar die Gefährdung der eigenen Person in Kauf nahm, ist zweifellos ein Vorbild für künftige Generationen. Schmid, ein gläubiger Christ, der bei seinen Hilfsmaßnahmen einzig und allein seinem Gewissen folgte, ist gefasst und hingerichtet worden.

---

7 Ausführlich hierzu Wette, Wolfram (Hrsg.): Zivilcourage. Empörte, Helfer und Retter aus Wehrmacht, Polizei und SS. Frankfurt a. M. 2006.
8 Lustiger, Arno: Judenretter in Wehrmachtsuniform. Feldwebel Anton Schmid. In: Ders.: „Wir werden nicht untergehen". Zur jüdischen Geschichte. München 2002, S.140ff.; ebenfalls Wette, Wolfram: Feldwebel Anton Schmid. Ein Held der Humanität. Frankfurt a. M. 2013; hierzu die Besprechung Christian Staas, Tollkühn aus Nächstenliebe. In: Die Zeit, 27. 6. 2013.

Nach Verkündung des Urteils setzte er sich hin und schrieb an Frau und Tochter einen Abschiedsbrief:

> Meine liebe Stefi und Gertha [...], ich haben nur als Mensch gehandelt und wollte ja niemandem weh tun. Wenn Ihr, meine Lieben, das Schreiben in Euren Händen habt, dann bin ich nicht mehr auf Erden, [...] aber eines seid gewiß, daß wir uns einstens wiedersehen in einer besseren Welt bei unserem lieben Gott.[9]

Zu Recht hat man zu Anton Schmids Gedenken in der „Allee der Gerechten" in Yad Vashem in Jerusalem einen Baum gepflanzt. Und zu Recht hat die Bundeswehr sich dazu entschlossen, eine Kaserne nach ihm zu benennen. Letzteres war und ist im Übrigen ein zu begrüßender neuer Akzent in der Traditionspflege der Bundeswehr. Man gedenkt jetzt nicht der Moltkes und Stauffenbergs, sondern auch einfacher Soldaten, wie Anton Schmid einer gewesen ist.

Wer Arno Lustiger einmal begegnet ist, war erstaunt, wie gefasst, wie ruhig er wirkte, obgleich er Schreckliches gesehen und durchlebt hatte. Doch die Erfahrungen der Todeslager wirkten nach. Man konnte sich des Eindrucks nicht erwehren, dass es unendlich traurige Augen waren, die einen anblickten. Es waren Augen, bei denen man das Gefühl hatte, dass sie dem Tod unmittelbar ins Gesicht gesehen haben. Ihn nach seinen damaligen Erlebnissen zu fragen, wagte man deshalb nicht. Was sollte er einem auch schon sagen, was nicht in seinen Augen zu lesen stand? Der Häftlingsalltag war ein solches Inferno, das auch im Nachhinein schlecht in Worte zu fassen bleibt.

Arno Lustiger, der bedingt durch die Jahre des NS-Terrors keinen ordnungsgemäßen Schulabschluss hatte machen können, ließ sich 1945 in Frankfurt am Main nieder, wo er Mitbegründer der jüdischen Nachkriegsgemeinde wurde und ein erfolgreiches Unternehmen für Damenmoden aufbaute. Das Unternehmen hat er bis 1980 geleitet.

Dann erst, nachdem er sich aus dem Berufsleben zurückgezogen hatte, begann er mit dem Schreiben. Den Anfang machte ein Buch über *Jüdische Stiftungen in Frankfurt am Main* (1988), das 450 Stiftungen jüdischer Mäzene und ihr Schicksal beschreibt. Es folgten *Schalom Libertad! Juden im spanischen Bürgerkrieg* (zuerst 1989, TB 2001), das schon genannte Buch *Zum Kampf auf Leben und Tod* (1994, TB 1997), dann als Mitherausgeber neben Wassili Grossman und Ilja Ehrenburg das *Schwarzbuch. Der Genozid an sowjetischen Juden* (1994), danach *Rotbuch: Stalin und die Juden* (1998), *Jüdische Kultur in Ostmitteleuropa am*

---

9 Lustiger, Judenretter in Wehrmachtsuniform, S. 159.

Beispiel Polens (2000) und das ebenfalls schon erwähnte Erinnerungsbuch „*Wir werden nicht untergehen*" (2002).

In den Veranstaltungen, bei denen Arno Lustiger seine Bücher vorstellte und über sich selbst und sein Leben sprach, war es in der Regel mucksmäuschenstill, sodass man fast eine Stecknadel fallen hören konnte. Die Menschen hingen an Lustigers Lippen und hörten seinen Ausführungen gebannt zu. Jeder, der eine solche Veranstaltung miterlebt hatte, war beeindruckt von der Art seines durch Bescheidenheit geprägten Auftretens, das mehr Authentizität vermittelte als manche preisgekrönte Publikationen und Filme der letzten Jahre.

Gestatten Sie mir an dieser Stelle einen kleinen Exkurs, der, wenn man so will, eine kurze theoretische Fragestellung beinhaltet: Unbestritten ist heute, dass Juden in den Jahren zwischen 1933 und 1945 sich auf ganz unterschiedliche Weise gewehrt haben. Die Frage ist nur: „Haben sie sich ausreichend zur Wehr gesetzt?" Das ist, wie ich meine, eine durchaus legitime Frage, die gestellt werden kann. Sie ändert allerdings nichts an dem Sachverhalt, dass Widerstand nur dann möglich war, wenn die entsprechenden Rahmenbedingungen gegeben waren. Diese existierten aber nicht.

Individuellen Widerstand hat es zweifellos quer durch Europa gegeben, aber ein kollektives Sich-zur-Wehr-Setzen indes kaum. Die jüdische Gruppenidentität, oder vielleicht weniger soziologisch ausgedrückt, das Zusammengehörigkeitsgefühl, das für ein Sich-zur-Wehr-Setzen notwendig gewesen wäre, war nur bedingt vorhanden. In Osteuropa mehr, in den Ländern Westeuropas weniger.

In diesem Zusammenhang sollten wir uns natürlich auch die Frage stellen, was es eigentlich heißt, Widerstand zu leisten? Problematisch erscheint es mir, nur Aufstand und bewaffneten Widerstand als Widerstand gelten zu lassen. Das ist, wie ich meine, eine traditionelle Sicht, und zudem ein sehr eng gefasster Widerstandsbegriff, der heute so kaum mehr zu halten ist.

Sehen wir uns die Lage in Deutschland in den Jahren nach der sogenannten Machtergreifung durch Hitler und die Nationalsozialisten an. Einen bewaffneten Widerstand hat es hier nur in einigen seltenen Ausnahmefällen gegeben. Aber dafür gab es verschiedene andere Formen des Sich-zur-Wehr-Setzens, die sich in vielfältigster Weise und auf verschiedensten Ebenen artikulierten.

Widerstand konnte zum Beispiel heißen, Gesetze zu missachten, Verordnungen zu unterlaufen oder kulturelle Aktivitäten zu entwickeln, die den Zweck hatten, der Selbstbehauptung zu dienen. Der Versuch, sich durch Flucht den Verfolgern zu entziehen, konnte ebenso eine Form des Widerstandes sein wie die Tatsache, dass es Juden gab, die sich auf die Seite von Partisanenverbänden in die Wälder schlugen oder als Soldaten in den alliierten Armeen an vielen Fronten gegen Hitler-Deutschland gekämpft haben.

Auch Arno Lustiger hat für einen solcherart erweiterten Begriff des Widerstandes plädiert, der nicht nur den bewaffneten Widerstand meint, sondern alle Formen des geleisteten Widerstandes umfasst und somit auch Antworten auf die, wie schon gesagt, eigentlich hypothetische Frage zulässt, ob die jüdische Bevölkerung Europas überhaupt eine Chance hatte, sich kollektiv gegen die Ausgrenzung und die drohende Vernichtung zu wehren.

Berücksichtigt man, dass es für Juden in der Regel sehr schwer war, an Waffen heranzukommen, dass sie sich nicht frei bewegen konnten, von Feinden umstellt, und zudem noch durch das Mittel der gezielten Täuschung entmutigt und demotiviert waren, so ist es erstaunlich, dass es dennoch Widerständige gab, die alles auf eine Karte setzten: Sie kämpften meist mit wenig Aussicht auf Sieg oder Überleben, doch sie kämpften, wie das vielleicht etwas pathetisch heißt, für die Ehre des jüdischen Volkes und waren bemüht, Fanale im Ringen um eine Welt nach Hitler und den Nazis zu setzen.

Verbleiben wir noch ein wenig bei der Lage der Juden in Deutschland. Die Juden hatten es hier schon aus Mentalitätsgründen schwerer als in anderen europäischen Staaten, geeignete Abwehrstrategien gegen Hitler und den NS-Terror zu entwickeln. Nach der 1933 erfolgten Selbstgleichschaltung des liberalen Bürgertums und der Zerschlagung der organisierten Arbeiterbewegung waren sie in Deutschland ohne Rückhalt und wussten nicht so recht, wie sie sich verhalten sollten. Wer nicht revolutionärer Marxist oder radikaler Pazifist war, hatte kaum die Möglichkeit, zu einer Fundamentalopposition gegenüber dem NS-Staat zu finden.

Insofern haben sich die Juden nicht von der Mehrzahl der Deutschen unterschieden, die ebenfalls nicht auf den Gedanken gekommen sind, sich offen gegen das Regime zu stellen. Es lag, wenn man so will, außerhalb des Vorstellungsvermögens der meisten Deutschen, den Staat als Werkzeug des Verbrechens oder der Vernichtung zu betrachten. Man kam gar nicht auf den Gedanken, dass staatliche Instanzen seitens einer Regierung missbraucht werden könnten.

Oft wird gefragt, ob es überhaupt so etwas wie einen militanten Widerstand mit „jüdischer" Beteiligung in Deutschland geben konnte. Eine schwierige Frage, die nicht leicht zu beantworten ist. Wenn überhaupt, dann könnte man die Widerstandsgruppe „Neu Beginnen", die Gruppe Chug Chaluzi (Kreis der Pioniere) unter der Führung des Zionisten Jitzchak Schwersenz oder die kommunistisch orientierte Untergrundgruppe um Herbert Baum nennen. Die letztere verübte bekanntlich am 18. Mai 1942 einen Brandanschlag auf die antisowjetische Propagandaausstellung „Das Sowjetparadies", woraufhin 250 Juden in Berlin als Geiseln erschossen, Herbert Baum zu Tode gefoltert und 27 Mitglieder der Gruppe nach Prozessen vor dem Volksgerichtshof hingerichtet wurden.

Andere Formen des Widerstandes sind zwar weniger spektakulär, aber erforderten doch auch einigen Mut – sei es die Verweigerung von staatlichen Anordnungen, das Lächerlich-Machen des Regimes oder das Bemühen um individuelle Selbstbehauptung, was von offener Kritik bis hin zum Freitod als einem Akt, selbst über sein Schicksal zu bestimmen, reichen konnte. All das sind Aktivitäten, die, wenn man so will, einem erweiterten Widerstandsbegriff zugerechnet werden müssen.

Jüdischer Widerstand konnte, wie wir heute wissen, sehr ungewöhnliche Formen annehmen, und vieles davon ist bis heute wenig bekannt. Ich möchte zwei Fälle hier vorstellen, die es verdienen, nicht in Vergessenheit zu geraten. Es sind keine spektakulären Fälle, die es bis in die Geschichtsbücher gebracht haben. Aber es sind Fälle, die für eine bestimmte Form des Widerstandes stehen, den es eben auch gegeben hat.

Beispiel Nummer 1: Richard Stern. Am 1. April 1933, dem Tag des staatlich verordneten Boykotts jüdischer Geschäfte, Warenhäuser, Banken, Arztpraxen, und Rechtsanwaltskanzleien, als SA-Männer vor seinem Geschäft in Köln aufzogen und sich dort postierten, legte Richard Stern das ihm „wegen Tapferkeit vor dem Feind" im ersten Weltkrieg verliehene Eiserne Kreuz an und stellte sich ostentativ vor die Eingangstür seines Laden. Er wollte damit ein Zeichen setzen, auf das Unrecht hinweisen, das sich für jeden erkennbar, vor aller Augen abspielte.

Auf einem eigens gedruckten Flugblatt,[10] gerichtet „An alle Frontkameraden und Deutsche", machte Stern darauf aufmerksam, dass Hitler, Frick und Göring die Erklärung abgegeben hätten: „Wer im III. Reich einen Frontsoldaten beleidigt, wird mit Zuchthaus bestraft." Empört darüber, dass diese Erklärung auf jüdische Frontsoldaten keine Anwendung finde, fragte er, ob er als guter Deutscher sich öffentlich beschimpfen lassen müsse: „Wir fassen diese Aktion gegen das gesamte Deutsche Judentum auf als eine Schändung des Andenkens von 12.000 gefallenen Deutschen Frontsoldaten jüdischen Glaubens." Das Flugblatt, das unterzeichnet war mit „Der ehemalige Frontkämpfer Richard Stern", schloss mit der Aufforderung an die Bevölkerung, sich schützend vor die jüdischen Mitbürger zu stellen.

Lange Jahre war ich fest davon überzeugt, Richard Stern sei in ein Lager deportiert worden und dort ums Leben gekommen. Das war aber nicht der Fall. Vor nicht allzu langer Zeit erfuhr ich, und zwar durch einen reinen Zufall, dass Stern doch noch rechtzeitig fliehen konnte und in die Vereinigten Staaten geflüchtet ist. Als US-Truppen im Frühjahr 1945 in Köln einrückten, soll er in der Uniform eines GIs in einem der ersten Jeeps gesessen haben, die in die Stadt hineinrollten.

---

10 Vgl. Corbach, Dieter: „Ich kann nicht schweigen!". Richard Stern, Köln, Marcilstein 20. Köln 1988.

Wenn man so will, war es also ein Kölner Jude, der mitgeholfen hat, seine Heimatstadt vom NS-Terror zu befreien. Mag sein, dass das nur eine Petitesse am Rande des großen Weltgeschehens ist. Aber auch die Petitessen, die kleinen Episoden am Rande, verdienen es mitunter, dass man sich ihrer erinnert. Richard Stern war keine Berühmtheit, niemand, der in den Geschichtsbüchern erwähnt wird, aber er war jemand, der zu seinen Idealen gestanden und für diese Ideale in Wort und Schrift und dann auch mit der Waffe in der Hand gekämpft hat.

Beispiel Nummer 2: Abraham Adolf Kaiser. Während der Olympischen Spiele in Berlin, die seinerzeit überall in der Welt beachtet wurden und zur Anerkennung des NS-Systems im Ausland erheblich beitrugen, hatte der Duisburger Kaufmann Abraham Adolf Kaiser am 6. August 1936 einen Protestbrief an den amerikanischen Olympioniken Jesse Owens geschrieben. Der Brief war nicht mit seinem Namen unterzeichnet war, sondern mit „civis german" – ein deutscher Bürger. Dieser Brief ist ein für sich selbst sprechendes Beispiel.

Die Gestapo, die bei einer Hausdurchsuchung eine Durchschrift fand, hielt in einem Bericht schriftlich fest, dass der Brief „von schwersten Angriffen und Beleidigungen gegen das nationalsozialistische Deutschland" strotze. Weiter heißt es in dem Gestapo-Bericht, Deutschland werde als „ein Land der Barbarenherrschaft und Schreckensherrschaft" bezeichnet, „in welchem Verbrecher am Ruder wären, zwei Millionen politischer Gefangener schmachteten und deutsche Richter willfährige Henkersknechte der Machthaber" seien.

Kaiser, so liest man in diesem Gestapo-Bericht, habe Jesse Owens aufgefordert, „die goldene Olympiamedaille dem Blutmenschen Adolf Hitler vor die Füße zu werfen und ostentativ abzureisen, um diesen Mördern und Barbaren für ihren Hochmutsdünkel eine Lektion zu geben".[11] Ob Jesse Owens diesen Brief jemals zu Gesicht bekommen hat, wissen wir nicht. Wenn ja, ist nicht überliefert, ob er und wie er darauf reagiert hat.

Es hat damals zweifellos einigen Mutes bedurft, derartig dezidiert widerständige Positionen zu beziehen. Wurde man von Missgünstigen denunziert, dann hieß das in der Regel Haft oder Einweisung in ein Konzentrationslager. Abraham Adolf Kaiser aus Duisburg wurde von einem Düsseldorfer Sondergericht wegen des Briefes an Jesse Owens zu einem Jahr und sechs Monaten Gefängnis verurteilt.

Nach der sogenannten Kristallnacht, der Reichspogromnacht, wurde Kaiser abermals für acht Monate im KZ Dachau in „Schutzhaft" gehalten. Wieder freigelassen, weigerte er sich, als im Herbst 1941 der Judenstern eingeführt wurde,

---

11 Kwiet, Konrad/Eschwege, Helmut: Selbstbehauptung und Widerstand. Deutsche Juden im Kampf um Existenz und Menschenwürde 1933–1945 (Hamburger Beiträge zur Sozial- und Zeitgeschichte, Bd. 19). Hamburg 1984, S. 253.

dieses Zeichen an das Revers seiner Anzugjacke anzuheften. Er wurde im Oktober 1941 erneut festgenommen und am 13. Januar 1942, so die letzte Eintragung in der Personalakte, „nach Riga evakuiert". Danach verlieren sich seine Spuren im Nichts.

Eine Reihe verständlicherweise zumeist jüngerer Juden sind in Deutschland in den illegalen Widerstand abgetaucht. In den allermeisten Fällen schlossen sie sich den organisierten antifaschistischen beziehungsweise kommunistischen Untergrundgruppen an. Das wiederum hing in erster Linie damit zusammen, dass für sie im deutschen bürgerlich-konservativen Widerstand kein Platz war, selbst wenn sie es gewollt hätten. Die Männer des 20. Juli stellten sich zwar gegen Hitler, wollten aber mit den Juden nichts zu tun haben. Der sogenannten „Judenfrage" standen sie, wie wir heute wissen, gleichgültig bis ablehnend gegenüber.

In den jährlichen gehaltenen Gedenkreden zum 20. Juli findet nur in seltenen Ausnahmefällen Erwähnung, dass Carl Friedrich Goerdelers berühmte Denkschriften, die Pläne für ein Deutschland nach Hitler konzipierten, von traditionellen machtpolitischen Ansprüchen, völkisch-nationalen Tönen und antiliberalen Ressentiments durchtränkt waren. Das wird zwar von einigen Historikern verdrängt,[12] ändert aber nichts am Sachverhalt, dass für den deutschen bürgerlichen beziehungsweise militärischen Widerstand das Schicksal der Juden – wenn überhaupt – nur von marginaler Bedeutung gewesen ist.

In diesem Zusammenhang sollte noch ein weiterer Aspekt nicht unbeachtet bleiben. Wir wissen, dass in den Kriegsjahren zahlreiche Juden sich in den von der Wehrmacht besetzten Gebieten Frankreichs und den Ländern Osteuropas Partisaneneinheiten angeschlossen haben. Das ist ein Sachverhalt, der historisch vielfach belegt ist. Tatsache ist aber auch, dass seitens der Partisanenstäbe große Anstrengungen unternommen wurden, die Aufstellung besonderer jüdischer Kampfeinheiten zu verhindern.

Mit Juden wollte man in der Regel nichts zu tun haben. Das war vielfach so in der Résistance in Frankreich, vor allem aber im Partisanenwiderstand in den Ländern Osteuropas. Selbst als Kampfgefährten hat man Juden häufig abgelehnt. Dennoch hat das zahlreiche jüdische Männer und Frauen nicht davon abgehalten, in die Wälder zu gehen und sich dort, wo es möglich war, dem bewaffneten Widerstand anzuschließen.[13] Häufig mussten sie dabei allerdings ihre jüdische

---

12 So beispielsweise von Peter Hoffmann, der in seinem Buch „Carl Friedrich Goerdeler gegen die Verfolgung der Juden" (Köln 2013), Carl Friedrich Goerdeler vor dem Vorwurf in Schutz nimmt, er sei ein „dissimilatorischer Antisemit" gewesen.
13 Vgl. hierzu Ainsztein, Reuben: Jüdischer Widerstand im deutschbesetzten Osteuropa während des Zweiten Weltkrieges. Oldenburg 1993, S. 215ff.

Identität verbergen, denn die Fälle waren nicht selten, dass sie von ihren nichtjüdischen Kombattanten denunziert oder sogar ermordet wurden.

In dem dreiteiligen ZDF-Fernsehfilm *Unsere Mütter, unsere Väter*, der für einige Aufregung sorgte, wird nicht nur das deutsch-jüdische Verhältnis, sondern auch das Thema Juden und Widerstand in Polen kontrovers thematisiert. Eine der Spielszenen, in der einer der Hauptakteure, der deutsche Jude Viktor Goldstein, versucht, im besetzten Polen unterzutauchen bzw. sich einer kämpfenden Partisaneneinheit anzuschließen, stieß auf heftige Kritik.

Warum dieser Film, der ein Spielfilm und kein Dokumentarfilm ist, Widerspruch erregt, ergibt sich aus der Handlung. In erster Linie ist es wohl der Sachverhalt, dass Goldstein – auf eine direkte Anfrage hin – in einer Szene seine jüdische Herkunft innerhalb einer Partisaneneinheit der „Armija Krajowa" verleugnet. Er tut er das aus Angst, persönlich attackiert oder zumindest aus der Gruppe ausgeschlossen zu werden. Goldstein gibt sich deshalb nicht als Jude, sondern als ein „deutscher" Widerständler aus, den es in die polnischen Wälder verschlagen hat.

Was in Polen in den Medien für einige Aufregung gesorgt hat, war der Sachverhalt, dass in dem Film Szenen zu sehen sind, in denen Bauern gegenüber polnischen Partisanen in rüden Worten über Juden herziehen. Die Gespräche, die in diesen Spielszenen geführt werden, offenbaren einen ausgeprägten Judenhass – die Bauern äußern sich gegenüber den Partisanen abfällig nicht nur in Worten sondern auch in den Gesten. Kontakte zu Juden werden grundsätzlich abgelehnt. Die Ablehnung ist unmissverständlich.

Die Vorbehalte gegenüber Juden werden deutlich bei einem im Film dargestellten späteren Überfall auf einen deutschen Transportzug. Die polnischen Partisanen erbeuten zahlreiche Waffen, lassen indes verriegelte Waggons mit eingepferchten, deportierten Juden auf den Gleisen unbeachtet stehen. Goldstein kann dem nicht einfach zusehen, sondern öffnet die Waggontüren und hilft den Eingepferchten auszusteigen – und verrät damit seine Herkunft. Bald wird klar, dass die Partisaneneinheit nicht länger gewillt ist, ihn in ihrer Mitte zu dulden.

Doch neben einer vormaligen polnischen Zwangsarbeiterin, mit der Goldstein selbst aus einem früheren Transportzug hat flüchten können, kommt ihm nun eine zweite polnische Person zu Hilfe. Der Anführer besagter Partisaneneinheit der „Armija Krajowa" täuscht eine geplante Exekution von Goldstein vor, lässt ihn dann aber laufen und überlässt ihm sogar heimlich seine Pistole. Bei der Verabschiedung wünscht er Goldstein, dass er die restlichen Kriegswochen gut überstehen möge.

Die derart im Film dargestellten Ereignisse, bei denen Juden und Nichtjuden im von den Nazis besetzten Polen aufeinandertreffen, haben sich während des

Zweiten Weltkrieges durchaus so oder ähnlich zugetragen. Sie verdeutlichen die Kompliziertheit des Verhältnisses zwischen beiden Gruppen, ohne dass der Film dadurch eine dezidiert anti-polnische Tendenz gewinnt oder die polnische Bevölkerung pauschal als antisemitisch dargestellt wird.

Aber zurück zu Arno Lustiger und die von diesem in seinen Büchern vertretenen Positionen. Lustiger, der sich wiederholt empört über prominente Historiker wie Raul Hilberg geäußert hat, wirft diesen vor, sie würden über die Täter schreiben, die Opfer aber in ihren Darstellungen vernachlässigen. Das mag übertrieben sein, doch ist der Vorwurf nicht ganz abwegig. Die gängige Shoah-Geschichtsschreibung, wie sie zum Beispiel Hilbergs Standardwerk *The Destruction of the European Jews* darstellt, stütze sich, so Lustiger, hauptsächlich auf die Akten der Täter, während die Zeugnisse der Opfer nicht oder nur allenfalls am Rande Erwähnung fänden.

Die harsche Kritik, die Lustiger an Hilberg geäußert hat,[14] aber auch seine Kritik, bezogen auf manche Äußerungen der Philosophin Hannah Arendt und des Pädagogen Bruno Bettelheim, ist zugegebenermaßen an manchen Stellen im Ton überzogen, aber verständlich. Lustiger erregte sich über deren Behauptungen, die darauf hinausliefen, dass es anders gekommen wäre, wenn die Juden sich mit allen ihnen zur Verfügung stehenden Mitteln gewehrt hätten. Solche Behauptungen, so Lustiger, würden ein falsches Bild von der damaligen Lage zeichnen. Die Wirklichkeit sei eine andere gewesen. Die Überlebenden, so klagte Lustiger, würden im Nachhinein durch Behauptungen wie sie von Hilberg, Arendt und Bettelheim geäußert worden seien, geradezu verhöhnt.

Die Gefühle der Überlebenden, erklärte Lustiger, hätten Hilberg, Arendt und Bettelheim niemals wirklich begriffen. „Wir sind nämlich", so Lustiger weiter, „mit einer unheilbaren Krankheit gestraft, mit der Überlebensschuld." Lustiger erinnert an Primo Levi, Jean Améry und Joseph Wulf, die diese Überlebensschuld nicht aushielten und irgendwann ihrem Leben ein Ende setzten.

In seinem Buch *Hand an sich legen*[15] fordert Jean Améry Achtung gegenüber den Menschen, die durch Suizid ihrem Leben in der Zeit der Verfolgung ein Ende gesetzt haben. Ihm war durchaus bewusst, dass wer den Freitod suchte, aus der „Logik des Lebens" ausbrach. Aber, so meinte er, wer sich in einer Ausnahmesituation befindet, fragt nicht nach der Logik oder Unlogik des Lebens. Diejenigen, die in der Phase der Deportationen den Freitod wählten, taten das deshalb, „um den Vollstreckern des Zwangstodes zu entgehen".

---

14 Vgl. Lustiger, Arno: „Wir werden nicht untergehen". Zur jüdischen Geschichte. München 2002, S. 220ff.
15 Améry, Jean: Hand an sich legen. Diskurs über den Freitod. Stuttgart 1976.

Die Selbsttötung war kein Akt des aktiven Widerstandes, aber doch so etwas wie „nonkonformes Verhalten", das den reibungslosen technisch-bürokratischen Ablauf „störte", also nicht dem „vorgeschriebenen Weg" der „Endlösung" entsprochen hat. Das war wohl auch der Grund, weshalb die SS bemüht war, Selbsttötungsversuche zu unterbinden. Geschahen sie dann doch, wurden diejenigen bestraft, die den Versuch unternommen hatten. Im Sobibór-Prozess wurde festgestellt:

> Häftlingen, die Selbsttötungsversuche unternahmen und zum Morgenappell noch fehlten, wurde übel und in beispiellosen Zynismus mitgespielt. Sie wurden zur „Abschreckung" der angetretenen Arbeiter erschossen, wobei des Öfteren eine warnende Ansprache gehalten wurde, daß nur den Deutschen das Recht zu töten zustehe, Juden aber nicht einmal das Recht hätten, sich selbst zu töten.[16]

Manche Shoah-Überlebende, die zunächst mit dem Gedanken spielten, Hand an sich zu legen, haben sich dann ganz bewusst für das Weiterleben entschieden, um, wie das mitunter erklärt worden ist, Hitler und den Nazis nicht noch einen nachträglichen Sieg einzuräumen. Allerdings dürfte bei dieser Entscheidung auch das tiefsitzende Bedürfnis eine Rolle gespielt haben, der Nachwelt mitzuteilen, was man in jenen dunklen Jahren erlebt hat und mit eigenen Augen ansehen musste.

Das Letztere war ein Motiv, das das Denken mancher Überlebender bestimmt hat. Zeugnis vor der Geschichte abzulegen, wurde und wird als eine Verpflichtung angesehen, der man sich nicht entziehen kann. Es kommt hinzu, dass so mancher davon überzeugt war und ist, dass das Niederschreiben von Erinnerungen, das Mitteilen dessen, was man erlebt beziehungsweise durchlebt hat, eine Hilfe sein kann, den tiefsitzenden Schmerz zu überwinden.

Bei denjenigen, die ihren Schmerz nicht so artikulieren können, wie sie es vielleicht gerne möchten, vermitteln unter anderem Lieder des jüdischen Widerstandes Trost, vielleicht auch einen gewissen Rückhalt, um den quälenden Erinnerungen und Bildern standzuhalten. Diese Lieder, die immer dann laut gesungen oder leise vor sich hin gesummt werden, wenn es dem Betreffenden schlecht geht und er glaubt, er habe nicht mehr die Kraft zum Weiterleben – diese Lieder sind nicht nur Botschaften, die vom Überlebenswillen künden, sondern auch Bekenntnisse, die unsere Zeit überdauern werden.

---

16 Rückerl, Adalbert (Hrsg.): NS-Vernichtungslager im Spiegel deutscher Strafprozesse. Belzec, Sobibor, Treblinka, Chelmno. München 1977, S. 191.

Das vermutlich bekannteste dieser Lieder, dessen Arno Lustiger in seinen verschiedenen Büchern wiederholt gedacht hat, ist das Partisanenlied *Sog nit kejnmol as du gejst dem leztn weg*.[17] Dieses Lied erinnert nicht nur an den verzweifelten Aufstand der Juden im Warschauer Ghetto, sondern auch an den jiddischsprachigen Dichter Hirsch Glik, der gerade einmal dreiundzwanzig Jahre alt war, als er 1944 mit der Waffe in der Hand im Kampf fiel:

> Sog nit kejnmol as du gejsst dem leztn weg,
> chotsch himlen blajene farschteln bloje teg,
> kumen wet noch undser ojssgebenkte schoh,
> ss'wet a pojkton unser trot – mir senen do!
>
> Sage niemals, daß Du den letzten Weg gehst,
> wenn auch bleierner Himmel den blauen Tag verdeckt,
> kommen wird noch unsere erträumte Stunde,
> dröhnen wird unser Schritt – wir sind da![18]

---

17 Hierzu Lustiger, Arno: Jüdische Widerstands- und Arbeiterlieder. In: Ders., „Wir werden nicht untergehen", S. 267f.
18 Ortmeyer, Benjamin (Hrsg.): Jiddische Lieder gegen die Nazis. Witterschlick/Bonn 1996, S. 19.

Peter Steinbach
Zur Kontextualisierung des Widerstands von Juden

Exemplarische Überlegungen zum Widerstandsbegriff

Seit der Befreiung vom Nationalsozialismus hat es in der Bundesrepublik Deutschland immer wieder heftige und für Außenstehende häufig merkwürdig anmutende Auseinandersetzungen um den Widerstand gegeben. Dabei wirkte sich nicht nur die deutsche Teilung aus, die erklärt, weshalb sich in beiden deutschen Staaten jeweils ganz spezifische Widerstandtraditionen ausbildeten.[1] Es dauerte mehrere Jahre, bis der militärische Besitz, der von hohen Verwaltungsbeamten mitgetragen wurde, zum historischen „Besitz" wurde. Die inzwischen weitgehend dokumentierten Gedenkreden, die anlässlich des 20. Juli 1944 in Bonn und in Berlin gehalten wurden, zeigen dies.[2]

Das frühe Bild des Widerstands wurde in erheblichem Ausmaß von der nachwirkenden nationalsozialistischen Propaganda belastet. Ehrgeizige und ehrlose Landesverräter, so hieß es bis weit in die fünfziger Jahre hinein, hätten den Eid gebrochen, Verrat verübt und die Schwächung der deutschen Wehranstrengungen verursacht, dadurch aber auch den Tod ihrer Kameraden begünstigt. Bestimmend war der Versuch von Zeitgenossen, die seit den siebziger Jahren zunehmend als belastend galten, ihre Anpassung als Tugend, zumindest als Folge nationalsozialistischen Terrors und ständiger Todesdrohungen durch Gestapo, KZ-Haft und Reichskriegsjustiz zu erklären und moralisch zu rechtfertigen.

Bestimmten zunächst also vor allem die Mitläufer und Täter die Diskussion, so rückten seit den fünfziger Jahren zunehmend mehr die Erfahrungen und Deutungen der Gegner des NS-Staates in den Blick der öffentlichen Auseinandersetzungen. Allerdings bestimmten dabei zunächst Zeitgenossen die historischen und geschichtspolitischen Perspektiven der Öffentlichkeit, die sich als aktive Regimegegner aus den Eliten darstellten und den Eindruck erweckten, sie hätten aus politischer Motivation das Regime bewusst, frühzeitig und wirksam bekämpft. Diese Überhöhung wurde Mitte der sechziger Jahre nachhaltig erschüttert, als Historiker wie Hans Mommsen herausarbeiteten, dass die Verfassungsvorstellungen, aber auch die außenpolitische Pläne und Ziele des

---

[1] Vgl. Steinbach, Peter: Widerstand gegen den Nationalsozialismus in der zeitgeschichtlichen Auseinandersetzung. 2. Aufl. Berlin 2001.
[2] http://www.20-juli-44.de/20-juli/ (6. 4. 2015).

„bürgerlich-militärischen", bald als „nationalkonservativ" eingestuften Widerstands rückwärtsgewandt waren und keineswegs auf die Verfassungsordnung des Grundgesetzes hingearbeitet hätten. Gestützt wurde dieser von Franziska Augstein jüngst als elitär bezeichnete[3] Anspruch durch die höchste Rechtsprechung des Bundesgerichtshofes. Als entscheidendes Bewertungskriterium galt den Bundesrichtern der Versuch, aus „dem Innern des Machtsystems" zu dessen Umsturz beigetragen oder zumindest dieses Ziel verfolgt zu haben.

Heute wissen wir, dass diese Ansicht ein Reflex auf damalige politische Entwicklungen war. Denn im Zuge des Verbotes der KPD durch das Bundesverfassungsgericht 1956 formierte sich der Protest der KPD-Anhänger, die entschlossen gegen die Entscheidung des Bundesverfassungsgerichtes Widerstand leisten wollten. Zugleich wurde das Selbstbewusstsein derjenigen, die ihre Stellung in der Bundesrepublik zunehmend durch ihre angebliche oder tatsächliche Beteiligung am Widerstand gegen das NS-Regime stärken wollten, durch die höchste Rechtsprechung gestärkt, die Mitte der fünfziger Jahre betonte, als Widerstand sei nur anerkennungsfähig, erinnerungswürdig und entschädigungsgeeignet jener Widerstand, der aus dem Zentrum der Macht erfolgt sei und auf den Umsturz des Gesamtsystems abgezielt hätte.

Dies bedeutete, dass der außerhalb staatlicher Institutionen, wie der Wehrmacht, der höheren Verwaltung und dem Auswärtigen Amt, vorbereitete und praktizierte Widerstand in den fünfziger Jahren zwar nicht völlig an den Rand des Interesses geriet, aber doch im Hinblick auf seine ethische oder moralische Bedeutung geringer gewichtet wurde. Dies ging mit einer seit den frühen 1950er-Jahren einsetzenden Abwertung des Naturrechts und des menschenrechtlich legitimierten Widerstands einher, den der spätere hessische Generalstaatsanwalt Fritz Bauer[4] als „stellvertretendes mitmenschliches Handeln" gewürdigt hatte. Die Hilfe für Verfolgte wurde als eine nur individuelle Widerstandsform ohne Bedeutung für den Umsturz des Systems abgewertet. Ohne Zweifel zielte sie nur auf Individuen oder Gruppen, nicht aber auf den Untergang des NS-Staates durch Attentat oder Konspiration. Diese Abwertung des zivilen Muts, der zu der Bereitschaft gehörte, einen Menschen zu verstecken und so zu retten, reflektierte nicht zuletzt politisch bedingte Wertungen, denn Hilfe, die etwa von Kommunisten geleistet wurde, fiel gleichfalls durch das Raster politisch motivierter Anerkennung.

---

3 SWR 2, Forum v. 3. 4. 2015, 17.05 Uhr.
4 Eine Sammlung der verstreut publizierten Arbeiten von Fritz Bauer ist in Vorbereitung. Vgl. jetzt vor allem Fröhlich, Claudia: „Wider die Tabuisierung des Ungehorsams". Fritz Bauers Widerstandsbegriff und die Aufarbeitung von NS-Verbrechen. Frankfurt a. M. 2006. (Wissenschaftliche Reihe des Fritz Bauer Instituts, Bd. 13).

Der militärische Widerstand wurde seit der Wiederaufrüstung der Bundesrepublik Deutschland und der Formierung einer „Nationalen Volksarmee" in der DDR in den fünfziger und sechziger Jahren für die deutsche Traditionsbildung immer wichtiger, übrigens wiederum, wenngleich auf jeweils ganz unterschiedliche Weise, in beiden Teilen Deutschlands. Denn in der DDR wurde in den fünfziger Jahren ebenfalls die militärische Widerstandstradition betont. Rückte im Westen der Kreis um Stauffenberg in den Mittelpunkt des regelmäßig zelebrierten Gedenkens, so geriet zeitlich fast parallel im Osten das „Nationalkomitee Freies Deutschland" in das Zentrum der aktiven systemspezifischen Gedenkpolitik. Beide Tendenzen verstärkten Versuche, ganz unterschiedliche, in der Konstruktion ihrer identitätsstiftenden Wirkungen aber durchaus vergleichbare Wurzeln einzelstaatlicher Traditionsbildung im geteilten Deutschland zu begründen. Die Folge war allerdings ein neuer Rückschlag bei der Bemühung, an zivile und gesellschaftlich wichtige Solidarisierungen „einfacher Menschen", wie man oft sagte, zu erinnern.

Mit der für die deutsche Geschichtsrezeption charakteristischen doppelten Traditionsbildung wurden unvermeidlich jene alltagsrelevanten Dimensionen der Widerständigkeit verschüttet, die heute mit der Behauptung des Individuums gegenüber den Zumutungen der Macht im Alltag verbunden werden, aber in den frühen fünfziger Jahren eine ganz unübersehbar menschenrechtliche Legitimation des Individualwiderstands anstrebten. Menschenrechte werden gesellschaftlich, im Alltag, nicht allein aus dem Zentrum der Macht heraus verteidigt. Manifestationen alltäglichen Widerstands zielten keineswegs auf den Sturz des Gesamtsystems, sondern auf den Schutz des Individuums, die Verteidigung seiner Würde und die Ermöglichung individueller Zukunft. Wer einen Menschen rettet, der rettet eine ganze Welt – mit diesem Zitat aus dem Talmud, das sich leicht variiert, aber nicht weniger eindringlich in der 5. Sure des Korans findet, wurde der menschenrechtliche Individualwiderstand gerechtfertigt.

Die Auseinandersetzung mit der Geschichte des Widerstands nach 1945 bleibt eine ständige Bemühung um seine begrifflichen Präzisierungen und Grundlagen, um eine Auseinandersetzung mit den politischen Prämissen und den rezeptionsbedingten Folgen. Jeder Versuch einer begrifflichen Festlegung hat jedoch Folgen: Bestimmt man als wesentliches Merkmal des Widerstands seine politische Stoßrichtung, drohen alltägliche Dimensionen der Widerständigkeit vernachlässigt zu werden – mit allen Folgen für die menschenrechtliche Legitimation individueller Auflehnung, die sich bis in die Wiedergutmachungspraxis auswirken. Bestimmt man aber zum wesentlichen Bestandteil einer inhaltlichen Festlegung mit dem Bundesgerichtshof den Versuch, aus dem Zentrum der Macht heraus einen Umsturz des Gesamtsystems zu erreichen, werden alle Regimegegner, die nicht innerhalb dieses „inneren Kreises" der Macht, also in zentralen

Institutionen des Regimes verortet waren und dort operierten, vernachlässigt. Betont man schließlich vor allem das Kriterium der Effizienz und Aktivität, so werden die Versuche derjenigen Gegner des NS-Staates verdrängt, die durch die nationalsozialistische Verfolgungspolitik eingesperrt, verfolgt, verdrängt wurden und so vielfach durch äußere Umstände der Möglichkeit beraubt wurden, aktiv den NS-Staat zu bekämpfen.[5]

Hinzu kommen weitere Grundprobleme, etwa die Frage des Verhältnisses zwischen Konfrontation und Kooperation des Individuums innerhalb des diktatorischen Systems. Vor allem Verwaltungsbeamte und Militärs leisteten ihren Beitrag zum Funktionieren des Systems. Dies war der Hintergrund für die Feststellung des führenden Kopfes im Kreisauer Kreis, Helmuth James Graf von Moltke, der in einem Brief an seine Frau von der „Schuld" an der „Schuld der Verbrecher"[6] sprach.

Diese Betonung ganz besonderer Verantwortung, die über die Tatverantwortung hinausgeht, ist für die Bewertung der verstrickenden Schuld des militärischen Widerstands von größerer Bedeutung als für den alltäglich praktizierten „Rettungswiderstand", dessen Protagonisten sich nicht mit „Scheuklappen" versahen, nur „um nicht sehen zu wollen, was für Unheil durch die Art angerichtet wird, indem man sich dieser Verantwortung entledigt".[7] Sie berührt nicht allein die Verhaltensweisen von Funktionsträgern des NS-Staates, die vielfach erst nach Jahren den Weg in den Widerstand fanden, sondern auch die Bereitschaft, andere Menschen zu denunzieren. Im Kern ist vor diesem Hintergrund die späte Debatte über Hannah Arendts Buch *Eichmann in Jerusalem* keine Auseinandersetzung über die Dimensionen der „Banalität des Bösen", sondern über die Kooperationsbereitschaft der Zeitgenossen, keineswegs allein der Judenräte, sondern ganz allgemein zwischen einzelnen Mitgliedern der Judenräte und ihren Verfolgern. So gesehen, ging es Hannah Arendt um ein prinzipielles Problem der Verantwortung im Zusammenleben, nicht um die präzise Beschreibung einer historisch determinierten Situation, eines Ereignisses, eines Zusammenhangs zwischen Handelnden. In diktatorischen Systemen scheint, dies ist ihre Botschaft, nicht einmal das

---

5 Allg. vgl. Löwenthal, Richard (Hrsg.): Widerstand und Verweigerung in Deutschland 1933 bis 1945. Berlin/Bonn 1984.
6 Helmuth James Graf von Moltke an Freya, 6. 11. 1941: „Verbrecher gibt es überall und hat es überall gegeben; aber es ist die unabweisbare Aufgabe aller Rechtschaffenen, die Verbrechen klein zu halten und wer sich dieser Aufgabe entzieht, der ist mehr Schuld an den Verbrechen als der Verbrecher selbst." Siehe Ruhm von Oppen, Beate (Hrsg.): Helmuth James Graf von Moltke, Briefe an Freya 1939–1945. München1988, S. 312.
7 Ruhm von Oppen, Moltke, Briefe an Freya, S. 312.

Opfer den Zumutungen zu entkommen, die in absoluter Macht der Machthaber begründet sind.

Diese Macht über andere, die in die Vollstreckerhaltung gezwungen werden, ist der entscheidende Bezugspunkt für die Bewertung alltäglicher Bereitschaft zur Widerständigkeit und des Willens zur Demonstration der Widerstandskraft. Nicht abstrakt, gleichsam aktivistisch, lässt sich deshalb die grundsätzliche Frage aufwerfen, weshalb sich angesichts der nationalsozialistischen Verfolgungsmaßnahmen die offene Auflehnung gegen die Entrechtung so selten nachweisen lässt, weshalb wir deshalb diejenigen, die sich alltäglich widersetzten, als „Gerechte der Völker" bezeichnen.

Im Hinblick auf nichtjüdische Zeitgenossen lässt sich eine Antwort leicht formulieren. Die Mehrheit der Bevölkerung, die dem Regime willfährig war, blieb vielfach befangen in antisemitischen und antijudaistischen Vorstellungen, wollte sich nicht gefährden, blickte weg aus Gleichgültigkeit oder aus Abstumpfung, war karriere- oder familienbewusst und strebte nur nach der Sicherung ihrer eigenen Existenz, nach dem Davonkommen und dem Überleben. Dabei hatten die meisten kein Gespür für die Gefährdung anderer. Sie wollten ihre eigene Haut retten, überleben, davonkommen, ihre Existenz bewahren; deshalb gehorchten sie. Dies hieß: Sie wollten zuvörderst innerhalb des System unauffällig sein, gleichsam funktionieren. Und zugleich erklärt dies zu einem guten Teil, weshalb so wenige unter den Deutschen in bemerkenswertem Umfang Widerstand leisteten, sondern den sie faszinierenden NS-Führern zujubelten, sich bis hin zum Kadavergehorsam steigerten, folgebereit schienen und deshalb um fast jeden Preis „davonkommen" wollten.

Was aber, so bleibt zu fragen, sollten die Juden in dieser Situation tun können? Die immer wieder gestellte Frage, weshalb sich die Juden „wie Schafe zur Schlachtbank"[8] führen ließen, wird in der Regel nur aus rhetorischen Gründen gestellt und lässt vielfach der Gespür für die lähmenden Wirkungen totaler Bedrohung der eigenen persönlichen und kollektiven Existenz vermissen. Wer von den Nachlebenden fragt nach den Auswirkungen der Angst, den lähmenden Wirkungen der Gefühle ohne die Aussicht auf einen Ausweg, nach der Lähmung der Hoffnungslosigkeit, in der absoluten Einsamkeit angesichts des Todes, nach der Trennung von Familienangehörigen? Ein verfolgter, von der Deportation bedrohter Jude hatte angesichts der Vernichtungsdrohungen und -absichten auf Dauer keine Möglichkeit, das Verhalten der Deutschen zu imitieren und durch Anpassung zu überleben.

---

8 Langbein, Hermann: „... Nicht wie die Schafe zur Schlachtbank!". Widerstand in NS-Konzentrationslagern. Frankfurt a. M. 1980.

Jede Auseinandersetzung mit den Voraussetzungen und Möglichkeiten der Auflehnung von Juden ist deshalb schwieriger als die Schilderung der Auflehnung von nichtjüdischen Widerständigen, denn als Nachlebender hat man zunächst den gewohnten Blick zu verändern, der die verfolgten und bedrängten Juden vor allem als Opfer deutet. Erinnerungen der Verfolgten erschließen Wirklichkeiten und Bedrängnisse. Wir ahnen Angst und Verzweiflung, die sie schildern. Diese Stimmungen werden literarisch, nicht selten künstlerisch verarbeitet, und so verlieren wir angesichts dieser statische Kontemplation über das drohende Schicksal häufig das Gefühl, dass die Opfer viel auflehnungswilliger und selbstbehauptungsfähiger waren, als wir ihnen gemeinhin zugestehen.

Stattdessen schauen wir auf die Täter und verstärken so zugleich erneut die Opferperspektive, indem wir die Objekte der Aggression und Vernichtung erneut ihrer gegebenen und durchaus aktiven Verhaltensmöglichkeiten, der Fähigkeit zur Entsagung, der Bereitschaft zur Herauswindung aus Zumutungen und „Verstrickungen", schließlich des Willens zur Auflehnung geradezu berauben.

Das Umfeld der Täter, von denen die meisten überlebten und so die Wahrnehmung der Nachkriegsgesellschaft entscheidend beeinflussen konnten, zeichnete sich durch eine abschreckende Gefühllosigkeit, durch große Kälte, nicht zuletzt durch eine Gleichgültigkeit aus, die Argumentationsmuster einer historischen Relativierung nutzte. Die Deutschen fühlten sich nach 1945 nicht selten als Opfer: Entnazifizierungsverfahren, Flucht, Vertreibung, Kriegszerstörung und Gefangenschaft wurden als Hinweis verstanden, die Leiden der Bevölkerung in den besetzten Gebieten, die Verfolgung politisch Andersdenkender und nicht zuletzt die lange Zeit als „Kriegsverbrechen" verharmlosten nationalsozialistischen Gewaltverbrechen – den Völkermord an den Juden, an Sinti und Roma, Euthanasieverbrechen und die Hinnahme des Massensterbens sowjetischer Kriegsgefangener – aufwiegen zu können. Die Zahl der Bombentoten wurde dabei übersteigert, die Zahl der ermordeten europäischen Juden verkleinert. Einer integralen Geschichtsbetrachtung und Würdigung der Untaten stand dies entgegen. Dies anzuerkennen, sind wir heute nach langen und heftigen geschichtspolitischen Auseinandersetzungen – dem Historikerstreit und der Debatte über die Wehrmachtsausstellung – endlich in der Lage. Aber wir tun uns schwer mit den Konsequenzen: der Konstatierung einer Einsamkeit der Entrechteten, des Preisgegebenseins, einer Trennung von ihren Angehörigen, der versuchten Auslöschung ihrer Vergangenheit und nicht zuletzt die Verweigerung und Zerstörung jeglicher Zukunftsperspektive. Diese Lösung des Schicksals der Verfolgten, Deportierten und Inhaftierten von der Realität des Schreckens war durch die retrospektive Konfrontation mit ihrem Schicksal zu durchbrechen. Dies verlangte eine große Kraft zur geschichtspolitischen Auseinandersandersetzung, einen starken Erinnerungswillen, eine historisch-politisch-pädagogische Aktivität, die nicht nur aus der Verzweiflung wuchs, sondern aus dem Anspruch, dem Täter nicht die Zukunft – die Deutung seiner Taten, die Verklärung der Geschichte – zu überlassen.

Das Schicksal der europäischen Juden war so einerseits durch den unbegrenzten und unbedingten Vernichtungswillen der NS-Führung und ihrer europäischen Kollaborateure, andererseits durch den Willen einiger der Verfolgten und existentiell Bedrohten bestimmt, für die Zukunft die Erinnerung durch Aufzeichnungen und Überleben zu sichern. Es ging um die Ermöglichung der Zeugenschaft, die den Auslöschungszielen der Nationalsozialisten eine Grenze setzte, um den Willen, Nachrichten des eigenen Schicksals in die Zukunft zu tragen, Erinnerungen zu bewahren, Erlebnisse aufzuzeichnen – dies ist eine Dimension des Widerstands, der sich rechtfertigt aus dem Ziel, dem Gegner nicht die Zukunft zu überlassen.

Der Blick auf den Widerstand von Juden ist deshalb besonders geeignet, die Vielfalt von Widerständigkeit, Selbstbehauptung und „abweichendem Verhalten", von Normverletzung und Konspiration, schließlich von Gegenwehr und aktivem Kampf zu illustrieren. Gemeinsam war allen, die als Juden Widerstand leisteten, der Wunsch, den Unterdrückern nicht die Herrschaft über die zukünftige Deutung ihrer Vergangenheit zu überlassen.

Die Kontextualisierung des jüdischen Widerstands bedeutet also, dass zunächst erstarrte Begriffe des komplexen Wortfelds „Widerstand" aufzulösen und sozial sowie im Rahmen der Handlungsdimensionen und -situationen, die sie beschreiben, zu betrachten sind. Die Differenzierung von Auflehnung, Protest, Widerstand, von Selbstbehauptung und Selbstverteidigung, von Konspiration und Kampf von außen stellt die Voraussetzung für einen Perspektivenwechsel und eine Erweiterung des Blicks da. Sie überwindet nicht selten die Fixierungen der Geschichtsschreibung, die – wenn überhaupt – dann nur unzureichend in der Lage ist, die vergangenen Lebenswirklichkeiten, Emotionen und Ängste der handelnden Widerständigen zu erfassen.

Widerstand von Juden verweist zunächst auf die totale Vernichtungsdrohung der Verfolger und Unterdrücker, nicht – wie in manchen anderen herrschaftsnäheren Bereichen des Widerstands – auf Versuche, das System durch einen völligen Umsturz zu verändern, eigene politische Optionen durchzusetzen oder unter den Lebensbedingungen des NS-Staates zu entwickeln. Widerstand von Juden zielte letztlich auf die soziale, konfessionelle und individuelle Selbstbehauptung nicht nur des Einzelnen, sondern seines ganzen Volkes, seiner Geschichte und Religion. Er konzentrierte sich wie bei keiner anderen Widerstandsart auf den Versuch, das Wissen von dem gegenwärtigen Schrecken in die Zukunft zu tragen – und dies angesichts des Todes.

Versuche der „Selbstbehauptung" lassen sich deshalb als Ausdruck eines Widerstands deuten, der große Aktivitäten verlangte, der riskant war und auf weit mehr zielte, als nur auf den Umsturz des Systems aus dem Innern der Macht. Diese im Widerstand durchgesetzte Selbstbehauptung ist nur vor dem Hintergrund des zerbrochenen Lebensgefühls zu verstehen, der zugleich das Ende eines Traumes vieler Juden bedeutete, die seit dem späten 18. Jahrhundert auf die Durchsetzung eines neuen Menschenrechtes und Menschheitsideals setzten. Diese Hoffnung wird im Rückblick bereits dadurch problematisch, weil es zu allen Zeiten Propagandisten eines „eliminatorischen Antisemitismus" (Daniel Goldhagen) gab, die lange Zeit in ihrer Wirkung begrenzt blieben, auch, weil staatliche Institutionen die Juden vor Übergriffen schützten.[9]

Der entscheidende Wandel erfolgte im 19. Jahrhundert.[10] Die Geschichte der Juden seit der Emanzipation ist deshalb eine Abfolge von Ausgrenzungen, Drohungen, Übergriffen und Entrechtungen, die schließlich unter dem Einfluss des totalitären Maßnahmenstaates in die Vernichtung mündeten. Zunehmend scheiterten alle Versuche, Christen und Juden oder, wie man sagte, Deutsche und Juden in einen gemeinsamen Lebenszusammenhang zu bringen.

Die in Deutschland lebenden Juden konnten sich das mit der nationalsozialistischen Machtergreifung Kommende in der Regel kaum vorstellen – sie so wenig wie andere spätere Regimegegner, die wie Wilhelm Hoegner nach 1933 in ihren Erinnerungen betonten, ihnen hätte in den Endjahren der Weimarer Republik und noch in der Konsolidierungsphase des NS-Staates die Phantasie gefehlt, sich die Zerstörung des Rechtsstaates mit allen seinen Folgen vorstellen zu können: „Keiner von uns stellte sich damals vor, dass sich die Nationalsozialisten so tief in den Staat einfressen würden, dass sie nur mit diesem zusammen untergehen könnten."[11] Die Konfrontation mit der nationalsozialistischen Gewalt führte zu einer ersten politisch motivierten Massenemigration, in der durchaus eine frühe Form des Willens zur Selbstbehauptung deutscher Juden zu sehen ist. Allein 1933 verließen 40.000 Juden Deutschland, ein Jahr später noch einmal 30.000. Sie handelten klarsichtiger als jene, die ihr Heil zunächst einmal in der Betonung ihrer nationalen Zuverlässigkeit erblickten, ihre Kriegsauszeichnungen anlegten und darauf vertrauten, dass den aktiven Teilnehmern am Ersten Weltkrieg und deren Angehörigen kein Leid geschehen würde. Sie erkannten nicht, dass die NS-Führung keineswegs ihr Nationalgefühl bezweifelte, sondern dass sie ganz grundsätzlich den „Lebenswert" der deutschen Juden bezweifelte.

---

9 Exemplarisch Smith, Helmut Walser: Die Geschichte des Schlachters. Mord und Antisemitismus in einer deutschen Kleinstadt. Göttingen 2002.
10 Rürup, Reinhard: Emanzipation und Antisemitismus. Studien zur „Judenfrage" der bürgerlichen Gesellschaft. Göttingen 1975.
11 Hoegner, Wilhelm: Flucht vor Hitler. Erinnerungen an die Kapitulation der ersten deutschen Republik 1933. Frankfurt a. M. 1979, S. 186.

Das erste einschneidende Erlebnis war für viele deutsche Juden der von der NSDAP organisierte Boykott jüdischer Geschäfte im April 1933. Viele Juden wurden nun mit einem offen betonten Willen der NS-Führung zur Rechtlosigkeit konfrontiert, die lähmte und geradezu wehrlos zu machen schien. Sie fühlten sich zugleich gedemütigt und sozial isoliert. Ausfälle gegen deutsche Staatsbürger jüdischen Glaubens hatte es seit der Judenemanzipation immer wieder gegeben – von den Treitschkes und Stoeckers führte ein gerader Weg zur antisemitischen Agitation der Nationalsozialisten – aber diese Bewegung hatte bis dahin nicht das Selbstverständnis der politischen Führungsgeschichten geprägt oder gar mit der staatlichen Macht verbunden.[12]

Die in Deutschland lebenden Juden wurden nicht erst seit 1933 von staatlichen Stellen offiziell gebrandmarkt, gesellschaftlich ausgegrenzt und aus dem nationalen Konsens ausgegliedert. Mit dem „Arierparagraphen" von 7. April 1933 wurde deutlich, dass es keine Gemeinsamkeit mehr auf der Grundlage des deutschen Nationalstaates gab. Damit veränderte sich zugleich auch das Selbstverständnis der deutschen Juden. Dies hatte Auswirkungen auf die Organisation ihres Kulturlebens und die Entwicklung eines spezifischen „jüdischen Widerstandes", der nicht zuletzt auf die Bewahrung der eigenen Identität zielte.

Wenige Monate nach dem Aprilboykott vom 1. 4. 1933, der in engem Zusammenhang mit der Entlassung von Beamten aus angeblich politischen und dabei immer auch „rassischen" Gründen gesehen werden muss, erließ die deutsche Reichsregierung – durch das Ermächtigungsgesetz auch zum Gesetzgeber geworden – am 14. Juli 1933 ein Gesetz, welches die Vernichtung des angeblichen „rassischen Gegners" vorbereitete. Zum angeblichen Schutz der „Rasse" sollten „rassisch Minderwertige" sterilisiert werden. Die Zerstörung dessen, was Menschenantlitz trug (Karl Jaspers) setzte allmählich ein, „vor aller Augen"[13] und vor allem auch im Bewusstsein einer fachlich hervorragend geschulten Öffentlichkeit. Mediziner, Psychiater, Strafrechtsreformer beteiligten sich engagiert an der Entwicklung von Instrumenten einer sogenannten „positiven" als auch der „negativen Rassenpolitik". Die „positive Eugenik" betonte Aspekte angeblicher „Rassenhygiene" und orientierte sich am Ideal eines „aufgenordeten Volks"; die „negative Eugenik" rechtfertige Abtreibungen, Bestrahlung von Fortpflanzungsorganen,

---

12 Krieger, Karsten (Bearb.): Der „Berliner Antisemitismusstreit" 1879–1881. Eine Kontroverse um die Zugehörigkeit der deutschen Juden zur Nation. Kommentierte Quellenedition. 2 Bde. München 2003.
13 Hesse, Klaus/Springer, Philipp: Vor aller Augen. Fotodokumente des nationalsozialistischen Terrors in der Provinz, für die Stiftung Topographie des Terrors hrsg. von Reinhard Rürup. Essen 2002.

schließlich die Tötung von angeblich „lebensunwerten" Kindern, von Eltern, von Generationen, Geschlechtern, ja Völkern. So wurde deutlich: Widerstand, der sich dagegen richtete, widersetzte sich einem immer wieder angedeuteten und schließlich deutlich ausgesprochenen Todesurteil gegen ein ganzes Volk.

Auch die „Nürnberger Gesetze" vom September 1935 stellten eine Eskalationsstufe dar und bezeichneten den Übergang von der demonstrierten Verachtung zum Übergriff. „Rassenschande" wurde zum Delikt, das sich gegen den Einzelnen richtete und seine Würde mit seinem Menschenrecht auf die Entfaltung der eigenen Persönlichkeit infrage stellte. Überdies wurden die deutschen Juden ihrer Bürgerrechte beraubt, als man sie zu Staatsangehörigen erklärte. Juden wurden nun auch rechtlich zu Angehörigen einer eigenen Rasse, der sie nicht mehr entkommen konnten. Die Ausgrenzung der deutschen Juden verstärkte jedoch deren Eigen- und Selbstbewusstsein und erhöhte den Willen zur Selbstbehauptung, sei es durch Vorbereitung von Auswanderung und Flucht, sei es durch die Rückbesinnung auf die eigenen kulturellen und konfessionellen Traditionen.

Das in der Auseinandersetzung mit dem Nationalsozialismus entstandene neue Selbstbewusstsein von Juden, die sich den Nationalsozialisten und ihrer Rassenpolitik nicht fügen wollten, war die vielleicht wichtigste Voraussetzung für vielfach bewiesene Selbstbehauptung und offen gezeigten Widerstandswillen von Juden. Zahlreiche zionistische Organisationen verstärkten seitdem zunehmend ihren Einfluss auf die Entstehung einer jüdischen Identität.

Wie aber sollten die deutschen Juden, die sich weiterhin als Deutsche empfanden, auf Terror, Entrechtung, Zerstörung der Bildungschancen ihrer Kinder und gesellschaftliche Ächtung reagieren? Für sie bot die Emigrationen eben keinen akzeptierbaren Ausweg, denn sie fühlten sich im Exil fremd, verstanden die fremden Sprachen und Lebensgewohnheiten nicht, glaubten angesichts der Not, die ihnen im Ausland nach der faktischen Enteignung durch die deutschen Behörden bevorstand, auch nicht an ein erträgliches Leben im Ausland. Hinzu kam die zunehmende Fremdenfeindlichkeit in den aufnehmenden Ländern.

Dennoch verließen allein zwischen 1934 und 1938 100.000 deutsche Juden das Reich. Sie flüchteten vor den Nationalsozialisten und ihren Politikern, nahmen dafür Unsicherheit und Elend eines ungewissen häufig feindlichen Asyls in Kauf und lösten sich von der deutschen Gesellschaft. Sie reagierten aktiv auf den Vorgang der Absonderung und Ausstoßung, in dem sie die Deutschen verließen, die auf Geheiß des NS-Führung private Kontakte zu Juden schon bald nach 1933 eingeschränkt hatten. Die Furcht vor den Folgen aufrecht erhaltener Beziehungen zwischen Deutschen und Juden beherrschte beide Seiten und lähmte sie in gleicher Weise.

Dennoch blieb langfristig nicht nur die Möglichkeit der Emigration, um sich selbst zu behaupten und auf die Bedrohung der Juden zu reagieren. Flucht aus Deutschland war so keine Ausflucht, sondern Ausdruck eines Selbstbehauptungswillens trotz einer systematisch vorbereiteten Vertreibung, die mit einer Beraubung einherging. So muss die Frage nach dem jüdischen Widerstand neben den sozialen, kulturellen und politischen Voraussetzungen auch von den zeitspezifischen Kontexten einer Auflehnung der Juden ausgehen. Voraussetzungen des Widerstands von Juden spiegelten ebenso wie die zeitgeschichtlichen Zusammenhänge die ganze Vielfalt der europäischen Geschichte in ihren sozialen Differenzierungen, in ihrer nationalstaatlichen Vielfalt und ihrer religiösen Vielgestaltigkeit, nicht zuletzt aber auch ihrer regionalen Herkunft.

Unsere Vorstellung vom einheitlichen Judentum ist erst das Ergebnis der Geschichte des 20. Jahrhunderts.[14] Es hat mit seinen Unterdrückungen, Verfolgungen und Verbrechen eine einheitliche Vorstellung hervorgebracht, die im eigentlichen Sinne eine Lebenswirklichkeit der gemeinsamen jüdischen Existenz entstehen lässt. Diese bildet sich in der Konfrontation mit der fundamentalen Infragestellung des Judentums, in der Auseinandersetzung mit einem Gegner, der die Vernichtungsfrage nicht nur abstrakt stellt, sondern die Vernichtung praktisch betreibt: zynisch, zielstrebig, brutal, menschenverachtend. Diese Vernichtungsabsicht bildet die entscheidende Kontrastfolie für die Bestimmung des Widerstands von Juden und die Würdigung mannigfacher Formen der Widerständigkeit.

In der Gegenüberstellung mit dieser totalen Infragestellung durch die nationalsozialistische Rassenideologie und Vernichtungspraxis von Juden muss gedacht und bestimmt werden, was unter jüdischem Widerstand, unter dem Widerstand von Juden verstanden werden kann. Die zentrale Kategorie eines Widerstandsbegriffs, der diese besondere Situation von Menschen, Familien, Gruppen und Gemeinden an der Grenze zur Vernichtung des Einzelnen und zur beschlossenen Ermordung einen ganzen Volkes reflektiert, kann nicht allein der Wille zur politischen Aktion sein, sondern von zentraler Bedeutung bleibt der Wille der bedrohten europäischen Juden zur Selbstbehauptung. Stellvertretend berührt dieser Widerstand deshalb die Stellung der Juden in der Welt, denn der Vernichtungswille der Nationalsozialisten machte an den Grenzen ihres Einflussbereiches nicht halt. Er zielt auf die völlige „Eliminierung".

Damit ist deutlich, dass unsere Vorstellung von der Konzeption des „jüdischen Widerstands" nicht von der Realität der Vernichtung absehen kann. Widerstand in diesem Kontext bezeichnet nicht den in unserer Gegenwart inflationierten

---

14 Vgl. Zimmermann, Moshe: Die deutschen Juden 1914–1945. München 1997.

Begriff, sondern im wörtlichen Sinn vielmehr: die Behauptung des „Selbst", der eigenen Person und Personalität, des Lebens, der Herkunft, der Traditionen, der Erfahrungszusammenhänge und spezifischen Welthorizonte.

Wir wissen aus Erinnerungen der Verfolgten und Bedrohten, wie weit dieser Wille zu ihrer Selbstbehauptung ging: bis zum Verlust geliebter Menschen, an die nach der Trennung in der Wirklichkeit der Lager kaum ein Gedanke bleiben konnte, wollte man in der Trauer um den Verlust der Liebsten nicht zugrunde gehen. Die Trennung von dem geliebten anderen Teil eines gemeinsamen und so weit zurückliegenden früheren Lebens konnte nur überwunden werden bei einem ins Extrem gesteigerten Überlebenswillen. Nur wer die Ghettos und Lager überlebte, hatte die Möglichkeit zu hoffen, dereinst, nach der Befreiung, die Nachricht vom Schrecken zu verbreiten, Tatsachen zu berichten, an die zu glauben sich manche Menschen bis heute zu weigern scheinen.

Wir wissen weiterhin aus den Erinnerungen der Ausgelieferten, dass der Gedanke, die Kenntnis des erlebten Schreckens und des erfahrenen Unrechts in die Zukunft zu tragen, durchaus die Überlebenskraft stärkte. Dem Peiniger nicht auch nur ansatzweise die Möglichkeit zu überlassen, seine Sicht der Vernichtungspraxis[15] und der Geschichte des Völkermords zu schreiben, dies gab nicht selten Überlebenskraft. Dies konnte bedeuten, Aufzeichnungen zu machen und zu verstecken, dies konnte heißen, dass Kleinigkeiten, Gegenstände, Bilder des inneren Blicks, Gespräche und Begegnungen zu einer wesentlichen Voraussetzung und Begleiterscheinung der Selbstbehauptung werden konnten. Ein abgezweigtes Essbesteck aus der Berliner Wohnung, eine kleine Notiz, ein Foto oder ein Erinnerungstuch, eine Steinguttasse als Relikt einer jäh zerstörten vergangenen Wirklichkeit konnten eine große Bedeutung für die eigene Behauptung erhalten. Es ging nicht selten darum, durch die Bewahrung von Erinnerungsstücken und den sprichwörtlichen „Dingen"[16] den Willen zu bekräftigen, sich die Zukunft nicht nehmen zu lassen.

Gegen die Neigung zum Vergessen, die vielfach überlebensnotwendig war, wurde der Wille zur Überlieferung der Erinnerung in die Zukunft hinein entwickelt. Zuweilen musste sich dieser Überlieferungswillen schon in der Lagergegenwart bewähren. Dort mussten Absprachen getroffen werden, um Gegenstände aus dem Lager zu schmuggeln, schließlich um Nachrichten – etwa über die Verbrechen

---

15 Vgl. etwa die Rede Heinrich Himmlers, die dieser am 4. und 6. Oktober 1943 in Posen gehalten hat. Siehe: Internationaler Militärgerichtshof Nürnberg (IMT): Der Nürnberger Prozess gegen die Hauptkriegsverbrecher. Nachdruck. München 1989, Bd. 29: Urkunden und anderes Beweismaterial (Dokument 1919-PS).
16 Fahidi, Éva: Die Seele der Dinge. Berlin 2011.

in den Vernichtungslagern – in die Welt zu übermitteln. Aus diesem Willen entstand etwa die Kraft zur Widerständigkeit eines weiblichen KZ-Häftlings in der Kleiderkammer, die in den Taschen der Mäntel von Ermordeten Judensterne versteckte, bevor diese Kleidungsstücke an das Winterhilfswerk überstellt wurden. Sie hoffte, auf diese Weise die Nachricht vom Völkermord in die Welt zu tragen.

Der Wille, die Tatsachen zu bewahren und so die Voraussetzungen für Erinnerung und Gedenken zu schaffen, ist eine wesentliche Antriebskraft des Widerstands von Juden gewesen, die unter den Bedingungen des Ghetto- und KZ-Systems zu handeln gezwungen waren. Dieser Widerstand ist nur verständlich als Ausdruck einer kollektiven und personalen Selbstbehauptung, die auf Überlieferung von Erfahrungen und Kulturen zielte. Es ging um Bewahrung und Festigung jüdischer Identität, die sich aus den Leiden und den Erfahrungen existentieller Bedrohung speiste, aber nicht in diesen aufging. Niemals waren diejenigen, die sich behaupten wollten, bereit, dem Gegner und Peiniger den Anspruch auf die Zukunft zu überlassen. Selbstbehauptung konnte sich steigern zum Selbstbewusstsein, das auf seine Verwirklichung durch eine Aktion drängen wollte.

Die Manifestation des Widerstands von Juden ist nach 1945 vielfach als Versuch gedeutet worden, zumindest die Begleitumstände des von der NS-Führung angeordneten Todes zu gestalten. Immer aber ging es um mehr als nur um einen Akt, der in letzter Verzweiflung erfolgte. Denn das Ziel der Aktion war es, sich im Widerstand selbst zu behaupten, als Mensch und als Jude, aber auch als Kraft, die den Verlauf der Geschichte mitbestimmte.

Dieser Wunsch entschied über den unterschiedlich organisierten Widerstand, den Juden im Rahmen von politischen Gruppierungen leisteten, und über die Anstrengung zur Rettung des eigenen Lebens durch Verweigerung und aktive Abwehr. Juden, die Widerstand leisteten, handelten im Unterschied zu den meisten Angehörigen der bürgerlichen und militärischen Opposition niemals aus partieller innerer Übereinstimmung mit dem Nationalsozialismus. Der jüdische Widerstand war auch nicht belastet durch die vielfach unter deutschen Oppositionellen anzutreffende antisemitische Grundstimmung, wie sie auch die europäischen Widerstandsbewegungen vielfach prägte und belastete, so sehr, dass dieser Bereich bis heute nicht erschöpfend untersucht, nicht einmal präzise thematisiert worden ist. Im Widerstand von Juden ist die Auflehnung gegen die höchste Lebensangst, die größte Bedrohung, die menschlich sehr anrührende Dimension der Auflehnung eines Volkes zu sehen, das mit seinen Kindern, Frau und Greisen, mit seinen Hilf- und auch Sprachlosen blindwütigen Menschen ausgeliefert war, die ein totaler Vernichtungs-, ein Entwurzelungswillen antrieb. Angesichts dieses Vernichtungswillens der nationalsozialistischen Rassisten bedurfte es außerordentlicher Energie und eines über die eigene Existenz hinausweisenden Willens, um sich durch die Bewahrung der eigenen Identität zu behaupten.

In dieser Hinsicht ist die Besonderheit des jüdischen Widerstands zu betonen, der zukunftsträchtiger und prinzipiell wichtiger als der so oft besprochene angebliche „jüdische Selbsthass" ist. Angesichts des nicht zu hemmenden, sondern sich im Kriegsverlauf zum „Ersatzkriegsziel"[17] steigernden Vernichtungswillens konnte jüdischer Widerstand nicht auf den Umsturz des Ganzen zielen, und schon gar nicht konnte er aus dem Zentrum der Macht erfolgen. Er wendete sich gegen diejenigen, die sich vorgenommen hatten, das jüdische Volk auszurotten und die unverfälschte Erinnerung an seine Geschichte, Kultur, Sprache und Kunst, an seine Mitmenschlichkeit, zu zerstören. Diese Absicht misslang, trotz der bis heute nicht dimensionierbaren Ausrottung des Ostjudentums, trotz der Zerstörung der westeuropäischen jüdischen Kultur, welche mit ihren Überlebenden niemals mehr ein ganz integrierbarer Teil der westlichen Gesellschaften werden kann.

Eine Folge des Widerstands von Juden, der von ihnen in Konzentrationslagern und Ghettos bewiesenen Selbstbehauptung, ihres Versuchs, im Untergrund zu überleben, durch den Dienst in alliierten Kampfverbände oder durch die Beteiligung am Kampf der Partisanen in den besetzten Gebieten, die Hitlers Herrschaft stürzen wollten, war Ausdruck eines Widerstandswillens, der das höchste Risiko bedeutete, das in der Auseinandersetzung mit dem Regime eingegangen werden konnte.

In diesem Kampf drückte sich nicht nur die Bewahrung der eigenen Identität, sondern auch die Überlieferung von wesentlichen Elementen jüdischen Selbstbewusstseins und jüdischen Lebens, von jüdischer Geschichte für die Zukunft aus. Weil der jüdische Widerstand mit den herkömmlichen Kategorien der modernen Widerstandsforschung nicht zu erfassen ist, geht es auch um die Einsicht in die totale Konfrontation des Menschen mit einem unbegrenzten Vernichtungswillen der NS-Führung.

Ist angesichts des Willens zur völligen Vernichtung des Judentums die Geschichte der jüdischen Selbstbehauptung nicht zugleich ein wichtiger Teil der Geschichte der Nichtjuden? Denn die „Judenfrage", die die Nationalsozialisten „lösen" wollten, ist nicht allein eine Frage der Nichtjuden an die Juden. Die „Judenfrage" ist auch eine Frage der Juden an uns, wie manche Gegner Hitlers, unter ihnen Karl Barth und vor allem Dietrich Bonhoeffer, sehr frühzeitig erkannt hatten. Selbstbehauptung von Juden verweist dann immer zugleich auf einen existentiell bedrängenden Kern unbedingter Gegnerschaft; so beeinflusst er auch die Gegnerschaft von Nichtjuden, die in ihrer Haltung zur „Judenfrage"

---

17 Broszat, Martin: Hitler und die Genesis der „Endlösung". In: Vierteljahrshefte für Zeitgeschichte 4 (1977), S. 739–775.

die Chance erhalten, einen Teil ihrer eigenen Moralität zu beweisen – und dabei nicht selten versagen.

Was bleibt? Der geradezu übermenschlich anrührende Widerstand von Juden ist nicht ein leichthin zu heroisierender Teil der Erfolgsgeschichte des Kampfes gegen den Nationalsozialismus. Er ist in seinem Wirken und in seinem Erfolg nicht an den Ereignissen zu messen, die den Völkermord an den Juden prägen. Angesichts der Vernichtungsbereitschaft der Nationalsozialisten verkörpert jeder, der sich behauptete, eine Möglichkeit der Selbstbehauptung. Die Geschichte der Juden ist insgesamt Ausdruck einer jahrtausendlangen Selbstbehauptung als Volk und Gruppe – und als Individuum. So gesehen, benötigen die Juden kaum die Geschichte des Widerstands als Ausgangspunkt eines historischen Mythos, wie er in manchen Staaten von West- und Osteuropa gepflegt wurde. Mythisierungen ziehen unausweichlich Entmythisierungen nach sich. Vor dieser Entmythisierung ist die Geschichte des Widerstands von jenen Juden gefeit, die sich vor 1945 gegen ihre Verfolger zur Wehr setzten und ihr eigenes Bild in der Geschichtsschreibung hinterließen – sie leisteten Widerstand, nicht um das System zu ändern oder zu modifizieren, sondern um zu überleben. Insofern verkörpern sie die Konfrontation des Individuums mit der totalen Macht – die Grunderfahrung der Geschichte unseres Jahrhunderts, eines Jahrhunderts der Diktaturen.

Jüdischer Widerstand im besetzten Polen

Melanie Hembera
Verstecken und Flucht am Beispiel des Ghettos in Tarnów

Fünfzig bis sechzig Prozent der europäischen Juden und rund zwei Drittel der späteren jüdischen Mordopfer lebten zwischen 1939 und 1944 zumindest temporär in einem Ghetto.[1] Während viele Aspekte der nationalsozialistischen Verfolgungs- und Vernichtungspolitik gegenüber der jüdischen Bevölkerung als verhältnismäßig gut erforscht gelten, stellen zahlreiche Facetten gerade in Bezug auf die Lebensbedingungen in den Ghettos bis dato immer noch ein Desiderat innerhalb der Historiografie dar.[2] Hierzu zählt beispielsweise auch die Rettung jüdischer Ghettoinsassen durch Verstecken und Flucht, was nicht zuletzt angesichts der Tatsache verwundern mag, dass allein im nationalsozialistisch besetzten Polen rund 45.000 bis 60.000 Juden die NS-Okkupation in Verstecken überlebten.[3] Auch diese Zahlen sind jedoch lediglich Schätzungen, da eine exakte Zahl derjenigen Juden, denen eine erfolgreiche Flucht und ein Leben in der „Illegalität" glückten, kaum zu bestimmen ist. Dies liegt mitunter in der Quellenlage begründet: Dokumente, die uns Aufschluss über diese Formen jüdischen Widerstandes zu geben vermögen, sind äußerst rar – sei aus der Perspektive der Täter, der Opfer

---
1 Dieckmann, Christoph/Quinkert, Babette: Einleitung. In: Dieckmann, Christoph/Quinkert, Babette (Hrsg.): Im Ghetto 1939–1945. Neue Forschungen zu Alltag und Umfeld. Göttingen 2009, S. 9–29, hier S. 9.
2 Einzelne Ghettos sind mittlerweile gut erforscht, vgl. hierzu etwa: Sakowska, Ruta: Menschen im Ghetto. Die jüdische Bevölkerung im besetzten Warschau 1939–1943. Osnabrück 1999; Engelking, Barbara/Leociak, Jacek: Getto warszawskie. Przewodnik po nieistniejącym mieście. Warszawa 2001; Löw, Andrea: Juden im Ghetto Litzmannstadt. Lebensbedingungen, Selbstwahrnehmung, Verhalten. Göttingen 2006; Löw, Andrea/Roth, Markus: Das Warschauer Ghetto. Alltag und Widerstand im Angesicht der Vernichtung. München 2013. Übergreifend etwa: Michman, Dan: The Emergence of Jewish Ghettos during the Holocaust. Cambridge [u. a.] 2011; Dieckmann/Quinkert (Hrsg.), Im Ghetto 1939–1945.
3 Vgl. Golczewski, Frank: Polen. In: Benz, Wolfgang (Hrsg.): Dimension des Völkermords. Die Zahl der jüdischen Opfer des Nationalsozialismus. München 1991, S. 411–497, hier S. 491.

Anmerkung: Recherchearbeiten für diesen Beitrag wurden während meiner Zeit als Exchange Fellow am Institut für Zeitgeschichte/United States Holocaust Memorial Museum's Advanced Holocaust Studies durchgeführt. Mein herzlicher Dank gilt den Mitarbeitern im Archiv und in der Bibliothek des USHMM wie auch den Mitarbeitern am Center for Advanced Holocaust Studies/USHMM. Dieser Aufsatz basiert auf Ausführungen aus der Dissertation der Verfasserin mit dem Titel „Die Shoah im Distrikt Krakau des Generalgouvernements. Eine Fallstudie am Beispiel der Stadt Tarnów", die 2014 an der Ruprecht-Karls-Universität Heidelberg eingereicht wurde.

oder auch der sogenannten „Zuschauer". Seitens der Täter existieren wenige Aufzeichnungen über diesen Aspekt. Dokumentiert wurden, etwa in Lageberichten, in der Hauptsache – sofern überhaupt – die „deutschen Erfolge" beim Aufspüren von versteckten Juden, wobei dies allerdings in den meisten Fällen nicht derart minutiös dokumentiert wurde, wie etwa im erhalten gebliebenen Bericht *Die Lösung der Judenfrage im Distrikt Galizien* des SS- und Polizeiführers des Distrikts Galizien, Fritz Katzmann.[4]

Die Quellenüberlieferungen von Seiten der Opfer sind ausführlicher, allerdings finden wir die Informationen in der Regel lediglich dann, wenn das Verstecken und die Flucht während der NS-Besatzung glückten und die Jahre der Okkupation überlebt wurden. Die Quellen der Opferseite, die Einblicke in die Art und Weise, die Vorbereitungen, die konkrete Durchführung, die Mithilfe etwa der nichtjüdischen Bevölkerung, und die Alltäglichkeit während der Flucht oder im Versteck vermitteln, sind in der Mehrzahl der Fälle in der Retroperspektive entstanden. Hierzu gehören sowohl Memoiren von Überlebenden als auch Überlebenden-Berichte.[5] In sehr seltenen Fällen existieren zudem auch Tagebücher von Überlebenden, die uns zeitnahe Einblicke aus sehr individueller Perspektive gewähren. Eine weitere Quellenart, deren Stellenwert innerhalb der Historiografie in den kommenden Jahren zunehmen dürfte und die gerade für Fragestellungen nach den Aspekten Verstecken und Flucht der jüdischen Bevölkerung äußerst gewinnbringend sein kann, sind Interviews von Holocaust-Überlebenden.[6] Die größte Sammlung von aufgezeichneten mündlichen Befragungen von Verfolgten des nationalsozialistischen Regimes als Zeitzeugen bietet die von Steven Spielberg im Jahre 1994 gegründete „Survivors of the Shoah Visual History Foundation".

Auch die Perspektive der „Zuschauer" über Verstecken und Flucht der jüdischen Bevölkerung unter nationalsozialistischer Herrschaft sind äußerst dünn gesät, dennoch finden sich auch Quellen von nichtjüdischen Polen, die Aufschluss über Verstecken und Flucht zu geben vermögen, so wie Tagebücher oder auch Erinnerungsberichte.

---

4 Der Katzmann-Bericht wurde in Polen ediert: Żbikowski, Andrzej (Hrsg.): Friedrich Katzmann, Rozwiązanie kwestii żydowskiej w dystrykcie Galicja. Warszawa 2001.
5 Diese finden sich v. a. im Archiv des Jüdischen Historischen Instituts in Warschau, im Archiv von Yad Vashem in Jerusalem sowie im Archiv des United States Holocaust Memorial Museum in Washington, D. C.
6 An dieser Stelle können keine Überlegungen zum methodischen Umgang mit dieser Quellenart stehen, allerdings sei auf einschlägige Literatur verwiesen. Vgl. etwa: Greenspan, Henry: On Listening to Holocaust Survivors. Recounting and Life History. Westport 1998; Langer, Lawrence L.: Holocaust Testimonies. The Ruins of Memory. New Haven/London 1991.

Eine perspektivübergreifende Quellengattung stellen schließlich die NS-Ermittlungsverfahren der Nachkriegsjustiz dar.[7] Zwar liegt das Hauptaugenmerk der Ermittlungsakten auf den Taten und Tätern, allerdings werden die Quellen auch zunehmend für andere historische Fragestellung herangezogen.[8] Die Aspekte Verstecken und Flucht werden zwar in den seltensten Fällen exzessiv beleuchtet und es finden sich – wenn überhaupt – meist nur sehr fragmentarisch Informationen, dennoch erscheint ein Blick vor allem in die zahlreichen Vernehmungs- und Aussageprotokolle der Ermittlungsverfahren meines Erachtens lohnenswert.

Der vorliegende Beitrag gliedert sich in drei Teile. Im Ersten soll ein historischer Abriss über das Schicksal der jüdischen Bevölkerung in der Stadt Tarnów unter nationalsozialistischer Besatzung gegeben werden. Im darauffolgenden Teil werden die Aspekte Flucht und Verstecken als eine Form des jüdischen Widerstandes anhand des Ghettos in Tarnów behandelt, wobei das Hauptaugenmerk auf zwei spezifischen Formen von Flucht und Verstecken liegt: erstens dem Verstecken innerhalb des Ghettos und zweitens der Flucht aus dem Ghetto mit anschließendem Verstecken in der Stadt Tarnów. Anhand ausgewählter Einzelschicksale wird mitunter den Fragen nach den Voraussetzungen, der Organisation sowie der alltagsgeschichtlichen Dimension in den Verstecken nachgegangen werden. Abschließend steht eine Schlussbetrachtung, in der die vorliegenden Ergebnisse zusammengefasst werden.

Die jüdische Bevölkerung Tarnóws unter nationalsozialistischer Besatzung

Die Stadt Tarnów, rund 85 Kilometer östlich von Krakau entfernt gelegen, wurde am 7. September 1939 von den Deutschen besetzt.[9] Nach Ausrufung des

---

7 Grundlegend zum methodischen Umgang mit NS-Ermittlungsverfahren vgl. Tuchel, Johannes: Die NS-Prozesse als Materialgrundlage für die historische Forschung. In: Weber, Jürgen/Steinbach, Peter (Hrsg.): Vergangenheitsbewältigung durch Strafverfahren? München 1984, S. 134–144; Scheffler, Wolfgang: NS-Prozesse als Geschichtsquelle. Bedeutung und Grenzen ihrer Auswertbarkeit durch den Historiker. In: Scheffler, Wolfgang/Bergmann, Werner (Hrsg.): Lerntag über den Holocaust als Thema im Geschichtsunterricht und in der politischen Bildung. Berlin 1998, S. 13–27. Vgl. zudem etwa: Finger, Jürgen [u. a.]: Vom Recht zur Geschichte. Akten aus NS-Prozessen als Quellen der Zeitgeschichte. Göttingen 2009.
8 Vgl. hierzu exemplarisch: Lehnstaedt, Stephan: Täterforschung als Kulturgeschichte. Ein neuer Blick auf die Ludwigsburger Akten. In: Mitteilungen aus dem Bundesarchiv. Themenheft 16 (2008), S. 72–83.
9 Vgl. Pietrzykowa, Aleksandra/Potępa, Stanisław (Hrsg.): Zagłada Tarnowskich Żydów. Tarnów 1990, S. 9.

"Generalgouvernements für die besetzten polnischen Gebiete"[10] war Tarnów Teil des Distrikts Krakau.[11] Letzterer zählte mit etwa 3,7 Millionen Einwohnern und einer Fläche von rund 26.441 Quadratkilometern zu einem der größten und bevölkerungsreichsten der insgesamt fünf Distrikte des Generalgouvernements.[12] Vor Kriegsausbruch lebten in der Stadt rund 50.000 Einwohner, wovon beinahe die Hälfte, rund 45 Prozent, jüdischen Glaubens waren.[13] Unmittelbar vor Kriegsausbruch sowie in den ersten Tagen der Okkupation flüchteten einige Tausend Juden aus der Stadt in den ostgalizischen Raum, vermehrt in die Gegend um Lemberg, um sich vor den Besatzern in Sicherheit zu bringen.[14] Diejenigen Juden, die in der Stadt verblieben, wurden bereits in den ersten Tagen und Wochen nach dem deutschen Einmarsch von der Härte der antijüdischen Maßnahmen getroffen, die das Leben der jüdischen Gemeinde in Tarnów sukzessive einschränkten. Seit Oktober 1939 häuften sich die deutschen Verordnungen, die in beinahe alle Lebensbereiche der jüdischen Bevölkerung eingriffen und auf deren Entrechtung und Ausbeutung abzielten. Dies führte nicht zuletzt zu einer schleichenden Pauperisierung großer Teile der jüdischen Bevölkerung, wobei diese prekäre Situation zudem durch Flüchtlinge und Umsiedler, die verstärkt seit 1940 in Tarnów eintrafen, verschlimmert wurde. Die Mehrzahl jener Juden kamen aus Krakau,

---

10 Das Generalgouvernement bezeichnete dasjenige polnische Territorium, welches nicht dem Deutschen Reich einverleibt worden war. Zunächst wurde es in die vier Distrikte Krakau, Warschau, Radom und Lublin gegliedert. Nach dem deutschen Überfall auf die Sowjetunion wurde am 1. August 1941 Galizien als fünfter Distrikt hinzugeschlagen. Die Bezeichnung des Territoriums wechselte im Juli 1940 von „Generalgouvernement für die besetzten polnischen Gebiete" zu „Generalgouvernement".
11 Einen Überblick über die Judenverfolgung und -ermordung im Distrikt Krakau liefern etwa: Podhorizer-Sandel, Erna: O Zagładzie Żydów w Dystrykcie Krakowskim. In: Biuletyn Żydowskiego Instytutu Historycznego, Nr. 30 (1959), S. 87–109; Mallmann, Klaus-Michael: „Mensch, ich feiere heut' den tausendsten Genickschuß". Die Sicherheitspolizei und die Shoah in Westgalizien. In: Paul, Gerhard (Hrsg.): Die Täter der Shoah. Fanatische Nationalsozialisten oder ganz normale Deutsche? Göttingen 2002, S. 109–136; Roth, Markus: Starostowie powiatowi i zagłada Żydów w dystrykcie krakowskim Generalnego Gubernatorstwa. In: Sitarek, Adam [u. a.]: Zagłada Żydów na polskiej prowincji. Łódź 2012, S. 279–307; Rączy, Elżbieta: Zagłada Żydów w dystrykcie krakowskim w latach 1939–1945. Rzeszów 2014.
12 Vgl. du Prel, Max: Das Deutsche Generalgouvernement Polen. Ein Überblick über Gebiet, Gestaltung und Geschichte. Krakau 1940, S. 70; Wissenschaftliches Gutachten: Zur Endlösung der Judenfrage unter besonderer Berücksichtigung der Verhältnisse im Distrikt Krakau, erstattet von Dr. Wolfgang Scheffler am 16. 11. 1971, Bundesarchiv-Außenstelle Ludwigsburg [BAL], B 162/144, Bl. 60.
13 Vgl. Bartosz, Adam: Tarnowskie Judaica. Warszawa 1992, S. 26.
14 Vgl. Urteil gg. Walter Ba., LG Bochum vom 27. 6. 1972, 16 Ks 2/70. In: Rüter, Christiaan [u. a.] (Hrsg.): Justiz und NS-Verbrechen. Sammlung deutscher Strafurteile wegen nationalsozialistischer Tötungsverbrechen 1945–2002, 48 Bde., Amsterdam 1968–2012, Bd. 37, S. 318.

wo seit 1940 die Umsiedlung der jüdischen Bevölkerung im Gange war mit dem Ziel, die Hauptstadt zur „judenreinste[n] Stadt des Generalgouvernements"[15] zu machen.[16] Bereits im September 1940 betrug die Zahl der Flüchtlinge in der Stadt etwa 6.000. Darüber hinaus waren circa 10.000 jüdische Einwohner Tarnóws unterstützungsbedürftig und auf die jüdische soziale Wohlfahrtstätigkeit des örtlichen Judenrates und zu einem späteren Zeitpunkt der Außenstelle der Jüdischen Sozialen Selbsthilfe in der Stadt angewiesen.[17]

Von deutscher Seite wurde systematisch daran gearbeitet, die jüdische Bevölkerung, die seit jeher den gesamten östlichen Stadtteil Grabówka, den Marktplatz sowie einige benachbarte Straßenzüge bewohnte, aus dem westlichen Teil der Stadt zu verdrängen. So etwa durch eine Anordnung vom 16. Oktober 1941, nach der es den Juden fortan verboten war, eine Reihe von Straßenzügen im westlichen Innenstadtbereich zu begehen, was in der Realität bedeutete, dass nun die Anwesenheit von Juden im gesamten Westteil der Stadt untersagt war.[18] Die systematische Vernichtung der jüdischen Bevölkerung im Rahmen der „Aktion Reinhard"[19] setzte am 11. Juni 1942 in Tarnów ein. Bis zu diesem Zeitpunkt war die Zahl der Juden in der Stadt auf annähernd 30.000 Personen angewachsen.[20] Der ersten „Aussiedlungsaktion", die bis zum 18. Juni 1942 andauerte, fielen circa 12.000 Juden zum Opfer: Einige Tausend wurden vor Ort im Rahmen einer „örtlichen Aussiedlung" sowohl in einem nahegelegenen Waldstück als auch auf dem jüdischen Friedhof der Stadt getötet; etwa 8.000 wurden in das Vernichtungslager Belzec deportiert und dort ermordet.[21] Einen Tag nach Beendigung dieser ersten Aktion wurde die

---

15 So Generalgouverneur Hans Frank auf einer Abteilungsleitersitzung am 12. 4. 1940. Vgl. Präg, Werner/Jacobmeyer, Wolfgang (Hrsg.): Das Diensttagebuch des deutschen Generalgouverneurs in Polen 1939–1945. Stuttgart 1975, S. 165.
16 Vgl. Hembera, Melanie: „Die Stadt Krakau müsse die judenreinste Stadt des Generalgouvernements werden." Die Umsiedlung der jüdischen Bevölkerung aus Krakau. In: Form, Wolfgang [u. a.] (Hrsg.): Narrative im Dialog. Deutsch-polnische Erinnerungsdiskurse. Dresden 2013, S. 311–334.
17 Schreiben Judenrat in Tarnow an das Stadtkommissariat in Tarnow vom 19. September 1940, Archiwum Żydowskiego Instytutu Historycznego [AŻIH], 211/1018, S. 32–33.
18 Anordnung Stadtkommissar Dr. Hein vom 16. 10. 1941, Archiv des United States Holocaust Memorial Museum [USHMM], RG-15.020M, reel 11, Bl. 431.
19 Zur „Aktion Reinhard" vgl. insbesondere: Arad, Yitzhak: Belzec, Sobibor, Treblinka. The Operation Reinhard Death Camps. Bloomington/Indianapolis 1999; Musial, Bogdan (Hrsg.): „Aktion Reinhardt". Der Völkermord an den Juden im Generalgouvernement 1941–1944. Osnabrück 2004; Berger, Sara: Experten der Vernichtung. Das T4-Reinhardt-Netzwerk in den Lagern Belzec, Sobibor und Treblinka. Hamburg 2013.
20 Statistik der Kriminalpolizei „Bevölkerungsstand am 1. 6. 1942", AŻIH, 233/104, Bl. 8.
21 Urteil LG Bochum v. 30. 4. 1964. In: Rüter [u. a.] (Hrsg.), Justiz und NS-Verbrechen, Bd. 20, Lfd. Nr. 571, S. 114.

Errichtung eines geschlossenen Ghettos angeordnet, wobei der jüdischen Bevölkerung lediglich wenige Tage Zeit blieb, in das Ghetto umzuziehen.[22] Demgegenüber musste die nichtjüdische Bevölkerung, die im designierten Ghettobereich wohnte, ihre dortigen Wohnungen verlassen. Auf Antrag wurde den ethnischen Polen vom Wohnungsamt des Stadtkommissars eine Wohnung im „arischen Stadtgebiet" zugewiesen.[23] Die Zufahrtsstraßen, die zum Ghetto führten, wurden durch Zäune und Mauern abgeriegelt und Türen sowie Fenster, die zur Außenseite des Judenwohnbezirkes lagen, wurden mit Brettern vernagelt oder zugemauert. Betreten werden konnte das Ghetto fortan lediglich durch wenige Tore; bewacht wurde es im Inneren durch den jüdischen Ordnungsdienst, die äußere Bewachung oblag Angehörigen der Stadtpolizeiabteilung sowie der polnischen Polizei.[24] Bereits wenige Monate nach der ersten Vernichtungsaktion gegenüber der jüdischen Bevölkerung in Tarnów fand zwischen dem 10. und 12. September 1942 eine erneute Deportation statt. Unter den Opfern befanden sich vor allem als arbeitsunfähig eingestufte Personen sowie Kinder.[25] Nachdem schließlich am 15. November 1942 ein dritte „Aussiedlungsaktion" stattfand, wurde das Tarnówer Ghetto erneut verkleinert und in zwei Bereiche geteilt: Im Bereich A befanden sich nach Geschlechtern getrennt die arbeitenden Frauen und Männer ab dem 12. Lebensjahr. Im Bereich B hingegen lebten die als arbeitsunfähig eingestuften Juden sowie Kinder unter 12 Jahren.[26] Während der Ghettobereich A die Bezeichnung „Zwangsarbeitslager Tarnów" erhielt und fortan dem SS- und Polizeiführer des Distrikts Krakau, Julian Scherner, unterstellt war, war für den Bereich B weiterhin die Außenstelle der Sicherheitspolizei Tarnów zuständig.[27] Die Liquidierung des Tarnówer Ghettos fand am 2. und 3. September 1943 unter Leitung des SS-Untersturmführers Amon Leopold Göth, damaliger Kommandant des Zwangs-

---

22 Anordnung zur Judenumsiedlung des Kreishauptmanns in Tarnów Dr. Kipke im Zuge der auf Anordnung des SS- und Polizeiführers erfolgten Judenaktion vom 19. Juni 1942, USHMM, RG-15.020M, reel 11, Bl. 434a.
23 Anordnung, USHMM, RG-15.020M, reel 11, Bl. 434a.
24 Vgl. Urteil gg. Gerhard G., LG Bochum vom 12. 9. 1974, 16 Ks 1/68. In: Rüter [u. a.] (Hrsg.), Justiz und NS-Verbrechen, Bd. 40, S. 175; Urteil gg. Karl Oppermann, LG Bochum vom 10. 7. 1969, 16 Ks 1/68. In: Rüter [u. a.] (Hrsg.), Justiz und NS-Verbrechen, Bd. 32, S. 327–328.
25 Vgl. Urteil gg. Walter Ba., LG Bochum vom 27. 6. 1972, 16 Ks 2/70. In: Rüter [u. a.] (Hrsg.), Justiz und NS-Verbrechen, Bd. 37, S. 338ff; Urteil gg. Hermann Blache, LG Bochum v. 30. 4. 1964, 16 Ks 1/63. In: Rüter [u. a.] (Hrsg.), Justiz und NS-Verbrechen, Bd. 20, S. 114.
26 Vgl. Urteil gg. Gerhard G., LG Bochum vom 12. 9. 1974, 16 Ks 1/68. In: Rüter [u. a.] (Hrsg.), Justiz und NS-Verbrechen, Bd. 40, S. 178.
27 Vgl. Urteil gg. Hermann Blache, LG Bochum v. 30. 4. 1964, 16 Ks 1/63. In: Rüter [u. a.] (Hrsg.), Justiz und NS-Verbrechen, Bd. 20, S. 115.

arbeitslagers und späteren Konzentrationslagers Krakau-Płaszów, statt. Ein Teil der als arbeitsfähig eingestuften Juden – circa 2.000 an der Zahl – wurden nach Krakau-Płaszów verlegt, während circa 7.000 Juden nach Auschwitz und einige Häftlinge in das Lager Szebnie[28] deportiert wurden.[29] Rund 300 Juden blieben als Säuberungs- und Aufräumkommando im Ghetto zurück, denen in der Folgezeit die Aufgabe auferlegt wurde, die leerstehenden Häuser und Werkstattbaracken zu räumen und Maschinen, Arbeitsgeräte sowie den zurückgelassenen Hausrat zu sortieren.[30] Zwar gelang es einigen Hundert Juden, sich zu verstecken und der „Aussiedlungsaktion" zu entgehen, allerdings kam eine Vielzahl dieser in der Folgezeit – in der Hauptsache aufgrund von Wasser- und Lebensmittelmangel – aus ihren Verstecken und wurden in das Zwangsarbeitslager Szebnie deportiert. Nach Aussage eines Überlebenden erreichten jedoch lediglich 120 Juden dieses Lager. Die übrigen sollen in einem Waldgebiet in der Nähe von Szebnie erschossen worden sein.[31] In Bunkern Aufgespürte wurden auch erschossen.[32] Im November 1943 wurden schließlich etwa 150 Angehörige des Säuberungskommandos nach Szebnie; am 2. Februar 1944 die übrigen verbliebenen Juden des Aufräumkommandos in das Lager Krakau-Płaszów deportiert.[33] Die noch in Płaszów befindlichen Häftlinge, darunter auch Juden aus Tarnów, wurden schließlich im Januar 1945 im Zuge des deutschen Rückzuges in den Westen verschleppt. Zu dieser Zeit endete die nationalsozialistische Herrschaft im Generalgouvernement. Während der von 1939 bis 1945 andauernden Okkupation verloren dort Millionen Menschen ihr Leben. In Tarnów, einer der größten jüdischen Gemeinden im früheren Westgalizien, überlebten – sieht man von jenen ab, die in das damalige sowjetisch besetzte Territorium geflüchtet sind – nur wenige Hundert Juden die Shoah.[34] Einem Teil dieser Personen gelang es lediglich durch ihre Courage und

---

28 Zu Szebnie vgl. Zabierowski, Stanisław: Szebnie. Rzeszów 1985; Kowalski, Tadeusz: Obozy hitlerowskie w Polsce połodniowo-wschodniej 1939–1945. Warszawa 1973, S. 82–86.
29 Vgl. Urteil gg. Hermann Blache, LG Bochum v. 30. 4. 1964, 16 Ks 1/63. In: Rüter [u. a.] (Hrsg.), Justiz und NS-Verbrechen, Bd. 20, S. 122–123; Vgl. Beglaubigte Übersetzung Josef K. „Die Epoche des Hitlerismus in Tarnów", BAL B 162/ 2151, Bl. 1022.
30 Aussage Andrzej B. vom 17. 1. 1961, BAL B 162/2149, Bl. 327; Aussage Josef K. vom 27. 2. 1962, BAL B 162/2150, Bl. 847.
31 Aussage Josef K. vom 27. 2. 1962, BAL B 162/2150, Bl. 849.
32 Vernehmungsniederschrift Henna K. vom 1. 2. 1962, B 162/2150, Bl. 816.
33 Beglaubigte Übersetzung des Zeugen Josef K. „Die Epoche des Hitlerismus in Tarnow", BAL B 162/2151, Bl 1023.
34 Vgl. Kwiek, Julian: Dzieje ludności żydowskiej w Tarnowie po II wojnie światowej. In: Studia Judaica 8 (2005), 1–2, S. 187–211, hier S. 187.

ihren Lebenswillen, sich durch Flucht und Verstecken der deutschen Besatzungsmacht und ihrer Vernichtungspolitik zu entziehen.

Verstecken und Flucht am Beispiel des Ghettos Tarnów

Das lang vorherrschende Bild, die jüdische Bevölkerung habe sich ohne Gegenwehr von ihren nationalsozialistischen Verfolgern „wie Schafe zur Schlachtbank" führen lassen, ist zwar mittlerweile revidiert, wenngleich wir immer noch zu wenig über die konkreten jüdischen Widerstandsaktivitäten in den vielen, unbekannteren Ghettos und Lagern in den nationalsozialistisch okkupierten Territorien wissen.[35] Dies gilt insbesondere für die differierenden Formen des jüdischen Widerstandes, der nicht nur die wohl bekannteste Form, den organisierten bewaffneten Widerstand,[36] umfasste, sondern darüber hinaus auch religiöse und kulturelle Widerstandstätigkeiten, bis hin zur wohl extremsten Art der Verweigerung, dem Suizid.[37]

Auch das Verstecken innerhalb der Ghettomauern oder die Flucht aus dem Ghetto bildeten wichtige Formen des jüdischen Widerstandes; stellten diese doch einerseits ein resistentes Verhalten gegenüber den Tätern vor Ort und deren Vernichtungspolitik dar. Andererseits aber zeigt die wissenschaftliche Beschäftigung mit dieser Thematik umso mehr, dass ein nicht unerheblicher Teil der jüdischen Bevölkerung vor allem in den Ghettos – häufig unabhängig von Geschlecht, Alter und sozialem Status – sich keineswegs passiv verhielt, sondern vielmehr aktiv Überlebensstrategien entwickelte, um – wenngleich temporär – der nationalsozialistischen Vernichtungsmaschinerie zu entkommen.

In den folgenden Ausführungen soll das Hauptaugenmerk auf zwei bestimmten Formen von Verstecken und Flucht liegen: Dem Verstecken innerhalb des

---

35 Am United States Holocaust Memorial Museum in Washington, D.C., läuft derzeit ein umfassendes Enzyklopädieprojekt: The United States Holocaust Memorial Museum Encyclopedia of Camps and Ghettos, 1939–1945. 2012 erschien Band II, der sich mit den Ghettos im deutschbesetzten Osteuropa befasst.
36 Nach der ersten Aktion gegenüber der jüdischen Bevölkerung organisierte sich im Ghetto Tarnów eine Widerstandsbewegung junger Mitglieder von Hashomer Hatzair. Die Gruppe beschaffte sich Waffen, baute Kontakte zum Polnischen Untergrund auf und half zudem auch bei Fluchtversuchen aus dem Ghetto. Vgl. Pietrzykowa/Potępa (Hrsg.), Zagłada Tarnowskich Żydów,. S. 53f; 62f.
37 Vgl. Kwiet, Konrad/Eschwege, Helmut: Selbstbehauptung und Widerstand. Deutsche Juden im Kampf um Existenz und Menschenwürde 1933–1945, Hamburg 1984, S. 41.

Ghettos sowie der Flucht aus dem Ghetto mit anschließendem Verstecken in der Stadt Tarnów.

Das Verstecken innerhalb des Ghettos

Im Ghetto Tarnów – so wie auch in anderen Ghettos – versuchte eine nicht unerhebliche Anzahl der jüdischen Ghettoinsassen, sich vor und während einer sogenannten „Aussiedlungsaktion" durch Verstecken vor der Deportation zu retten. Allerdings war diese Form der Rettung lediglich eine temporäre Rettung und diente nur dem kurzfristigen Ziel, während der „Aussiedlungsaktion" nicht ermordet oder in ein Vernichtungslager deportiert zu werden, wie dies auch ein Überlebender während einer mündlichen Befragung betonte: „Hiding was only a temporary solution. The person who had a place to hide had a temporary respite."[38] Die als Verstecke genutzten Orte innerhalb der Ghettomauern waren mannigfaltiger Natur: Keller, Dachboden, ja sogar die Kanalisation oder der Backofen in einer Bäckerei wurden zum kurzzeitigen Verstecken genutzt.[39] In die Verstecke begaben sich in der Regel nur jene Juden, die keinen Stempel in ihre Kennkarten erhielten, der sie zum Verbleib im Ghetto berechtigte, so vor allem ältere und kranke Menschen, Frauen und Kinder sowie als arbeitsunfähig eingestufte Personen. In vielen Fällen war die Zahl der sich im Versteck befindlichen Personen äußerst gering. Dies hatte zum einen den Grund, dass ein räumlich kleines Versteck nicht so einfach gefunden werden konnte. Andererseits wuchs mit jeder Person im Versteck die Gefahr, von den Deutschen und ihren Hilfswilligen aufgespürt und anschließend erschossen oder deportiert zu werden.

Die erste Selektion im Juni 1942 traf die jüdische Bevölkerung zwar sehr unerwartet, dennoch waren einige Juden in der Lage, sich in Verstecken in Sicherheit zu bringen, wie etwa der neunzehnjährige David Unger, dessen Mutter und Schwester, die sich während der gesamten „Aussiedlungsaktion" mit weiteren Juden in einer Mikwe aufhielten.[40] Auch der Familie Faber gelang es, sich während der ersten Aktion zu verstecken und sich auf diese Art dem Zugriff der

---

38 Transkript Interview Aaron Schwarz, USHMM, RG-50.002*0048.
39 Transkript Interview Ida Schwarz, USHMM, RG-50.002*0049; Interview mit Abraham Secemski, Interviewcode: 38093, Visual History Archive des USC Shoah Foundation Institute for Visual History and Education; Bericht Josef M., AŻIH 301/570; Grossmann, Renate: Survival. My destiny. Darlinghurst (NSW) 2010, S. 24.
40 Interview mit David Unger, Interviewcode: 10249, Visual History Archive des USC Shoah Foundation Institute for Visual History and Education.

Nationalsozialisten zu entziehen: In einem Lagerhaus, wo die Familie für einige Wochen wohnte, kundschafteten sie einen Hohlraum zwischen zwei Wänden aus, wo sie für einige Tage unter unmenschlichen Bedingungen ausharrten: „We had a little water. We had no sanitation. It was quite difficult. But we were lucky to be alive",[41] so David Faber in einem Interview. Nach der ersten Deportation war der ungefähre Ablauf von Aktionen unter den Ghettoinsassen bekannt, man wusste, dass das Ghetto vor jeder „Aussiedlung" umstellt wurde. Nachrichten darüber verbreiteten sich innerhalb des Ghettos sehr rasch: „On September 2, once again there were rumors of imminent deportations."[42]

Familie Faber, die die erste Aktion im Versteck überlebte, hatte das Glück, einen Raum im obersten Dachgeschoss eines Hauses im Ghetto zu beziehen. Vor allem Davids Bruder Romek, von Beruf Ingenieur, war dies sehr wichtig – entgegen der Klagen einiger seiner Familienangehörigen –: Ihm war bewusst, dass bei einer erneuten Aktion die Bewohner der oberen Stockwerke etwas mehr Zeit zur Verfügung hatten, sich in ein vorbereitetes Versteck zu begeben. So war das erste, was Romek bei Einzug tat, einen geeigneten Ort zu finden, wo die gesamte Familie sich verstecken konnte: Er klopfte mit Hammer und Meißel ein Loch in die Wand, die sich in der Ecke des Raumes befand. Das Loch war lediglich so groß, dass eine Person hineinschlüpfen konnte. Hinter der Wand befand sich ein Hohlraum zwischen abgeschrägtem Dach und Boden, sodass ein geeignetes Versteck gefunden war, dessen Eingang fortan mit einem Bild verdeckt wurde.[43]

Die Anzahl derjenigen Juden, die sich während einer Aktion in den Verstecken befanden, variierte immens, wie das folgende Beispiel zeigt. Der 1909 geborene Jude Salomon Lederberger[44] lebte mit seiner Frau und seiner kleinen Tochter im ersten Stock des sogenannten Michalewicz-Arbeiterhauses. Dieses befand sich innerhalb des Ghettos und beherbergte zu jener Zeit mehrere Familien, insgesamt rund 30 Personen. Nach der ersten „Aussiedlungsaktion" in Tarnów entschied sich Lederberger, ein Versteck im Haus zu errichten und bat daher einen bekannten Klempner um Hilfe, um das Versteck vorzubereiten, welches er bereits ausgekundschaftet hatte: Neben dem eigentlichen Gebäude befand sich ein niedrigeres

---

41 Interview mit David Faber, Interviewcode: 10416, Visual History Archive des USC Shoah Foundation Institute for Visual History and Education.
42 Goetz, Samuel: I never saw my face. Poughkeepsie (NY) 2001, S. 44.
43 Interview mit David Faber, Interviewcode: 10416, Visual History Archive des USC Shoah Foundation Institute for Visual History and Education.
44 Als Salomon Lederberger aus dem Ghetto Tarnów flüchtete, nahm er den Namen Andrzej Białecki an, den er auch nach Kriegsende beibehielt Vgl. Graber, Felicia/Białecki, Leon (Hrsg.): Our father's voice. A Holocaust Memoir. O. O. 2012, S. XI.

Nebengebäude, dessen Dach mit Blech gedeckt war. Etwa in der Mitte des Daches befand sich ein kaminähnliches Gebilde. Dieses diente im Falle von Reparaturarbeiten als Eingang, um in einen Raum zu gelangen, der sich zwischen Dach und Decke befand. Der jüdische Klempner bedeckte nun die Kamin-Konstruktion ebenfalls mit Blech, sodass der Eingang sich nicht mehr von den bereits auf dem Dach vorhandenen Blechen unterschied, und das Versteck damit für Nichtwissende nicht mehr ersichtlich war.[45]

Als das Ghetto im Zuge der zweiten Aktion umstellt wurde, war der Mehrzahl der jüdischen Ghettoinsassen bewusst, was bald geschehen würde. Lederberger versammelte die Bewohner des Michalewicz-Hauses, um ihnen mitzuteilen, dass er ein Versteck für jene Personen errichtet hatte, die keinen Stempel erhielten und somit zur Deportation bestimmt waren. Allerdings wies er auch darauf hin, dass sie niemandem vom vorbereiteten Versteck erzählen sollten, da das Versteck lediglich für die rund dreißig Personen vorgesehen war. Da Familie Lederberger zunächst die Erlaubnis hatte, im Ghetto Tarnów zu verbleiben, mussten die Familienmitglieder sich nicht verstecken.[46]

Später wurde Salomon Lederberger darüber benachrichtigt, dass der gesamte Flur mit Menschen voll sei. Die Bewohner des Hauses hatten augenscheinlich das Geheimnis vom Versteck im Michalewicz-Haus nicht für sich behalten, sondern auch anderen davon erzählt, die nun auch Zuflucht suchten. Mehr als zweihundert Menschen sammelten sich nun im Hausflur. Lederberger verriegelte zunächst die Tür des Hauses; anschließend überlegte er, wo er die zusätzlichen Menschen verstecken könnte. Er fürchtete, dass die Menschenmenge, sofern er ihnen nicht helfen würde, möglicherweise die Gestapo oder den jüdischen Ordnungsdienst über das Versteck informieren könnte, um sich selbst zu retten.[47]

Salomon Lederberger und zwei weitere Personen machten sich anschließend auf die Suche nach weiteren Versteckmöglichkeiten im Haus. In einem kleinen Zimmer, das zwei Schwestern aus Krakau bewohnten, befand sich eine kleine Nische, in der eine Leiter stand. Lederberger kletterte die Leiter hoch und entdeckte einen großen, dachbodenartigen Raum, der geeignet schien, die wartende Menge zu verstecken. Anschließend wurde eine Kommode vor den Eingang der Nische gestellt, um diese zu verdecken. Da die beiden Schwestern Angst hatten, bei einer möglichen Entdeckung des Versteckes erschossen zu werden, bat Lederberger, den zweiten Vorsitzenden des Judenrates in Tarnów, Józef Fast, der auch im Haus wohnte, und dessen Stiefvater und Mutter auch im Michalewicz-Haus

---

45 Vgl. Graber/Bialecki, Our father's voice, S. 40–41.
46 Vgl. Graber/Bialecki, Our father's voice, S. 41.
47 Vgl. Graber/Bialecki, Our father's voice, S. 42–43.

versteckt werden sollten, um Mithilfe. Er fragte ihn, ob er nicht einen anderen Raum für die beiden Schwestern organisieren könne, was dieser auch tat. Lederberger suchte nach Personen, die bereit waren, in das nun freigewordene Zimmer zu ziehen. Aus Furcht erklärte sich hierzu allerdings keiner bereit, sodass schließlich Salomon Lederberger samt Familie selbst in das Zimmer zog.[48]

Die eigentliche Deportation hatte noch nicht begonnen, als die Wartenden in die Verstecke gebracht wurden. Allerdings wollte Lederberger keine sehr kleinen Kinder zulassen, da die Gefahr, entdeckt zu werden, zu groß war. Salomon Lederberger versorgte gemeinsam mit wenig anderen Personen die „hiding communities"[49] im Michalewicz-Haus. So sammelte er unter anderem Kissen und Decken, die er auch aus den verlassenen Wohnungen bereits deportierter Juden holte, und außerdem Eimer, die von den Versteckten als Toilette genutzt wurden. In der Nacht begaben er und weitere Personen sich auf die Suche nach etwas Essbarem, das in die Verstecke gebracht wurde. Die Verstecke wurden nicht aufgespürt und auf diese Weise überlebten mehr als zweihundert Juden unterschiedlichen Geschlechts, Alters und sozialen Ranges die zweite „Aussiedlungsaktion", die Tausende Tarnówer Juden das Leben kostete.[50]

Insgesamt verbanden sich mit dem sich Verstecken innerhalb der Ghettomauern für die „hiding community" eine Reihe vielfältiger Probleme. Ein ständiger Begleiter war die Angst, entdeckt zu werden. Die sich im Versteck Befindenden mussten ständig auf der Hut vor den Deutschen und deren Hilfswilligen sein, die gezielt auf „Judenjagd"[51] gingen. In einigen Fällen wurden die Verstecke ausfindig gemacht und die versteckten Menschen vor Ort erschossen oder deportiert.[52] Die Untergetauchten wurden jedoch auch mit dem Mangel an und der Frage nach den Beschaffungsmöglichkeiten von Nahrung und Wasser konfrontiert, was nicht selten dazu führte, dass sie das Versteck frühzeitig verlassen mussten. So begaben sich, wie gezeigt wurde, eine Vielzahl von Untergetauchten kurze Zeit

---

48 Vgl. Graber/Bialecki, Our father's voice, S. 43–44.
49 Mit dem Begriff „hiding community" sind diejenigen jüdischen Personen gemeint, die sich gemeinsam in einem Versteck befanden.
50 Graber/Bialecki, Our father's voice, S. 44–45, 49, 59–60.
51 Jan Grabowski beschäftigte sich exzessiv in seiner regionalgeschichtlichen Studie mit der Thematik „Judenjagd" im Kreis Dąbrowa Tarnowska und der Beteiligung der örtlichen polnischen Bevölkerung: Grabowski, Jan: Judenjagd. Polowanie na Żydów 1942–1945. Studium dziejów pewnego powiatu. Warszawa 2011.
52 Vgl. Goetz, I never saw my face, S. 38–39; Hidden in Broad Daylight: A Survivor's Story by Sara Getzler, USHMM, RG-02.169M, Bl. 29; Vernehmungsniederschrift Mina F. vom 2. 12. 1962, Landesarchiv Nordrhein-Westfalen Abteilung Westfalen (LAV NRW W), 8855, Bl. 2406; Graber/Bialecki, Our father's voice, S. 55.

nach der Ghettoliquidierung im September 1943 aus ihren Verstecken, da sie aufgrund von Mangel an Lebensmitteln und Wasser keine andere Option sahen.

Flucht aus dem Ghetto und das Verstecken auf der arischen Seite in der Stadt Tarnów

Während das Verstecken innerhalb der Ghettos lediglich dazu diente, kurzfristig einer „Aussiedlungsaktion" zu entgehen, sollte mit der Flucht aus dem Ghetto das eigene Leben und das der Mitflüchtlinge langfristig gerettet werden. Inwieweit allerdings überhaupt Möglichkeiten zur Flucht aus einem Ghetto gegeben waren, war von Ghetto zu Ghetto sehr unterschiedlich und muss am Einzelfall analysiert werden. Berücksichtigt werden muß zunächst die geografische Beschaffenheit des „Judenwohnbezirks". So spielte die Art der Abriegelung und der Bewachung des einzelnen Ghettos eine zentrale Rolle, wobei zu beachten ist, dass eine hermetische Abriegelung der Ghettos wie etwa im Falle Warschaus nicht die Regel war.[53] Vielerorts – gerade in den ländlicheren Gebieten – fehlte einfach das nötige Personal, um die Ghettos annähernd allumfassend mit Wachposten zu besetzen, um auf diese Weise das illegale Herüberwechseln vom Ghetto zur „arischen Seite" zu unterbinden. Fluchtversuche aus dem Ghetto Tarnów stellten gewiss keine Einzelfälle dar, was nicht zuletzt daran lag, dass das Ghetto per se etwas „durchlässiger" war, sodass es auch beispielsweise möglich war, illegal von der „arischen Seite" in das Ghetto zu gelangen, wie etwa dem Juden Israel K., der im Sommer 1941 von Tarnów in das jüdische Zwangsarbeiterlager Pustków verschickt worden war, um dort Arbeiten für die Waffen-SS auszuführen.[54] Im Sommer 1942 gelang ihm schließlich die Flucht aus Pustków und er hielt sich fortan illegal mitunter im Raume Tarnów auf, wo er von Zeit zu Zeit Bekannte im Ghetto Tarnów besuchte: „Während meiner illegalen Zeit fand ich auch Wege, Insassen dieses Gettos [in Tarnów, Anm. d. Verf.] aufzusuchen. Ich habe dann das Getto nie durch eines der vorhandenen Tore betreten, sondern überstieg jeweils einen Zaun in der Nähe des ‚Widok-Geländes'".[55]

---

53 Dieckmann/Quinkert (Hrsg.), Einleitung, S. 15.
54 Zum jüdischen Zwangsarbeitslager Pustków vgl. Zabierowski, Stanisław: Pustków. Hitlerowskie obozy wyniszczenia w służbie poligonu SS. Rzeszów 1981; Kowalski, Tadeusz: Obozy hitlerowskie w Polsce południowo-wschodniej 1939–1945. Warszawa 1973, S. 43–49; Hembera, Melanie: Ermittlungsakten aufgeschlagen. Aufklärung und Strafverfolgung von NS-Verbrechen an den Häftlingen des jüdischen Zwangsarbeitslagers Pustków. In: Mitteilungen aus dem Bundesarchiv, Themenheft 16 (2008), S. 83–93.
55 Aussage Israel K. vom 15. 4. 1964, LAV NRW W, 8855, Bl. 2412.

Neben der Beschaffenheit des Ghettos war die geografische Lage, in der es errichtet wurde, ein weiterer maßgeblicher Faktor, der den Erfolg einer Flucht und das Überleben auf der arischen Seite maßgeblich beeinflusste. In der Regel war es für einen auf der Flucht befindlichen Juden einfacher, in einer Großstadt unter falscher Identität unterzutauchen, als etwa in ländlichen Gebieten, in welchen sich die Bewohner kannten und fremde Personen rasch deren Aufmerksamkeit erregten. Aus diesem Grunde verwundert auch die Tatsache nicht, dass eine Vielzahl der aus dem Ghetto Tarnów geflüchteten Jüdinnen und Juden sich mit gefälschten Papieren nach Warschau durchschlugen, um dort unerkannt unterzutauchen.[56]

Ein weiterer Faktor, der die Chancen einer gelungenen Flucht aus dem Ghetto beeinflusste, war die Umwelt, die sich jenseits der Ghettomauern befand, einschließlich der nichtjüdischen Bevölkerung vor Ort. Für eine erfolgreiche Flucht aus dem Ghetto war in der Regel die Mithilfe von nichtjüdischen Polen unumgänglich. Nicht nur wurde deren Hilfe zur Gewährung einer Unterschlupfmöglichkeit benötigt, sondern auch zur Fluchthilfe, zur Beschaffung von gefälschten Papieren oder zur alltäglichen Versorgung, wie etwa mit Lebensmitteln und Wasser, oder aber auch zur Beseitigung des Unrats. Die benötigten Kontakte zu nichtjüdischen Polen jenseits der Ghettomauern beruhten in der Mehrzahl der Fälle auf langjährigen Bekanntschaften beziehungsweise Freundschaften oder Dienstverhältnissen aus der Vorkriegszeit. Es handelte sich aber auch um Kontakte, die während der NS-Okkupation auf diversen Arbeitsstellen häufig außerhalb des Ghettos geschlossen wurden, oder aber sie entsprangen ökonomischen Motivlagen seitens der ethnischen Polen. Da es den deutschen Besatzern jedoch sehr wohl bekannt war, dass geflüchtete Juden auf die Mithilfe der Bevölkerung jenseits der Ghettomauern angewiesen waren, setzten sie zunehmend auf ein System einerseits der Androhung von harter Bestrafung, andererseits von Belohnung, um die Hilfeleistungen gegenüber der jüdischen Bevölkerung zu unterbinden. So wurde etwa in der Bekanntmachung vom 9. September 1942, in welcher die zweite „Aussiedlungsaktion" angeordnet wurde, den nichtjüdischen Polen in Tarnów mit der Todesstrafe gedroht, sofern diese Juden verstecken: „§ 3: Jeder Pole, der während und nach der Aussiedlung einen Juden aufnimmt oder versteckt, wird erschossen."[57] Dass diese öffentliche Drohung seitens der Besat-

---

[56] Etwa Familie Lederberger, die sich nach erfolgreicher Flucht nach Warschau begab und dort im Untergrund lebte. Vgl. Graber/Bialecki, Our father's voice.
[57] Bekanntmachung zur Durchführung der vom SS- und Polizeiführer in Krakau angeordneten Judenaussiedlung des Kreishauptmanns Tarnów vom 9. 9. 1942, abgedruckt in: Urteil gg. Walter Ba., LG Bochum vom 27. 6. 1972, 16 Ks 2/70. In: Rüter [u. a.] (Hrsg.), Justiz und NS-Verbrechen, Bd. 37, S. 338.

zer ihre Wirkung auf die nichtjüdische Bevölkerung nicht verfehlte, wird auch anhand der jüdischen Wahrnehmung ersichtlich. So äußerte sich etwa ein jüdischer Überlebender zu diesem Aspekt:

> Nur einzelne Menschen (Polen) haben den Juden geholfen. Grundsätzlich fürchteten sich die Polen, den Juden Hilfe zu leisten, da der Kreishauptmann durch Plakate den örtlichen Polen bekannt gemacht hatte, daß jeder, der einen Juden verbirgt, erschossen wird. [...] Infolge dieser Bekanntmachungen haben sogar anständige Polen aus ihren Wohnungen die Juden hinausgetrieben, welche infolgedessen in die Hände der Gestapo [...] gerieten.[58]

In ganz ähnlicher Manier schilderte ein anderer Überlebender, der Jude Josef D., seine Erfahrungen:

> Sie [die Verordnung des Kreishauptmannes, Anm. d. Verf.] hatte damals für eine ganze Reihe von Juden tödliche Folgen. [...] Ich kannte eine jüdische Ärztin namens S. Sie hatte mir damals weinend erzählt, daß ihre Mutter von Polen versteckt gehalten worden war. Die Polen hatten dann aus Angst vor der Androhung in der Bekanntmachung ihre Mutter auf die Straße gesetzt. Sie kam um.[59]

Am Ende seiner Aussage resümierte Josef D., welcher selbst von einem guten Bekannten, nachdem dieser die Bekanntmachung über die Androhung der Todesstrafe im Falle der Unterschlupfgewährung für einen Juden gelesen hatte, aus dem Versteck verwiesen wurde:

> Ich bin überzeugt, daß es sehr vielen Juden so gegangen ist [...]. Durch die Bekanntmachung sind zahlreiche an sich gutwillige Polen eingeschüchtert worden und haben Juden preisgegeben oder die Aufnahme verweigert. Das war uns damals bekannt.[60]

Insgesamt bildete die deutsche Androhung der Todesstrafe im Falle von Unterschlupfgewährung gegenüber der nichtjüdischen Bevölkerung einen tiefen Einschnitt innerhalb der polnisch-jüdischen Beziehungsgeschichte unter nationalsozialistischer Okkupation: Selbst feste soziale Bindungen zwischen Juden und Nichtjuden zerbrachen in vielen Fällen; aus Angst vor harten Strafen wurde Hilfe verweigert beziehungsweise revidiert. Aber nicht nur das Verhalten und Agieren der nichtjüdischen Polen wurde durch diese Verordnung beeinflusst, auch die Juden mussten fortan achtsamer im Umgang mit ihren nichtjüdischen Bekannten sein; Unsicherheit wurde zum Alltag. Man konnte sich nie sicher sein, im

---

58 Beglaubigte Übersetzung Aussage Izaak I. vom 6. 8. 1967, BAL, B 162/2166, Bl. 6631.
59 Aussage Josef D. vom 1. 12. 1967, BAL, B 162/2166, Bl. 6779.
60 Aussage Josef D. vom 1. 12. 1967, BAL, B 162/2166, Bl. 6780.

Zweifelsfalle doch aus dem Versteck verwiesen oder gar an die Deutschen ausgeliefert zu werden.

Neben der Einschüchterung durch Androhung harter Strafen setzten die Deutschen andererseits auf ein System von Belohnungen, indem die nichtjüdische polnische Bevölkerung für das Ausliefern beziehungsweise für Hinweise, die zum Ergreifen von versteckten Juden führten, finanziell oder auch materiell belohnt wurde.[61] So erhielt etwa ein Pole von der Gestapo Tarnów 500 Złoty Belohnung, nachdem er eine Jüdin und einen Juden, die mit gefälschten Papieren in Tarnów lebten, denunzierte.[62] Doch trotz dieses Systems von Bedrohung und Belohnung gab es zahlreiche ethnische Polen, die Juden halfen, so bei den Vorbereitungen zur Flucht, etwa durch die Beschaffung von arischen Papieren, durch Auskundschaften oder der Beschaffung eines Versteckes und der Versorgung mit den nötigsten Gütern des alltäglichen Bedarfs. Das Beherbergen von aus dem Ghetto geflüchteten Juden über einen längeren Zeitraum war eine der riskantesten Formen, Hilfe zu leisten, was vor allem mit der Gefahr zusammenhing, von Nachbarn entdeckt und anschließend an die Gestapo ausgeliefert zu werden.

Aber nicht nur die genannten drei Faktoren erleichterten eine erfolgreiche Flucht aus dem Ghetto; diese war auch von anderen, persönlichen Faktoren abhängig. Für die zur Flucht Entschlossenen dürfte schon die Entscheidung, ob der Versuch einer Ghettoflucht gewagt werden sollte, nicht einfach gewesen sein. Bekanntes und Liebgewonnenes musste zurückgelassen, alte Gewohnheiten, ja die eigene Identität musste aufgegeben werden. Demgegenüber stand eine ihnen unbekannte Daseinsform, verbunden mit Unsicherheit und Ungewissheit über das Morgen.[63] Neben einem großen Maß an Courage, war es von Vorteil, über eine relativ gute physische und psychische Verfassung zu verfügen, um die Strapazen der Flucht und eines Lebens in der Illegalität überstehen zu können – gerade dies ist auch ein Punkt, der die Flucht vom Verstecken im Ghetto unterscheidet. Zum Erwerb von „arischen Papieren" und zur Bezahlung der künftigen Unterkunft im nichtjüdischen Haushalt waren zudem finanzielle oder materielle Rücklagen eine notwendige Bedingung. Zudem galt es, Kontakte auf der arischen Seite zu intensivieren, gefälschte Papiere zu besorgen oder auch ein Versteck außerhalb des Ghettos zu beschaffen.

---

61 Vgl. hierzu auch Tec, Nechama: When light pierced the darkness. Christian rescue of Jews in Nazi-occupied Poland. New York [u. a.] 1986, S. 41.
62 Schreiben Außenstelle Sipo Tarnow Wache btrf. Anzeige wegen Aufenthaltes von Juden in Tarnow vom 20. 11. 1944, USHMM, RG-11.001M, reel 83, Bl. 6.
63 Vgl. Kwiet/Eschwege, Selbstbehauptung und Widerstand, S. 152.

Um nach einer möglichen gelungenen Flucht auf der „arischen Seite" überleben zu können, war mitunter auch ein nichtjüdisches Auftreten und Äußeres von großem Vorteil. Per se war es jedoch für die Deutschen schwieriger, jüdische Frauen rein anhand physischer Gegebenheiten als jüdisch zu entlarven. Auch das fließende und akzentfreie Beherrschen der polnischen Sprache war eine maßgebliche Voraussetzung, um sich auf der „arischen Seite" für einen längeren Zeitraum unentdeckt bewegen zu können. Es existierten jedoch auch Methoden, derer man sich bediente, um sein Äußeres „christlicher" wirken zu lassen, wie etwa das Färben der Haare. So berichtete etwa der Überlebende Samuel Goetz in seinen Memoiren, dass ein Bekannter sein Haar blond färbte. Goetz allerdings zweifelte am arischen Aussehen seines Freundes, trotz der neuerworbenen Haarfarbe:

> Despite the change of hair color, Fleischman's appearance made it difficult for him to pass himself off as a Catholic Pole. Nevertheless, he was optimistic of reaching the city of Lwow where he was unknown and where he hoped to blend in with the population. He was sure he would survive, and, a few days later, he disappeared from the ghetto and I never saw him again.[64]

Eine untergeordnete Rolle spielten die äußeren Faktoren wie Aussehen, Sprache und Auftreten dann, wenn sich die aus dem Ghetto Geflüchteten unmittelbar in ein in der Stadt befindliches Versteck begaben, wie dies bei der Überlebenden Lila M. der Fall war. Lila war gerade sechs Jahre alt, als die Deutschen Polen überfielen. Ihr Vater, vor Kriegsausbruch Besitzer einer Lederfabrik in Tarnów, hatte einen nichtjüdischen Angestellten namens Strzałkowski, mit dessen Hilfe es der Familie nach der ersten „Aussiedlungsaktion" gelang, aus dem Ghetto in Tarnów zu flüchten. Um die Familie bei sich zu verstecken, baute Strzałkowski einen Bunker: Er besaß zwei Räume, von welchen er einen mit einer doppelten Wand ausstattete. Das dunkle Versteck maß lediglich rund 70 Zentimeter, wobei die Luftzufuhr durch einen Kamin erfolgte. Lebensmittel wurden der Familie durch eine kleine Öffnung gereicht, die durch einen Nachttisch verdeckt war. Was das Verstecken der Familie allerdings sehr erschwerte, war die Tatsache, dass auch einige Deutsche im Haus des Helfers Strzałkowski lebten. Die versteckte Familie musste stets sehr leise sein; jedes Geräusch konnte ihre Entdeckung und damit den sicheren Tod bedeuten. Häufig war es für einige Tage unmöglich, den Versteckten Lebensmittel oder Wasser unbemerkt in den Bunker zu reichen, sodass diese einige Male Hunger leiden mussten. Aber auch vor schweren Krankheiten

---

64 Goetz, I never saw my face, S. 47.

blieben sie nicht verschont: So erkrankte etwa Lilas Bruder an Typhus. Es wurde davon ausgegangen, dass er die Krankheit nicht überleben würde, zumal weder ein Arzt konsultiert noch Medikamente verabreicht werden konnten. Insgesamt verblieb die Familie für annährend zweieinhalb Jahre im Bunker des ethnischen Polen Strzałkowski bis zu ihrer Befreiung 1945. Auch der Sohn der Familie überlebte die Zeit im Versteck.[65]

Ganz anders erging es Samuel Goetz. Als sich im Oktober 1942 die Gerüchte über eine erneute Aktion in Tarnów häuften, beschloss er, aus dem Ghetto zu fliehen. Er bat sein einstiges Kindermädchen Tekla, eine Nichtjüdin, um Hilfe, die ihm die polnische Kennkarte sowie Geburtsurkunde ihres eigenen Sohnes aushändigte. Samuel flüchtete aus dem Ghetto, wo auf der arischen Seite Tekla auf ihn wartete. Sie begleitete ihn anschließend zu einer jungen polnischen Bekannten in der Stadt, die ihm ein kleines möbliertes Zimmer samt Außentoilette zur Verfügung stellte. Das einstige Kindermädchen besuchte ihren Schützling täglich, um ihn unter anderem mit Lebensmittel zu versorgen, wobei stets Vorsicht geboten war: „We conducted our conversation in whispers since any noise that might betray my presence to the neighbors."[66] Kurze Zeit nachdem die dritte Aktion im Tarnówer Ghetto beendet war, entschloss sich Samuel, in das Ghetto zurückzukehren, da er sich im Versteck sehr einsam fühlte: „The action, the third in the last four months against the Jews of Tarnow, was over for the time being. I stayed with the Polish lady and her baby for another few weeks, but I was lonely and contemplated returning to the ghetto to share in the fate of the rest of Jews of Tarnow."[67]

Neben unterschiedlichen Räumlichkeiten in privaten, nichtjüdischen Haushalten, die häufig als Verstecke genutzt wurden, stellten andere Örtlichkeiten eher eine Ausnahme dar. Ein einzigartiges Versteck wurde jedoch auch in Tarnów errichtet und zwar in der sogenannten Dagnan-Mühle, die nach den christlichen Inhabern Antoni und Augustyn Dagnan benannt war und zu welcher auch eine Werkstätte gehörte. Der im Jahre 1902 geborene Jude Markus David Unger war in den Vorkriegsjahren Geschäftspartner der Dagnan-Brüder. Er belieferte die städtischen Bäckereien mit Mehl aus der Mühlenproduktion.[68] Während der Besatzungszeit arbeitete Unger weiterhin in der Mühle, allerdings dann als Leiter der mechanischen Abteilung.[69] Mit einem Ausweis und unter Bewachung war es ihm

---

[65] Bericht Lila M., AŻIH, 301/4022.
[66] Goetz, I never saw my face, S. 48.
[67] Goetz, I never saw my face, S. 49.
[68] Gammon, Carolyn/Unger, Israel: The Unwritten Diary of Israel Unger. Waterloo 2013, S. 1, 9.
[69] Aufstellung der beschäftigten Arbeiter, MO-T (Muzeum Okręgowy w Tarnowie), AH/DH/1148II/79.

möglich, das Ghetto täglich zu seiner Arbeitsstelle zu verlassen. Eines Tages erfuhr Unger, dass ein Versteck auf dem Dachboden der Dagnan-Mühle gebaut wurde: Eine Wand wurde errichtet, sodass auf dem Dachboden zwei Räume entstanden. Die Wand wurde von nichtjüdischen Polen, die ebenfalls in der Dagnan-Mühle beschäftigt waren errichtet; höchstwahrscheinlich erhielten sie hierfür einen Lohn. Der Raum, der durch die falsche Wand vom restlichen Dachboden abgeteilt wurde, maß lediglich rund zehn Quadratmeter. Maschinenteile und andere Dinge wurden vor die Wand und vor allem den Eingang des Verstecks gestellt, um diesen zu verdecken. Unger wollte sich samt Familie der „hiding community" der Dagnan-Mühle anschließen, was ihm auch gelang. Lebensmittel wurden der neun Personen umfassenden „hiding community" zunächst von eingeweihten Nichtjuden gebracht. Als dies nicht mehr möglich war, suchten sie in der Mühle nach Essbarem, unter anderem Mehl und Gerste. Das Versteck war gut vorbereitet, sodass die Gruppe auch über einen kleinen Kocher verfügte, womit sie die gefundenen Lebensmittel zubereiten konnten. Nachdem die in der Dagnan-Mühle Versteckten über zwei Jahre dort ausharren mussten, wurden sie schließlich Mitte Januar 1945 durch die sowjetischen Truppen befreit.[70] Israel, der Sohn von Markus David Unger, erinnert sich in seinen Memoiren an jenen Moment:

> I saw three Soviet soldiers. [...] I cannot express how truly overjoyed we were, an indescribable feeling of relief mixed with happiness on seeing the Soviet soldiers. I rushed out to greet them and fell down the stairs of the attic. I don't know if it was because I had forgotten how to walk on stairs or because I was so weak. I found myself right next to the three soldiers. I put my arms around the legs of the one nearest to me and kissed his boots![71]

Schlussbetrachtung

Das Verstecken innerhalb der Ghettomauern diente der kurzfristigen Rettung des eigenen Lebens und der im Versteck befindlichen Personen vor einer Deportation in ein Vernichtungslager. Allerdings bedeutete dies nicht nur einen zeitlichen Aufschub vor der Ermordung, sondern mitunter auch die Chance, eine Flucht aus dem Ghetto vorzubereiten. Die Verstecke innerhalb der Ghettomauern waren sehr unterschiedlicher Natur: Keller, Dachböden, aber auch die Kanalisation wurden genutzt, um sich vor den Tätern zu verstecken und so einer Deportation

---

70 Vgl. Gammon/Unger, The Unwritten Diary, S. 9–21.
71 Gammon/Unger, The Unwritten Diary, S. 21.

zu entgehen. Auch außerhalb des Ghettos, sofern die Flucht auf die arische Seite gelang, existierten differente „Orte des Versteckens", gleichwohl die Optionen aus rein praktischen Gründen begrenzter waren. In der Regel wurden private Räumlichkeiten nichtjüdischer Bekannter als Versteck genutzt. Im Normalfall gewährleisteten diese Bekannten auch die Versorgung der Versteckten mit nötigsten Dingen für die Sicherung des Überlebens. Das Versteck in der Dagnan-Mühle stellt sicherlich einen außergewöhnlichen Fall dar: Nicht nur wegen des besonderen Ortes des Versteckens, sondern auch aufgrund der Tatsache, dass sich die im Versteck befindlichen Personen zumindest temporär selbst versorgten, was jedoch allein erst aufgrund der Örtlichkeit möglich war.

So wie die Orte, variierte auch die Anzahl der Personen, die sich in den Verstecken aufhielten, obgleich die Zahl der Versteckten auf der arischen Seite in der Mehrzahl der Fälle geringer war als in vielen Verstecken innerhalb der Ghettomauern – es sei an dieser Stelle an die bereits geschilderten Verstecke im sogenannten Michalewicz-Arbeiterhaus erinnert. Allerdings galt, dass jede weitere Person im Versteck ein weiteres Risiko bedeutete, entdeckt zu werden. Gemein ist beiden Formen des Versteckens, dass in der Regel Säuglinge und sehr kleine Kinder, denen man die gefährliche Situation allein aufgrund ihres Alters nicht erklären konnte, in den Verstecken unerwünscht waren. Sie stellten für die „hiding community" eine zu große Gefahr dar, entdeckt zu werden. In den meisten Fällen waren Säuglinge und Kleinkinder erst gar nicht in den Verstecken erlaubt, sofern doch, war es jedoch überlebenswichtig, dass sie sich ruhig verhielten. Nachgeholfen wurde unter anderem mit der Verabreichung von Schlaftabletten.[72] In den extremsten Fällen, sofern Kleinkinder schrien und dadurch das Versteck entdeckt zu werden drohte, wurden diese erstickt, um die anderen, sich ebenfalls im Versteck befindlichen Personen, nicht zu gefährden.[73]

Insgesamt war jeder Einzelne der „hiding community" mit einer Vielzahl unterschiedlicher Probleme konfrontiert, dies gilt sowohl für die Versteckten innerhalb der Ghettomauern wie auch für diejenigen auf der arischen Seite. Das Ausharren unter inhumanen Bedingungen, die Enge, der Mangel an Lebensmitteln, die medizinische Unterversorgung im Falle von Krankheiten, die Einschränkung der Hygiene sowie der Privatsphäre, und vor allem die ständige Angst, entdeckt zu werden, stellten für die sich im Versteck Befindlichen eine starke physische und psychische Belastung dar, die nur durch den Willen zu überleben, erduldet werden konnte. Gerade aber für Kinder, die sich an die ihnen auferlegten

---

72 Interview mit Lola Padawer, Interviewcode: 16630, Visual History Archive des USC Shoah Foundation Institute for Visual History and Education.
73 Graber/Bialecki, Our father's voice, S. 45.

Verhaltenscodizes innerhalb des Versteckes halten mussten, stellte die Zeit in der Illegalität wohl die extremste Ausnahmesituation dar, nicht zuletzt deshalb, weil von ihnen erwartet wurde, wie Erwachsene zu agieren. Sie mussten sich stets ruhig verhalten, um das Versteck nicht zu gefährden. Gegen die alltägliche Eintönigkeit im Versteck versuchten sie ihre ganz eigene Freizeitbeschäftigung zu entwickeln, die mit den wenigen Mitteln, die ihnen in der Isolation zur Verfügung standen, gegeben war. So berichtet der Überlebende Israel Unger in seinen Memoiren:

> We had a box of photos and one of the games I played was to take a needle and punch out the eyes of the people in the pictures. My mother let me do it. I don't know what it means but it scares me actually. It was somehow an entertainment to pass the time. [...] There were no toys in the attic. Playing with the pictures was a substitute for toys.[74]

Im Allgemeinen waren die Möglichkeiten zur Flucht aus dem Ghetto zunächst stark abhängig von der geografischen Beschaffenheit des Ghettos, den örtlichen Gegebenheiten in denen es errichtet wurde – Stadt vs. Land –, sowie schließlich der einheimischen, nichtjüdischen Bevölkerung vor Ort. Neben Kontakten zu Personen jenseits der Ghettomauern sowie finanziellen Rücklagen, konnten aber auch persönliche, ganz individuelle Faktoren wie Mut, psychische und physische Beschaffenheit, Anpassungsfähigkeit und nicht zuletzt auch ein christliches Aussehen, ausschlaggebend für eine erfolgreiche Flucht und das Überleben auf der arischen Seite sein.

Wie vielen Juden es schließlich glückte, aus dem Ghetto Tarnów zu fliehen, sich zu verstecken und auf diese Weise die NS-Besatzung zu überleben, ist schwerlich zu rekonstruieren. Wie eingangs ausgeführt, stellt vor allem die Quellenproblematik in dieser Hinsicht ein großes Hindernis dar. In ähnlicher Manier gestaltet sich dies bei der Ermittlung der konkreten Zahl der jüdischen Ghettoinsassen, welche sich vor und während einer „Aussiedlungsaktion" innerhalb des Ghettos versteckt hielten. Dennoch lässt sich anhand der Quellen festhalten, dass es nicht nur einzelne, wenige Jüdinnen und Juden waren, die sich dem Vernichtungswillen der Nationalsozialisten durch Verstecken und Flucht widersetzten und so aktiv gegenüber den Besatzern Widerstand leisteten.

---

74 Gammon/Unger, The Unwritten Diary, S. 19.

Markus Roth
Jüdischer Guerillakampf

Der bewaffnete Widerstand in Krakau

Von Januar bis März 1943 saß die 25-jährige Gusta Dränger-Dawidsohn in einer Zelle des Krakauer Frauengefängnisses ein. Sie war eine der führenden Vertreterinnen der jüdischen Kampforganisation in Krakau. Den sicheren Tod vor Augen, schrieb sie zwischen den Verhören und der Folter durch die Gestapo auf Toilettenpapierstreifen ihre Erinnerungen an den jüdischen Widerstand in der Hauptstadt des Generalgouvernements nieder. In einer Blechdose im Ofen versteckt, konnten ihre Aufzeichnungen später geborgen werden.[1] Sie sind ein einzigartiges Dokument vom jüdischen Widerstand im nationalsozialistischen Herrschaftsbereich.

Im Angesicht des sicher geglaubten Endes ihres Lebens und das vieler weiterer verhafteter Mitkämpferinnen und Mitkämpfer wollte sie ein Zeugnis von ihren Motivationen und von ihrem Kampf hinterlassen. In einer testamentarischen Vorbemerkung zu ihrem Text schreibt sie:

> Aus dieser Gefängniszelle, die wir nie mehr lebend verlassen werden, grüßen wir jungen todgeweihten Kämpfer Euch. Wir opfern unser Leben bereitwillig für unsere heilige Sache und bitten lediglich, daß unsere Taten in das Buch ewiger Erinnerung einfließen. Mögen die Erinnerungen auf diesen zerstreuten Papierfetzen zusammengetragen werden und ein Bild unser standhaften Entschlossenheit im Angesicht des Todes ergeben.[2]

Ihr Widerstand sollte nicht nur von Entschlossenheit, sondern auch von Einigkeit und Solidarität zeugen. Es war Gusta Dränger-Dawidsohn ein wichtiges Anliegen, auch dies und die Namen der beteiligten Organisationen bewahrt zu wissen. Weiter schreibt sie:

---

1 Vgl. Dawidsohn-Draengerowa, Gusta: Pamiętnik Justyny. Kraków 1946, S. 16, 19 u. 21; Kast, Jochen/Siegler, Bernd/Zinke, Peter (Hrsg.): Das Tagebuch der Partisanin Justyna. Jüdischer Widerstand in Krakau. Berlin 1999, S. 10. Die Erinnerungen von Gusta Dränger-Dawidsohn sowie das ausführliche Nachwort dazu von Jochen Kast, Bernd Siegler und Peter Zinke über Widerstand in Krakau bilden eine Hauptquelle für diesen Aufsatz. Im Folgenden werden daher nur direkte Zitate hieraus nachgewiesen und überdies auf darüber hinaus herangezogene Literatur verwiesen.
2 Kast [u. a.], Tagebuch, S. 14.

Anmerkung: Der vorliegende Text ist eine überarbeitete und erweiterte Fassung von Löw, Andrea/Roth, Markus: Juden in Krakau unter deutscher Besatzung 1939–1945. Göttingen 2011, S. 182–195.

Die Kämpfer, derer Taten in dieser Erzählung gedacht wird, waren Mitglieder verschiedener jüdischer Jugendbewegungen. Diese überwanden ideologische Unterschiede, um sich zum Kampf gegen jene unmenschlichen Kräfte zusammenzuschließen, die sie als Rasse, Religion, Kultur und Volk vernichten wollten.[3]

Die einzelnen Jugendorganisationen listet sie anschließend namentlich auf.

In der damaligen Öffentlichkeit des besetzten Polen freilich wusste man nichts von einer vereinten jüdischen Kampforganisation. Überhaupt war von Widerstand von Juden offiziell kaum etwas zu vernehmen. Erst am 20. Mai 1943, als fast alle Juden bereits aus Krakau in die Vernichtungslager oder nach Płaszów deportiert worden waren und der Aufstand im Warschauer Ghetto gerade niedergeschlagen worden war, brachte die *Krakauer Zeitung* eine knappe Meldung über die „Sühne" für zwei Sprengstoffanschläge, die ein halbes Jahr zuvor in Krakau stattgefunden hatten:

> Am 22. Dezember vorigen Jahres wurden in der Zeit zwischen 18.00 und 19 Uhr gegen zwei deutsche Gaststätten in Krakau, und zwar gegen das Theatercafé und das Ringkasino, Sprengstoffanschläge unternommen. Da in beiden Fällen die dazu verwendeten Sprengkörper nicht die beabsichtigte Wirkung hatten, versuchten die Täter, durch zusätzlichen Gebrauch von Handfeuerwaffen ihr Ziel zu erreichen.

Warum diese Nachricht erst Monate nach der aufsehenerregenden Tat veröffentlicht wurde, bleibt unklar, zumal der Leser erfuhr, dass alle Beteiligten bereits nach wenigen Tagen verhaftet worden seien. Die eigentliche Sensation für viele Deutsche aber war etwas anderes, auch wenn es im Artikel nicht als solche aufgemacht wurde: „Alle Täter sind Juden. Sie gaben im Lauf der Untersuchung zu, Kommunisten zu sein und auf Anweisung ihrer Moskauer Auftraggeber gehandelt zu haben." War hier bereits die Realität erheblich verbogen, indem die jüdischen Kämpfer als kommunistische Handlanger Stalins dargestellt wurden,[4] sollte in den folgenden Zeilen die Wahrheit vollends verzerrt und mit Füßen getreten werden:

> Sie hatten die Absicht, wie ebenfalls aus ihren Aussagen hervorgeht, am Vorabend des vergangenen Weihnachtsfestes in Krakau Unruhe zu stiften, um Sühne-Maßnahmen gegen die polnische Bevölkerung auszulösen und dadurch Verbitterung gegen die deutschen Behör-

---

3 Kast [u. a.], Tagebuch, S. 14.
4 Nach dem Krieg wurde, freilich mit entgegengesetzter ideologischer Motivation, versucht, den Anteil der Kommunisten innerhalb des jüdischen Widerstands sowie die Beteiligung der Gwardia Ludowa in den Vordergrund zu rücken. Vgl. etwa Nirensztein, A.: Ruch Oporu Żydów w Krakowie pod okupacją hitlerowską. In: Biuletyn Żydowskiego Instytutu Historycznego, Nr. 1 (3) 1952. S. 126–186.

den hervorzurufen. Die jüdisch-kommunistischen Verbrecher sind inzwischen ihrer verdienten Strafe zugeführt worden.[5]

Letztlich ging es, obwohl die Meldung in der Zeitung für die Deutschen erschien, wohl auch darum, sich den weit verbreiteten Antikommunismus der polnischen Bevölkerung zunutze zu machen und jedwede mögliche Solidarität zwischen Juden und Nichtjuden im besetzten Polen zu verhindern.

Bei den deutschen Besatzern hatte der Anschlag für einiges Aufsehen gesorgt. Dr. Heinz Doering, ein Funktionär in der Regierung des Generalgouvernements, berichtete gut drei Wochen nach dem Anschlag nach Hause:

> Im übrigen ist es hier in der letzten Zeit lebhaft u. lustig zugegangen: Bomben flogen in das Theatercafé u. in das Ringkasino. Ein Hauptmann u. ein Droschkengaul waren die Opfer. [...] Dass auch viele Juden bei den Banden sind, ist natürlich selbstverständlich. Es gibt unter den Juden auch eine ganze Menge schneidiger Hunde! Gerade von ihnen hört man tolle Geschichten von äusserster Verwegenheit.[6]

Der Widerstandsakt wird im bis dato so ruhigen Krakau *das* Stadtgespräch gewesen sein; wenige Tage später konnte Doering bereits mit weiteren, wenn auch nicht in allen Einzelheiten korrekten Nachrichten aufwarten, zumal er über gute Verbindungen zum Polizeiapparat verfügte:

> Der Täter ist ein Warschauer Jude. Er warf die erste Handgranate gegen das Ringkasino, aber zu kurz, so dass kaum Schaden entstand. Dann ging er zum Theatercafé u. warf die Granate dort von der Garderobe aus in den Raum. Hier gab es dann einen Toten u. eine Menge Verletzter. Der Droschkengaul wurde bei der Verfolgung erschossen. An der Verfolgung u. Festnahme beteiligten sich vor allem Polen, während deutsche Soldaten die Teilnahme ablehnten. Der Täter u. seine Hintermänner, im ganzen über 250 Mann, meist Juden, sind festgenommen. Auch die Zentrale, die die Handgranaten, alte polnische Bestände, austeilte, ist ausgehoben. Natürlich waren alle mit deutschen Kennkarten, Pässen u.s.w. ausgerüstet. Die Juden erklärten, da sie ja doch beseitigt würden, wollten sie vorher noch ihren Hass gegen die Deutschen möglichst auslassen.[7]

Damit kam Doering den wahren Motiven der jüdischen Kämpfer schon sehr viel näher, als die spätere Propaganda in der *Krakauer Zeitung*.

Eines ihrer Ziele – Verunsicherung unter den Deutschen zu stiften – hatten die jüdischen Widerstandskämpfer zweifellos erreicht. In Rzeszów, etwa 160 Kilometer

---

5 Krakauer Zeitung, 20. 5. 1943, zitiert nach: Kast [u. a.], Tagebuch, S. 228f.
6 Brief von Heinz Doering an seine Frau und seine Mutter, 10. 1. 1943 (Kopie im Besitz des Verfassers).
7 Brief von Heinz Doering an seine Frau und seine Mutter, 15. 1. 1943 (Kopie im Besitz des Verfassers).

östlich von Krakau, war Heinz Ehaus, als Kreishauptmann Leiter der Besatzungsverwaltung des Kreises, in heller Panik. Als besonders radikaler NS-Funktionär befürchtete er wohl eine ähnliche Tat gegen sich. An Heiligabend 1942, so berichtet Franciszek Kotula, der im örtlichen Museum und Archiv arbeitete, überbrachte ein polnischer Beamter Ehaus seine Weihnachtswünsche. Statt sich zu bedanken, habe der aufgeregte Ehaus diesen angeblafft, wenn in Rzeszów solch ein Anschlag wie in Krakau verübt werde, werde die Stadt ihn in Erinnerung behalten.[8]

Die Aufregung unter den Deutschen legte sich aber bald wieder – zumindest in Krakau, denn andernorts im Generalgouvernement waren Anschläge seitens des nichtjüdischen Widerstandes durchaus an der Tagesordnung. Mitte Februar 1943 schrieb Doering beruhigend nach Hause:

> Hier ist es jetzt wieder ruhig. Die Polen haben wieder Ausgeherlaubnis bis 8 h abends. Es hat sich herausgestellt, dass die ganzen Überfälle etc. von Juden gemacht sind. Hoffentlich stimmt es. Die grosse Masse der Polen hat gar keine Sehnsucht nach den Bolschewisten. Ich glaube auch nicht, dass es hier zu wirklich ernsten Zwischenfällen kommen wird.[9]

Mit dieser Prognose sollte Doering Recht behalten; größere Aktionen des jüdischen Widerstands gab es nun nicht mehr, und der polnische Untergrund hielt sich in Krakau weiterhin bedeckt.

Obwohl sich die NS-Presse im Winter 1942/43 über den aufsehenerregenden Anschlag ausschwieg, verbreitete sich die Nachricht wie ein Lauffeuer im besetzten Polen. Ludwik Landau, ein jüdischer Ökonom, der in Warschau im Untergrund aktiv war und eine Chronik der deutschen Besatzungsherrschaft in Polen schrieb, berichtete schon am 28. Dezember von Gerüchten, dass es nach dem Anschlag in Krakau zu Repressionen gegen die Bevölkerung gekommen sei. Allerdings, so Landau einen Tag später, blieben die Gerüchte über den Anschlag und seine Folgen noch vage.[10]

In Krakau hingegen war man nicht auf Gerüchte angewiesen, ließ sich der Anschlag doch nicht vor der Stadtbevölkerung verheimlichen. Der polnische Archivmitarbeiter Adam Kamiński schrieb in seinem Tagebuch schon einen Tag nach der Tat über die Opfer unter den Deutschen und die daraufhin verkündete Verkürzung der Polizeistunde in Krakau. Mit einiger Skepsis aber nahm Kamiński

---

8 Kotula, Franciszek: Losy Żydów rzeszowskich 1939–1944. Kronika tamtych dni. Rzeszów 1999, S. 147.
9 Brief von Heinz Doering an seine Frau und seine Mutter, 19. 2. 1943 (Kopie im Besitz des Verfassers).
10 Vgl. Landau, Ludwik: Kronika Lat Wojny i Okupacji. Tom 2. Warszawa 1962/63, S. 71 (Eintrag vom 28. 12. 1942) u. S. 73 (Eintrag vom 29. 12. 1942).

die Notiz in der *Krakauer Zeitung* im Mai 1943 auf. Die Nachricht, kommunistische Juden stünden hinter dem Anschlag, und sie hätten damit Repressionen gegen die Polen verursachen wollen, tat er mit der Bemerkung ab, dies seien schöne Märchen – zumal in dem Artikel nicht ein einziger Name der Täter genannt worden sei.[11]

Der spektakuläre Anschlag schlug nicht nur im Generalgouvernement hohe Wellen, sondern beschäftigte auch die oberste Führungsriege des NS-Regimes. Heinrich Himmler beauftragte Heinrich Müller, Chef der Gestapo innerhalb Heydrichs Reichssicherheitshauptamtes, sich persönlich um die Zerschlagung der jüdischen Widerstandsorganisation zu kümmern. Bereits drei Tage nach dem Anschlag meldete Müller telegraphisch die ersten Erfolge ins „Führerhauptquartier":

> Bei der Ueberholung eines durch anhaltende Vernehmung des Juden Abraham Leibowicz bekannt gewordenen Terroristen-Schlupfwinkels in Krakau am 24. 12. 42 abends, wurden die in dem Schlupfwinkel angetroffenen Juden Adolf Liebeskind, geb. 3. 10. 1942 in Zabierzow, Kreis Krakau, wohnh. Krakau, Ghetto, Limanowskiego Nr. 9/18, und Juda Tennenbaum, geb. 16. 8. 1920 in Krakau, led. wohnh. Krakau, Ghetto, Krakusa 20/17, nach heftigem Kugelwechsel erschossen. Der Schlupfwinkel befand sich im Kellerraum eines nur von Reichsbahnbeamten bewohnten Gebaeudes. Die als Polen mit falschen Kennkarten getarnten Juden sind von dem polnischen Hausmeister gegen hohes Entgelt in das Gebaeude eingeschmuggelt und dort in dem wohnlich hergerichteten Schlupfwinkel versteckt gehalten worden. [...] Der polnische Hausmeister und seine Frau wurden festgenommen. Die Ermittlungen in dieser Angelegenheit werden mit Nachdruck fortgefuehrt. Weitere Ergebnisse werde ich sofort nachberichten.[12]

Damit war der jüdische Widerstand in Krakau empfindlich geschwächt worden.

Bewaffneter Widerstand und besonders Unternehmen wie dieses vor Weihnachten 1942 waren innerhalb der jüdischen Gesellschaft nicht unumstritten. Einige sahen darin nur Verzweiflungsakte, die wegen der Vergeltungstaten der Deutschen das Leid der großen Masse nur vergrößerten, andere setzten auf andere Arten des Widerstands. Mietek Pemper schreibt dazu in seinen Erinnerungen, er sei der festen Überzeugung gewesen,

> daß derartige Verzweiflungstaten an unserem Schicksal nichts änderten. Wir mußten versuchen, so viele von uns wie möglich vor dem sicheren Tod zu retten. Es gibt das lateinische Wort ‚Wer mit dem Schwert kämpft, geht mit dem Schwert unter'. (Qui gladio ferit, gladio

---

11 Vgl. Kamiński, Adam: Diariusz podręczny 1939–1945. Warszawa 2001, S. 211 (Eintrag vom 23. 12. 1942) u. S. 252 (Eintrag vom 20. 5. 1943).
12 Fernschreiben von Heinrich Müller, RSHA Berlin, an SS-Obergruppenführer Wolff, Führerhauptquartier, 25. 12. 1942; zitiert nach Lustiger, Arno: Zum Kampf auf Leben und Tod. Das Buch vom Widerstand der Juden 1933–1945. Köln 1994, S. 141f.

periit.) Vielleicht gab es noch andere Wege, gegen die deutschen Besatzer Widerstand zu leisten – ohne Waffen, denn untergehen wollten wir nicht.[13]

Die Aktion kurz vor Weihnachten 1942 war nur der spektakuläre Höhepunkt einer ganzen Serie von Aktionen des organisierten jüdischen Widerstands, die dieser selbstständig oder in Kooperation mit nichtjüdischen Aktivisten der kommunistischen Partei durchgeführt hatte. Dazu gehörten Überfälle auf einzelne deutsche Funktionäre und Soldaten oder Einbrüche in Werkstätten und Lagerhallen, um Waffen zu erbeuten. Diese Guerillakriegstaktik war eine Besonderheit des Widerstands in Krakau, der ihn von den Untergrundaktivitäten etwa in Warschau, Białystok oder Wilna unterschied, konzentrierte man sich dort doch weitgehend auf Vorbereitungen eines Aufstands innerhalb des Ghettos.

Hervorgegangen war der organisierte Widerstand in Krakau aus zionistischen Jugendbewegungen, vor allem der Akiba und der linkszionistischen Haschomer Hazair, von denen die Akiba mit gut 1.000 Mitgliedern vor 1939 in Krakau die größere war. Bei beiden stand vor dem Krieg die praktische landwirtschaftliche Ausbildung ihrer Mitglieder im Vordergrund, um diese auf ein Leben in Palästina vorzubereiten. Nach der deutschen Besetzung versuchte die Akiba, dies wiederzubeleben; sie richtete im Dezember 1941 in Kopaliny, 45 Kilometer südöstlich von Krakau in der Nähe von Bochnia, ein landwirtschaftliches Zentrum ein, das offiziell der Landwirtschaftsabteilung der Jüdischen Sozialen Selbsthilfe unterstand. Bevor es im August 1942 geschlossen wurde, war dieser Ort das Zentrum des Widerstandes – hier wurden Pläne geschmiedet und Kontakte geknüpft.[14]

Allerdings stand dem eine Vielzahl an Problemen entgegen, ganz besonders in Krakau, der Hauptstadt des Generalgouvernements. Hier war die Zentrale von Besatzungsverwaltung, SS und Polizei, und so waren diese, wie auch die Wehrmacht, besonders stark präsent. Deshalb war auch die polnische Widerstandsbewegung, an der Spitze die Heimatarmee (Armia Krajowa – AK), in der Stadt und in der Umgebung schwächer und eher passiv, was auch mit ihrer generellen Strategie zusammenhing, auf den richtigen Moment für einen großen nationalen Aufstand zu warten. Der kommunistische Untergrund war 1942 erst im Aufbau begriffen.[15] Überdies bot das recht kleine Ghettogelände in Krakau, anders als etwa in Warschau, nur wenig Rückzugsmöglichkeiten.

---

13 Pemper, Mieczysław (Mietek): Der rettende Weg. Schindlers Liste – die wahre Geschichte. Hamburg 2005, S. 54.
14 Vgl. Bauminger, Arieh: The Fighters of the Cracow Ghetto. Jerusalem 1986, S. 40f.
15 Vgl. Ainsztein, Reuben: Jüdischer Widerstand im deutschbesetzten Osteuropa während des Zweiten Weltkrieges. Oldenburg 1993, S. 471.

Doch auch unter anderen lokalen Voraussetzungen mussten Juden, die zum aktiven Widerstand gegen ihre Verfolger entschlossen waren, mit äußerst schwierigen Bedingungen zurechtkommen: Bereits durch die Politik der Besatzer weitgehend isoliert, stigmatisiert und systematisch verelendet, schlug ihnen von Seiten der polnischen Bevölkerung häufig eine feindselige Haltung entgegen. Denunziation oder Erpressung derjenigen, die das Ghetto heimlich verließen, sei es um unterzutauchen, um lebensnotwendige Waren zu besorgen oder aber um Waffen oder falsche Papiere für den Kampf gegen ihre Peiniger zu beschaffen, waren an der Tagesordnung. Das erschwerte den Aufbau einer schlagkräftigen Widerstandsorganisation erheblich. Schließlich galt es, die Aktivitäten vor der jüdischen Verwaltung, besonders vor dem Ordnungsdienst, geheim zu halten, zumal auch hier Spitzel für die Gestapo arbeiteten.

Für die führenden Männer und Frauen der Akiba stand schon seit der Frühphase deutscher Besatzungsherrschaft fest, dass den Nationalsozialisten bewaffneter Widerstand geleistet werden müsse. Adolf („Dolek") Liebeskind, der an der Spitze der Akiba stand, propagierte dies bereits länger. Gemeinsam mit Simon Dränger, dessen Frau Gusta („Justyna") Dränger-Dawidsohn, Abraham Laban-Leibowicz und anderen bauten sie eine Widerstandsorganisation auf und bereiteten sich auf den Untergrundkampf vor: Sie richteten ein „Technisches Büro" ein, in dem Simon Dränger die unentbehrlichen Papiere wie Kennkarten oder Passierscheine präparierte, sie mieteten Wohnungen an und schufen sich Verbindungswege aus dem Ghetto in den anderen Teil der Stadt.

Außer Mitgliedern der Akiba organisierten sich auch Angehörige der Hashomer Hazair für den aktiven Widerstand gegen die NS-Besatzer. Angeführt von Heshek Bauminger, einem Veteran der polnischen Armee, bildeten sie ein konspiratives Netz von „Zellen" mit jeweils fünf Personen. Im Führungskreis waren Benek Halbreich, zuständig für Ausbildung und Organisation, Schlomo Schein, der sich vor allem um Wohnungen, Geld und Dokumente kümmerte, und Gola Mire, eine Kommunistin, die über ihre Kontakte zur neu entstandenen polnischen kommunistischen Partei (Polska Partia Robotnicza – PPR) vor allem Informationen und Waffen beschaffen sollte.[16]

Die Vorbereitungsarbeiten waren schwierig und nahmen viel Zeit in Anspruch, doch im Sommer 1942 war es soweit: Baumingers Gruppe trat erstmals außerhalb des Ghettos in Aktion. Es gelang ihnen, einen Deutschen zu töten und dessen Waffe zu erbeuten. Wenig später legten sie in den Garagen der Organisation Todt, die für den Bau militärischer Anlagen eingerichtet worden war, einen Brand, für den Polen bestraft wurden. Daher forderten nichtjüdische Widerstandsgruppen

---

16 Vgl. Ainsztein, Widerstand, S. 473; Bauminger Fighters, S. 49f.

die Einstellung derartiger Aktionen.[17] Daneben galt es, innerhalb des Ghettos gegen jüdische Spitzel der Gestapo vorzugehen.

Nach der ersten großen Deportation aus Krakau im Juni 1942 und mit den ersten Nachrichten über die Existenz von Vernichtungslagern durch Flüchtlinge und den polnischen Untergrund wuchs der Wille, für die zahlreichen OpferRache zu üben. Gusta Dränger-Dawidsohn zitiert in ihren Aufzeichnungen ihren Mann:

> Was können wir machen, außer Widerstand zu leisten? Klar, es wird nicht einfach sein. Für jede Tat werden sie uns mit Tausenden unschuldiger Opfer bezahlen lassen. Es wird nicht leicht sein, ihre Verbrechen gegen unser Volk zu vergelten, denn jeder unserer Schritte wird auf massive und willkürliche Vergeltung stoßen. Da wir uns für die Sicherheit des polnischen Judentums verantwortlich fühlen, wie können wir es da auf uns nehmen, irgendetwas zu tun, was zu seiner Vernichtung führen könnte? Aber das Schicksal unseres Volkes auf dieser Erde steht bereits fest. Das Urteil ist mit dem Blut von Millionen hilfloser Juden besiegelt worden. Wir können entweder mit ihnen sterben oder versuchen, ihren Tod zu rächen. Unsere Rache wird zügel- und erbarmungslos sein müssen.[18]

Die beiden bislang unabhängig voneinander operierenden Widerstandsgruppen fanden nun zueinander, auch wenn es auf Seiten der Akiba zunächst wegen der engen Kontakte der Gruppe um Bauminger zur PPR noch Vorbehalte gegen eine Zusammenarbeit gegeben hatte. Im Oktober gründeten sie das Vereinigte Kommando der Jüdischen Kampforganisation. Beide Gruppen agierten zwar weiterhin selbstständig, wichtige Entscheidungen wurden fortan aber gemeinsam getroffen. Überdies führten sie auch gemeinsame Aktionen durch. Zunächst war das vorrangige Ziel der Weg in die Wälder, um dort die Partisanenarbeit aufzunehmen.[19]

Krakaus unmittelbare Umgebung aber kam hierfür nicht infrage, so dass sie auf ihnen unbekannte Gebiete ausweichen mussten. Dort waren sie weitgehend auf sich gestellt, da es ihnen an Kontakten zur lokalen Bevölkerung mangelte und polnische Partisanenverbände noch wenig präsent waren. Bevor jedoch überhaupt der erste Schritt unternommen werden konnte, waren Waffen unbedingt notwendig. Diese zentrale, aber lebensgefährliche Aufgabe übernahm Hella Rufeisen-Schüpper, als Kurierin zwischen Krakau und Warschau. Sich als Jüdin außerhalb des Ghettos zu bewegen, war bereits eine Gefahr sondergleichen, drohte ihr doch jederzeit, erkannt und verraten oder erpresst zu werden oder in einer Kontrolle als Jüdin identifiziert zu werden. Auf Waffenbesitz und Waffenschmuggel stand zudem die Todesstrafe. Doch Hella gelang das unmöglich

---

17 Vgl. Bauminger, Fighters, S. 52–54.
18 Kast [u. a.], Tagebuch, S. 20f.
19 Vgl. Bauminger, Fighters, S. 59

Erscheinende – über Kontaktleute im Warschauer Ghetto konnte sie vom polnischen Untergrund in der ehemaligen Hauptstadt fünf Pistolen und eine größere Menge Munition ankaufen, die sie sicher nach Krakau schaffte.[20]

In ihren Erinnerungen erzählt sie von dem waghalsigen Unterfangen:

> Am nächsten Morgen wurde ich zu Dolek gerufen. „Morgen fährst du nach Warschau", erklärte er mir, „am Nachmittag triffst du dich bei der hiesigen Krankenkasse mit Herrn X, der am Eingangstor auf dich warten wird. Er wird eine Zeitung in der Hand halten. Frage ihn, wie spät es ist, und bitte ihn um eine Zeitung." Und wieder mußten Reisevorbereitungen getroffen werden. Ich mußte die „Kulissen wechseln". Das bedeutete, meine Kleider auszuwechseln, ich benötigte einen Mantel, mußte meine Haarfarbe aufbessern. [...] Symek Dränger brachte mir ein eingehülltes Päckchen mit kleinen Goldbarren und versicherte mir, daß der Wert der Barren genau dem Preis entspräche, der in Warschau für fünf Revolver und zwei Kilo Sprengstoff verlangt würde. „Solltest du gefaßt und nach dem Pulver in deiner Tasche gefragt werden, sag einfach, es sei chemischer Dünger." Am Eingang der Krankenkasse wartete Herr X auf mich. Ich trat auf ihn zu: „Verzeihung, wie spät ist es?" „Fünf Uhr", war seine Antwort. „Vielen Dank. Darf ich wohl einen Blick auf Ihre Zeitung werfen?" „Bitte schön." Er stellte sich mir vor, und schon gingen wir zusammen los. Als wir uns dem Bahnhof näherten, nahm er Abstand von mir. „Ich möchte mich nicht dadurch gefährden, daß ich mit einer Jüdin gesehen werde." Auch im Zug saß er, wohl aus Sicherheitsgründen, in einem anderen Abteil. [...] Als wir am Warschauer Bahnhof den Zug verließen, folgte ich ihm in einigem Abstand. Nach einer Weile kam er auf mich zu, und in der Innenstadt gingen wir nebeneinander her. Wir sprachen wenig. [...] Wir traten in eine Wohnung ein, die – so meine ich – einem Schuster gehörte. Junge Polen waren dort versammelt und lasen in einem Untergrundblatt. Herr X stellte mich vor und sagte dann: „Fräulein Hella, die Ware ist noch nicht eingetroffen, aber morgen wird sie hier sein. Kommen Sie morgen in die Altstadt zum Restaurant (den Namen habe ich vergessen) und fragen Sie nach Herrn X."
>
> Am nächsten Tag ging ich zu dem vereinbarten Restaurant und fuhr mit Herrn X in die Wohnung des Schusters zurück. Die Ware war immer noch nicht eingetroffen. Diesmal organisierte mir die PPR eine Schlafgelegenheit bei der Familie eines Parteimitgliedes.
>
> Wieder verging ein ganzer Tag, und zum Schluß erhielt ich fünf Revolver verschiedener Marken, zwei Kilo Sprengstoff und dazu Patronenbehälter voller Reserverpatronen. Die Revolver schnürte ich unter meinen Kleidern auf dem Gürtel fest, den Sprengstoff verstaute ich in meiner Reisetasche und bedeckte sie mit Kleidungsstücken und schmutziger Wäsche. Trotz meiner Furcht und den Bauchschmerzen, die ich vor lauter Angst bekam, verlief die Rückreise gut, und ich wurde nicht durchsucht. Die Freude von Dolek und Symek, als ich mit meiner teuren Fracht in Krakau eintraf, ist schwer zu beschreiben. Die jungen Männer streichelten die Revolverläufe und zählten die Patronen. Vor lauter Aufregung konnten sie nicht zu Ende zählen. Im Geist sahen sie den Beginn einer neuen Zeit vor sich. Sie wußten,

---

20 Vgl. Ainsztein, Widerstand, S. 474f.

daß sie die deutschen Mörder nicht würden besiegen können und auch keine einigermaßen befriedigende Vergeltung erlangen konnten, aber ein Anfang war gemacht.[21]

Dieser Erfolg beflügelte die Ghettokämpfer ungemein, verbanden sie doch damit die Hoffnung, nun viele Waffen erbeuten und zahlreiche Gruppen als Partisanen in die Wälder schicken zu können. Die Rechnung schien einfach: Bewaffnet mit einer Pistole ließen sich durch Überfälle weitere Waffen erbeuten, mit deren Hilfe wiederum mehr Überfälle gemacht werden konnten usw. Doch die Hoffnung trog. Zwar gelang es, an weitere Waffen zu kommen, doch nicht in der erwarteten Menge, und der Weg in die Wälder sollte sich als überaus schwierig erweisen und schließlich scheitern.

Ende September 1942 brachen die ersten fünf Widerstandskämpfer, bewaffnet mit insgesamt zwei Pistolen, in Richtung Miechów auf, 40 Kilometer nördlich von Krakau gelegen. Eine Kontaktperson der PPR erwartete sie und führte die fünf in den Wald, schien aber kaum ortskundig zu sein. Der Pole ließ sie nach einiger Zeit alleine im Wald zurück. Bald musste der Voraustrupp erkennen, dass das Unterfangen, derart im Stich gelassen, sinnlos geworden war – sie kehrten unverrichteter Dinge nach Krakau zurück. Gescheitert waren sie nicht nur an dem merkwürdigen Verhalten des Kontaktmannes, sondern vor allem auch an der eigenen Unerfahrenheit und überdies an der feindseligen Haltung der Bauern, die jede Unterstützung verweigerten.[22] Diese Ablehnung war jedoch nicht immer antisemitisch motiviert. Letztlich befanden sich die Bauern in einer schwierigen Lage: Auf der einen Seite wurden sie von den Besatzern unterdrückt und des Großteils ihrer Ernteerträge beraubt, auf der anderen Seite wurden sie von polnischen Widerstandsgruppen oder auch kriminellen Banden um Lebensmittel, Übernachtungsmöglichkeiten usw. angegangen.

Nach diesem ersten Fiasko reifte der Entschluss, den Aufbau einer Partisaneneinheit aus eigener Kraft, ohne die – offenkundig nutzlose – Unterstützung der kommunistischen Partei zu wagen. In einem ersten Schritt mieteten Mitglieder des Widerstands in der Umgebung des Waldes Wohnungen an, die als Rückzugsort dienen sollten. Anschließend machten sich vier Männer von Krakau auf den Weg in die Region von Dębica, einem rund 115 Kilometer östlich von Krakau gelegenen Kreis. Sie erkundeten die Gegend, erstellten Karten und bereiten einen Unterschlupf im Wald vor. Nach wenigen Tagen aber waren ihre Vorräte verbraucht und zwei von ihnen machten sich auf, Nachschub zu beschaffen. Bei einer anscheinend verlassenen Hütte wurden sie vom Förster überrascht,

---

21 Rufeisen-Schüpper, Hella: Abschied von Mila 18. Als Ghettokurierin zwischen Krakau und Warschau. Köln 1998, S. 91f.
22 Vgl. Bauminger, Fighters, S. 63; Ainsztein, Widerstand, S. 476f.

der in Begleitung von zwei deutschen Gendarmen kam. Es gelang ihnen noch, einen Polizisten zu töten und den anderen zu verwunden, bevor beide ermordet wurden. Nachdem die im Wald zurückgebliebenen Männer vergeblich auf ihre Rückkehr gewartet hatten, vermuteten sie, dass ein Unglück geschehen sei und kehrten nach Krakau zurück.[23]

Das erneute Scheitern des Versuchs, sich als Partisanen in den Wäldern zu etablieren, und der nahende Winter veranlasste die Führung des Widerstands zu einem Strategiewechsel: Fortan wollten sie sich darauf konzentrieren, die Deutschen im Zentrum ihres Machtbereichs zu treffen und ihre Aktionen auf Krakau zu fokussieren. Die Deportation vieler Krakauer Juden ins Vernichtungslager Belzec Ende Oktober 1942 trug ein Übriges dazu bei. Mit Rücksicht auf ihre Familien und befürchtete Repressionen auch gegen sie hatten sie sich zuvor noch zurückgehalten. Gusta Dränger-Dawidsohn schrieb in der Haft über die neue Strategie:

> Eine neue Konzeption entstand. Sie befanden sich ja in der Landeshauptstadt. Mußte man denn hier etwa lange nach geeigneten Zielen für eine Betätigung suchen? Ohne einen großen geheimen Apparat im Walde aufbauen zu müssen, konnten sie doch auch an Ort und Stelle arbeiten. Mit jeder, selbst der geringsten Handlung, trafen sie mitten ins Herz der Behörden. Die Haupttriebfedern dieses Automaten zu beschädigen, das war es, was ihr Ziel werden sollte. Dort in den Wäldern war es möglich, Partisanenaktionen in größeren Abteilungen durchzuführen. Mit einer Handvoll Menschen hätte sich dort nicht viel vollbringen lassen. Aber hier würde jeder Handstreich einer einzelnen Person oder auch von zweien bei der Regierung Unruhe hervorrufen.[24]

Sie setzten nun voll auf eine Taktik der kleineren Nadelstiche, die vorrangig darauf ausgerichtet waren, Waffen und Geld zu erbeuten: Mehrfach brachen Untergrundkämpfer etwa in die Textilfabrik „Optima" ein und stahlen deutsche Uniformen, Stiefel, Leder etc., die sie zum einen gut für sich nutzen konnten, zum anderen aber auch dem nichtjüdischen Widerstand verkaufen oder gegen Waffen tauschen konnten. Außerdem töteten sie Deutsche in Krakau und gelangten so an deren Waffen. Punktuell arbeiteten sie auch mit der PPR zusammen, etwa ließen sie Züge entgleisen.[25] Vorübergehend wurde die Hauptstadt des Generalgouvernements so zu einem relativ gefährlichen Ort für NS-Funktionäre, die dort bislang ein recht beschauliches und sicheres Leben hatten führen können – vor allem im Vergleich zu Warschau, wo Bombenanschläge und Attentate weitaus häufiger vorkamen.

Neben diesen kleineren, aber keineswegs ungefährlichen Guerillaaktionen war die Kampforganisation zu einem großen Schlag, der nachhaltigen Eindruck

---

23 Vgl. Bauminger, Fighters, S. 64; Ainsztein, Widerstand, S. 478.
24 Kast [u. a.], Tagebuch, S. 90f.
25 Vgl. Ainsztein, Widerstand, S. 475; Bauminger, Fighters, S. 66–68.

hinterlassen sollte, entschlossen. Stattfinden sollte dies unmittelbar vor Weihnachten, um möglichst viele Deutsche zu treffen. Der Plan sah vor, Granaten in drei deutsche Cafés zu werfen, die Garagen der Wehrmacht in Brand zu setzen, die Patrouillenboote der SS auf der Weichsel zu zerstören sowie möglichst viele deutsche Funktionäre und Soldaten in der Stadt zu töten. Überdies dachten die Kämpfer an eine nationale Manifestation: Auf den Weichselbrücken wollten sie die polnische Flagge hissen und am Platz des von den Besatzern geschleiften Denkmals von Adam Mickiewicz, dem polnischen National- und Freiheitsdichter, wollten sie einen Kranz niederlegen. Ein Höchstmaß an Verwirrung und eine Behinderung der Rettungsarbeiten sollten zahlreiche Fehlalarme durch Anrufe bei der Feuerwehr verursachen.[26]

Der 22. Dezember 1942 aber begann mit einer Überraschung: Unerwartet traf Yitzak Cukierman, der Führer der Warschauer Jüdischen Kampforganisation, in Krakau ein, um sich mit den dortigen Kampfgefährten zu beraten, ohne zu ahnen, dass sie an diesem Tag losschlagen wollten. Er blieb trotzdem und erlebte daher alles hautnah mit.[27] Für jedes vorgesehene Ziel waren drei bis fünf Leute eingeteilt, die um Punkt sieben Uhr abends beginnen sollten. Andere, in erster Linie die Frauen, waren eingeteilt, die Flugblätter zu verteilen. Letzteres funktionierte reibungslos, auch die Fahnen wurden wie geplant gehisst. Die Anschläge jedoch gelangen nur teilweise. Die Gruppe am Kino Scala zum Beispiel musste unverrichteter Dinge wieder abrücken, weil ausgerechnet an diesem Abend die Vorstellung kurzfristig geändert worden war. An anderen Stellen waren die Widerstandskämpfer erfolgreicher. Beim Anschlag auf das Café „Cyganeria" konnten sie wohl sieben Deutsche töten und zahlreiche weitere verletzten, bevor sie das Weite suchten.

Die Akiba-Gruppen sollten nach den Anschlägen zu einem festen Zeitpunkt im Ghetto in ihrem Versteck in der Ulica Skawińska 24 zusammenkommen. Es war wohl auch diese leichtsinnige Abmachung, die schließlich zur beinahe vollständigen Zerschlagung des jüdischen Widerstands beigetragen hat. Wer nicht bereits auf dem Weg dorthin von den Deutschen aufgegriffen wurde, ging ihnen dann in dem Versteck in die Falle. Zwei Gestapospitzel im jüdischen Ordnungsdienst, Julian Appel und Nathan Weissmann, führten die Geheimpolizei zum Bunker der Kampforganisation und lieferten sie damit ans Messer. Weitere gerieten in den nächsten Tagen ebendort in die Falle. Bei den Verhafteten fanden die Deutschen die Adresse eines weiteren Verstecks, in dem an Heiligabend Dolek

---

26 Vgl. Bauminger, Fighters, S. 69f.
27 Vgl. die Schilderung in seinen Erinnerungen, Cukierman, Icchak „Antek": Nadmiar pamięci (Siedem owych lat). Wspomnienia 1939–1946. Warszawa 2000, S. 170–174. Zum Ablauf der Ereignisse im Folgenden vgl. Ainsztein, Widerstand, S. 479f.; Bauminger, Fighters, S. 71ff.

Liebeskind in den Hinterhalt geriet. Bevor die Deutschen ihn erschossen, tötete er noch einige von ihnen. Damit war mit einem Schlag fast die gesamte Führung der Akiba verhaftet oder getötet worden. Im Januar 1943 folgte die Verhaftung von Simon Dränger; seine Frau Gusta stellte sich daraufhin auch, so wie die beiden es lange zuvor vereinbart hatten.

Die Mitglieder der Kampfgruppen unter der Leitung von Heshek Bauminger hatten keinen zentralen Treffpunkt vereinbart – sie entgingen der Verhaftung in anderen Verstecken, die sich meist außerhalb des Ghettos befanden. In einer Besprechung am Neujahrstag 1943 verständigten sich Bauminger, Halbreich und Vertreter der polnischen kommunistischen Volksarmee (Gwardia Ludowa – GL) auf die Fortsetzung des Kampfes. In ihre Verantwortung fiel etwa ein Brandanschlag auf das Arbeitsamt im Januar 1943, bei dem sie zahlreiche Dokumente vernichten konnten, die für die Zwangsrekrutierung und Deportation von Arbeitskräften unabdingbar waren. Bei einem Überfall auf einen Angehörigen der Luftwaffe erbeuteten sie mehrere Waffen und Vorräte.

Doch die Schlinge zog sich immer enger um die verbliebenen Kämpfer. Einzelne wurden von Denunzianten an die Gestapo verraten, Waffendepots flogen auf und die Druckerpresse wurde entdeckt. Schließlich kam Heshek Bauminger Ende Februar oder Anfang März bei einer Schießerei mit der Gestapo ums Leben. Anschließend gelang den Deutschen die Zerschlagung der restlichen jüdischen Kampforganisation im Ghetto. Unterdessen saßen Simon Dränger, seine Frau Gusta und die übrigen Verhafteten im Gefängnis Montelupich ein, wo sie immer wieder gefoltert wurden. Am 29. April 1943, in Warschau war der Ghettoaufstand in vollem Gange, sollten 30 Frauen vom Gefängnis mit einem Lastwagen nach Płaszów gebracht werden, wohl in der Absicht, sie zu ermorden. Auf ein verabredetes Signal hin liefen die Frauen in verschiedene Richtungen auseinander und wagten die Flucht. Einige von ihnen, Gola Mire etwa, wurden erschossen, anderen jedoch gelang die Flucht, darunter auch Gusta Dränger-Dawidsohn. Am gleichen Tag sollten auch die Männer nach Płaszów kommen. Während des Transports konnte Simon Dränger fliehen.[28]

In den folgenden Monaten lebte er mit seiner Frau außerhalb Krakaus, wo sie die Herstellung der wöchentlich in etwa 250 Exemplaren auf Polnisch erscheinenden zehnseitigen Untergrundzeitung *Hechalutz Halochem* wiederaufnahmen, in der sie auf ihre Aktivitäten zurückblickten und zum Widerstand aufriefen. Die Aussichtslosigkeit ihres Kampfes stand ihnen klar vor Augen; am 13. August 1943 schrieben sie in einer Ausgabe: „Eine so völlige Ausrottung aber ist noch

---

[28] Vgl. Bauminger, Fighters, S. 98f.; Ainsztein, Widerstand, S. 482f.

nie vorgekommen. Es gab noch nie die Situation ohne jede Lösungschance."[29] Künftig werde das europäische Judentum weitgehend fehlen. Der Massenmord habe gezeigt, dass Zionismus notwendiger denn je und dass die Emanzipation der Juden äußerst fragil gewesen sei. Überdies prangerten sie die Tatenlosigkeit der freien Welt an, die dem Morden zusah: „Man schaute auf unsere Vernichtung wie auf den Tod des Ungeziefers, als ob hier keine Nation mit kulturellem Wert ums Leben kommen würde."[30] Daher bliebe ihnen nur, sich auf sich selbst zu verlassen und für die Zukunft des Judentums auf den Jischuw zu hoffen. Sich sahen sie in einer historischen Pflicht beziehungsweise Mission; für das zukünftige, um seinen europäischen Teil beraubte Judentum gelte es zu kämpfen, auch wenn ein unmittelbarer Triumph über den Gegner ausgeschlossen war:

> Jede unserer Taten bahnt der Nation den Weg zur Freiheit und fördert den Wiederaufbau der unabhängigen Heimat. [...] Wir wollen so fallen, daß das künftige Judentum durch die Schande des Sklaventodes nicht belastet wird. Wir wollen verhindern, daß man sich schamvoll an das europäische Judentum erinnert, weil es sich widerstandslos zum Blutbad führen ließ.[31]

Widerstand bedeutete für die wenigen noch lebenden Männer und Frauen weit mehr als nur der bewaffnete Kampf. Da die Nationalsozialisten die restlose Ermordung der Juden in ihrem Herrschaftsbereich anstrebten und dabei schon weit vorangeschritten waren, wurde bereits das pure Überleben ein Akt des Widerstands. Am 27. August riefen sie daher dazu auf, dass, wer könne, zu den Waffen greifen solle; wem die Kraft dazu fehle, solle sein Leben retten. „Jede Flucht aus der Hand der Schergen", schrieben sie, „ist heute eine kämpferische Tat."[32] Eine Woche darauf veröffentlichten sie daher praktische Tipps und eine Anleitung für den Bau von Erdbunkern.[33]

Welche Wirkung diese Untergrundarbeit überhaupt noch haben konnte und wie viele Menschen diese Botschaften noch erreichten, lässt sich nicht sagen. Der bewaffnete Kampf der Krakauer Juden jedenfalls war praktisch zum Erliegen gekommen; auch die Aufklärungsarbeit und die Aufrufe zum Widerstand in der Untergrundzeitung fanden bald ihr Ende. Am 8. November 1943 aber wurde Simon erneut verhaftet, Gusta stellte sich daraufhin. Beide wurden vermutlich kurz darauf getötet.

---

29 Hechalutz Halochem, 13. 8. 1943, zitiert nach: Kast [u. a.], Tagebuch, S. 273.
30 Kast [u. a.], Tagebuch, S. 276.
31 Kast [u. a.], Tagebuch, S. 277.
32 Hechalutz Halochem, 27. 8. 1943, zitiert nach: Kast [u. a.], Tagebuch, S. 289.
33 Hechalutz Halochem, 3. 9. 1943, Kast [u. a.], Tagebuch, S. 292f.

Sara Berger
Jüdischer Widerstand in den Vernichtungslagern der „Aktion Reinhardt"

Bedingungen, Formen und Relevanz

Nur etwas mehr als 130 Menschen überlebten die Vernichtungslager der „Aktion Reinhardt", Belzec, Sobibór und Treblinka, in denen zwischen März 1942 und Oktober 1943 über eineinhalb Millionen Juden getötet wurden.[1] Anders als in den Konzentrationslagern und selbst im Vernichtungslager Auschwitz ist ihr Überleben allein ihrem Mut zur Flucht und zum Widerstand zu verdanken. Alle anderen Deportierten und Gefangenen dieser drei Lager, die ausschließlich der Vernichtung und nicht auch der Konzentration etwa zur massenhaften Ausbeutung der Arbeit dienten, wurden getötet. Dies zeigt eindringlich das Beispiel von Belzec, wo nur wenige flüchteten und es keine Revolte der Gefangenen gegeben hat. Nach dem Krieg konnten hier lediglich zwei Personen ausfindig gemacht werden, die über das Lager berichten konnten.

Im Unterschied dazu fanden in den beiden anderen Lagern Widerstandsaktionen mit weitreichenden Folgen statt: In Treblinka gelang einem Teil der Häftlinge am 2. August 1943 die Massenflucht aus dem Lager; in Sobibór organisierten Häftlinge zwei Monate später, am 14. Oktober, einen Aufstand. Die beiden Revolten sind als prominente Beispiele in die Reihe des bewaffneten Widerstands der Juden einzuordnen und sind vor dem Hintergrund der Debatte um den jüdischen Widerstand zu analysieren. Diese Debatte ist sehr früh von einflussreichen Wissenschaftlern genährt worden: Raul Hilberg hat den jüdischen Widerstand als bedeutungslos bezeichnet und auch Hannah Arendt ging in ihrem Bericht über *Eichmann in Jerusalem* von der Grundannahme aus, dass Juden – mit Ausnahme der „ganz Jungen" – nicht fähig gewesen seien zu dem „Entschluss, nicht einfach wie eine Herde zur Schlachtbank zu gehen". Sie beendete ihre Ausführungen,

---

[1] Vgl. allgemein: Berger, Sara: Experten der Vernichtung. Das T4-Reinhardt-Netzwerk in Belzec, Sobibor und Treblinka. Hamburg 2013; Arad, Yitzhak: Belzec, Sobibor, Treblinka. The Operation Reinhard Death Camps. Bloomington/Indianapolis 1987; Schelvis, Jules: Vernichtungslager Sobibór. Berlin 1998; Blatt, Thomas T.: Sobibór – der vergessene Aufstand. Hamburg/Münster 2004; Chrostowski, Witold: Extermination Camp Treblinka. London/Portland 2004; Cehreli, Sila: Témoignage du Khurbn. La résistance juive dans les centres de mise à mort – Chełmno, Bełżec, Sobibór, Treblinka. Brüssel 2013; Bruder, Franziska: „Hunderte solcher Helden". Der Aufstand jüdischer Gefangener im NS-Vernichtungslager Sobibór. Münster 2013.

Zeugen des Eichmann-Prozesses zitierend, dass der „Platz, den der Aufstand in der Geschichte der Transporte einnimmt, [...] nur klein ist".²

Die geringe Zahl der Überlebenden gegenüber einem Vielfachen an Opfern scheint Hannah Arendt zunächst Recht zu geben. Den millionenfachen Mord an den Juden konnten die Opferbereitschaft und der Mut der Widerständigen und Flüchtlinge nicht aufhalten. Hierzu hätte es der Hilfe bedurft – von lokalen Widerstandsbewegungen, von den Alliierten, aber nicht zuletzt auch von den deutschen Besatzern selbst, unter denen sich – von seltenen Ausnahmen abgesehen – niemand gegen die Vernichtungspläne stellte oder für sie einsetzte.

Ein pauschales Negieren des jüdischen Widerstands ist jedoch fehl am Platze, denn Widerstand hat es an vielen Stellen gegeben und selbst aus den Deportationszügen, die in den Vernichtungslagern ankamen, schlug den Tätern vor Ort Widerstand entgegen, so etwa bei Transporten aus Grodno und Warschau, die 1943 in Treblinka ankamen. Gegen die Übermacht an bewaffneten Wachmännern und Aufsehern hatten die Deportierten jedoch keine Chance.³

Größeren Erfolg hatte der Widerstand, der von den Gefangenen der Lager ausging. Jüdische Arbeitskräfte, ausgewählt aus den Transporten, waren in den Vernichtungslagern der „Aktion Reinhardt" von Beginn an für körperlich intensive Arbeiten eingesetzt worden, aber anfangs waren diese noch regelmäßig, häufig sogar noch am Ende des Tages ermordet worden. Zur Effizienzsteigerung einerseits und der Verringerung von Fluchtmöglichkeiten andererseits, entschied sich das Leitungspersonal der Lager jedoch schließlich dazu, permanente Häftlingskommandos einzuführen. In Sobibór wurden bereits ab Mai 1942 dauerhafte Arbeitskommandos eingesetzt, deren Zahl im Lauf der Monate wuchs: 1943 befanden sich über 600 Häftlinge im Lager, darunter auch zahlreiche Frauen. In Treblinka wurden erst im Herbst 1942 permanente Arbeitskommandos eingeführt und über 1.000 Häftlinge im Lager beschäftigt; im Frühjahr 1943 sanken die Häftlingszahlen aufgrund der verringerten Zahl der Transporte.

Ein großer Teil der Gefangenen der Vernichtungslager war im Rahmen der sogenannten „Transportabfertigung" an der Rampe, in den Ausziehbereichen, in

---

2 Arendt, Hannah: Eichmann in Jerusalem. Ein Bericht von der Banalität des Bösen. München 2011, S. 81; Hilberg, Raul: Die Vernichtung der europäischen Juden. Frankfurt a. M. 1994, S. 1101. Vgl. Gutman, Israel: Jüdischer Widerstand – Eine historische Bewertung. In: Lustiger, Arno: Zum Kampf auf Leben und Tod! Vom Widerstand der Juden in Europa 1933–1945. Köln 1994, S. 26–35.
3 Willenberg, Samuel: Revolt in Treblinka. Warschau 1992, S. 40–41; Aussage von Elias Rosenberg, 24. 12. 1947, Landesarchiv NRW, Abteilung Düsseldorf (LA Düsseldorf), Rep 388, Nr. 743, Bl. 583–594; Wiernik, Jankiel: Rok w Treblince. A Year in Treblinka. Warschau 2003, S. 71–72.

den Sortierbaracken, bei den Gaskammern und den Massengräbern eingesetzt. Diensthäftlinge arbeiteten in den Werkstätten als Schreiner, Schuster, Schneider, Maurer, Schmiede, Elektriker oder Maler. Andere Gefangene waren als Wäscherinnen, Köche, Ärzte, Dienstmädchen, Landwirte, Tierpfleger oder Musiker tätig. Aus Gründen der Geheimhaltung des Massenmords war in beiden Lagern der Vernichtungsbereich, in dem Gaskammern und Massengräber untergebracht waren, das heißt das Lager III in Sobibór und das „Obere Lager" in Treblinka, von den anderen Bereichen abgetrennt und den Häftlingen dieses Lagerbereichs der Kontakt mit den anderen Arbeitern untersagt. Dies erwies sich insbesondere beim Aufstand in Sobibór als folgenreich.

Die Mehrzahl der Gefangenen kam aus Polen, es befanden sich unter ihnen allerdings auch Männer und Frauen aus anderen Ländern, aus denen Juden in die Vernichtungslager deportiert worden waren, insbesondere sowjetische, niederländische, tschechische oder deutsche Juden.

Im Folgenden werden die Bedingungen und Formen des Widerstands der Gefangenen in Sobibór und Treblinka aufgezeigt. Dabei werden Einzel- und Kollektiv-Fluchten sowie die Tötung von Aufsehern als Widerstand im engeren Sinne verstanden. Formen des alltäglichen Widerstands, wie etwa die Beschaffung von zusätzlicher Nahrung, Medizin und Kleidung oder Solidaritätsakte gegenüber anderen Gefangenen, werden hingegen nicht mit einbezogen. Zuletzt soll – auch vor dem Hintergrund der Äußerungen von Hilberg und Arendt über die vermeintliche Bedeutungslosigkeit des jüdischen Widerstands – eine Bewertung der Aufstände in den Lagern vorgenommen werden.

Bedingungen des Widerstands in den Lagern

In den Vernichtungslagern der „Aktion Reinhardt" herrschten im Vergleich zu den Ghettos, den Konzentrationslagern und anderen Orten der Verfolgung spezielle Bedingungen.

Aufseher

Als Aufsichts- und Leitungspersonal stand den „Arbeitsjuden" der Vernichtungslager der „Aktion Reinhardt" eine verhältnismäßig kleine, aber auf den Massenmord spezialisierte Gruppe deutscher und österreichischer Männer gegenüber: Diese hatten zuvor in der Regel im Rahmen der „Aktion T4" bei der Ermordung von Patienten aus Heil- und Pflegeanstalten mitgewirkt. Vor ihrer Beteiligung an der „Euthanasie" hatten sie in ihren Zivilberufen als Pfleger, Handwerker,

Verwaltungsangestellte, Fahrer, Landwirte, Polizisten und SS-Wachmänner gearbeitet. In Sobibór waren zwischen 20 und 30 Männer tätig, in Treblinka während der transportintensiven Phase im Jahr 1942 über 40 Männer, während des Sommers 1943 um die 30 Männer. Ein Teil dieser Aufseher besaß keine konkreten Kampferfahrungen und war lediglich vor Ort oder für einige Wochen militärisch im Ausbildungslager Trawniki ausgebildet worden.[4] Dieses Leitungspersonal wurde durch jeweils 100 bis 120 Wachmänner aus dem Ausbildungslager Trawniki verstärkt. Es handelte sich hierbei um ehemalige sowjetische Kriegsgefangene, insbesondere Ukrainer und „Volksdeutsche", die in den Kriegsgefangenenlagern für den Lubliner SS- und Polizeiführer rekrutiert worden waren. Die Trawniki-Männer übernahmen allgemeine Wachaufgaben, aber auch Dienste im Rahmen der „Transportabfertigung". Nicht alle wurden gleichzeitig eingesetzt und für die Widerständler war zudem von Vorteil, dass den diensthabenden Wachmännern jeweils nur fünf Patronen für ihr Gewehr zur Verfügung standen, da die deutschen Aufseher den Wachen nicht bedingungslos vertrauten und eine Revolte durch diese verhindern wollten.[5] Bei Bedarf standen den Lagerleitungen zudem sämtliche lokalen Einheiten, von der Sicherheits- und Ordnungspolizei über die polnische Polizei bis zum Grenzschutz, zur Verfügung, deren Hilfe später auch bei den Aufständen genutzt wurde.

Sicherheitsvorkehrungen

Wie alle Lager waren auch die Vernichtungslager durch Sicherheitsvorkehrungen gegen Flucht und Widerstand geschützt. Diese Vorkehrungen wurden zwischen Herbst 1942 und Frühjahr 1943 – auch in Verbindung mit der gestiegenen Bereitschaft zum Widerstand in den Ghettos und Fluchtversuchen aus den Vernichtungslagern selbst – verschärft. In Treblinka wurden die Häftlinge im Bereich des Lagers, in dem sich die Wohnanlagen befanden, nachts im „Ghetto" eingeschlossen, einem Wohnbereich, der mit Stacheldraht eingezäunt und von Lichtstrahlern umgeben war. Auch das restliche Lager wurde nachts beleuchtet, um potentielle Flüchtlinge aufspüren zu können. Die Unterkünfte der Gefangenen im „Oberen Lager", dem Vernichtungsbereich, waren ebenfalls umzäunt. Das gesamte Lager

---

[4] Vgl. Berger, Experten; Friedlander, Henry: Der Weg zum NS-Genozid. Von der Euthanasie zur „Endlösung". Berlin 1997.
[5] Black, Peter: Foot Soldiers of the Final Solution: The Trawniki Training Camp and Operation Reinhard. In: Holocaust and Genocide Studies 25.1 (2011), S. 1–99. Vgl. auch Benz, Angelika: Handlanger der SS. Die Rolle der Trawniki-Männer im Holocaust. Berlin 2015.

wurde zudem von einem doppelten Drahtzaun in einer Höhe von drei bis vier Metern umgeben, in dessen Inneren Wachmänner Patrouille liefen. Im Frühjahr 1943 wurde im Anschluss an eine freie Fläche von etwa 45 bis 50 Metern ein weiterer Stacheldrahtzaun mit Panzersperren, den sogenannten Spanischen Reitern, errichtet. Bis zu zehn hölzerne Wachtürme waren zudem ständig von bewaffneten Wachmännern besetzt, die das Lager auf ungewöhnliche Bewegungen hin kontrollierten.[6] In ähnlicher Form war auch das Lager Sobibór abgesichert: Anfangs war es mit einem zweieinhalb bis drei Meter hohen Stacheldraht, später mit zwei Reihen Stacheldraht umzäunt. Innerhalb des Lagers waren das Wohnlager der „Arbeitsjuden" (Lager I) und der Vernichtungsbereich (Lager III) zusätzlich eingezäunt. Entlang des Zaunes standen mehrere Wachtürme mit beweglichen Scheinwerfern. Seit dem späten Frühjahr 1943 erschwerten zudem mehrere Reihen scharfer Landminen, die um das Lager verlegt worden waren, die Flucht.[7]

Häftlingsorganisation

Um die Häftlinge dauerhaft gefügig zu halten, wurden sie hierarchisch organisiert. Es gab Kapos und weitere Funktionshäftlinge, die dafür sorgen sollten, dass die Befehle der Aufseher umgesetzt wurden. Bei täglichen Morgen- und Abendappellen wurde die Anzahl der Häftlinge überprüft und ihre Disziplin überwacht, indem „Vergehen" und Regelüberschreitungen mit Schlägen oder dem Tod bestraft wurden. Auf Fluchtversuche oder den bloßen Verdacht einer Fluchtplanung folgten schwere Repressalien, bei denen zur Strafe auch gänzlich unbeteiligte Häftlinge ermordet wurden: In Sobibór wurden beispielsweise Ende April 1943 mehr als 70 niederländische Arbeitshäftlinge getötet, weil sie beschuldigt wurden, eine Massenflucht geplant zu haben.[8] In Treblinka wurden zur Abschreckung mehrfach öffentlich Häftlinge aufgehängt.[9] Zuletzt drohten die

---

6 Wiernik, Rok, S. 55–59; Rajgrodzki, J.: 11 Monate in Treblinka, LA Düsseldorf, Rep 388, Nr. 752, Bl. 4–38; Chrostowski, Treblinka, S. 32; Glazar, Richard: Die Falle mit dem grünen Zaun. Überleben in Treblinka. Frankfurt a. M. 1992, S. 31.
7 Aussage von Zelda Metz, o. Dt., Landesarchiv NRW, Abteilung Münster (LA Münster), Q 234, Nr. 4572, Bl. 908–919; Abraham Kohn, „Aufgang", ebd., Nr. 4572, Bl. 3762–3773; Blatt, Thomas T.: Nur die Schatten bleiben. Der Aufstand im Vernichtungslager Sobibór. Berlin 2000, S. 155.
8 Kurt M. Thomas an World Jewish Congress, 3. 12. 1961, LA Münster, 45 Js 27/61, Nr. 4270, Bl. 29–41; Aussage von Icek Lichtman, 15. 12. 1945, ebd., Nr. 4572, Bl. 939–948.
9 Aussagen von Oscar Strawczynski, 20. 12. 1959, LA Düsseldorf, Rep 388, Nr. 744, Bl. 70–76; Richard Fleschner, 20. 1. 1960, ebd., Nr. 744, Bl. 79–84; Charles Unger, 31. 5. 1968, ebd., Nr. 249, Bl. 106–115.

Lageraufseher mit der Ermordung von jeweils zehn Häftlingen für jeden geflohenen „Arbeitsjuden". Viele Gefangene sahen daher Einzelfluchten als moralisch verwerflich an, wenn Mithäftlinge diese zur Strafe mit ihrem Leben bezahlen würden. In beiden Lagern planten die Widerstandskomitees daher später einen kollektiven Ausbruch, an dem alle Inhaftierten teilnehmen sollten. Von Vorteil gegenüber der strengen Disziplinarordnung der Konzentrationslager war, dass die vom Lagerpersonal selbst geschaffenen strengen Regeln in den Lagern der „Aktion Reinhardt" nicht konsequent befolgt wurden. Das führte zwar auch zu willkürlichen Gewaltaktionen der Aufseher gegen die einzelnen Arbeiter, bot den Häftlingen aber – innerhalb enger Grenzen – auch Freizügigkeiten, die auf diese Weise in den Konzentrationslagern nicht existierten. Männer und Frauen konnten sich in Sobibór etwa frei miteinander unterhalten; Häftlingsuniformen mussten die Arbeiter nicht tragen und die Werkstätten funktionierten in Selbstverwaltung. Die relativen Freiheiten sollten die Häftlinge einerseits von Gedanken an Flucht und Widerstand oder ihren später sicheren eigenen Tod ablenken und sie zu willigen und produktiven Werkzeugen machen. Sie sollten allerdings auch wesentliche Voraussetzung für die Aufstände sein, weil sie es den Häftlingen ermöglichten, Pläne zu schmieden und sich Waffen zu besorgen.

Ausweglosigkeit

Obwohl die Ankunft in den Vernichtungslagern im Prinzip sämtliche Hoffnungen auf ein Überleben zunichtemachte, gelang es den Aufsehern, die Arbeiter mit Versprechungen zu locken, dass sie den Krieg überleben würden und für bewährte Kräfte ein „Judenstaat" eingerichtet werden würde.[10] Gerade diese bis zuletzt geschürte Hoffnung, irgendwie überleben zu können, hemmte die Gefangenen, die sich bis zuletzt an diese Illusion klammerten. In Belzec ging diese Rechnung der Täter auf: Die „Arbeitsjuden", die hier bis zur Liquidation des Lagers gearbeitet hatten, wurden mit der Zusicherung, sie in Arbeitslager zu bringen, nach Sobibór überführt und hier ermordet. Sie wehrten sich, als sie Gewissheit darüber hatten, wohin sie gebracht worden waren, aber für einen erfolgreichen Widerstand war es zu diesem Zeitpunkt zu spät.[11] Der Entschluss zur Revolte stand aus diesen Gründen erst am Ende eines längeren Prozesses, in dem den Gefangenen

---

10 Cymlich, Israel/Strawczynski, Oskar: Escaping Hell in Treblinka. New York/Jerusalem 2007, S. 146–147.
11 Blatt, Schatten, S. 151–152; Bericht Abraham Margulis, 3. 3. 1964, LA Münster, Q 234, Nr. 4397; Leon Feldhändler, 1945, ebd., Nr. 4432, Umschlag Bl. 1600a.

die Ausweglosigkeit ihrer Situation deutlich zum Bewusstsein gekommen war, ähnlich wie es ein Jahr später auch bei der Revolte des Sonderkommandos in Auschwitz-Birkenau der Fall war. Den Lagerinsassen war klar geworden, dass sie ohne einen Aufstand das Ende des Krieges nicht erleben würden; eine Revolte würde zumindest einem kleinen Teil der Häftlinge die Chance zum Überleben bieten. Ein erklärtes Ziel der Häftlinge war es darüber hinaus, der Menschheit von den Verbrechen berichten zu können. In beiden Lagern spielten auch Rachevorstellungen als individuelle Motivation eine Rolle. Ideologische Zukunftsvorstellungen, wie eine zionistische Prägung der Widerstandsmitglieder, scheinen bei dem Widerstand in den Lagern keine maßgebliche Bedeutung gehabt zu haben.

Häftlingsumfeld

Insbesondere im Vergleich zum Widerstand in den Ghettos und in den Konzentrationslagern – wie auch in Auschwitz-Birkenau – fallen zwei weitere Gegebenheiten auf, die Auswirkungen auf die Widerstandsaktivitäten hatten. Erstens brauchten Gefangene in Sobibór und Treblinka keine Rücksicht auf Familienangehörige nehmen, die hätten in Sippenhaft genommen werden können. Eine zweite wesentliche Vorbedingung war, dass sie bei ihrem Widerstand in den Lagern als homogene, rein jüdische Gefangenengruppe auf sich allein gestellt waren und somit keine Absprachen mit weiteren im Lager beschäftigten Gruppen nötig waren. Wie die Revolte des Sonderkommandos in Birkenau zeigt, hatten sich dort Kontakte mit dem lagereigenen polnischen Widerstand, der die vom Sonderkommando befürwortete Generalrevolte in Erwartung einer bevorstehenden Befreiung des Lagers hinauszögern wollte, letztendlich als hemmend herausgestellt, da die erhoffte Unterstützung ausblieb. Verbindungen zu den Partisanengruppen, die sich wegen des erhöhten Umlaufs von Geld und Gold in der Umgebung der Lager aufhielten, bestanden in Sobibór und Treblinka ebenfalls nicht. Diese Partisanengruppen hatten als vorrangiges Ziel nicht die Befreiung der Lagerinsassen und die Beendigung des Massenmordes, sondern allgemein den Kampf gegen deutsche Besatzer und ihre Kollaborateure; nur in einzelnen Fällen kam es zu Konfrontationen zwischen ihnen und den Lagerbesatzungen.[12]

---

12 Blatt, Schatten, S. 155–156; Aussage von Erich Bauer, 6.–7. 10. 1965 im Sobibor-Prozess, LA Münster, Q 234, Nr. 4416, Bl. 174–203; Freiberg, Dov: To survive Sobibor. Jerusalem 2007, S. 271; Glazar, Falle, S. 106; Sereny, Gitta: Am Abgrund. Eine Gewissensforschung. Gespräche mit Franz Stangl, Kommandant von Treblinka, und anderen. Wien 1980, S. 160–164; Georg Królikowski, Erinnerungen, LA Düsseldorf, Rep 388, Nr. 778, Bl. 87–111.

Das Jahr 1943

Dass die Revolten im Jahr 1943 stattfanden, hängt nicht nur mit der sich immer stärker abzeichnenden Ausweglosigkeit und der sich aufgrund der geringen Anzahl an Transporten, die noch in den Lagern eintrafen, drängenden Zeit zusammen: Während der transportintensiven Zeit – etwa im Lager Treblinka bis zum Ende des Jahres 1942 – war kein Raum für umfangreiche kollektive Widerstands- und Fluchtplanungen gewesen. Insbesondere in Treblinka ging es den Gefangenen 1943 durch das Nachlassen der Transporte physisch und psychisch besser. Ihre Lebensbedingungen waren gezielt verbessert worden, weil sich ihr Wert als eingespielte Arbeiter, die zudem durch das Ausbleiben von Transporten nicht mehr ohne weiteres ersetzt werden konnten, erhöht hatte. Von großem Vorteil war darüber hinaus, dass viele Gefangene schon seit vielen Monaten im Lager waren und dadurch Vertrauensbeziehungen entstanden waren, die die Basis für konkrete Projekte boten. Allerdings wurde die Planung einer Massenflucht in beiden Lagern durch einzelne Mithäftlinge erschwert, die in der Hoffnung auf eine bessere Behandlung für die Aufseher spionierten. Die Widerständler organisierten sich daher in kleinen Gruppen und hielten die konspirativen Pläne aus Angst vor Denunzianten geheim. Berichte von Deportierten über den Ghettoaufstand in Warschau und die Nachricht vom Scheitern der Wehrmacht an der Ostfront, über die sie durch das Abhören eines Radios informiert waren, ermutigten sie zusätzlich.[13]

Trotz der Ausweglosigkeit ihrer Lage fehlte den Häftlingen in Sobibór und Treblinka lange Zeit der Mut für einen Aufstand und für eine Flucht ins ungewisse und feindliche Umfeld, unter anderem auch weil nur wenige von ihnen über militärisch-strategisches Wissen und Erfahrungen verfügten. Es ist daher kein Zufall, dass die sorgsam geplante Revolte in Sobibór erst eintrat, als im Herbst 1943 sowjetisch-jüdische Kriegsgefangene ins Lager kamen und sich ihre Kampfbereitschaft und -erfahrung mit dem Wissen der polnischen Häftlinge um die Stärken und Schwächen der Lagerstrukturen und ihrer Aufseher vereinte. Bei ihren Plänen setzten die Widerständler gezielt auf die Überheblichkeit der Täter, die davon ausgingen, ein lückenloses Überwachungssystem geschaffen zu haben, und nicht mit einem Widerstand der vermeintlich wehrlosen „Arbeitsjuden" rechneten.[14]

---

13 Aussage von Saartje Engel-Wijnberg, 14. 8. 1945, LA Münster, Q 234, Nr. 4268, Bl. 81–85; Ticho, Kurt: My Legacy. Holocaust, History and the Unfinished Task of Pope John Paul II. Włodawa 2008, S. 118; Rajchman, Chil: Ich bin der letzte Jude: Treblinka 1942/43. Aufzeichnungen für die Nachwelt. München 2009, S. 125; Willenberg, Revolt, S. 126; Cymlich/Strawczynski, Escaping, S. 175–177.
14 Z. B. Aussage von Franz Suchomel, 18. 9. 1967, LA Düsseldorf, Rep 388, Nr. 247, Bl. 15–22.

Formen von Flucht und Widerstand

Flucht und Widerstand in Treblinka: Der Aufstand vom 2. August 1943

Während der gesamten Lagergeschichte Treblinkas haben Gefangene versucht, die ihnen gegebenen, wenn auch geringen Handlungsspielräume zu nutzen und eine Flucht zu wagen. Bis zur Verschärfung der Sicherheitsvorkehrungen und der Einführung dauerhafter Häftlingskommandos im Herbst 1942 flüchteten zahlreiche Gefangene, individuell oder in kleinen Gruppen, teils mit Hilfe anderer Gefangener, teils ohne. Einige Häftlinge ließen sich mit Hilfe ihrer Mithäftlinge in den Waggons, die das Lager mit Hab und Gut der ermordeten Juden verließen, – verborgen zwischen Kleidungsbündeln – einschließen und flüchteten während der Fahrt aus dem Zug. Andere versteckten sich am Abend in der Sortierbaracke und flohen nachts durch Löcher, die sie in den – nicht elektrisch aufgeladenen – Stacheldraht schnitten. Wie viele Menschen auf diese Art und Weise aus dem Lager geflüchtet sind, ist nicht bekannt. Aber mindestens 26 bereits vor dem Aufstand geflüchtete Männer haben – zum Teil noch während der Besatzungszeit und zum großen Teil nach dem Krieg – ein schriftliches Zeugnis über Treblinka abgegeben.[15]

Bereits 1942 kam es zudem zu einem Widerstandsakt mit erheblichen Folgen: Am 11. September 1942 wurde der Aufseher Max Biela bei einem Abendappell, bei dem Häftlinge zur Tötung ausgewählt werden sollten, von dem Häftling Meir Berliner mit einem Messer erstochen. Zur Vergeltung wurden zahlreiche Arbeiter getötet. Der Todesfall, welcher der erste unter den Aufsehern war, führte zum einen zur Einführung von dauerhaften Arbeitskommandos mit einer systematischen Kontrolle und zum anderen zur militärischen Ausbildung der Aufseher in Trawniki.[16]

---

15 Aussagen von Zenon Golaszewski, 9. 12. 1964, ebd., Rep 388, Nr. 775, Bl. 276–280; Leo Lewi, 30. 11. 1964, ebd., Nr. 809; Charles Burk, 13. 5. 1965, ebd., Nr. 779, Bl. 148–157; Bericht von Naftali Milgraum, 30. 8. 1943, Yad Vashem Archiv, O 12 Perlman Collection Nr. 53; Weinstein, Eddi: 17 Days in Treblinka. Daring to Resist, and Refusing to Die. Jerusalem 2008, S. 61ff; Stiffel, Frank: The Tale of the Ring: A Kaddish. Toronto [u. a.] 1984, S. 83–88; Gray, Martin: Der Schrei nach Leben. München 1992, S. 191–193.
16 Aussage von August Miete, 7. 6. 1960 u. 29. 9. 1967, LA Düsseldorf, Rep 388, Nr. 748, Bl. 167–173 u. Nr. 862, Bl. 106–112; Aussage von Kalman Taigman, 29. 11. 1959, ebd., Nr. 743, Bl. 550–552; Młynarczyk, Jacek Andrzej: Treblinka – ein Todeslager der „Aktion Reinhard". In: „Aktion Reinhardt". Der Völkermord an den Juden im Generalgouvernement 1941–1944. Tagungsband, hrsg. von Bogdan Musial. Warschau 2004, S. 273.

Handelte es sich bei der Realisierung der Fluchten im Sommer und Herbst 1942 und bei der Tötung von Biela um spontane und individuelle Widerstandsakte, so war der Aufstand im August 1943 die Folge monatelanger kollektiver Planungen. Anfang 1943 bildete sich ein Aufstandskomitee, zu dessen Köpfen der Lagerälteste Marceli Galewski, der Arzt Julian Chorozycki und der Kapo des „Lazaretts" Kurland zählten. Auch im Vernichtungsbereich des Lagers war eine konspirative Gruppe tätig, die über zuvor im anderen Bereich des Lagers eingesetzte Arbeiter in die dortigen Überlegungen eingeweiht war. Den beiden Widerstandsgruppen gelang es insbesondere durch den in beiden Lagerbereichen eingesetzten Tischler Jankiel Wiernik, den Zeitpunkt und die Modalitäten des geplanten Aufstands untereinander abzustimmen. Einen Rückschlag erlitten die Planungen durch die Ermordung Julian Chorozyckis durch den Vize-Kommandanten Kurt Franz, der bei dem Arzt Geld gefunden hatte. Aufgrund der Typus-Erkrankung einiger Arbeiter verzögerte sich der Aufstand, der zunächst für das Frühjahr 1943 geplant war, erneut. Schließlich bestanden jedoch die Arbeiter des „Oberen Lagers" auf einer baldigen Durchführung, da sich die Exhumierung und Verbrennung der Leichen – und damit der zu diesem Zeitpunkt wichtigste Grund für die Fortexistenz des Lagers – dem Ende näherte.[17]

Im Hochsommer nahm die Aufstandsplanung der Häftlinge konkrete Formen an. Die Aufständischen planten eine Massenflucht während des Generalappells am 2. August, da zu diesem Zeitpunkt alle Arbeiter antreten mussten. Es bestand zudem die Überlegung, Aufseher und Wachmänner in den Gebäuden des Lagers zu töten.

Da viele der im Lager anfallenden Aufgaben von den Häftlingen in Selbstverwaltung durchgeführt wurden, konnten sie sich in Vorbereitung auf den Aufstand Waffen besorgen: Sie wetzten Messer, andere besorgten sich Äxte, um die bewaffneten Aufseher und Wachmänner nicht mit bloßen Händen bekämpfen zu müssen, und Zangen, um den Stacheldraht aufschneiden zu können. Der Schlosser Eugeniusz Turowski fertigte heimlich eine Kopie des Schlüssels für die neue Waffenkammer an, so dass aus dieser Granaten, Gewehre und Pistolen entwendet und am Aufstandstag durch jugendliche „Putzer" unauffällig unter den Gefangenen verteilt werden konnten. Außerdem versorgten sie sich mit Geld und Wertgegenständen, um für das künftige Leben in der Illegalität gewappnet zu sein. Ein Häftling besprühte die hölzernen Gebäude des Lagers mit einer brennbaren Flüssigkeit, damit diese einfacher angezündet werden konnten. Die Arbeiter des „Oberen Lagers" griffen zu einem besonderen Trick, um nicht bereits

---

17 Rajchman, Letzte Jude, S. 135; Glazar, Falle, S. 53, 102–103; Willenberg, Revolt, S. 136–137; Aussage von Josef Czarny, 9. 11. 1959, LA Düsseldorf, Rep 388, Nr. 742, Bl. 386–387.

vor dem Generalappell im anderen Lagerbereich in den Unterkünften eingesperrt zu werden und so in der Falle zu sitzen: Da während des heißen Sommers die Leichenverbrennung bereits am frühen Nachmittag beendet wurde, mussten die Arbeiter am Aufstandstag die Verbrennung der Leichen unauffällig über die normale Arbeitszeit hinaus verzögern.[18]

Die Widerständler hatten den Aufstandstag gut ausgewählt: Ein Teil der Aufseher befand sich im Heimaturlaub und der gefürchtete Vize-Kommandant Kurt Franz war zufällig mit mehreren Trawniki-Männern im Fluss Bug schwimmen gegangen. Doch der Aufstand begann zu früh, da der Wirtschaftsleiter Fritz Küttner bei Häftlingen Wertgegenstände fand und diese erschießen wollte. Dem Signal des Aufstands, einem Schuss, folgte gegen 16 Uhr eine chaotische Flucht der trotz sorgfältiger Vorbereitungen in Panik geratenen Arbeiter. Auch die meisten der nicht eingeweihten Gefangenen schlossen sich spontan den Aufständischen an. Etwa 100 Häftlinge blieben im Lager zurück, weil sie sich nicht schnell genug für die waghalsige Flucht entscheiden konnten, weil sie körperlich geschwächt waren oder im entscheidenden Moment zu stark bewacht wurden. Mehrere hundert Gefangene versuchten gemeinsam, den Stacheldraht und die Spanischen Reiter zu überwinden, während sie von den Wachtürmen und vom Boden aus mit Maschinengewehren beschossen wurden. Entgegen der Planung gelang es den Aufständischen in Treblinka nicht, deutsche Aufseher zu töten, auch wenn dies in einigen Berichten der Überlebenden so dargestellt wird. Derlei Aussagen werden auch in einigen historischen Darstellungen kritiklos übernommen, in denen davon die Rede ist, dass „25 SS-Leute und 60 ukrainische Wachen"[19] getötet worden seien. Getötet wurden wahrscheinlich lediglich zwei Wachmänner im „Oberen Lager" und Funktionshäftlinge, die als Spitzel bekannt waren. Wie geplant setzten die Aufständischen die hölzernen Lagergebäude und die Werkstätten, die Autos, die Benzinstation sowie die Blätter und Zweige, mit denen die Stacheldrähte versehen waren, in Brand. Allerdings blieben die aus festem Stein gebauten Gaskammern intakt.[20]

---

18 Rajchman, Letzte Jude, S. 140–146; Wiernik, Rok, S. 76, 84–86; Willenberg, Revolt, S. 141–144; Bericht von Heniek Sperling, August 1950, Hessisches Hauptstaatsarchiv (HHStA) Wiesbaden, Abtl. 461, Nr. 35254, Bl. 304; Aussage von Eugeniusz Turowski, 7. 10. 1945, LA Düsseldorf, Rep 388, Nr. 746, Bl. 1–4; J. Rajgrodzki: 11 Monate in Treblinka, ebd., Nr. 752, Bl. 4–38; Stanislav Kohn: Der Aufstand im Totenlager Treblinka, 10. 5. 1945, Yad Vashem Archiv, O 2/208.
19 Vgl. z. B. Lustiger, Arno: Zum Kampf auf Leben und Tod! Vom Widerstand der Juden in Europa 1933–1945. Köln 1994, S. 209.
20 Aussage von Kalman Jankowsky, 16. 11. 1959, LA Düsseldorf, Rep 388, Nr. 743, Bl. 403–408; Aussagen von Willy Mentz, August Miete u. Franz Suchomel, 26. 10. 1964 im Treblinka-Prozess, ebd., Nr. 808; Aussage von Franz Suchomel, 25. 10. 1960, ebd., Nr. 751, Bl. 160–171; Cymlich/Strawczynski, Escaping, S. 181.

Die Flüchtlinge wurden vom Lagerpersonal verfolgt, welches die Umgebung in den folgenden Tagen gemeinsam mit dem Personal vom Arbeitslager Treblinka, von Sicherheitspolizisten, der Gendarmerie von Małkinia, der polnischen Polizei und anderen deutschen Einheiten wie dem Grenzzoll und den Eisenbahnern durchkämmte. Aufgefundene Personen, die durch die im Frühjahr geschorenen Haare einfach zu erkennen waren, wurden an Ort und Stelle getötet oder wieder in das Lager zurückgeführt. Plakate an Bahnhöfen und öffentlichen Plätzen informierten über die Flucht der „jüdischen Banditen". Die Häftlinge, die im Lager zurückgeblieben oder zurückgebracht worden waren, wurden ebenfalls getötet. Wahrscheinlich entkamen hundert Männer und Frauen zunächst aus dem Umkreis des Lagers, aber viele wurden im Lauf der noch fast einjährigen Besatzungszeit ermordet: Nur etwas mehr als 50 der während des Aufstands geflüchteten Arbeiter konnten letztendlich den Krieg überleben, darunter waren zwei Frauen. Eine Gruppe von 18 bis 20 Gefangenen, die im Lager zurückgeblieben waren, wurde aus unbekannten Gründen in das Arbeitslager Treblinka überführt, wo einige von ihnen überleben konnten.[21]

Flucht und Widerstand in Sobibór: Der Aufstand vom 14. Oktober 1943

Auch aus Sobibór wagten einzelne Häftlinge die Flucht, doch ihre Zahl erreichte nicht das Ausmaß von Treblinka. Einzelne Männer entkamen wie in Treblinka in Waggons mit Kleidungsstücken oder krochen unter dem Stacheldraht durch. Mehrere Häftlinge, wie im Fall von Gefangenen, die Weihnachten 1942 aus dem Lager III mit zwei Trawniki-Männern flohen, wurden jedoch von der polnischen Polizei aufgespürt und getötet. Spektakulär war die Flucht eines Teils der beim Waldkommando eingesetzten Häftlinge am 23. Juli 1943. Hier gelang es den Häftlingen Schlomo Podchlebnik und Josef Kopp beim Wasserholen den Trawniki-Wachmann Myron Flunt betrunken zu machen, zu töten und zu flüchten. Als der Tod des Ukrainers festgestellt wurde, nutzten weitere polnische Häftlinge die deswegen entstandene Unruhe zur Flucht, während die niederländischen Juden, die aus sprachlichen Gründen vor einer Flucht zurückschreckten, ausharrten.

---

21 Willenberg, Revolt, S. 141–153; Bericht v. Mieczyslaw Chodźko, LA Düsseldorf, Rep 388, Nr. 751, Bl. 25–43; Georg Królikowski, Erinnerungen, ebd., Nr. 778, Bl. 87–111; Aussage von Franz Stangl, 27. 6. 1967, ebd., Nr. 245, Bl. 157–166; Jacob Domb an Zentrale Stelle der Landesjustizverwaltungen zur Aufklärung nationalsozialistischer Verbrechen, 7. 12. 1959, ebd., Nr. 743, Bl. 565–566.

Kommandant Franz Reichleitner ordnete als Vergeltung die Exekution der polnischen „Arbeitsjuden" des Waldkommandos an.[22]

1943 gründete sich ein Untergrundkomitee unter der Leitung von Leon Feldhendler aus Żołkiewka. Das Komitee entwarf zahlreiche Pläne, blieb aber lange Zeit unentschlossen über ein mögliches Vorgehen, da es seinen Mitgliedern an strategischen Kampferfahrungen fehlte. Einige Pläne, wie die Vergiftung von Aufsehern und Wachmännern, scheiterten. Der entscheidende Wendepunkt war die Verstärkung der Häftlingsmannschaft durch jüdische Kriegsgefangene aus Minsk, die Ende September 1943 als kräftige Arbeiter für den Ausbau des Munitionslagers (Lager IV) aus den Transporten ausgewählt wurden. Ein Teil dieser Männer trat zusammen mit dem Offizier Alexander Petscherski in das Untergrundkomitee ein. Der engere Kreis des Komitees bestand nunmehr aus fünf bis sieben Männern. Weitere 30 bis 40 Häftlinge waren eingeweiht, darunter waren auch einige Frauen. Anders als in Treblinka gelang es dem Komitee nicht, einen Kontakt zu den Arbeitern im Vernichtungsbereich (Lager III) herzustellen, so dass diese Arbeiter nicht über den Aufstand informiert waren. Binnen weniger Wochen wurde ein komplexer Widerstandsplan entworfen, der auf List und auf dem Wissen um die Pünktlichkeit und die Habgier der Aufseher basierte. Die Widerständler planten zum einen die Flucht so vieler Häftlinge wie möglich, zum anderen die Tötung von Lageraufsehern, die im Detail konzipiert wurde. Die lautlose Tötung der Lageraufseher sollte dem Generalaufstand vorausgehen. Diese schwierige Aufgabe übernahmen Petscherski und Feldhendler selbst, unterstützt von dem polnischen Juden Shlomo Leitman und den Vorarbeitern der Schneider, Schuster, Tischler und Wartungsmonteure. Andere Gefangene waren mit Aufgaben wie der Unterbrechung der Telefonleitung und der Durchtrennung des Stacheldrahtzauns betraut. Gewehre sollten heimlich aus den Baracken der Trawniki-Männer entwendet werden und die Häftlinge rüsteten sich zusätzlich wie in Treblinka mit Äxten, Zangen und Messern aus, die ihnen sonst als Arbeitswerkzeuge dienten.[23]

---

22 Aussage von Werner Dubois, 7. 9. 1961, Staatsarchiv (StA) München, Staatsanwaltschaften 33033/7, Bl. 1229–1243; Aussage von Salomon Podchlebnik, 15. 11. 1944, LA Münster, Q 234, Nr. 4307, Bl. 252–260; Black, Foot Soldiers, S. 36–37.
23 Vgl. hierzu und dem folgenden: Arad, Belzec, Sobibor, Treblinka, S. 299–341; Berichte von Alexander Petscherski, Icchak Lichtman, Jehuda Lerner, Mordechaj Goldfarb in Bruder, Hunderte solcher Helden, S. 15–116; Bialowitz, Philip: A Promise at Sobibór. A Jewish Boy's Story of Revolt and Survival in Nazi-Occupied Poland. Wisconsin 2010, S. 100–118; Blatt, Sobibór, S. 99–120; Perl, Shaindy: Tell the World. The Story of the Sobibor Revolt. Lakewood (NJ) 2004, S. 105–162; Wewryk, Kalmen: To Sobibor and Back. An Eyewitness Account. Włodawa 2008, S. 95–101; Szmajzner, Stanislaw: Inferno em Sobibor. A tragédia de um adolescente judeu. Rio de Janeiro 1979, S. 269–288; Ticho, My legacy, S. 124–128; Aussage von Karl Frenzel, 22. 11. 1963, LA Münster, Q 234, Nr. 4294, Bl. 97–104.

Für den Aufstand und die kollektive Flucht, die wie in Treblinka während des Generalappells stattfinden sollte, wurde zunächst der 13. Oktober ausgewählt, weil sich Lagerleiter Franz Reichleitner und andere Aufseher zu diesem Zeitpunkt im Heimaturlaub befanden. Als jedoch an diesem Tag Personal des Arbeitslagers Osowa zu einem Trinkgelage nach Sobibór kam, wurde der Aufstand um einen Tag verschoben. Der erste Teil des Aufstands, die Tötung der Aufseher, begann am 14. Oktober um 16 Uhr: Die Aufseher wurden von den Gefangenen einzeln in die Schneider- und Schusterwerkstätten sowie in die Magazine gelockt, um dort vermeintlich Schuhe, Mäntel oder Anzüge anzuprobieren. Ahnungslos legten sie die Waffen vor den „Arbeitsjuden" ab und wurden von diesen erstochen. Andere Männer kamen unter anderem in den Verwaltungsräumen und in der Autowerkstatt ums Leben. Innerhalb von weniger als einer Stunde wurden heimlich mindestens neun Aufseher (Johann Niemann, Siegfried Graetschus, Josef Wolf, Josef Vallaster, Fritz Konrad, Max Bree, Hermann Stengelin, Thomas Steffel, Rudolf Beckmann) und mehrere Trawniki-Wachmänner getötet.[24]

Der Generalaufstand, der zweite Teil der Revolte, wurde entgegen der Planung etwas früher von Feldhendler und Petscherski ausgerufen, weil ein Leichnam entdeckt worden war. Zu diesem Zeitpunkt waren noch nicht alle Gefangenen zum Appell erschienen; die Arbeiter des „Nordlagers" waren beispielsweise noch nicht von ihren Arbeitsplätzen zurückgekehrt. Wie die nicht informierten Gefangenen des Lagers III konnten sie sich den Aufständischen daher nicht spontan anschließen. Durch die vorzeitige Bekanntgabe des Aufstands gelang es den Widerständlern zudem nicht, einen Weg durch das weniger verminte „Vorlager", in dem die Aufseher und Wachmänner wohnten, freizumachen. Die Flüchtenden entkamen dem Lager durch Löcher, die in den Stacheldrahtzaun geschnitten wurden; andere kletterten auf einer von den Schreinern für den Aufstand angefertigten Leiter über den Zaun. Sie wurden dabei von den Wachmännern und den noch lebenden Aufsehern beschossen, wobei viele von ihnen ums Leben kamen. Andere starben auf dem Weg durch das Minenfeld außerhalb des Lagers.[25]

Die aus dem Lager geflüchteten Gefangenen wurden nicht nur vom Lagerpersonal, sondern auch von anderen Einheiten der Sicherheits- und Ordnungspolizei

---

[24] Berichte nennen auch 11 getötete Aufseher. Lanzmann, Claude: Sobibor. 14 octobre 1943, 16 heures. Paris 2001, S. 36–39; Blatt, Schatten, S. 194–200, 319; Freiberg, To survive, S. 292; Schelvis, Sobibór, S. 172–192; Hochman, Moshe: De Zolkiewka à Sobibor. In Novitch, Miriam (Hrsg.): Sobibor, martyre et révolte. Paris 1978, S. 152; Aussage von Werner Dubois, 7. 9. 1961, StA München, Staatsanwaltschaften 33033/7, Bl. 1229–1243.

[25] Aussage von Karl Frenzel, 22. 11. 1963, LA Münster, Q 234, Nr. 4294, Bl. 97–104; Bericht von Jakob Biskowitz, 3. 3. 1964, ebd., Nr. 4398.

sowie der Wehrmacht verfolgt: Vor Ort waren die Polizei-Reiterabteilung III, später auch die SS-Kavallerie II, zwei Kompanien des Sicherheitsbataillons 689 aus Chełm, ein Einsatzkommando des Grenzpolizeikommissariats in Chełm, die Luftwaffe und eine Sipo-Spezialeinheit aus Lublin mit Aufklärungsflugzeugen. Hinzu kamen Angehörige der Ordnungspolizei von Lublin und polnische Polizei. Am Tag nach dem Aufstand wurden auf Befehl des ins Lager geeilten neuen SS- und Polizeiführers von Lublin, Jakob Sporrenberg, alle im Lager und in der Umgebung aufgegriffenen „Arbeitsjuden" erschossen.[26]

Etwa 50 geflüchteten Gefangenen sollte es gelingen, den Krieg in Verstecken oder bei Partisaneneinheiten zu überleben. Der Überlebende Thomas Blatt schätzt, dass von 550 Gefangenen, die zu diesem Zeitpunkt im Lager gewesen sein sollen, etwa 150 im Lager zurückblieben, 80 während des Aufstands umkamen und 170 im Verlauf der darauffolgenden Fahndung ermordet wurden. Wie die Gefangenen in Treblinka mussten auch die Überlebenden von Sobibór noch viele Monate der Illegalität überstehen. Weitere etwa 100 Menschen wurden in dieser Zeit von Besatzungseinheiten, die nach wie vor Jagd auf die illegal und versteckt lebenden Juden machten, aber auch von lokalen Antisemiten getötet.[27]

Bewertung der Aufstände

Für eine Bewertung der Aufstände ist zunächst ein Vergleich mit dem nichtjüdischen Widerstand insbesondere in anderen Lagern hilfreich. Offene, bewaffnete Aufstände, die sich mit den Revolten in den Vernichtungslagern Sobibór und Treblinka, aber auch mit dem Widerstand des Sonderkommandos in Birkenau vergleichen lassen, hat es in dieser Form in anderen Lagern nicht gegeben. Und das, obwohl in den Konzentrationslagern im Kampf erprobte Widerstandskämpfer einsaßen und die Todesrate in manchen Lagern insbesondere gegen Kriegsende sehr hoch war. Lediglich der kollektive Ausbruch sowjetischer Kriegsgefangener am 2. Februar 1945 aus dem Todesblock 20 in Mauthausen lässt sich

---

26 Aussagen von Karl Frenzel, 22.11. 1963 u. 29. 9. 1966, LA Münster, Q 234, Nr. 4294, Bl. 97–104 u. Nr. 4433, Bl. 1683–1694; Hilmar Moser, 9. 11.1962, ebd., Nr. 4284, Bl. 69–70; Erich Wullbrandt, 26. 3. 1963, ebd., Nr. 4290, Bl. 6–10; Felix Gorny, 5. 9. 1962, ebd., Nr. 4278, Bl. 52–56; Hans Wagner, 21. 10. 1960, ebd., Nr. 4263, Bl. 63–84; August Preyssl, 3. 5. 1962, ebd., Nr. 4291, Bl. 8–13; Schelvis, Sobibór, S. 206 u. S. XXXIIf; Blatt, Schatten, S. 315–318.
27 Blatt, Schatten, S. 323.

mit den Aufständen in den Lagern vergleichen.[28] Die Aufstände sind somit in der Geschichte des Widerstands gegen den Nationalsozialismus einzigartig.

Über die Rettung von Menschenleben und die Tötung eines Dutzends Aufseher und mehrerer Wachmänner hinaus, hatten die Aufstände, aber auch die Einzelfluchten zudem weitere wesentliche Auswirkungen auf den Kampf gegen den Nationalsozialismus:

1. Die Flüchtlinge konnten – zumindest im Jahr 1942 – die in den Ghettos und „jüdischen Wohnbezirken" lebenden Juden über ihr Schicksal informieren und dadurch dazu beitragen, dass dort – wie etwa im Warschauer Ghetto – Widerstand geleistet wurde oder einige Ghettoinsassen zumindest den Schritt ins Ungewisse, in die Illegalität und in Verstecke wagten, wodurch sie ihre Überlebenschancen steigern konnten.[29]
2. In Folge der Aufstände wurden die beiden Vernichtungslager aus Sicherheitsgründen aufgelöst. Die Widerstände waren – neben dem Nahen der Ostfront und der Existenz des Vernichtungslagers Auschwitz-Birkenau, das über ausreichende Kapazität zur Tötung der noch lebenden Juden verfügte – eine wesentliche Ursache für die Entscheidung, die Lager aufzulösen. Zwar wurden nach dem Aufstand im August in Treblinka noch Juden aus Białystok ermordet, aber noch im selben Monat traf Odilo Globocnik, der Leiter der „Aktion Reinhardt", die Entscheidung, das Lager zu schließen. Auch in Sobibór wurde kurze Zeit nach dem Aufstand mit der Liquidation des Lagers begonnen. Ende November oder Anfang Dezember 1943 wurden die letzten noch lebenden Häftlinge getötet. Globocnik hatte bereits am 19. Oktober 1943 – nur fünf Tage nach dem Aufstand in Sobibór – die „Aktion Reinhardt" für beendet erklärt.[30]
3. Die Aussagen der Überlebenden machten es möglich, dass zumindest ein Teil des Lagerpersonals von Sobibór und Treblinka vor Gericht gestellt und verurteilt wurde. Wie wichtig ihre Zeugenaussagen waren, zeigt der Fall des

---

28 Vgl. Kaltenbrunner, Matthias: Flucht aus dem Todesblock. Der Massenausbruch sowjetischer Offiziere aus dem Block 20 des KZ Mauthausen und die „Mühlviertler Hasenjagd". Hintergründe, Folgen, Aufarbeitung. Innsbruck [u. a.] 2012; Langbein, Hermann: „"... Nicht wie Schafe zur Schlachtbank!". Widerstand in den nationalsozialistischen Konzentrationslagern 1938–1945. Frankfurt a. M. 1980, S. 298–301.
29 Z. B. Sakowska, Ruta: Die zweite Etappe ist der Tod. NS-Ausrottungspolitik gegen die polnischen Juden, gesehen mit den Augen der Opfer. Berlin 1993, S. 40–49.
30 Aussagen von Franz Suchomel, 24.–25. 10. 1960, LA Düsseldorf, Rep 388, Nr. 751, Bl. 148–171; Willy Mentz, Arthur Matthes u. August Miete, 26. 10. 1964, ebd., Nr. 808; Arthur Matthes, 4. 7. 1962, LA Münster, Q 234, Nr. 4275, Bl. 74–79; Franz Suchomel, 7. 11. 1962, ebd., Nr. 4284, Bl. 46–53; Odilo Globocnik an Heinrich Himmler, 4. 11. 1943, IMT 4024 PS.

Lagers Bełżec: Hier konnte nur ein einziger Angeklagter – der Adjutant Josef Oberhauser – zu einer kurzen Haftstrafe verurteilt werden. Der Tod von hunderttausenden Ermordeten in diesem Lager blieb somit weitestgehend ungesühnt, während vom Personal der Lager Sobibór und Treblinka immerhin 26 Personen vor Gericht gestellt wurden, von denen neun Personen dank der belastenden Aussagen der Überlebenden zu lebenslanger Haft verurteilt wurden, neun Täter kleinere Freiheitsstrafen erhielten und sieben freigesprochen wurden. Ein Angeklagter beging während des Sobibór-Prozesses Selbstmord.[31]

4. Nur aufgrund der beiden Aufstände und weniger Einzelfluchten war es den Überlebenden aus Belzec, Sobibór und Treblinka möglich, Zeugnis über den Massenmord abzulegen. Dies ist umso wichtiger, als die Dokumentation der Lager wie auch die Lager selbst durch die Täter zerstört worden sind. Durch die Berichte und Aussagen der ehemaligen Gefangenen, die sich mit den lediglich vor Gericht erzwungenen Aussagen der Täter vervollständigen lassen, besitzen wir heute detaillierte Informationen über die Vernichtungslager. Die Überlebenden veröffentlichten ihre Erinnerungen und trugen durch ihre Mitarbeit an Dokumentar- und Spielfilmen dazu bei, dass auch diese Orte, auch wenn nicht so zentral wie Auschwitz, heute in der kollektiven Erinnerung und im Gedenken an die Opfer des NS-Regimes ihren Platz gefunden haben. Hierfür waren insbesondere die Spielfilme *Escape from Sobibor* von Jack Gold (1987), der mit Hilfe von Überlebenden dem Aufstand im Lager ein Denkmal setzt, und *Der Schrei nach Leben* von Robert Enrico (1983) sowie Claude Lanzmanns Dokumentarfilm *Shoah* (1985) bedeutsam.[32]

Der Blick auf die Einzigartigkeit der Aufstände in der Geschichte der nationalsozialistischen Lager ebenso wie auf die Verdienste der überlebenden Flüchtlinge und Widerstandskämpfer nach dem Krieg, deren Beitrag zur historischen Aufarbeitung und zur Verurteilung der Täter in den NS-Prozessen verdeutlicht, dass die These von Hilberg und Arendt über die Bedeutungslosigkeit des jüdischen Widerstandes nicht haltbar ist.

---

[31] Vgl. Rückerl, Adalbert (Hrsg.): NS-Vernichtungslager im Spiegel deutscher Strafprozesse. Belzec, Sobibor, Treblinka, Chelmno. München 1977; Mildt, Dick de: In the Name of the People: Perpetrators of Genocide in the Reflection of their Post-War Prosecution in West Germany. The „Euthanasia" and „Aktion Reinhard" Trial Cases. Den Haag 1996.

[32] Vgl. die Cinematographie des Holocaust, Datenbank des Fritz Bauer Instituts, www.cineholocaust.de; Reichel, Peter: Erfundene Erinnerung. Weltkrieg und Judenmord in Film und Theater. München/Wien 2004, S. 250–263, 285–301.

Jüdischer Widerstand in Südosteuropa

Marija Vulesica
Formen des Widerstandes jugoslawischer Zionistinnen und Zionisten gegen die NS-Judenpolitik und den Antisemitismus

In der europäischen Nachkriegsliteratur zum bewaffneten Widerstand gegen die deutschen Besatzer nahmen die von Josip Broz Tito geführten jugoslawischen Partisanenverbände und ihre „Volksbefreiungsbewegung" einen prominenten Platz ein. Gerade diese Formationen wurden häufig herausgestellt, als es darum ging, den jüdischen Beitrag zum Widerstad gegen die NS-Vernichtungspolitik zu verdeutlichen.[1] Es ist unbestritten, dass die jugoslawischen Juden zwischen 1941 und 1945 einen immensen Anteil an dem siegreichen Kampf von Titos Partisanen hatten.[2] Weitgehend unbekannt geblieben sind jedoch die seit Ende der 1920er-Jahre und insbesondere nach 1933 unternommenen Bemühungen, Aktionen und Manifestationen der jugoslawischen Zionistinnen und Zionisten, der nationalsozialistischen antisemitischen Rhetorik und Politik in Europa und in Jugoslawien entgegenzutreten.

Seit den 1920er-Jahren beobachtete die jugoslawische zionistische Presse sehr genau den Aufstieg der Nationalsozialisten in Deutschland, ihre offene Judenfeindschaft, aber auch antisemitische Ereignisse und Erscheinungen in ganz Europa. Sie appellierten sowohl an die jugoslawischen als auch an die deutschen, polnischen oder ungarischen Juden, den Drohungen und Gefahren entschieden entgegenzutreten und jegliche Assimilierungsversuche zugunsten eines offensiven Bekenntnisses als nationale Juden aufzugeben. Neben der Forderung, ihre Identität als Juden im Kampf gegen Entrechtung und Verfolgung selbstbewusst zu betonen, legten jugoslawische Zionistinnen und Zionisten darüber hinaus bis 1941 ein umfangreiches widerständiges Verhalten an den Tag. Die Bandbreite dessen wird im folgenden Aufsatz genauer dargestellt und analysiert werden.

---

[1] Paucker, Arnold: Deutsche Juden im Widerstand. In: Steinbach, Peter/Tuchel, Johannes (Hrsg.): Widerstand gegen die nationalsozialistische Diktatur 1933–1945. Berlin 2004, S. 285–306, hier 298.
[2] Romano, Jaša: Jevreji Jugoslavije 1941–1945. Žrtve genocida i učesnici narodnooslobodilačkog rata [Die Juden Jugoslawiens 1941–1945. Genozidopfer und Teilnehmer des Volksbefreiungskrieges]. Belgrad 1980; Goldstein, Slavko: Jews in the National Liberation War. In: Sorić, Ante (Hrsg.): The Jews in Yugoslavia. A Catalogue. Zagreb 1988, S. 118–125; Ders.: Židovi Hrvatske u antifašističkom otporu [Die Juden Kroatiens im antifaschistischen Widerstand]. In: Kraus, Ognjen (Hrsg.): Antisemitizam, Holokaust, Antifašizam. Zagreb 1996, S. 148–155. Siehe außerdem die Beiträge zu Jugoslawien in diesem Band.

Vor dem Hintergrund offener Aktionen und des innerzionistischen Diskurses zwischen 1933 und 1941 sollen zudem die Fragen nach Selbstbehauptung und Widerstand der jugoslawischen Zionistinnen und Zionisten aufgegriffen und geklärt werden. Es soll versucht werden, einen Einblick in die Gedankenwelt der jugoslawischen Zionistinnen und Zionisten zu geben, als sie vor den neuen Herausforderungen, die das nationalsozialistische Regime auch für sie bedeutete, standen. Welche Formen und Bedingungen ergaben sich, der judenfeindlichen Politik der Nationalsozialisten in Deutschland und dem Antisemitismus in Europa entgegenzutreten? Wie bewerteten jugoslawische Zionistinnen und Zionisten die Reaktionen der deutschen Juden und welche Auswirkungen hatten die veränderten Verhältnisse in Deutschland auf ihre jüdische Selbstverortung? Inwiefern beeinflusste die zionistische Orientierung und die Entscheidung, sich der nationalsozialistischen Politik entgegenzustellen, die Bereitschaft weiter Teile der jüngeren jüdischen Generation, sich spätestens 1941 dem bewaffneten Widerstand anzuschließen?

Innerhalb der Forschung zum jüdischen Widerstand in Europa ist mehrmals darauf hingewiesen worden – zuletzt von Peter Steinbach auf der Konferenz „Der jüdische Widerstand gegen die nationalsozialistische Vernichtungspolitik in Europa 1933–1945" in Berlin im April 2013 –, dass das Spektrum des widerständigen Verhaltens der europäischen Juden sehr breit war. Für dieses Spektrum müssen auch neue Begriffe und ein breiter angelegtes Verständnis vom Widerstand gedacht werden.[3] Ausgehend von der Überzeugung, dass die Haltungen und Handlungen der jugoslawischen Zionisten seit dem Machtantritt der Nationalsozialisten in Deutschland als Widerstand gewertet werden müssen, soll dieser Beitrag gerade jenes Spektrum der widerständigen Verhaltensmöglichkeiten aufzeigen und verstehen helfen.

Juden im ersten Jugoslawien

Die Juden Jugoslawiens lebten vor 1918 auf dem Gebiet der Habsburgermonarchie (Slowenien, Kroatien-Slawonien, Dalmatien, Bosnien-Herzegowina) und im Königreich Serbien (einschließlich Südserbiens, des späteren Mazedoniens). Den

---

[3] Steinbach, Peter: Eröffnungsvortrag auf der Konferenz „Der jüdische Widerstand gegen die nationalsozialistische Vernichtungspolitik in Europa 1933–1945" am 8. 4. 2013 in Berlin. Siehe auch den Beitrag Peter Steinbachs in diesem Band. Zu Überlegungen, welches Verhalten als Widerstand gewertet werden kann, siehe auch: Anderl, Gabriele: „9096 Leben". Der unbekannte Judenretter Berthold Storfer. Berlin 2012, S. 35–37.

Zusammenschluss der Serben, Kroaten und Slowenen zu einem Staat im Jahre 1918 begrüßten die nun jugoslawischen Juden offen, und sie bekannten auch sich zu ihrer neuen Heimat. Insbesondere die Zionisten betonten ihre jüdische Nation und „politische Zugehörigkeit zu Jugoslawien". Sie betrachteten sich als „nationale Juden" und „politische Jugoslawen" gleichermaßen. Darüber hinaus verwiesen sie auf die seit 1902 andauernden Bemühungen, die Judenheiten der südslawischen Länder zu vereinigen. 1902 hatte sich nämlich in Wien der Verein Jüdischer Akademiker aus den südslawischen Ländern – „Bar Giora" gegründet. Studierende aus Kroatien-Slawonien, Bosnien-Herzegowina, Dalmatien, Serbien und Bulgarien kamen zusammen, um mithilfe des Vereins die „jüdisch-nationalen Gefühle der jüdischen Hochschüler aus dem slaw. [!] Süden zu wecken und zu stärken, um die hebräische Sprache und jüdische Geschichte zu pflegen und um sephardische und aschkenasische Juden zu einen und zu verbinden".[4] Dieses Ziel glaubten die Zionisten Ende 1918 verwirklicht zu sehen. Sie hofften auf ein demokratisches Jugoslawien, in dem „Gleichheit, Gerechtigkeit und Liebe" vorherrschen werden.[5] Nur einige Wochen später folgten aber erste Enttäuschungen, als es in weiten Teilen Kroatiens zu gewalttätigen Ausschreitungen gegen Juden und ihren Besitz gekommen war.[6] Vor allem in den Augen der Zionisten erlebten die Juden Jugoslawiens in den folgenden Jahren immer wieder politische und rechtliche Rückschläge – so etwa die nicht explizite Anerkennung als Nationalität oder die immer wiederkehrenden antisemitischen Ausfälle in der Presse und der Öffentlichkeit. Dennoch eröffnete der neue Staat den jugoslawischen Juden große Möglichkeiten der ökonomischen und sozialen Entfaltung. Offiziell galten Juden als eine religiöse Minderheit, sie genossen als solche den Schutz des Staates und ihre politischen und bürgerlichen Rechte wurden in den Verfassungen von 1921 und 1931 fest verankert.

1921 lebten rund 65.000 Juden in dem neu errichteten jugoslawischen Staat, bis 1941 hatte sich ihre Gesamtzahl auf etwa 70.000 erhöht.[7] Beim Kriegsausbruch in Jugoslawien in 1941 zählte das Land 121 jüdische Gemeinden. Davon waren 73 aschkenasisch, 36 sephardisch und 13 orthodox.[8] Die jugoslawischen

---

4 Zitiert nach: Benau, Adolf/Grof, Oskar: Mrtvim drugovima [Den toten Genossen]. In: Gideon [Organ des Bundes jüdischer Jugendvereine, Anm. d. Verf.], 18. 6. 1922, S. 176.
5 Židov, [„Der Jude" – Zionistische Zeitschrift, Anm. d. Verf.], 21. 10. 1918.
6 Vulesica, Marija: Antisemitismus im ersten Jugoslawien 1918–1941. In: Jahrbuch für Antisemitismusforschung 17 (2008), S. 131–152, hier S. 135–138.
7 Freidenreich, Harriet Pass: The Jews of Yugoslavia. A quest for community. Philadelphia 1979, S. 56. Sundhaussen, Holm: Jugoslawien. In: Benz, Wolfgang (Hrsg.): Dimension des Völkermords. Die Zahl der jüdischen Opfer des Nationalsozialismus. München 1991, S. 311–330, hier S. 311f.
8 Sorić, Jews in Yugoslavia, S. 69.

Judenheiten verfügten über ein dichtes Netz von sozialen, kulturellen und politischen Organisationen. Zu den wichtigsten Dachverbänden zählten der Bund der jüdischen Religionsgemeinden, Bund der Rabbiner und der Bund der Zionisten. Obwohl die Ideen des Zionismus bereits um die Jahrhundertwende ihre Anhänger in Kroatien, Bosnien und Serbien gefunden hatten, setzte er sich als die dominierende politische Strömung innerhalb weiter Teile des jugoslawischen Judentums frühestens gegen Ende der 1920er-Jahre durch. Die meisten jüdischen Gemeinden hatten ab Ende der 1920er-Jahre eine zionistisch orientierte Führung und auch der Bund der jüdischen Religionsgemeinden und der Bund der Rabbiner wurden zionistisch geführt bzw. deren Vorstände sympathisierten mit dem Zionismus.[9] Organisiert in zahlreichen Vereinen und Vereinigungen, die wiederum mehrere Zeitschriften und Publikationsorgane herausgaben und Kulturveranstaltungen durchführten, traten Zionistinnen und Zionisten in Jugoslawien für ein national-selbstbewusstes Judentum ein.[10] Dieses beinhaltete ein offenes und klares Bekenntnis zur jüdischen Nation und zum Aufbau einer jüdischen Heimstätte in Palästina.

Seit Anfang der 1920er-Jahre wurden vor allem die jüngeren Jüdinnen und Juden aufgefordert und ermuntert, sich der „Hechaluz"[11] anzuschließen und nach Palästina auszuwandern. Bis 1941 hatten jedoch nur einige Hundert jugoslawische Juden das Land in Richtung Palästina verlassen.[12] Trotz der Dominanz des zionistischen Gedankens, die sich unter anderem auch wegen der per se gegebenen nationalen und religiösen Vielfalt im ersten Jugoslawien erfolgreich entfalten und durchsetzen konnte, blieben jugoslawische Zionistinnen und Zionisten dennoch im Land und lebten hier ihr nationales Bekenntnis aus.

Der Zionismus in Jugoslawien – genauso wie andernorts in Europa – war keine homogene Bewegung. Obwohl die Allgemeinen Zionisten die deutliche Mehrheit stellten und ihren Führungsanspruch bis 1941 aufrechterhalten konnten, kristallisierten sich im Laufe der 1930er-Jahre zwei weitere Strömungen heraus: die Arbeiter Zions („Poale Zion") und die Bewegung der Revisionisten.

---

9 Loker, Cvi: Začeci i razvoj cionizma u južnoslavenskim krajevima [Anfänge und die Entwicklung des Zionismus in den südslawischen Regionen]. In: Kraus, Ognjen (Hrsg.): Dva stoljeća povijesti i kulture Židova u Zagrebu i Hrvatskoj [Zwei Jahrhunderte der jüdischen Geschichte und Kultur in Zagreb und Kroatien]. Zagreb 1998, S. 166–178, hier S. 174.
10 Goldstein, Ivo: Židovi u Zagrebu 1918–1941 [Juden in Zagreb 1918–1941]. Zagreb 2004, S. 108–124, 230–258.
11 Hechaluz: Ein 1917 gegründeter zionistischer Weltverband, der sich zum Ziel setzte, die jüdische Einwanderung nach Palästina (Alija) und deren Vorbereitung (Hachschara) zu organisieren.
12 Goldstein, Židovi u Zagrebu, S. 344f.

Darüber hinaus gab es vor allem in Bosnien eine starke jüdisch-sephardische Bewegung, die zwar in ihren Grundzügen der zionistischen Bewegung und Idee nahestand, ihre Anführer dennoch einen gewissen Sonderstatus für die Sepharden, ihre Geschichte und Kultur einforderten.[13] Grundsätzlich muss an dieser Stelle festgehalten werden, dass es bisher keine systematischen und kohärenten Studien über den Zionismus in Jugoslawien gibt.[14] Zahlreiche Fragen, darunter auch die der internen Richtungskämpfe, sind nach wie vor nicht systematisch aufgearbeitet und dargestellt worden. Der Versuch, einen äußersten wichtigen Aspekt der Geschichte der jugoslawischen Zionisten, nämlich das Spektrum ihres Widerstandes gegen Nationalsozialismus und Antisemitismus in den 1930er-Jahren aufzuzeigen und zu analysieren, soll im Folgenden unternommen werden.

Widerstand (in) der zionistischen Presse

Seit 1928, verstärkt jedoch seit 1932 und insbesondere nach der Machtübernahe der Nationalsozialisten im Januar 1933 dominierten in der zionistischen Presse Jugoslawiens Rufe und Aufforderungen, sich der Diskriminierung, Beleidigung und Entwürdigung der Juden in Europa kämpferisch und „mannhaft" zu stellen. In nahezu jeder Ausgabe der wichtigsten zionistischen Zeitschriften *Židov (Jude)* aus Zagreb und *Jevrejski list (Jüdisches Blatt)* aus Sarajevo fanden sich Artikel und Meldungen über die antisemitische Hetze und die gleichzeitigen politischen Erfolge der Nationalsozialisten. Bemerkenswert bei dieser intensiven Berichterstattung war, dass sie nicht teilnahmslos erfolgte oder nur den Anspruch stellte, abzubilden, was in anderen Teilen Europas geschah. Im Gegenteil, die Berichterstattung war flankiert von alarmierenden Aufrufen an die Juden, sich der Situation in Deutschland (und Polen, Ungarn oder Rumänien ebenfalls) gewahr zu werden und nicht passiv zu bleiben. So rief die Redaktion des *Židov* bezeichnenderweise

---

13 Freidenreich, The Jews of Yugoslavia, S. 146–154.
14 Einige wichtige Hinweise zur Entwicklung und Bedeutung des Zionismus finden sich bei: Freidenreich, The Jews of Yugoslavia, S. 139–170; Dobrovšak, Ljiljana: Prvi cionistički kongres u Osijeku 1904 godine [Der erste zionistische Kongress in Osijek im Jahre 1904]. In: Časopis za suvremenu povijest [Zeitschrift für Zeitgeschichte] 37 (2005) 2, S. 479–495; Dies: Prva konferencija zemaljskog udruženja Cionista južnoslavenskih krajeva Austrougarske monarhije u Brodu na Saci 1909 godine [Die erste Konferenz der Landesvereinigung der Zionisten aus den südslawischen Regionen der Österreich-ungarischen Monarchie]. In: Scrinia slavonica 6 (2006), S. 234–266; Völkl, Katrin: Die jüdische Gemeinde von Zagreb. Sozialarbeit und gesellschaftliche Einrichtung in der Zwischenkriegszeit. In: Münchner Zeitschrift für Balkankunde 9 (1993), S.105–154.

bereits Anfang August 1932 zum geschlossen Kampf der Juden gegen Antisemitismus und gegen das „Hitlertum" auf:

> Die Juden Deutschlands werden ihre Köpfe nicht retten, indem sie weiterhin räsonieren. Eine Aktion der gesamten Judenheit ist notwendig. [...] Diese komischen Angsthasen, die sagen, dass eine Aktion der Juden gegen die vorherrschende Animalität in Deutschland dem Antisemitismus neue Nahrung geben werde, muss man zurückweisen. Wir müssen mannhaft unsere Menschenrechte verteidigen und einsehen, dass diese unsere Zeit eine Zeit des ständigen Kampfes ist. Und wir müssen kämpfen. [...] Für unser Leben, unser Lebensrecht und unseren Platz an der Sonne. Die Ereignisse in Deutschland sind keine interne Angelegenheit der Deutschen und der deutschen Juden. Das Aufkommen des Hitlertums kann nicht mit Grundsätzen des staatlichen und internationalen Rechts, sondern mit einer Kampfaktion zurückgedrängt werden. Wenn das Judentum eine vitale Kraft besitzt, wird es nicht schweigsam und gesenkten Hauptes das, was in Deutschland passiert, hinnehmen.[15]

Welcher Art die geforderte Kampfaktion sein sollte und wie die Verteidigung auszusehen hätte, das erklärte das Blatt nur indirekt. Als das wichtigste Mittel des Kampfes betrachteten die jugoslawischen Zionisten ihr Bekenntnis zum jüdischen Selbstbewusstsein. Diese Haltung war innerhalb der zionistischen Bewegung grundsätzlich weit verbreitet. Seit ihren Anfängen um die Jahrhundertwende, insbesondere aber nach der Gründung des Königreichs der Serben, Kroaten und Slowenen 1918 (ab 1929 Königreich Jugoslawien), sahen jugoslawische Zionistinnen und Zionisten die Notwendigkeit einer Profilierung als nationale Minderheit. Im Kampf gegen antisemitische Tendenzen betonten sie immer wieder ihr jüdisches Selbstbewusstsein. So richtete sich ihre Rhetorik gegen jegliche Assimilationsbestrebungen, die sie als die größte Gefahr für den jüdischen Kampfgeist betrachteten. Ganz in diesem Sinne fragte *Židov* Anfang März 1933 „Was wird aus den deutschen Juden?" und erklärte gleichzeitig:

> Das Wort „deutscher Jude" war für uns Juden stets ein besonderer Begriff. Der deutsche Jude war ein Jude, der mithilfe der Emanzipation und seiner großen Fähigkeiten bis in die Spitzen der europäischen Kultur aufgestiegen ist. Er war auch jemand, der – eine gewisse Nachrangigkeit seiner kulturellen Position verspürend – dachte, er habe eine besondere Synthese zwischen dem Judentum und dem deutschen Nationalismus erreicht. „Deutsche jüdischer Volkszugehörigkeit"[!] – dies ist der Inbegriff aller assimilatorischen Strömungen in den westlichen Ländern Europas. [...] Nur selten ließ sich eine Stimme der Warnung hören, wonach dieses Einlullen in ein Gefühl der Sicherheit und dieses bewusste Assimilieren die Kraft und den Elan des deutschen Judentums schwächt. Es macht ihn immer unfähiger für den Kampf gegen den Antisemitismus, der sich immer mehr ausbreitet und gefährliche Formen annimmt. [...] Die Mehrheit des deutschen Judentums steht vor diesem Ungeheuer Antisemitismus und weiß nicht, was sie tun soll [...]. Der Assimilationsprozess

---

15 Židov, 5. 8. 1932.

hat bisher jede politische, ökonomische und kulturelle Vereinigung und eine einheitliche Haltung verhindert. Er hat auch die Schaffung einer Selbsthilfe und Selbstverteidigung vereitelt.[16]

Die Botschaft dieses Leitartikels war kennzeichnend für die Haltung der jugoslawischen Zionisten. Einerseits drückten sie ihre Bewunderungen für die Leistungen der deutschen Juden in der Vergangenheit aus, andererseits kritisierten sie deutlich deren mehrheitlich assimilatorische Haltung, denn diese habe sie unfähig gemacht, sich nun kämpferisch zu zeigen und ihre Selbstverteidigung zu organisieren.

Trotz der Vorwürfe, die in den nächsten Wochen in den zionistischen Blättern erhoben wurden, wonach die deutschen Juden der Parole „Deutsche Staatsbürger jüdischen Glaubens" blind gefolgt seien, zeigte sich das zionistische Organ voll der Sorge um die jüdischen „Volksgenossen", wie sie sie nannten, in Deutschland.[17] Die jugoslawischen Zionisten betonten aber vehement, dass nur eine „starke jüdische Solidarität" und „ein jüdisches Bewusstsein" „Widerstandsfähigkeit" und „Kraft" geben könnten, um alle Angriffe gegen die Juden abzuwehren.[18] Der kroatische Zionist Otto (Čiča) Gross rief im März 1933 dazu auf, „Rückgrat" zu zeigen und den Worten Taten folgen zu lassen. Vor der ganzen Welt würden Juden beleidigt und ihre Würde werde missachtet.

> Es handelt sich hierbei nicht nur um Juden in Deutschland, sondern um die Ehre des ganzen Judentums. [...] Unser spontaner Protest muss von einer politischen und ökonomischen Aktion begleitet werden. [...] Antisemiten der ganzen Welt sollen sehen, dass auch wir als Volk unsere Ehre verteidigen können.[19]

In der gleichen Ausgabe verwies auch der Anführer der jugoslawischen Zionisten Aleksandar Licht[20] darauf, dass die „nationale Regeneration" nur durch

---

16 Židov, 3. 3. 1933.
17 Židov, 10. 3. u. 17. 3. 1933.
18 Židov, 17. 3. 1933.
19 Židov, 17. 3. 1933.
20 Aleksandar Licht (1884–1948) schloss sich bereits als Gymnasiast in Kroatien der zionistischen Bewegung an. Gemeinsam mit seinem Bruder Herman begründete er die zionistische Zeitschrift Židovska smotra [Jüdische Rundschau] 1906 (ab 1917 Židov), fungierte als Generalsekretär der 1909 gegründeten Vereinigung südslawischer Zionisten und war ab 1933 Präsident des Bundes der Zionisten Jugoslawiens. Licht war der hochverehrte und unangefochtene Anführer der jugoslawischen Zionisten bis zu seinem Tod im Schweizer Exil. Seine sterblichen Überreste wurden auf Initiative seiner Anhänger 1955 nach Palästina überführt. Licht hat einen umfangreichen, bisher nahezu nicht ausgewerteten Nachlass an Schriften, Artikeln, Reden und persönlichen Korrespondenzen hinterlassen, die sich in den kroatischen, serbischen und israelischen Archiven befinden. Novi Omanut (1999) 32/33, S. 1–6.

die Verteidigung der eigenen Würde erfolgen könne. Kein Jude weltweit dürfe behaupten, dass ihn das, was die deutschen Juden gerade erfahren, niemals treffen werde.[21]

Das Moment der Ehre und Würde bzw. seiner Verteidigung zog sich in den nächsten Monaten und Jahren durch die Argumentation der jugoslawischen Zionisten. „Wann werden wir endlich mannhaft auf die Angriffe gegen unsere Würde und unseren Besitz reagieren?", hieß es im März 1933.[22] Der aus Bosnien stammende und im Jahre 1921 nach Wien übergesiedelte Gustav Seidemann richtete sich in seinen Briefen an *Židov* gegen die jüdischen Blätter in Deutschland, die nach wie vor die beschämenden, mittelalterlichen Angriffe relativieren würden. Er nannte sie und ihre Vertreter „Feiglinge". Insbesondere den Berliner Reformrabbiner Josef Lehmann bezeichnete er als einen Feigling, da sich dieser angesichts gegenwärtiger Ereignisse in den *Mitteilungen der jüdischen Reformgemeinde zu Berlin* im März 1933 gegen den Zionismus ausgesprochen hatte.[23] Ende des Jahres berichtete Seidemann auch über die Situation in Österreich. Dort hätten sich antisemitische Aktivitäten derart verstärkt, dass er die Forderungen aufstellte: „Wir müssen eine Verteidigungsfront aller Juden aufbauen, denn allen Juden droht die Gefahr."[24]

In den folgenden Jahren blieben die jugoslawischen Zionisten in ihren Aufrufen nach jüdischer Einigkeit, nach intensiver zionistischer Arbeit, nach „mannhafter" Verteidigung gegen den Antisemitismus und nach der Wahrung des jüdischen Selbstbewusstseins und Selbstvertrauens konsequent.[25] Im Juli 1934 erklärten die Zionisten, sie würden keine neuen „Schicksalsschläge" abwarten, denn die „Juden außerhalb Deutschlands sollten sich keinen Illusionen hergeben. Die Tragik des deutschen Judentums ist noch nicht beendet, sie hat noch nicht einmal ihren Höhepunkt erreicht."[26]

Die öffentliche Auseinandersetzung mit dem Nationalsozialismus und Antisemitismus in Europa war dominiert von Parolen wie Kampf, Würde, Ehre und Selbstbewusstsein. Gleichzeitig bewiesen jugoslawische Zionisten einen gewissen politischen Weitblick, als sie sich von konjunkturellen Schwankungen der antisemitischen Judenpolitik in Europa nicht irreführen ließen. Darüber hinaus gingen sie auch mit antisemitischen Ausfällen und Forderungen, die in

---

21 Židov, 17. 3. 1933.
22 Židov, 24. 3. 1933.
23 Židov, 14. 4. 1933.
24 Židov, 8. 12. 1933.
25 Židov, 16. 2., 15. 6., 7. 9. u. 7. 12. 1934.
26 Židov, 27. 7. 1934.

der jugoslawischen Öffentlichkeit immer häufiger auftraten, hart ins Gericht.[27] Sie riefen zur „aufrichtigen und mannhaften Reaktion auf jede antisemitische Erscheinung" auf und erklärten, dass sie sich als „selbstbewusste Juden" dem „kämpferischen Antisemitismus" entschieden entgegenstellen werden.[28] Und tatsächlich lässt sich beobachten, dass die Redaktionen der zionistischen Blätter bis 1941 nahezu jede judenfeindliche Regung in der jugoslawischen Presse und Politik registrierten, sie scharf zurückwiesen und sich gegenüber den Beschuldigungen selbstbewusst positionierten.[29] Besonders deutlich kam diese Haltung im Herbst 1940 zum Ausdruck. Die jugoslawische Regierung verabschiedete nämlich zwei Gesetze, die die Rechte der Juden deutlich beschnitten. Das eine schloss Juden nahezu vollständig aus der Lebensmittelwirtschaft aus. Das zweite Gesetz sah die Einführung eines strengen Numerus clausus vor, welcher den Zugang jüdischer Schüler zu den Universitäten begrenzen sollte.[30] Die jugoslawischen Zionisten reagierten mit offener Empörung sowie Protesten und erklärten, sie könnten die Diffamierungen und Angriffe gegen ihre Ehre und Würde nicht hinnehmen.[31]

Indem sie offen klarstellten, dass sie sich ihrer Rechte, Stärke und Würde bewusst und für deren Verteidigung auch zu kämpfen bereit waren, untermauerten sie ihre Selbstbehauptung. Das Bewusstsein, Juden zu sein, interpretierten jugoslawische Zionistinnen und Zionisten als das zentrale Ordnungsprinzip. Jede Einstellung, die sich gegen dieses Ordnungsprinzip richtete, wurde angezeigt und benannt. Diese der Psychologie entnommene Definition der Selbstbehauptung kennzeichnete genau die Haltung, die die wichtigste Voraussetzung für ein widerständiges Denken und Handeln war. Die zionistische Presse diente den Akteuren und Akteurinnen dabei als das wichtigste Agitations- und Kommunikationsmittel.

---

27 Vgl. Jevrejski glas, 6. 12. u. 8. 12. 1933, 21. 8. 1936, 20. 9. u. 16. 10. 1940;
28 Židov, 15. 6. 1934.
29 Exemplarisch: Židov, 27. 3. 1936; 8. 11. 1938; Jevrejski glas, 19. 1. 1934; 21. 8. u. 4. 12. 1936; vgl. Protokolle des Bundes Jüdischer Religionsgemeinden Jugoslawiens (SJVOJ) 1936–1940, Central Archive for the History of the Jewish People (CAHJP) YU/7.
30 Der NC sah vor, dass der Anteil der jüdischen Studenten nicht ihren Anteil an der Gesamtbevölkerung (ca. 0,5 Prozent) überschreite. Juden stellten aber bis 1940 durchschnittlich 4,4 Prozent der Studentenschaft. Der NC bedeutete also einen tiefen Einschnitt in das jüdische Leben in Jugoslawien. Vgl. Vulesica, Marija: Jugoslawische antijüdische Gesetze. In: Benz, Wolfgang (Hrsg.): Handbuch des Antisemitismus, Bd. 4. Berlin/Boston 2011, S. 212–214. Lengel-Krizman, Narcisa: Numerus clausus – jesen 1940. In: Časopis za suvremenu povijest 38 (2006) 3, S. 1007–1012.
31 Berichterstattung des Židov September bis November 1940.

Konkrete Aktionen und Manifestationen des Widerstandes

Zweifelsohne war die zionistische Presse auch dann besonders wichtig, wenn es darum ging, mit gezielten und konkreten Widerstandsaktionen in Erscheinung zu treten. Als eine solche konkrete Form des widerständiges Verhaltens galten Aufrufe zum Boykott deutscher Filme oder Waren.[32] Das Ausmaß oder die Nachhaltigkeit dieser Aufrufe ist aus heutiger Sicht kaum zu bewerten. Entscheidend ist jedoch, dass die jugoslawischen Zionistinnen und Zionisten ihre Empörung und Protesthaltung öffentlich zum Ausdruck brachten. So auch in den spontanen Protestmeetings, die anlässlich des Boykotts jüdischer Geschäfte in Deutschland im April 1933 oder infolge der Verabschiedung der Nürnberger Gesetze 1935 in Zagreb und anderen Städten Jugoslawiens stattfanden.[33]

Den nachhaltigsten Beitrag zum Widerstand gegen den nationalsozialistischen Terror in Europa erbrachten jugoslawische Zionistinnen und Zionisten mit der immensen Hilfe für deutsche – und ab 1938 auch für österreichische und tschechoslowakische – Juden. Ganz im Sinne der zionistischen Bewegung in Europa war die konkrete Flüchtlingshilfe auch für die jugoslawischen Zionisten nahezu gleichbedeutend mit der Förderung der Auswanderung nach Palästina.[34] Immer wieder hieß es dazu im zionistischen Organ *Židov*, die „Ehre, das Leben und die Zukunft unseres Volkes" müssten aus eigener Kraft gerettet werden.[35] Eigene Kraft stand für die Einwanderung nach Palästina und den Aufbau des Landes. So erklärte einer der bekanntesten jugoslawischen Zionisten, Cvi Rothmüller, nur die „Schaffung einer wirtschaftlich unabhängigen und daher politisch und kulturell autonomen jüdischen Einheit [...]", also eines jüdischen Staates, könne die Juden in Europa retten. Eine sehr ähnliche Botschaft verkündete auch das Oberrabbinat anlässlich der Reichspogromnacht 1938. Direkt und unmissverständlich forderte der jugoslawische Oberrabbiner Isaak Alcalay alle Rabbiner und Gemeindevorsteher auf, den Landkauf in Palästina und die Auswanderung zu propagieren, denn nur dadurch könne die endgültige Befreiung der Juden erlangt werden.[36]

In den wenigen wissenschaftlichen Beiträgen zur Fluchthilfe jugoslawischer Juden in Jugoslawien heißt es bisher, mehr als 55.000 deutsche und österreichische

---

32 Židov, 24. 3. 1933; Jevrejski list, 9. 2. 1934.
33 Jevrejski list, 26. 5. 1933.
34 Gelber, Yoav: The Reactions of the Zionist Movement and the Yishuv to the Nazis' Rise to Power. In: Yad Vashem Studies XVIII (1987), S. 41–101.
35 Židov, 8. 12. 1933.
36 CAHJP, Eventov-Archiv, H-331.

Juden seien zwischen 1933 und 1941 nach Jugoslawien geflohen. Mit Hilfe der zionistischen Verbände konnten sich mehr als 50.000 von ihnen nach Palästina retten.[37] Allein in den Jahren 1933 und 1934 sollen etwa 8.000 deutsche Juden Jugoslawien passiert haben.[38] Diese Zahlen werden von der bisherigen Forschung weitgehend unkritisch aufgegriffen und wiedergebeben. Ob sie tatsächlich oder zumindest annährend zutreffen, muss noch geklärt werden. Eine Diskrepanz fällt allerdings auf: In einem Rechenschaftsbericht von Juni 1934, der im *Židov* abgedruckt wurde, erklärte der Erste Sekretär des Jugoslawischen Flüchtlingskomitees, Aleksa (Aleksandar) Klein, bis Juni 1934 seien rund 800 jüdische Flüchtlinge nach Jugoslawien gekommen. Nur einige 200 würden sich noch im Lande befinden.[39] Es ist durchaus möglich, dass die Helfer die tatsächlichen Flüchtlingszahlen geringer angegeben hatten, als sie es waren, denn bereits Ende 1933 kam es in einigen Teilen der Politik und Öffentlichkeit zu massiven judenfeindlichen Äußerungen, die sich vornehmlich gegen die ankommenden deutschen Juden richteten. Diese wurden beschuldigt, mit ihrer Ankunft die ohnehin schlechte wirtschaftliche Lage zu verschlechtern, indem sie mit Arbeit und Sozialleistungen versorgt werden müssten. Oder ihnen wurde unterstellt, ihre deutsche Kultur auch nach der Vertreibung aus Deutschland zu propagieren und so die nationalen Interessen Jugoslawiens zu sabotieren.[40] Um also diesen Beschuldigungen entgegenzuwirken, gaben die beteiligten Akteure möglicherweise geringere Zahlen an. Es ist aber auch durchaus möglich, dass sie nach 1945 überhöht wurden, um gerade die herausragenden Leistungen der damaligen zionistischen Akteure zu betonen.

Jenseits der Zahlenproblematik kann aber in jedem Fall festgehalten werden, dass zahlreiche jüdische und zionistische Organisationen sowie auch viele jugoslawische Zionistinnen und Zionisten individuell aktiv und engagiert an der Aufnahme und Versorgung der Ankömmlinge beteiligt waren. 1933 begründeten die jugoslawischen Zionisten 1933 eine Zentralstelle für soziale und produktive Hilfe. Diese sollte junge (jugoslawische und ausländische) Juden vor allem dazu

---

37 Ristović, Milan: Jugoslavija i jevrejske izbeglice 1938–1941. [Jugoslawien und die jüdischen Flüchtlinge 1938–1941]. In: Istorija 20. veka 15 (1996) 1 [Geschichte des 20. Jahrhunderts], S. 21–43; Freidenreich, The Jews of Yugoslavia, S. 188; Boeckh, Katrin: Jugoslawien. In: Krohn, Claus-Dieter [u. a.] (Hrsg.): Handbuch der deutschsprachigen Emigration 1933–1945. Darmstadt 1998, S. 279–284.
38 Goldstein, Židovi u Zagrebu, S. 448.
39 Židov, 15. 6. 1934.
40 Interpellation des Senators Ivan Majstorović am 11. 11. 1933 in Belgrad, Židov, 17. 11. 1933. Archiv der Nationalbibliothek (NSK) Zagreb, Persönlicher Nachlass Lavoslav Schick, Brief an Emil Bernhard Cohn vom 14. 11. 1933, R 7883a).

bewegen, sich von den traditionellen Berufen zu emanzipieren. Junge Menschen sollten sich der Produktion und der Landwirtschaft widmen und so ihren Beitrag für den Aufbau Palästinas leisten. Neue berufliche Strukturen sollten vornehmlich Hilfe zur Selbsthilfe bedeuten und der Verarmung der Juden in schlechten wirtschaftlichen Zeiten entgegentreten.[41]

Anfang Mai 1933 wurde das Hilfskomitee für jüdische Flüchtlinge gegründet, das für die materielle Hilfe und Unterbringung der Flüchtlinge zuständig war. Im November 1933 wurde eine Hachschara-Farm in Kroatien errichtet, an der rund 80 junge Menschen aus Deutschland (und 20 aus Südserbien) auf das Leben in Palästina vorbereitet wurden.[42] Dem Flüchtlingskomitee stand ein fünf-köpfiger Ausschuss vor, der über dessen Aktivitäten beriet und überwachte. Eines seiner Mitglieder war Lavoslav Schick. Als Zionist der ersten Generation (1882 geboren), Journalist und Rechtsanwalt verfügte er über europaweite Kontakte. Sein äußerst umfangreicher Nachlass zeugt von seinem großen persönlichen Engagement für die Flüchtlinge. In zahlreichen Korrespondenzen, die er mit Individuen und Organisationen unter anderem in Leipzig, Berlin, Kassel und München geführt hatte, wurde die Problematik der jüdischen Flüchtlinge behandelt.[43] Schicks Hilfe und Engagement – er besorgte Arbeitsmöglichkeiten, spendete Gelder, lud Flüchtlinge zum Essen ein – entsprachen vollständig der zionistischen Linie, da er in der Auswanderung nach Palästina die beste Hilfe für die verfolgten Juden sah. Obwohl er selbst nie ausgewandert ist – er wurde Anfang 1942 in dem kroatischen KZ Jasenovac ermordet – sah er im Aufbau Palästinas den wichtigsten Ausdruck jüdischer Selbstbehauptung. So verurteilte er zum Beispiel in mehreren Briefen die deutschen Juden dafür, dass sie kein ausreichend gestärktes jüdisches Selbstbewusstsein hätten, sich weiterhin für Angehörige der deutschen Nation hielten und sogar an eine Rückkehr nach Deutschland denken würden.[44] Unnachgiebig war er in seiner Forderung nach einem jüdischen Bekenntnis und der unbedingten Bereitschaft der Flüchtlinge, nach Palästina zu gehen.

Wesentlich differenzierter stellte die Zionistin und Anthropologin Vera Stein Ehrlich, die nach 1945 weltweiten Ruhm als Wissenschaftlerin erlangen sollte, die Situation der Flüchtlinge dar. In einer mehrteiligen Artikelserie, die Ende 1933 im *Židov* erschienen war, versuchte sie die äußeren und inneren „Probleme der jüdischen Emigration" zu analysieren. Sie nahm die deutschen Juden vor den

---

41 Židov, 16. 2. 1934.
42 Židov, 15. 6. u. 16. 11. 1934.
43 NSK, Persönlicher Nachlass Lavoslav Schick, R 7883a) und R7883b). Briefe aus den Jahren 1933 und 1934.
44 NSK, Lavoslav Schick, R 7883a): Brief an Cohn 14. 11. 1933; Brief an Julius Dessauer 4. 5. 1933; Brief an Sally Guggenheim 25. 9. 1933; Brief an die Jüdische Rundschau 5. 10. 1933.

kursierenden Vorwürfen in Schutz, sie seien keine bewussten Juden, keine Zionisten und deshalb hätten sie den Nationalsozialisten auch nichts entgegenzusetzen gewusst. Sie wandte sich auch gegen die Idee, jüdische Ankömmlinge schürten den Antisemitismus, weil sie ihr Deutschtum immer noch pflegen würden. Stattdessen rief sie zur verstärkter Solidarität und Hilfe auf. Außerdem verwies sie auf die enormen psychischen Belastungen, denen Kinder und Erwachsenen ausgesetzt seien und forderte die einheimischen Juden auf, den „Immigranten" mit Vertrauen und Respekt zu begegnen. Vorwürfe und neue Forderungen, wie etwa direkt weiter nach Palästina zu gehen, müssten in der jetzigen Situation unterbleiben. Wichtig sei die Hilfe der jüdischen Gemeinschaft. Jeder Immigrant sollte schließlich selbst entscheiden, wohin und warum er gehen wolle.[45]

Trotz antisemitischer Reaktionen in Politik und Öffentlichkeit auf die ankommenden jüdischen Flüchtlinge, wie etwa die Interpellation des Senators Ivan Majstorović aus Split Ende 1933, zeigten dennoch einige Teile der jugoslawischen Wirtschaft und Politik großes Interesse an dem Potenzial der deutschen Juden. Noch 1933 und 1934 veröffentlichte der Hilfsverein der Deutschen Juden in Berlin in seinen Zirkularschreiben zahlreiche Stellenangebote und Möglichkeiten der Geschäftsbeteiligung in Jugoslawien.[46] Im Laufe der 1930er-Jahre verschlechterten sich aber die Bedingungen für eine Einwanderung kontinuierlich. Der jugoslawische Staat zeigte sich immer skeptischer und restriktiver gegenüber den jüdischen Flüchtlingen, gleichzeitig sahen sich die jüdischen Organisationen und Akteure im Land steigenden Herausforderungen gegenüber. Die Flüchtlingshilfe verlangte nach einer Re-Organisation der Gemeindearbeit und nach neuen finanziellen Quellen. Es mussten zudem neue Vereine und Hilfsstrukturen aufgebaut und mehr Helfer aktiviert werden. Aus den Sitzungsprotokollen des Bundes der jüdischen Religionsgemeinden Jugoslawiens wird ersichtlich, welche Anstrengungen dieser Dachverband in Zusammenarbeit mit den zionistischen Strukturen unternommen hatte, um die ankommenden Flüchtlinge zu versorgen. Es wurden Spenden requiriert, ein „Fonds für Flüchtlinge aus Deutschland" unterhalten und die Mitglieder des Verbandes sprachen bei der Regierung vor, um den Status der Flüchtlinge zu legalisieren.[47] Im Juni 1936 nahm Aleksa Klein, der Sekretär des Flüchtlingskomitees, an der Konferenz der jüdischen Auswanderungshilfsorganisation HICEM in Paris als jugoslawischer Delegierter teil. Entgegen der bei der Konferenz vertretenen Meinung, Jugoslawien sei ein Einwanderungsland, betonte Klein nachdrücklich, die Flüchtlinge dürften sich dort nicht

---

45 Židov, 3. 11., 10. 11. u. 17. 11. 1933.
46 CAHJP, M2/2
47 Protokoll des SJVOJ, Juni 1936: CAHJP YU/7.

lange aufhalten, vielmehr müsste ihre Auswanderung aus Jugoslawien verstärkt betrieben werden. Darüber hinaus müsste auch den armen südserbischen Juden bei ihrer Auswanderung nach Palästina geholfen werden.[48] Klein vertrat damit einmal mehr die Überzeugung der Zionisten, nur die Weiterreise nach Palästina sei eine richtige Reaktion auf die Verfolgung der Juden in Deutschland. Gleichzeitig appellierte er an die HICEM, die jugoslawische Flüchtlingsarbeit stärker finanziell zu unterstützen.

Enorme finanzielle und organisatorische Anstrengungen kamen auf die jugoslawisch-jüdischen Akteure und Verbände zu, als 1939/1940 rund 1.100 jüdische Flüchtlinge in Kladovo an der jugoslawisch-rumänischen Grenze gestrandet waren. Mit drei Schiffen hatten sie Ende 1939 Wien donauabwärts in Richtung Palästina verlassen. Da die Briten die Weiterfahrt nach Palästina verweigerten, waren die Flüchtlinge auf die Versorgung durch die jugoslawisch-jüdischen Organisationen angewiesen. Mit allen Mitteln versuchten diese, den Flüchtlingen zu helfen bzw. ihre Weiterreise zu ermöglichen. Sie scheiterten. Nach dem deutschen Überfall auf Jugoslawien im April 1941 wurden die meisten von ihnen ermordet.[49]

Erfolgreicher gestaltete sich dagegen die Rettung von mindestens 73 Kindern, von denen die meisten aus Berlin, Frankfurt am Main und Wien stammten, nach Palästina. Die deutsche Zionistin und Initiatorin der Jugendalija, Recha Freier, verbrachte nach ihrer Flucht aus Deutschland im Juli 1940 einige Monate in Zagreb.[50] Zusammen mit dem jugoslawischen Arm der WIZO (Women's International Zionist Organization) und den Mitgliedern des jugoslawischen Hashomer Hatzair (zionistische Jugendorganisation), darunter dem jungen Zagreber Zionisten Josef Indig, gelang es ihnen, die Kinder zu retten.[51]

Die Aufnahme, Versorgung und Weiterleitung der Flüchtlinge nach Palästina muss als ein Ausdruck der jüdischen Selbstbehauptung in Jugoslawien interpretiert werden. Waren es Anfang der 1930er-Jahre ausschließlich zionistische Akteure und Organisationen, die dem NS-Regime in Deutschland und der anti-

---

48 Protokoll des SJVOJ, Juli 1936: CAHJP YU/7.
49 Anderl, Gabriele/Manoschek, Walter: Gescheiterte Flucht. Der jüdische „Kladovo-Transport" auf dem Weg nach Palästina 1939–1942. Wien 1993; Gruber, Heimo: Gefühl für Gefahr. Herta Reich und der „Kladovo-Transport". In: Zwischenwelt 27 (2010) 1–2, S. 50–53.
50 Zu Recha Freier, ihrer Bedeutung und kontroversen Wahrnehmung nach dem Krieg: Meyer, Beate: Tödliche Gratwanderung. Die Reichsvereinigung der Juden in Deutschland zwischen Hoffnung, Zwang, Selbstbehauptung und Verstrickung (1939–1945). Göttingen 2011, S. 53, 70–80, 417–419.
51 Voigt, Klaus (Hrsg.): Joškos Kinder. Flucht und Alija durch Europa 1940–1943. Josef Indigs Bericht. Berlin 2006; Voigt, Klaus: Villa Emma. Jüdische Kinder auf der Flucht 1940–1945. Berlin 2002.

semitischen Politik in Europa entgegentraten, indem sie die Auswanderung der Juden aus den Ländern, in denen sie verfolgt werden, propagierten und förderten, schlossen sich gegen Ende der 1930er-Jahre diesem Vorhaben auch nicht-zionistische Organisationen an. Angesichts der Gefahren und Bedrohungen schien allen jüdischen Institutionen in Jugoslawien allmählich klar, dass sie sich diesen gemeinsam entgegenstellen müssten. Das unermüdliche Eintreten der Zionistinnen und Zionisten gegen die NS-Politik führte also zu konkreten Aktionen des Widerstandes, wie der Rettung von verfolgten Juden. Darüber hinaus bedeutete ihre Arbeit schließlich auch eine verstärkte Sensibilisierung der Nicht-Zionisten für die gefährlichen Entwicklungen in Europa.

Die „rote Assimilation"

Die frühe und weit verbreitete Sensibilisierung und explizite Aktivierung als Zionistinnen und Zionisten sowie deren Einfluss auf Nicht-Zionisten fand eine folgerichtige Konsequenz zunächst in dem Anschluss vieler Juden an die verbotene Kommunistische Partei Jugoslawiens (KPJ) und schließlich in der Beteiligung an dem aktiven Widerstand. Das Eintreten für die Rechte und Gleichberechtigung der Juden allein war immer mehr jungen und sozialistisch orientierten Zionistinnen und Zionisten Jugoslawiens nicht mehr genug. Von den mehr als 1.600 jugoslawischen Freiwilligen im Spanischen Bürgerkrieg waren 34 Juden. Die meisten von ihnen waren vor ihrem Anschluss an die kommunistische Bewegung Mitglieder zionistischer Organisationen und Vereinigungen gewesen.[52] Für die meisten von ihnen wiederum war die Teilnahme an der zionistischen Bewegung gleichbedeutend mit persönlicher und politischer Emanzipation. Der aus Kroatien stammende Arzt und überzeugte Kommunist Lavoslav Kraus erklärte in seinen 1973 veröffentlichten Memoiren, „die nationale Romantik" des Zionismus habe ihm und vielen anderen geholfen, Gefühle der Minderwertigkeit zu überwinden.[53] In der Kommunistischen Partei Jugoslawiens sah er dagegen die eigentliche Vorkämpferin für die Befreiung aller Menschen. Ähnlich beschrieb dies auch der aus Sarajevo stammende Josip Engel in einem Interview für das Visual History Archive. Die zionistische Bewegung habe den Juden ein selbstbestimmtes Leben ermöglicht, die kommunistische habe sie aber zu Bürgern der ganzen Welt und

---

52 Lustiger, Arno: Shalom libertad. Juden im Spanischen Bürgerkrieg. Frankfurt a. M. 1989, S. 271f.
53 Kraus, Lavoslav: Susreti i sudbine. Sjećanja iz jednog aktivnog života [Begegnungen und Schicksale. Erinnerungen aus einem aktiven Leben]. Osijek 1973, S. 54.

nicht nur eines Staates gemacht.⁵⁴ Und Olga Hebrang, die spätere Ehefrau des kroatischen Kommunistenführers Andrija Hebrang, die bereits als junge Frau zionistisch aktiv war, erklärte die Attraktion der jugoslawischen kommunistischen Bewegung damit, dass diese für alle unterdrückten Völker einstand, nicht nur für die Juden.⁵⁵

Die steigende Bereitschaft junger Zionistinnen und Zionisten, sich der kommunistischen Bewegung anzuschließen und ihr Engagement auf eine universale Grundlage zu verlagern, bereitete den jugoslawischen Zionisten durchaus auch Sorgen. Im April 1933 schrieb der Zionist Drago Steiner (Yakir Eventov) aus Zagreb an den bereits nach Palästina ausgewanderten Slavko Weiss (Hilel Livni), „die rote Assimilation nimmt uns die besten Kräfte".⁵⁶ Mit „rote[r] Assimilation" meinte er die kommunistische Bewegung. Er erklärte zwar, der verstärkte Zulauf der jungen Zionisten zu den Kommunisten sei verständlich, weil er ausschließlich als eine Reaktion auf die Ereignisse in Deutschland passiere, dennoch sei er für die zionistische Bewegung eine Gefahr.

Wie viele Zionistinnen und Zionisten sich tatsächlich der von Tito angeführten KPJ bis 1941 angeschlossen hatten, ist kaum zu ermitteln. Zweifelsohne erscheint aber die zionistische Prägung, ihre Betonung des jüdischen Selbstbewusstseins sowie ihr Aufruf zur Verteidigung bei sehr vielen jungen jugoslawischen Juden die Entschlossenheit geweckt zu haben, sich dem konkreten politischen und später bewaffneten Kampf anzuschließen.

Widerstand und Selbstbehauptung

Begriffe wie Widerstand und Selbstbehauptung fielen im innerzionistischen jugoslawischen Diskurs um die Vorgänge in Deutschland und in der Frage nach den entsprechenden Reaktionen und Positionierungen nicht. Dafür umso mehr die starken Worte Ehre, Würde, Kampf und Verteidigung. Die wiederholte Beteuerung des Kampfes und der Verteidigung interpretiere ich als Selbstbehauptung. Diese Positionierung diente der Rückversicherung der eigenen jüdischen Identität und des jüdischen Selbstbewusstseins. Noch nicht in unmittelbarer Gefahr, dennoch durch die universal gültige antisemitische Politik der Nationalsozialisten

---

54 Engel, Josip: Interviewcode 16916, Visual History Archive, USC Shoah Foundation. The Institute for Visual History and Education, http://www.vha.fu-berlin.de (8. 5. 2013).
55 Hebrang, Olga: Interviewcode 04318, Visual History Archive, USC Shoah Foundation. The Institute for Visual History and Education, http://www.vha.fu-berlin.de (8. 5. 2013).
56 CAHJP, Eventov-Archiv, A-461.

ebenfalls betroffen, erschien es den jugoslawischen Zionistinnen und Zionisten als äußerst geboten, ihre Selbstverortung als Juden zu markieren und zu kommunizieren. Diese mentale Prädisposition war eine entscheidende Voraussetzung für die widerständige Haltung und schließlich auch für den aktiven, teils bewaffneten Widerstand einiger Tausend jugoslawischer Juden nach 1941 (und bereits nach 1936 in Spanien).

Die Bandbreite der Widerstandsformen zeigte sich also zunächst in der Stärkung des jüdischen Selbstbewusstseins, in der dezidierten und expliziten Wahrnehmung und Verurteilung antisemitischer Ereignisse in Europa, in konkreten Maßnahmen wie der Flüchtlingshilfe und der Förderung der Auswanderung nach Palästina. Eine nachhaltige und weltweit anerkannte Widerstandsform der jugoslawischen Juden äußerte sich schließlich in der politischen Überzeugung, für die von den Kommunisten aufgestellte Forderung nach Befreiung aller Menschen, nicht nur der Juden, einzustehen. Etwa 5.000 Juden, darunter sicherlich eine große Zahl von Zionistinnen und Zionisten, beteiligte sich schließlich an dem jugoslawischen „Volksbefreiungskrieg" 1941 bis 1945.

Esther Gitman
Courage to Resist

Jews of the Independent State of Croatia Fight Back

This article focuses on the Jewish resistance against the Axis Powers and their local collaborators, the Croatian Ustaše, in the Independent State of Croatia [Nezavisna Država Hrvatska (NDH)], which also included Bosnia and Herzegovina, during World War II.[1] This entity was created out of the break-up of the Yugoslav kingdom on April 10th, 1941, by the Axis Partners Nazi Germany and Fascist Italy, joined by minor partners Hungary and Bulgaria. The Axis installed the Ustaše, Croatian insurgents, headed by Ante Pavelić, to rule this new state.[2] From its inception, the collaborationist NDH regime aimed to create a pure Croatian state in the ethnic quagmire that was the Balkan Peninsula. In return for Croatian territorial gains and "independence" from Serbia, Nazi Germany demanded that Pavelić's regime implement the Nazi-like ideology enshrined in legislation for the "Protection of the Croatian (Aryan) People." To deliver on their promise the Ustaše implemented a reign of terror against the Jews. The brutish and horrific treatment of the Jews that followed emanated from some combination of ignorance and unprincipled conduct.

In 1944 Srečko Bujas, a former Yugoslav supreme court judge, who was appointed by the Ustaše as a trustee over the Jewish Sephardic Community in Sarajevo, was asked by a representative of the National Commission to investigate wartime crimes,[3] why the Ustaše had behaved so inhumanly towards the Jews? His reply was succinct and clear:

> In our country, the anti-Jewish decrees and ordinances were undertaken by people without any professional qualifications, people without judgment of right and wrong. These young people, once righteous and idealistic, instead of channeling their capabilities and talents for the benefit of their people and homeland, chose for themselves a selfish objective: self-enrichment and self-gratification in the shortest time possible and without careful consideration of the consequences for the future. They understood that the so-called "Racial

---

[1] Bosnia-Herzegovina is located in southeastern Europe on the Balkan Peninsula, between Croatia, Serbia, Montenegro and the Adriatic coast.
[2] Gitman, Esther: When Courage Prevailed, Rescue and Survival of Jews in the Independent State of Croatia 1941–1945. St. Paul (MN) 2011. (See Chapter 1 for further discussion on Ante Pavelić and his Ustaše, pp. 15–23).
[3] ZKRZ, State Committee for Investigation of the Crimes Committed by the Occupying Forces and their Supporters in the Peoples Republic of Croatia, (National Commission). Zagreb (1944–1947).

Laws" placed the Jews totally outside the realm of the law, regarding their very existence worthless and their earthly possessions as belonging to the individual Ustaša.[4]

The greed factor was also demonstrated when the Ustaše embraced the Nazi "Final Solution of the Jewish Question" in the NDH and threatened with severe punishments its citizens who helped Jewish friends or neighbors escape, while at the same time the Ustaše leadership shielded selected groups of extremely rich Jews, mostly those they designated as "honorary Aryans". In short, they were a bunch of thugs "out to feather their own nests" and were totally open to corruption.

Based on this brief introduction into the nature and objectives of the Nazi occupiers and their Ustaše collaborators in the years 1941–1945, my aim is to pose three questions, whose answers will demonstrate that despite the heavy losses Jews incurred during the war, they defied and resisted enemies who outnumbered them in manpower and in hardware.

First, how and why were so many Croatian Jews murdered in a relatively short time? To answer this question, we must consider both the perpetrators and their intended victims:

a. What was the strategy devised by Nazi Germany and their Croatian Ustaše collaborators, and what aims did they hope to achieve through the new Independent Croatian state?
b. How did the Jews interpret their situation, and did they understand the threat Hitler posed to them; to the extent they did understand his intentions, what was their strategy for averting a disastrous outcome?

Second, can one make the argument that Jews in the NDH resisted the enemy when between the invasion in 1941 and mid-1943, the Ustaše, the Gestapo and the SS murdered 30,000 out of 39,500 of Croatia's pre-war Jewish population?

Third, what evidence do we have that Jews in the NDH exhibited a strong will to resist – and outlive – their enemies?

These questions on the nature of resistance will lead the reader to a deeper and more nuanced grasp of the Holocaust in countries of the former Yugoslavia. The discussion of resistance will provide a thus-far missing link to better understanding of the events that took place there during World War II. Most Holocaust literature has focused primarily on the rightly notorious atrocities perpetrated by the Axis Powers and their local collaborators. Only after the disintegration of the

---

4 Croatian National Archives [Hrvatski Državni Arhiv (HDA)], ZKRZ-GUZ, 2235/2-45 box 10, testimony by Judge Srećko Bujas, the appointed trustee over the Sephardic Jewish Community in Sarajevo, 210. It was a National Commission for the Verification of Crimes Committed by the Occupiers and their Collaborators, the Ustaše.

second Yugoslavian state in the early 1990s and the opening of its archives to the general public, has the rescue of Jews, both by other Jews and non-Jews, as well as the subject of Jewish defiance become legitimate subjects for investigation. Many of these recent studies have aimed to undermine the commonly held notion that during World War II the Jews went to their death like sheep to slaughter.

In order to discuss the nature of Jewish resistance in Croatia, it is useful to understand how historians have defined the nature of resistance more broadly. Recent historians of the Holocaust have criticized earlier definitions – particularly in the wake of World War II – as too narrowly focused on organization and armed opposition.

In his 1986 study of the Holocaust, Martin Gilbert offered a different perspective by describing Jews' will to defy the demonizing, brutalizing force of evil, their refusal to be reduced to the level of animals, to live through the torment, indeed to outlive the tormentors, in order to give witness to these events in testimony. "Thus, simply to survive was a victory of the human spirit."[5] Israeli historian Yehuda Bauer used the Hebrew term "Amidah", which he translated as "standing up against", in order to convey the all-inclusive nature of resistance, which can encompass individuals and groups, armed and unarmed opposition to oppressive authority.[6] In my own work on the NDH, I have chosen to define resistance as: "Any purposeful action undertaken by individuals or groups of Jews to defy the Nazi and Ustaše racial laws and their ideology of genocide."[7]

In a related approach, historians and other scholars have attempted to create methodologies for the study of resistance, for example, trying to identify some "positive characteristics" which correlated with Jewish survival during the Holocaust. Harvey Sarner, for example, has pointed out that Albania was the only country in Europe that had a greater Jewish population after World War II than before. In seeking to explain this anomaly, he points to "Bessa", a moral code long accepted by Albanians that make them responsible for protecting anyone who comes to them seeking shelter.[8] Bob Moore pointed out the correlation between Jewish survival and local traditions in the Netherlands and Belgium, such as helping those who cannot help themselves.[9] Jonathan Steinberg has stressed the

---

5 Gilbert, Martin: The Holocaust: The Jewish Tragedy. London 1986, p. 174.
6 Bauer, Yehuda: Rethinking the Holocaust. New Haven 2002, pp. 119–120.
7 Gitman, Esther: Courage to Defy. Jews of the Independent State of Croatia Fight Back 1941–1945. In: Henry, Patrick (ed.): Jewish Resistance against the Nazis. Washington, D.C. 2014, pp. 426–447.
8 Sarner, Harvey: Rescue in Albania: One Hundred Percent of Jews in Albania Rescued from the Holocaust. Palm Springs (CA) 1997.
9 Moore, Bob: Survivors: Jews Self-Help and Rescue in Nazi Occupied Western Europe. New York 2010.

importance of Italian military tradition, which viewed the harming of innocent non-combatant women and children as dishonorable.[10]

Since the NDH was an extremely heterogeneous entity comprising an unusual mixture of religious beliefs, ethnic backgrounds, and political and philosophical world views, it is practically impossible to identify even one characteristic common to all its citizens. For this reason, my work has been influenced by two historians who chose not to focus on a single homogenous entity. In their multinational histories of the Holocaust, Raul Hilberg[11] and Lucy Dawidowicz[12] each independently reached essentially identical conclusions regarding those factors that affected the likelihood that a particular group of Jews would survive:

1. The degree of assimilation and acculturation of Jews in a particular country had no significant bearing on their fate; thus, the relatively well-integrated Jews of Hungary suffered great losses, while nearly all the unassimilated Jews of Bulgaria survived.
2. The so-called "positive characteristics" which existed prior to the war, such as a low rate of antisemitism, did not guarantee a positive outcome during the war. Yugoslavia experienced little pre-war persecution, but incurred a high percentage of losses, while 50 percent of Romanian Jews survived the war, even though Romania prior to World War II had a tradition of violent anti-Jewish prejudice.
3. Jewish survival was most endangered in territories where Germany exercised the most direct control and where there was an absence of indigenous political authorities, which tended to act as buffers between Nazis and the local populations. Such buffering was most visible in Zagreb, the Ustaše capital, where Pavelić granted privileges to certain Jewish citizens, only a few of whom were deported and murdered. By contrast, in Sarajevo, where the Nazis established their political and military headquarters, within six months 75 percent of the prewar Jewish population was annihilated, primarily in Ustaše concentration camps. My own research confirmed the importance of each of the three key factors. Almost everything that Yugoslavia held dear before the war was reversed once Nazi Germany took control.

Yehuda Bauer has given impetus to a new trend in Holocaust research methods. Focusing on the uniqueness of each country, he asked a series of basic questions: how, when, and by whom was the act of resistance performed? What was the

---

10 Steinberg, Jonathan: All Or Nothing, The Axis and the Holocaust 1941–1943. New York 2002.
11 Hilberg, Raul: The Destruction of the European Jews. New York 1985.
12 Dawidowicz, Lucy S.: The War Against the Jews 1933–1945. New York 1975.

response of the Germans? How did countries under German occupation react to acts of defiance exhibited by Jews? His questions opened new vistas for Holocaust research.[13] Bauer's approach has certainly influenced my work.

On April 10, 1941, the Jewish World Changed Forever

Although pre-war Croatian Jews were accustomed to moderate anti-Jewish sentiments, many Croats, including some clergy, objected to the extreme anti-Semitic rhetoric that became increasingly common as Nazi influence in Croatia grew even before the occupation. For example, Andrija Živković in 1938 used the official Catholic newspaper, *Katolički list,* to condemn anti-Semitism on the grounds that some values superseded nationalism. To ignore these values would lead to the destruction of the Croats' sense of justice and the society's moral values.[14] There were also Jewish voices heard that responded strongly to the first public signs of anti-Semitic propaganda, pointing out the ideological similarities between local anti-Semitic editorials and those promoted by Nazi Germany.[15]

After the war, the Yugoslav Jewish historian Jaša Romano stated: "The fact, however, remains that it was the Third Reich who initiated and organized the genocide in all provinces and in some areas [acted] as the executioner as well."[16]

A contemporary American historian, born in Croatia, Jozo Tomasevich, made a similar observation:

> With the exception of a few brief anti-Semitic measures instituted after the establishment of Yugoslavia [...] there was no anti-Semitism in Yugoslavia until the 1930s. Then, with the growth of Nazi Germany and Nazi ideology after 1933 and the increasing economic and political influence of Germany on Yugoslavia [...] anti-Semitism crept into the Yugoslav scene. [17]

Hitler was aware that if he made Croatia an independent state he would satisfy Croats' widespread desire to escape what they viewed as Serb domination of the Kingdom of Yugoslavia. In return, he expected the Croats' loyalty to his own goals

---

13 Bauer, Yehuda: Trends in Holocaust Research. In: Rothkirchen, Livia (ed.): Yad Vashem Studies, Vol. XII (1977), pp. 7–36.
14 Nova riječ, Zagreb, 21. 4. 1938.
15 Židov 33 (1936).
16 Romano, Jaša: Jevreji Jugoslavije 1941–1945: Žrtve genocida i učesnici narodnooslobodilačkog rata. Belgrade 1980, p. 576.
17 Tomasevich, Jozo: War and Revolution in Yugoslavia, 1941–1945. Stanford (CA) 2001, pp. 581–582.

for the region: first, to fight alongside the Axis against the army of the Kingdom of Yugoslavia and the Partisans; second, to rid Yugoslavia of Jews. To further his plans, Hitler sent German agents to the Croatian capital Zagreb under the supervision of Colonel Edmund Veesenmayer, an expert on installing pro-Nazi governments in central and southeast Europe. As German forces approached Zagreb on April 10th, 1941, Veesenmayer arranged the proclamation of an independent Croatian state to coincide with the troops' entry into the city. As Tomasevich observed: "Without German tanks and bayonets on Croatian territory, no proclamation of a Croatian puppet state could have succeeded. The new state was the offspring of the Wehrmacht and German subversion experts."[18]

Thus, it is clear that it was under German guidance that the Croatian Marshal Slavko Kvaternik proclaimed the Independent State of Croatia. Ante Pavelić with 200 to 300 Ustaše paramilitary troops, dressed in borrowed Italian uniforms, entered the city on April 15th, five days after the declaration.[19]

The dismemberment of the Yugoslav state and the distribution of its territories among the Axis partners immediately triggered a civil war that exacerbated the viciousness of anti-Jewish policies. The contest for Yugoslavia involved:

> the *Ustaše*, Croatian fascists, comprising Croats and Muslims;
> the *Četniks*, a remnant of the former Royal Serbian Army;
> the *Volksdeutsche,* approximately 500,000 Yugoslavians of German heritage;
> the *Partisans,* who encompassed diverse ethnic, religious and political affiliations.

Three of these otherwise opposed groups agreed on the need to rid Yugoslavia of Jews; only the Partisans invited Jews to join their ranks and even shielded thousands of them after Italy's capitulation in September 1943 ended the protection offered to Jews in the Italian occupation zone. By dissolving the Union of the Jewish Religious Communities into 115 individual entities, Yugoslavia's partition also left Yugoslavia's Jews without their own strong leadership at a time when it was most needed.

Writing after the war, Charles Steckel, Rabbi of Osijek up to mid-1942, described the predicament in which the leaderless Jews found themselves during the Nazi-Ustaše regime: "Given our circumstances in Croatia, we are people who live from hand to mouth (Hayey Hashaa,) there could not be any long range planning under the condition of having to survive day by day and hour by hour."[20] The local Jewish leadership in various communities also believed that the best

---

[18] Tomasevich, War and Revolution, p. 53.
[19] United States National Archives, 4 Micr. No. T-77, Roll 1295, Fr. 814.
[20] Steckel, Charles: Destruction and Survival. Los Angeles 1973, p. 40.

way to survive was to stay put, to listen to instructions from the authorities, and to keep a low profile until the danger passed.[21] The comforting words of their leaders sounded more reliable and reassuring than all the stories they had heard from the many immigrants who passed through their city on the way to such places as Turkey, Palestine, and other countries.[22]

Viktor Rosenzweig, a Croatian poet, similarly sensed the lack of direction of those around him and the feelings of social disorientation and alienation caused by the perceived absence of a supporting social or moral framework. In his poem "Not to Run Away" he expressed his personal dilemma:

> Should I hold my head up or should I keep it down?
> Where should I walk? Where can I go?
> To run away, to swallow a poisonous bitter flower;
> stare death straight in the eye in this hard moment.
> No, no, here to stay, standing firmly on the feet;
> Firmly clenching the fist, not to run away.[23]

Rosenzweig's decision not to run away, but rather to stay, was a form of defiance; unfortunately, by staying, he paid a high price: his life.

Systematic Annihilation of All Jews

Since Nazi Germany had developed a plan for the systematic elimination of Jews throughout Europe it expected the Ustaše to comply fully with their ideology and resolve the Jewish Question in the NDH. Ante Pavelić, known as Poglavnik (head), promptly enacted racial legislation patterned on the Nazi model, followed by a reign of terror. The Ustaše police, alongside the SS, the Gestapo and an auxiliary force of Volksdeutsche swiftly implemented and enforced the new decrees aiming to rid the country of all Jews. Soon it became apparent that Pavelić's regime combined in its cruelty and brutality the worst of Croatian fascism and German Nazism.

Jews were required to register with, and report regularly to, the police. They also had to wear the identifying sign "Z" for Židov [Jews] on the front and back of their outer garments. Jews who had croatized their surnames had to revert to their original names. They were evicted from their apartments and were prohibited

---

21 Michael Montiljo, interview, January 15th, 2003, Zagreb, Croatia.
22 Goldstein, Ivo/Goldstein, Slavko: Holokaust u Zagrebu. Zagreb 2001, p. 95.
23 Rosenzweig, Viktor G.: Naš život, [Our Lives]. Zagreb: Cultural Society Miroslav Šalom Freiberger and The Jewish Community Zagreb [Date unmarked].

from working in the liberal professions, performing arts, and mass media. On April 30th, the NDH imposed harsh collective measures against its Jews, effectively providing legal justification for their murder.[24] In summary, the process of purging the country of its Jews proceeded in three stages:

First, accomplish their economic destruction by dismissing them from all government and civil service posts and by shutting down their private enterprises, thus denying their ability to earn a living.

Second, demolish their synagogues and cultural institutions, thus destroying their spirit.

Third, to give an appearance of legitimacy to their murderous acts, charge the Jews with collective responsibility for disseminating lies about the conduct of the government, thus disturbing the public peace and order.[25]

Ivo Andrić, the Yugoslav 1961 Nobel Laureate in literature eloquently depicted the predicament of the Jews:

> During the Second World War [...] the dark, murderous onslaught of racism managed to disperse and destroy the Jews, unprepared and unaccustomed as they were to this sort of fight. They had always wanted simply to live their lives, yet throughout their tortuous history they had always been deprived of a part of life. This time they were deprived of life itself.[26]

Deportations to NDH concentration camps began in April 1941, and for all intents and purposes ended in mid-1942; from then onwards the Jews were transported to German-run concentration and death camps in Germany, Austria and Poland.[27] Many Jews and non-Jews alike were surprised by the magnitude of Nazi forces and by their fierce determination to destroy the Jews of Yugoslavia by whatever means necessary.

Two Differing Views Regarding Ustaše Efficiency in the Execution of Jews

Raul Hilberg observed that Croatia's Ustaše had been so „efficient" in implementing anti-Jewish policies that they had accomplished in four months, from April to

---

24 National Archives and Records Administration, RG59, 860-H.4016/64, PS/RJH, Persecution of Jews in Croatia, Zagreb, June 13th, 1941.
25 Romano, Jevreji Jugoslavije, p. 61.
26 Andrić, Ivo: Introduction. In: Samakovlija, Isak: Tales of Sarajevo. Portland 1997, p. 3.
27 Romano, Jevreji Jugoslavije, pp. 31–32.

August 1941, what Nazi bureaucrats had taken more than eight years to think up and implement.[28] Despite the regime's speed at deporting Jews, documents and testimonies attest that many NDH Jews simply refused to believe the threat Hitler posed to them. But it is not surprising that they found it difficult to conceive of such a possibility. The monumental scope of the Holocaust, as well as its extreme brutality, makes it difficult to comprehend even today, when we have so many "facts".[29]

The contrast between Hilberg's comment on the "efficiency" of genocide in Croatia and the views expressed by Adolf Eichmann on trial in Jerusalem reflect the diversity of their lives. Hilberg, the Holocaust historian, fled Nazi Vienna as a Jew, whereas Eichmann was one of the chief executors of the "Final Solution of the Jewish Question" in Nazi-occupied Europe. Hilberg knew that within approximately three years the Nazis and the Ustaše had been responsible for the annihilation of 75 percent of the prewar Jewish population. Eichmann, however, was professionally annoyed that as of mid-1942, one quarter of the Jews in the NDH were still alive, meaning that the territory was not yet completely "Judenrein".

Eichmann's impatience was shared by the Gestapo and the SS, who were directly responsible, from mid-1942, for carrying out the Final Solution in the NDH. To speed up the slow pace of incarcerations in local camps and expedite the process of deportations, Eichmann sent Hauptsturmführer Franz Abromeit to Zagreb to work with Hans Helm, the German police attaché. Although the Ustaše were asked to help cover the expenses of the deportations, at the rate of thirty Marks to the Nazis for each Jew deported, in exchange they received the property of the deportees. This arrangement accorded with a broadly applied "territorial principle" applicable to all European countries occupied by Germany.[30]

This agreement clearly provided an incentive for Pavelić to deport as many Jews as was possible. Although he proceeded to carry out his end of the bargain, by this point thousands of Jews had stopped believing that they should stay put. The possibility of escape to Italian-occupied territory along the northern Adriatic coast or even to Italy itself presented a particular difficulty since the Italian Army did not share Hitler's fanatic anti-Semitism. The Nazis were also thwarted by the paragraph in Croatia's anti-Jewish legislation that awarded the title "honorary Aryan" to some Jews because of their contributions to "the Croat cause". This unusual exclusion also responded to the reality that a high percentage of

---

28 Hilberg, The Destruction of the European Jews, p. 711.
29 HDA, ZKRZ-GUZ 2235/45 Box 10 Auschwitz. Croatia. Zemaljska komislja za utvrđivanje zločina okupatora (National Commission).
30 See Arendt, Hannah: Eichmann in Jerusalem. A Report on the Banality of Evil. New York 1983.

Croatia's ruling Ustaše clique, including Pavelić himself, were married to Jewish women. About 30 percent of the 1,500 Jewish survivors in Zagreb consisted of these "Aryans", in addition to some living in mixed (Christian-Jewish) marriages and very wealthy individuals.[31] Thus the Nazis viewed Pavelić as falling short of German standards of racial purity and efficiency when it came to killing Jews.

Early Historians Pinned Part of the Blame for the Holocaust on Jewish Leadership

During the first decade and a half following the war, some historians and journalists argued that failures on the part of Jewish leadership throughout most of occupied Europe had contributed to the effectiveness of the effort to rid Europe of Jews. In the NDH, they had:
1. Discouraged Jews from fleeing once the danger was clear;
2. Contrived and carried out an early Ustaše program that offered protection in exchange for "voluntary" contributions of 1,000 kg of gold or its equivalent. (This offer was revoked in mid-1943 with the agreement to deport all NDH Jews.)[32]
3. Provided the enemy with lists of their community's members.

In attempting to explain the Holocaust, both Hannah Arendt and Raul Hilberg discussed the role of Jewish leadership, in particular that of the eastern European ghetto council ("Judenrat"). Their more nuanced discussions have often been simplified as the charge that "Jews went like sheep to the slaughter." Often, the implication has been that Jews should have offered armed resistance. In responding to such charges, Charles Steckel, the former rabbi of Osijek, noted that Jewish communities in the NDH, where there were no official ghettos, lacked such an institution as the "Judenrat".

> The boards of Jewish Communities "played the game" cautiously, stalling for time and helping the old, sick and the children, whom they did not want to abandon. The Jewish communities did not become tools in the hands of their oppressors. Neither did they serve the oppressors by providing lists or information.[33]

---

31 Arendt, Eichmann, p. 184.
32 HDA, RUR 252, #28572, ŽO 8162, 19.XII, 1941 Židovska Općina Zagreb lista of doktora koji se nalaze u Zagrebu [List of Jewish physicians that still resided in Zagreb]. The list includes 46 names.
33 Steckel, Destruction and Survival, p. 41.

It might seem unlikely that Croatian Jews would have misread Hitler's intentions, especially after their encounters with thousands of Jewish refugees who passed through Yugoslavia while fleeing Nazi-occupied Europe. But it is quite probable that they realized their own helplessness in the face of Germany's invasion of their own homeland. Yugoslavian Jews were dispersed throughout the country amongst a large number of local religious communities; without a strong leadership, there would be no clear collective decision as to how to face this challenge. In addition, American Zionist leader Nahum Goldman has suggested that Jewish optimism, which helps to explain the Jews' survival in the Diaspora for hundreds of years, may have offered Croatia's Jews a straw to grasp at. However, holding out hope that Hitler would deviate from his original plan of annihilating the Jewish race would prove to be a fatal mistake.[34]

In great agony, Zdenka Steiner, the only survivor of her immediate family, testified that for many Croatian Jews it had been not hope, but rather complacency in the face of Nazi aggression that had kept them from trying to flee. Although her industrialist father was urged by his American and British business associates to leave everything behind and escape from the NDH with documents they would provide for his family, he refused to leave. As she later recalled:

> From today's perspective, it is clear to me that our fatal mistake was that of not taking Hitler seriously. During all those years he announced his plans to the world, shouting so loudly that heaven and hell could shake, yet we did not hear or did not want to hear. When it did happen it seemed so unexpected, like a whirlwind destroying everything in its way with violent blows.[35]

Ivo Goldstein, a Croat historian who has written about the Holocaust in his homeland, suggests that "nothing in previous Croatian history" would have led Jews to suspect such life-threatening consequences from World War II. It is true that there were anti-Semitic pamphlets and incidents. Parties with anti-Semitic tendencies in their ideologies and programs existed in Croatia in the 19th century and the first half of the 20th century, using this rhetoric primarily to gain political power. But anti-Semitism never reached the extreme forms of pogroms and murders that were seen, for example, in Poland and Russia.[36]

Croatian Jews could not imagine that Nazi Germany and the local Ustaše planned to systematically annihilate all of them.[37] Moreover, many Jews told

---

34 Goldmann, Nahum: The Influence of the Holocaust on the Change in the Attitude of World Jewry to Zionism and the State of Israel. Holocaust and Rebirth. A Symposium. Jerusalem 1974, p. 82.
35 Novak, Zdenka: When Heaven's Vault Cracked, Zagreb Memories. Cambridge 1995, p. 31.
36 Goldstein, Holokaust u Zagrebu, pp. 78–88.
37 Goldstein, Holokaust u Zagrebu, p. 95.

themselves that once Hitler invaded Russia, the likelihood of his bothering with them was slim. And since a large number of Croatian Jews had converted to Catholicism, they assumed that just by declaring themselves to be Aryans they would be safe, making escape unnecessary. They thus ignored Hitler's definition of a "Jew" as anyone with three Jewish grandparents, regardless of his or her current religious affiliation. But this picture of complacency does not tell the full story.

The Reality of Widespread Jewish Resistance and Defiance

Despite the evidence for Jewish complacency on the part of Croatia's Jews in the face of Nazi intentions and actions, archival material and the testimonies of survivors and rescuers document widespread resistance. Moreover, more recent historiographic literature on the fate of the Jews in occupied Croatia and Bosnia and Herzegovina – as well as my own interviews with survivors and rescuers – contains thousands of poignant stories which, while collectively describing a tragedy, reveal many acts of courage on the part of individuals and groups that refused to reconcile with the fate their enemies had planned for them.

One category of Jews to early on experience Nazi viciousness comprised Jewish POWs deported to concentration camps in Germany after April 17th, 1941, once the Kingdom of Yugoslavia was invaded, occupied and eventually capitulated. Dr. Josip Presburger described the despair felt by some 400 Jewish officers and soldiers when the Yugoslav Royal Army surrendered without a fight when confronted by the Wehrmacht.[38] Zlatko Najman explained that once they recognized that it was useless to lament their predicament, both Jews and non-Jews formed a Communist Party cell in their camp. Their aim was to boost the morale of the prisoners and try to instill hope and revive a fighting spirit. Within weeks the despair vanished, and they turned their thoughts and actions towards the defeat of Nazi Germany.

In preparation for victory, the POWs in the Jewish barrack No. 37 in Nuremberg camp in Germany established a center for illegal activity, with a radio that was tuned to Allied broadcasts. News of the war was then transmitted to other barracks. In January 1945, as the Allied were close to victory, the Jewish POWs

---

38 Josip Presburger, Zbornik 3 (Jevrejski Istorijski Muzej-Beograd Studije, Arhivska i Memoraska Građa) 1975, pp. 225–227.

were preparing an escape to join the Red Army, which was marching towards Yugoslavia.

2,445 Jews Returned to Sarajevo from 1945 to 1952

Individual Jews who returned to their homes in 1945 considered themselves to be survivors who had dared to defy the Nazi and Ustaše regimes when they joined the Partisans, escaped to the Italian zones, or hid in remote villages or in basements and attics. I found information about some of these survivors on thousands of small file cards filled out by survivors returning to Sarajevo in the period May 1945 through 1952.[39] The international humanitarian organizations that provided assistance to the survivors requested accountability from the Jewish communities. In order to receive food and clothing assistance the survivors had to fill information about themselves and their family members, such as: name and surname of the family head, names of parents, wife and children and their dates of birth. The community officials also asked where the returning individual had spent time during the war. Unfortunately, this information was asked only of family heads; since husbands and wives were often separated during the war, this format meant that much valuable information was lost. An important factor in Jewish defiance in these camps is that Jews immediately opened schools for children and created a vibrant social and cultural life.

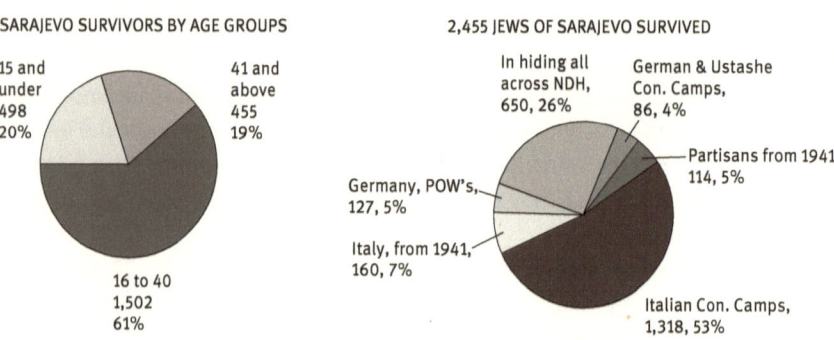

SARAJEVO SURVIVORS BY AGE GROUPS
- 15 and under 498 20%
- 41 and above 455 19%
- 16 to 40 1,502 61%

2,455 JEWS OF SARAJEVO SURVIVED
- In hiding all across NDH, 650, 26%
- German & Ustashe Con. Camps, 86, 4%
- Partisans from 1941, 114, 5%
- Germany, POW's, 127, 5%
- Italy, from 1941, 160, 7%
- Italian Con. Camps, 1,318, 53%

---

39 Summary of Data collected from material uncovered in the Jewish Community in Sarajevo. In: Gitman, Esther: Rescue and Survival of Jews in the Independent State of Croatia (NDH), 1941–1945 (Ph. D. Dissertation), Appendix 4.2.1.

The above diagrams, summaries of the chart (below) reveal two important facts regarding the havens where these Jews from Sarajevo had survived. First, more than half had been interned by the Italian Army on the Islands of Korčula and Rab. (A smaller number had been deported to a camp in Italy proper.) Second, the largest group of survivors by age (61%) comprised those ages 16 to 40.

Survival Locations 1941–1945	Heads of Family	Family members who survived	Total number of survivors
Concentration Camps	86	55	141
Dalmatia: Korčula, Split Dubrovnik and others	139	33	172
Germany POWs	127	123	250
NOB[40] and NOV[41], from 1941	114	27	141
RAB 1943, Partisans 1943–1945.	667	274	941
Italy (before September 8th, 1943)	82	78	160
Sarajevo	138	129	267
Various Locations within NDH	222	161	393
Total	1,575	880	2,455

Jewish Communities Boards

By and large, Jewish community board members in Zagreb, Sarajevo, Slavonski Brod and Osijek joined forces to provide concentration camp inmates with the best care that was possible under the circumstances. Neither Dr. Hugo Kon, president of the Zagreb Jewish Community, nor Rabbi Miroslav Freiberger, the city's chief rabbi, had any intention of acting in the interests of the Nazis or the Ustaše authorities; however, they understood that without a modicum of cooperation, such as agreeing to assist in the collection of the "voluntary contribution" of 1,000 kg of gold from their members, their ability to offer limited help to their communities – and perhaps their lives – would be cut short.

Certainly some board members made mistakes, such as the leaders in Sarajevo who advised their members to stay put, or Dr. Kon, who in desperation wrote to NDH Minister of the Interior Andrija Artuković begging him to "remove from

---

40 NOB: Narodnooslobodilacka Borba (People's Independence War).
41 NOV: Narodnooslobodilacka Vojska (People's Independence Army).

Zagreb all the Jews that had no businesses and no papers to a collective resettlement".[42] He wrote this letter on July 2nd, 1942. The following month, one of the largest transports left Zagreb for Auschwitz. Was the timing of this transport simply a coincidence, or was it somehow the consequence of Kon's letter? If the latter case, this letter, which Kon called a "Request and Suggestion", would have been an "unfortunate mistake" that resulted in the loss of life of 1,200 Jews?

Survivors and documents attest to the boards' invaluable role in organizing teamwork among the communities of Sarajevo, Osijek and Slavonski Brod. Working jointly to improve conditions for Jews sent to primitive concentration camps, they erected rows of bunk beds, toilets, and kitchens, repaired windows and improved air circulation. However quickly and inadequately done, these repairs were a considerable improvement over the situation of inmates had there been no help from the Jewish communities.[43] The communities also shared responsibility for providing the camps with food, medical care and other essentials, as well as for the coordination of regular visits by the Red Cross. The United Board of the Jewish Communities also ensured regular mail deliveries from and to family members. The regular involvement by the communities in the lives of camp inmates also reduced opportunities for the authorities to plunder for their own benefit resources intended for inmates. Regular mail delivery was one service that particularly helped raise camp morale, as the author Hinko Gottlieb conveys in his imagined letter from a Jewish inmate:

> Today again I am allowed to write a letter.
> I am healthy and do not worry about me.
> Thank you for the package, But as far as the salami is concerned,
> leave it for yourself, none of us is hungry.
> I will soon get out.
> And therefore, dear wife, I need nothing more.
> Tell mother that she should not write anymore.
> Is she better with her heart?
> Our acquaintances here are as it may be
> Katz was yesterday ... released to freedom.
> Every day two or three are gone.
> And so will I ...
> On Hans, I beg of you, take good care
> When you reach with him the doctor please let me know,
> And believe me, this is the only thing that still concerns me.

---

42 HDA, RUR 252, Inv. #29876.
43 Pinto, Avram/Pinto, David: Dokumenti o stradanju jevreja u logorima NDH. Sarajevo 1972, pp. 45–65.

Little boys rarely tolerate the German climate.
From my top coat, if it hangs in the closet
And if otherwise you did not use it,
Attempt to reach Grunewald with him (if you are permitted)
Show him the grass and flowers, water and the forest
And tell him a bit about his father.[44]

In this poem, Hinko Gottlieb aimed to demonstrate how essential news was passed from the concentration camps to the families at home. Most messages carried information about inmates' wellbeing and also how best the family should proceed in order to survive and where money or valuables were hidden. Instructions to leave everything behind and go to the doctor and get help, meaning to escape to the mountains and forests where the air was clear – clear of Nazis and Ustaše – might be code for advice to join the Partisans or flee to the Italian Zone, as against remaining amidst the German climate of brutality and starvation which was intolerable for children.

The Sarajevo Jewish Community established a strong bond with Jewish volunteers from Slavonski Brod when they took it upon themselves – under the watchful eyes of the Ustaše – to await transports of deportees from Sarajevo going through their area. Because these transports were often delayed, the tea and food they prepared for the deportees often spoiled on hot summer days and had to be thrown out. To avoid the waste of food obtained with great sacrifice, the volunteers began preparing hard and nourishing cookies that could last for months and which the deportees could take with them. This was yet another small victory of defiance in the constant struggle for survival. In reaction to the selfless conduct of the Jewish volunteers from Slavonski Brod, many of the deportees emptied their pockets and handed over their valuables so food and drinks could be obtained for other transports. Thus the Holocaust also provided opportunities for behavior that was compassionate and noble.[45]

Women's Defiance at Home and in Auschwitz

The objective of the Nazis and their Ustaše collaborators was to kill all Jews – men, women, and children – yet most Jewish victims were women. The Ustaše

---

[44] Gottlieb, Hinko: A Letter from a Concentration Camp. Confederation of Jewish Communities in Yugoslavia. Belgrade 1954, p. 198.
[45] Steckel, Destruction and Survival, pp. 23–25.

sought first to rid the city of men who might potentially take up arms against them. However, Jewish women who saw their fathers, husbands, brothers, and sons being deported, insisted that men should be the first to escape. Each Jewish family had to make a painful decision as to which of its men was the most likely to be deported and which men were most likely to survive? Such criteria determined who would get exit visas and travel papers. Once the men had escaped Ustaše and Nazi-occupied cities, women began to focus on their own survival and that of their younger children and the elderly left to their care. These women demonstrated courage, ingenuity and defiance.

Edit Armuth, a survivor initially of the Rab concentration camp in the Italian zone on the Adriatic and then Auschwitz, where she was deported, credits other women inmates for her survival in Auschwitz. Although she was gravely ill, word went out that at the Rab camp Edit had been active in the AFŽ (Association of Anti-Fascist Women). She acknowledged that without their boundless support and protection she and many other women would have not left Auschwitz alive.[46]

The Jewish women of Osijek overlooked the religious divide among Yugoslavia's Jews between the Sephardim, whose origin was in Spain, and the Ashkenazim from Central and Eastern Europe. What had been an age-old source of animosity and divisiveness was set aside in an effort to save Sarajevo's children from annihilation. Osijek's Jews recognized that the help they provided to the women and children from Sarajevo became a sacred mission for Jewish women as well as men.[47]

The prelude to this effort to save Sarajevo's children was the unique situation that existed in Đakovo concentration camp for women and children, which was located near Osijek. Unlike other Ustaše camps in the NDH, the Đakovo camp initially was run by the local district police headquarters, which allowed individual prisoners to leave the camp in order to purchase necessary goods in the town, to visit the hospital in Osijek for check-ups and to call on relatives and friends.[48] It was decided by the police and the Jewish Board of Osijek that all Jewish children under the age of ten from Sarajevo would be placed in homes of Jewish families in Osijek and its vicinity. In addition, in certain cases girls and boys, including 16-year-olds, obtained their release from the camp.[49]

---

46 HDA, ZKRZ-GUZ, 2235/12-45, box 11, Logor Rab elaborate OK. Hrv., Primorje, 1238–1258.
47 Zdenko Sternberg, interview, Zagreb, Croatia, Jan. 12th, 2003.
48 Lengel-Krizman, Narcisa: A Contribution to the Study of Terror in the So-Called Independent State of Croatia: Concentration Camps for Women in 1941–1942. Yad Vashem Studies 20 (1990), pp. 1–52.
49 Steckel, Destruction and Survival, pp. 59–91. (Letters from commissioners Srečko Bujas and Branko Milaković, Sarajevo, November, 16th, 22nd, 23rd, 1941).

Unfortunately, only 40 to 50 of the Sarajevo children remained in Osijek after the August 1942 deportation. This first major transport, involving 1,200 Jews, occurred during the night. Among those seized in the nighttime raid by the Ustaše and Volksdeutsche forces were about 350 Jewish children. No traces were left of this transport; more than a thousand people simply vanished. Fearing subsequent deportations, the few remaining Jews in Osijek felt that they could no longer assume responsibility for the children. Fortunately, the Jewish Community in Split, to whom they appealed for help, responded favorably, and sent individuals to transfer the children across enemy lines. The majority of the Osijek children arrived safely in Split, which was still under Italian occupation.

After Italy's capitulation on September 8th, 1943, the situation for Croatian Jews again became precarious in anticipation of Split's imminent occupation by Nazi Germany and the Ustaše. With financial and logistical help from DELASEM (Delegazione Assistenza Emigranti e Produghi Ebrei), an Italian organization for Jewish refugee aid, the remaining Sarajevo children were transferred to Italy, where they joined other Jewish orphans from Austria and Germany who were residing in a house known as Villa Emma in Nonantola, a region of Modena. In 1943, as German units were nearing Nonantola, the children together with their teachers and school leader fled to Switzerland. The visa fees required by the Swiss authorities and expenses for their journey were financed by Richard Lichth, the Zionist delegate to the League of Nations in Geneva. On October 6th, 1943, thirty-three children and seven adults boarded the train to Modena, on their way to Swiss territory. Eliezer Kaveson, whom I met in Israel, recalled that it was Yom Kippur of 1943, the Jewish Day of Atonement, when they left Italy. For the last leg of the journey, the children went on foot over a dangerous mountainous passage, forming a human chain, with the younger children between older ones and the adults. After several hours of hiking through rugged terrain, they reached their destination in Bex-les-Bains.[50]

When Italy capitulated, another group of Jews was freed from the Italian concentration camp on the Island of Rab. Officially known as "Campo di concentramento per internati civili di Guerra–Arbe", it held approximately 3,366 Jews and 28,000 Slovene inmates.[51] Although the Italian Army laid down its arms, the inmates rightfully assumed that within hours the German Army would take over

---

[50] Ithai, Josef (Indig): Children of Villa Emma. Rescue of the Last Youth Aliyah Before the Second World. In: Herzer, Ivo/Voigt, Klas/Burgwyn, James (eds.): The Italian Refuge, Rescue of Jews During the Holocaust. Washington, D.C. 1989, pp. 178–204.
[51] Poliakov, León/Sabille, Jacques: Jews under Italian Occupation. Paris 1955, p. 146. Also Steinberg, Jonathan: All or Nothing. The Axis and the Holocaust 1941–1943. New York 2002, pp. 56–60.

most of the former Italian territories in Croatia. The impending situation would be disastrous for all, especially the Jews; they had to find a way to resist. One group of about 211 elderly and sick Jews chose to remain on Rab, while a similar number of wealthy individuals decided to hire boats and leave for Italy proper.[52] The remaining Jews selected several delegates who contacted the Croatian partisans. Young men and women joined the Partisans in various capacities, while women with young children and the elderly became part of millions of other Yugoslav refugees, known as "Zbijeg". Thousands, from all ethnic and religious groups, were marching towards the Croatian free territories.

The National Antifascist Board People's Liberation of Croatia (ZAVNOH) – in recognition that people needed to be occupied and that work was the best medicine – engaged many of the Jewish women and elderly in projects aimed at rebuilding Yugoslavia.[53] Despite the unimaginable hardships and fears of facing a new existence, the women welcomed the challenge. The hard physical and mental labor of erecting schools, soup kitchens, and rebuilding the country's infrastructure signified for them that life must go on. In my interviews with two of these women, Ela Finci,[54] and Erna Kaveson,[55] and several others I interviewed described their good fortune at ending up with the Partisans, the opportunities they seized when they returned to school and their earnest efforts to make up for the lost years while the war continued.

Jews, along with many others, resisted the forces of darkness with determination. The death of many does not, in itself, prove the absence of resistance. Nonetheless, those individuals who acted swiftly and seized an opportune moment to escape, especially soon after the NDH was declared, in most cases survived.

Summary and Conclusions

This article argues that we cannot really comprehend the Holocaust without considering the fact that some Jews did resist and escape the Final Solution, even after the outbreak of war made such efforts incomparably more difficult. Moreover, by

---

[52] Lengel-Krizman, Narcisa: Destiny of Jewish Survivors from the Rab concentration camp 1943–1945. Voice of the Jewish Communities in Croatia, autumn 1998, pp. 67–71.
[53] Shelah, Menahem: The Yugoslav Connection. Immigration of Jewish Refugees to Palestine through Yugoslavia, 1938–1948. Tel Aviv 1994, p. 93.
[54] Ela Finci, interview, August 11th, 2003, Sarajevo.
[55] Erna Kaveson, interview, August 13th, 2003, Sarajevo.

examining the dynamics of rescue in a complex geographic area that has been less examined by historians, we can perhaps more clearly identify some of the factors that either encouraged resistance or made it virtually impossible.

In relating several stories of defiance, resistance and the will to survive during the greatest tragedy that the Jewish people have experienced, three important variables proved to be keys to their survival:

First, the Nazis did not exercise a uniform degree of control throughout the NDH; the rate and intensity of Nazi control determined the fate of the Jews;

Second, characteristic of the Jews' will to live and fight for life even under terrible conditions was demonstrated when they established schools and cultural activities wherever they were with other Jews, thereby demonstrating their defiance and their will to live as human beings even in German and Italian concentration camps;

Third, the Jews felt an intense need to tell the world about both the atrocities committed by their enemies, and also the heroic acts they had witnessed.

Finally, for all its tragedies and horrors, which demonstrated the worst of which human beings are capable of doing to each other, the Holocaust also provided opportunities for some to demonstrate behavior that was compassionate and noble. This is probably one of the reasons that survivors had refused to accept the notion that Jews had gone quietly to their slaughter. They knew that they had done their utmost to resist the enemy in order to survive, while helping others to do the same.

Martina Bitunjac
„Es war ein schwerer, aber ehrenvoller Kampf gegen den Faschismus."

Jüdinnen im jugoslawischen Widerstand

Aktiven Widerstand gegen den Nationalsozialismus und Faschismus leisteten einige Frauen in Jugoslawien nicht erst seit April 1941, als ihr Staat durch die Achsenmächte zerschlagen wurde und auch sie wegen ihrer Religions- und Nationalitätszugehörigkeit, ihrer politischen und feministischen Orientierung verfolgt, misshandelt und im Extremfall ermordet wurden. Die jüdischen und nicht-jüdischen weiblichen Proteststimmen, welche sich gegen den Totalitarismus in Nazi-Deutschland richteten, kamen aus allen Teilen Jugoslawiens, waren sie doch Zeuginnen der Vertreibung von europäischen Juden, die seit 1933 im südosteuropäischen Staat Asyl suchten oder sich dort auf Durchreise befanden. Von diesen Fluchtbildern geprägt wurde beispielsweise die erste serbische Philosophin und Universitätsprofessorin Ksenija Atanasijević. Bereits im September 1933 stellte sie in der Zeitung *Pravda* [*Gerechtigkeit*] unter dem Titel „Auge um Auge ...? Zum Anlass der Judenvertreibung durch Hitler"[1] die Frage, ob sich die jüdischen Flüchtlinge für die rechtliche Diskriminierung im nationalsozialistischen Deutschland rächen sollten? Denn mit welcher Begründung sollten die Juden den Nationalsozialisten auch noch die zweite Wange hinhalten, wenn ihnen ins Gesicht geschlagen wird?

Der jugoslawischen feministisch-pazifistischen Szene gehörten sowohl liberal denkende, als auch kommunistisch orientierte Nicht-Jüdinnen und Jüdin-

---

1 Atanasijević, Ksenija: Oko za oko ...? Povodom hitlerovog proganjanja Jevreja. Jedan odjek privođenja u delo hitlerovske teze o čistoj rasi [Auge um Auge ...? Zum Anlass der Judenvertreibung durch Hitler. Ein Urteil über die Verwirklichung der Thesen Hitlers über die reine Rasse]. In: Pravda, 3. 9. 1933, S. 3. Wegen ihres öffentlichen Engagements gegen Antisemitismus und Nationalsozialismus, ihrer kritischen Schriften, die auch in der Jüdischen Zeitung (Jevrejske novine) erschienen und ihren Vorträgen in der Jüdischen Gemeinde in Belgrad, wurde sie im Oktober 1942 von der Gestapo verhaftet und verhört, kurz darauf aber freigelassen.

Anmerkung: Das Zitat stammte von der ehemaligen jüdischen Partisanin Rahela Albahari Perišić. Siehe: Albahari Perišić, Rahela: Bila je teška, ali časna borba protiv fašizma [Es war ein schwerer, aber ehrenvoller Kampf gegen den Faschismus]. In: Gaon, Aleksandar (Hrsg.): Mi smo preživeli. Jevreji o Holokaustu [Wir haben überlebt. Juden über den Holocaust]. Belgrad 2009, S. 107–123, hier S. 107.

nen an. Schon als Schülerinnen und Studentinnen schlossen sie sich dem SKOJ, also dem Bund der Kommunistischen Jugend Jugoslawiens [Savez Komunističke Omladine Jugoslavije] an oder waren Mitglied der Kommunistischen Partei Jugoslawiens [Komunistička Partija Jugoslavije (KPJ)]. Die KPJ wurde 1919 unter dem Namen Sozialistische Arbeiterpartei Jugoslawiens (Kommunisten) [Socijalistička radnička partija Jugoslavije (komunista)] gegründet und erzielte hohe Resonanz, wurde aber 1921 wegen der Gefahr revolutionärer Ausschreitungen – wie sie in Russland erfolgt waren – verboten. Die linken Oppositionellen waren trotz ständiger Verhaftungen und Misshandlungen in Gefängnissen bereit, ihre Parteiarbeit in der Illegalität fortzuführen oder aber sie gingen ins Exil und bereiteten sich dort auf den Sturz der jugoslawischen Monarchie vor: Josip Broz, genannt Tito, – seit 1937 Generalsekretär der KPJ – und weitere jugoslawische und europäische Kommunisten flüchteten nach Frankreich und Russland; andere wiederum beteiligten sich von 1937 bis 1939 freiwillig am Spanischen Bürgerkrieg. So gab es unter den 1.665 jugoslawischen Kämpfern und Sanitätern auch 39 Juden.[2]

Jüdische Aktivistinnen und Aktivisten spielten in der Zwischenkriegszeit eine wichtige Rolle in der jugoslawischen kommunistischen Bewegung. So gehörte beispielsweise Moša Pijade als Mitglied des Zentralkomitees und des Politbüros der KPJ zu den engen Beratern um Josip Broz. Unter den jüdischen Kommunistinnen, die im SKOJ, in der KPJ und in der Arbeiterbewegung verantwortungsvolle Funktionen übernahmen, sind vor allem die Studentinnen und politische Arbeiterinnen Dora Frajdenfeld, Olga Alkalaj, Jelisaveta (Beška) Bembas, Valerija Kario-Pap, Mila Herzog, Magda Bošković, Hana Ozmo, Magda Bošan-Simin und Lola Vol zu nennen. Gerade jüdische Studentinnen und Studenten, die in Österreich, vor allem in Wien, mit marxistischen Ideen konfrontiert wurden und danach ihr Studium in Zagreb oder in Belgrad fortsetzten, prägten das politische Bewusstsein ihrer Kommilitoninnen und Kommilitonen. Viele dieser Revolutionärinnen und Revolutionäre waren gleichzeitig aktiv in der sozialistisch-zionistischen Jugendorganisation Hashomer Hatzair [Hašomer Hacair]. Im diktatorischen jugoslawischen Staat wegen ihrer politischen Einstellung verfolgt[3] und interniert, entwickelten diese jungen linksorientierten Frauen (und Männer) das Bewusstsein für die illegale politische Untergrundarbeit. Das Verteilen von

---

2 Romano, Jaša: Jevreji Jugoslavije 1941.–1945. Žrtve genocida i učesnicni Narodnooslobodilačkog rata [Die Juden Jugoslawiens 1941–1945. Opfer des Genozids und Teilnehmer des Volksbefreiungskrieges]. Belgrad 1980, S. 575.
3 Während der Karađorđević-Diktatur wurden 20 jüdische Kommunisten zu langjähriger Arbeit verurteilt, zehn bekamen eine Freiheitsstrafe und zwei kamen in der Gefangenschaft um. Siehe: Romano: Jevreji Jugoslavije, S. 574.

Flugblättern, die materielle Unterstützung von inhaftierten Parteifreunden und Pressearbeit gehörte zu ihrem Aufgabenfeld. So war das Blatt *Žena danas* [*Die Frau heute*], erstmals 1936 in Belgrad erschienen, eine der bedeutendsten sozialdemokratisch und kommunistisch orientierten Frauenzeitschriften, in der pazifistische, feministische und antifaschistische Inhalte propagiert wurden.[4] Die jüdischen „ilegalke", also in der Illegalität wirkende Frauen, Jelisaveta (Beška) Bembas und Olga Alkalaj waren Mitredakteurinnen der Frauenzeitschrift. Die Anwältin Alkalaj, eine der wenigen weiblichen KPJ-Mitglieder, engagierte sich für ihre Genossen insofern, als sie sie vor Gericht verteidigte. Darüber hinaus setzte sie sich für die soziale Unterstützung rechtlich und sozial benachteiligter Arbeiterinnen ein.[5]

Als oppositionelle Offiziere in Belgrad gegen den am 25. März 1941 unterschriebenen Beitritt Jugoslawiens zum Dreimächtepakt einen Staatsstreich ausgelöst hatten und kurz danach Jugoslawien durch Hitler und Mussolini zerschlagen wurde,[6] waren diese Kommunistinnen und Kommunisten in ihrer politischen Untergrundarbeit zwar geübt, nahmen es aber mit einem noch aggressiveren Feind auf, als sie es in der jugoslawischen Diktatur unter der Karađorđević-Krone erlebt hatten. Die Verfolgung und Ermordung von politischen Oppositionellen und „rassisch unerwünschten" Personen, d. h. Juden und Roma, begann nun auch in diesem Teil Europas. Sowohl die serbische Nedić-Regierung als auch die kroatischen Mitglieder der Ustaša-Bewegung kollaborierten mit den deutschen Besatzern und beteiligten sich somit an der Vernichtung von Juden. Kurz nach der Proklamation des Unabhängigen Staates Kroatien [USK] am 10. April 1941 führte die Ustaša, nach nationalsozialistischem Vorbild, die *Gesetzesverordnung über die Rassenangehörigkeit* [*Zakonska odredba o rasnoj pripadnosti*] sowie das *Gesetz zum Schutze des kroatischen Blutes und der Ehre des kroatischen Volkes* [*Zakonska odredba o zaštiti krvi i časti Hrvatskog naroda*] ein. Von den 82.242 Mitgliedern der

---

[4] Dazu siehe: Barać, Stanislava: Pacifistički i antifašistički diskurs u listu Žena danas (1936–1941) [Der pazifistische und antifaschistische Diskurs im Blatt Žena danas (1936–1941)]. In: Roksandić, Drago/Cvijović-Javorina, Ivana (Hrsg.): Intelektualci i rat 1939–1947 [Intellektuelle und Krieg 1939–1947]. Zagreb 2012, S. 217–231.
[5] Siehe: Kecman, Jovanka: Žene Jugoslavije u radničkom pokretu i ženskim organizacijama 1918–1941 [Die Frauen Jugoslawiens in der Arbeiterbewegung und in Frauenorganisationen 1918–1941]. Belgrad 1978, S. 331f.
[6] Italien erhielt Südslowenien, Dalmatien und Montenegro, Slowenien wurde zwischen Ungarn, Italien und Deutschland aufgeteilt; Serbien lag unter deutscher Militärbesatzung; Ostmakedonien fiel an Bulgarien; Südbaranja und Batschka wurden Ungarn zugeschlagen, während aus Kroatien, Bosnien-Herzegowina, Syrmien und Teilen Dalmatiens der Unabhängige Staat Kroatien entstand.

zahlreichen sephardischen und aschkenasischen jüdischen Gemeinden in Jugoslawien[7] überlebten die Shoah nur etwa 15.000 Jüdinnen und Juden;[8] ungefähr 27.500 jüdisch-jugoslawische Frauen fielen dem Terror des Zweiten Weltkriegs zum Opfer.[9] Tausende kamen in den Sammel-, Transit-, Arbeits- und Vernichtungslager der Ustaše, Nationalsozialisten und italienischen Faschisten ums Leben. Das größte und berüchtigtste Konzentrations- und Vernichtungslager Südosteuropas, in dem Serben, Juden, Roma und Antifaschisten, Kinder und alte Menschen deportiert und ermordet wurden, befand sich in Jasenovac.[10]

Anstatt tatenlos zuzuschauen, wie totalitäre Vasallenstaaten ihre Existenz zerstört, schlossen sich etwa 4.572 jugoslawische Jüdinnen und Juden der Volksbefreiungsbewegung an, in der sie genauso wichtige Funktionen übernahmen, wie ihre nicht-jüdischen Mitstreiter. Etwa 2.993 Personen beteiligten sich als Kämpfer/innen; 1.579 waren politische Funktionär/innen und 308 Jüdinnen und Juden wirkten als Ärztinnen und Ärzte. Ungefähr 1.300 jüdische Widerstandskämpfer/innen kamen ums Leben.[11] Gar zehn jüdische Männer erhielten nach dem Krieg den ehrenvollen Titel des Nationalhelden Jugoslawiens [Narodni Heroj Jugoslavije]. Die Sephardin Estreja Ovadija (Mara), Jahrgang 1922, aus der makedonischen Stadt Bitol war die einzige Jüdin, die am 11. Oktober 1953 zur Nationalheldin ernannt wurde. Als junge Textilarbeiterin schloss sie sich in Belgrad der kommunistischen Jugend, dem SKOJ, an. Seit April 1943 diente sie als Kämpferin in der Einheit Goce Delčev, daraufhin fungierte sie als vertretende Kommissarin in der Dritten Makedonischen Kampfbrigade und kurz danach zeichnete

---

7 Über die jüdischen Gemeinden vor 1941 siehe u. a.: Freidenreich, Harriet Pass: The Jews of Yugoslavia. A Quest for Community. Philadelphia 1979; Goldstein, Ivo: Židovi u Zagrebu 1918–1941 [Juden in Zagreb 1918–1941]. Zagreb 2005; Sorić, Ante/Salih, Isaac (Hrsg.): Židovi na tlu Jugoslavije [Juden auf dem Gebiet Jugoslawiens]. Zagreb 1988; Steindorff, Ludwig: Die jüdische Gemeinde in Zagreb. Ein Gang durch ihre Geschichte. In: Engel-Braunschmidt, Annelore/Hübner, Eckhard (Hrsg.): Jüdische Welten in Osteuropa, Bd. 8. Frankfurt a. M. 2005, S. 155–175.
8 Romano, Jevreji Jugoslavije, S. 14.
9 Den spezifisch weiblichen Leiden während des Holocausts, der Schwangerschaft und Abtreibung sowie der Zwangsprostitution und Vergewaltigung in Ghettos und in Konzentrationslagern, schenkten Forscherinnen und Forscher in Deutschland erst in den letzten Jahren Aufmerksamkeit. In den Ländern Ex-Jugoslawiens, in denen Frauen- und Sozialgeschichte im Allgemeinen immer noch zu wenig thematisiert wird, wurden diese Themen sehr wenig berücksichtigt. Über Frauen im Ustaša-Konzentrationslager bei Koprivnica in der Fabrik Danica siehe: Dizdar, Zdravko: Žene u logoru „Danica" kraj Koprivnice 1941–1942. godine [Frauen im Lager „Danica" bei Koprivnica von 1941 bis 1942]. In: Historijski zbornik [Historische Jahresschrift] 59 (2006), S. 131–178.
10 Über Jasenovac siehe u. a.: Mataušić, Nataša: Jasenovac 1941.–1945. Logor smrti i radni logor. [Jasenovac 1941–1945. Todes- und Arbeitslager]. Jasenovac/Zagreb 2003.
11 Romano, Jevreji Jugoslavije, S. 303.

sie sich als mutige Kommissarin der Siebten Makedonischen Kampfbrigade aus. Im August 1944 kam sie beim Kampf gegen die bulgarischen Faschisten am Berg Kajmakčalan ums Leben. Die makedonischen Partisanen widmeten ihr zu Ehren ein Lied.[12]

An der Spitze der aus antifaschistischen und kommunistischen Partisaninnen und Partisanen zusammengesetzten Volksbefreiungsbewegung stand Marschall Josip Broz. Ihre eigene politische Organisation, den Antifaschistischen Rat der Nationalen Befreiung Jugoslawiens [Antifašističko vijeće narodnog oslobođenja Jugoslavije (AVNOJ)], errichteten die jugoslawischen Widerstandskämpfer am 26./27. November 1942 in Konkurrenz zur USK-Regierung, der serbischen Nedić- und zur Exilregierung. Ein Jahr später beschloss in Jajce der AVNOJ die Errichtung des sozialistischen Jugoslawiens auf föderativer Basis.[13] Die Partisanen leisteten auf verschiedene Weise Widerstand: Sie sprengten Zugstrecken, verbreiteten Mundpropaganda, verteilten Flugzettel, veröffentlichten zahlreiche Broschüren. Die Volksbefreiungsarmee, später in Jugoslawische Armee umbenannt, ging in die Offensive gegen die Četniks, Ustaše, Deutsche, Italiener, Bulgaren und Ungarn und konnte bald – mithilfe der Alliierten, die medizinische Hilfsmittel und Waffen zur Verfügung stellten –, Territorien befreien, auf denen Zivilverwaltungen in Form von Nationalen Befreiungsausschüssen [Narodnooslobodilački odbori] errichtet wurden.

Jüdinnen wurden durch verschiedene Motive bewogen, Teil der Widerstandsbewegung zu werden: Einige von ihnen waren, wie bereits erwähnt, vor 1941 Mitglied des SKOJ oder der KPJ, waren daher mit illegaler Arbeit vertraut und setzten ihre Aktivitäten im Krieg fort. So half beispielsweise Olga Alkalaj im deutsch besetzten Belgrad Parteifreunden, aus dem Gefängnis zu flüchten und organisierte Sabotagen gegen die Okkupanten. Sie lebte unter falscher Identität, wurde aber bei einer Razzia von der Gestapo festgenommen und ins Lager Banjica deportiert, wo sie unter Folter Namen ihrer Genossinnen und Genossen verraten sollte. Sie tat es dennoch nicht. Anschließend musste sie wegen ihren starken Verletzungen in ein Krankenhaus gebracht werden. Obwohl sie durch die Unterstützung der KPJ aus dem Krankenhaus hätte flüchten können, lehnte sie das ab, mit der Begründung, sie wolle die übrigen Patienten nicht in Lebensgefahr bringen. Im März 1942 wurde die als eine der aktivsten serbisch-jüdischen Kommunistinnen bekannte Olga Alkalaj mit anderen Menschen jüdischer Religionszugehörigkeit

---

12 Romano, Jevreji Jugoslavije, S. 450f. Siehe auch Lustiger, Arno: Zum Kampf auf Leben und Tod! Vom Widerstand der Juden 1933–1945. Köln 1994, S. 381f.
13 Dazu: Goldstein, Ivo: Hrvatska povijest [Die kroatische Geschichte]. Zagreb 2003, S. 282–298.

in einem Gaswagen auf dem Weg nach Jajinci, einem Vorort von Belgrad, von den Nationalsozialisten umgebracht.[14]

Selbstverteidigung ist ein weiterer Grund für die Teilnahme von jüdischen Frauen in der jugoslawischen Resistance. Für Tausende von Jüdinnen (und Juden) war der Griff zur Waffe, neben der Flucht ins Ausland, der letzte Ausweg, um sich gegen Diskriminierung, Folter, Deportierung und schließlich Vernichtung zu retten. Auch wurden Jüdinnen und Juden in der Widerstandbewegung kaum mit Antisemitismus konfrontiert,[15] sondern galten, im Sinne des Propagandaslogans „bratstvo i jedinstvo" [Brüderlichkeit und Einigkeit] als gleichberechtigte Genossinnen und Genossen. Infolgedessen wurden jüdische Frauen nicht wegen ihrer Religionszugehörigkeit bei der Ausübung ihrer Tätigkeit benachteiligt oder diskriminiert, wie dies Nachama Tec in ihrem Aufsatz über jüdische Partisaninnen in der weißrussischen Widerstandsbewegung schildert. Dort hätten Jüdinnen bereits vor ihrer Flucht „in den Wald" gewusst, dass die Möglichkeit bestehe von nicht-jüdischen Partisanen vergewaltigt oder gar umgebracht zu werden.[16] Belege, die aufzeigen, dass solche extremen Vorfälle gegenüber Jüdinnen in der jugoslawischen Volksbefreiungsbewegung vorkamen, sind bisher nicht bekannt.

Wenn politische Aktivitäten von jüdischen Frauen blockiert wurden, dann lag das in der Diskriminierung von Frauen begründet: So duldeten viele Männer keine Frauen in ihren Kompanien; andere wiederum mieden es, Frauen in die KPJ aufzunehmen.[17] Frauen durften nicht immer an politischen Sitzungen teilnehmen, da ihnen „zurückgebliebene" [zaostali][18] männliche Familienangehörige und Genossen die Teilnahme an politischen Kursen und Sitzungen erschwerten. Es herrschte vordergründig die Meinung, Frauen seien unfähig Politik zu betreiben und sollten sich ausschließlich um Haus und Kinder kümmern. Politisch wirkende Frauen wurden sogar als Prostituierte beschimpft.[19]

Die Teilnahme von jungen jüdischen Frauen an der Widerstandsbewegung wurde auch seitens mancher Eltern nicht ermöglicht. Dass ihre Töchter bei den

---

14 Romano: Jevreji Jugoslavije, S. 315f.
15 Goldstein, Slavko: Židovi u narodnooslobodilačkom ratu [Juden im Volksbefreiungskrieg]. In: Sorić, Ante/Salih, Isaac (Hrsg.): Židovi na tlu Jugoslavije [Juden auf dem Gebiet Jugoslawiens]. Zagreb 1988, S. 192–197, hier 197.
16 Tec, Nechama: Le donne fra i partigiani della foresta. In: Ofer, Dalia/Weitzman, Leonore J. (Hrsg.): Donne nell'Olocausto. Florenz 2001, S. 235–245, hier S. 239.
17 Kroatisches Staatsarchiv, Zagreb [Hrvatski Državni Arhiv, künftig: HDA]. Oblasni odbor AFŽ Zagreb [Bezirksausschuss der AFŽ Zagreb]. Fond 1867, Karton 1, 9. 8. 1944.
18 HDA, Okružni odbor AFŽ Zadar [Distriktsausschuss der AFŽ Zadar]. Fond 1878, Karton 1, 26. 6. 1943.
19 HDA, Odjeljenje za zaštitu naroda Hrvatske, Banija [Abteilung für die Volksverteidigung Kroatiens, Banija]. Fond 1491, Karton 26, 2. 4. 1943.

Partisanen unter miserablen Umständen mit teilweise fremden Männern leben würden, dafür hatten viele Eltern kein Verständnis. So musste die sephardische Jüdin Judita Albahari-Krivokuća das Angebot, Partisanin zu werden ablehnen, da ihr Vater die Meinung vertrat, die Familie solle sich nicht trennen, sondern sogar zusammen ins Lager gehen, da es dort nicht so schlecht sein könne.[20] Noch konnten sich viele Juden nicht vorstellen, dass sie als gute und treue Staatsbürger, ihr Leben in einem solchen Lager verlieren würden. Mirjana Gross, eine der renommiertesten kroatisch-jüdischen Historikerinnen der Nachkriegszeit, berichtete ebenfalls, sie hätte zwar den Wunsch gehabt, sich den Partisanen anzuschließen, konnte dies jedoch nicht in die Tat umsetzen, da sie vom Elternhaus geschützt wurde. Sie sei nach eigenen Angaben zu sehr „verhätschelt" [razmažena] gewesen, um sich diesem Abenteuer aussetzen zu können.[21] 1942 wurde sie zusammen mit ihren Eltern von der Wehrmacht in einem Versteck bei Zagreb gefunden und nach Deutschland deportiert. Ihr Vater wurde im Konzentrationslager Buchenwald umgebracht. Mirjana Gross und ihre Mutter überlebten das Frauenkonzentrationslager Ravensbrück und kehrten nach Zagreb zurück.

Waren es ab Mitte 1941, als der bewaffnete Guerillakampf gegen die politisch-ideologischen Gegner entfacht wurde, 25.000 kommunistische Aktivistinnen und Aktivisten, die sich mit Waffengewalt gegen die faschistischen Regime auflehnten,[22] so schlossen sich den Partisanen – nach und nach – ganze vom Terror bedrohte Familien an.[23] An der Organisation und Durchführung der Flucht „in den Wald" oder in die okkupierte italienische Zone,[24] in der für die jüdische Bevölkerung eine Überlebenschance bestand, beteiligten sich auch zahlreiche Frauen. So etwa die Antifaschistin Zora Krajina, die mehrere Male von Mostar nach Sarajewo reiste, um Mitglieder der jüdischen Familie Papo in Sicherheit zu bringen. Die Jüdin Berta Papo verkleidete sich – um bei der Flucht nicht erkannt

---

20 Albahari-Krivokuća, Judita: Probuđeno zlo [Das erweckte Böse]. In: Gaon: Mi smo preživeli, Bd. 1. Belgrad 2001, S. 32–46, hier S. 35.
21 Interview mit Prof. Dr. Mirjana Gross geführt von der Autorin am 28. Mai 2008 in Zagreb.
22 Jancar-Webster, Barbara: Women and Revolution in Yugoslavia: 1941–1945, Denver 1990, S. 75.
23 Die erste Partisanen-Guerillaformation wurde am 22. Juni 1941 in Kroatien gegründet. Auch junge Frauen, wie die Mitglieder des SKOJ Katica Kušec und der jugoslawischen Nationalheldin Nada Dimić, schlossen sich dieser Partisanengruppe an. Siehe: Sentić, Marija: O sudjelovanju ženske omladine u jedinicama NOV na području Hrvatske u razdoblju 1941–1945 [Über die Teilnahme der weiblichen Jugend in den Einheiten der Volksbefreiungsarmee 1941–1945]. In: Boban, Ljubo (Hrsg.): Revolucionarni omladinski pokret u Hrvatskoj 1941–1948 [Die revolutionäre Jugendbewegung 1941–1945]. Zagreb 1972, S. 77–86, hier S. 79.
24 Dazu: Gitman, Esther: When Courage Prevailed. The Rescue and Survival of Jews in the Independent State of Croatia 1941–1945. St. Paul 2011, S. 127–157.

zu werden – als bosnische Muslimin.[25] Die schon zu dieser Zeit bekannte Zagreber Modedesignerin Žuži Jelinek beschrieb wiederum in ihren Memoiren, wie sie ihren Eltern aus Zagreb zur Flucht verhalf. Sie besorgte sich falsche italienische Papiere, mied es das von den Ustaše eingeführte Band mit dem Buchstaben „Ž" [Židov/Jude] zu tragen und stellte sich als Ehefrau eines italienischen Offiziers vor, als uniformierte Männer an der Tür ihres Elternhauses klingelten, mit der Absicht, die Familie zu deportieren.[26] Žuži Jelinek schloss sich – nachdem sie ihre Eltern in Sicherheit gebracht hatte – gemeinsam mit ihrem Ehemann der Sechsten Likaner Division an; beide arbeiteten dort im Sanitätsdienst, er als Arzt, sie als seine Assistentin.

Der Lebenszustand im Widerstandskampf erwies sich für sie, wie für viele andere, als schwierig. Wenn keine Kämpfe stattfanden, waren lange Märsche bei jeder Wetterlage an der Tagesordnung. Trotzdem versuchte sie auch dort ihrem eigentlichen Beruf nachzugehen und trennte sich nie von ihrer Nadel und ihrem Faden.[27] Mitunter wurde sie schwanger und hatte eine Fehlgeburt, weil sie sich nicht genug schonen konnte. Da die KPJ Schwangerschaften auf jeden Fall verhindern wollte, war es eigentlich strikt verboten, dass Eheleute gemeinsam in einer Division waren. Dieser Verstoß konnte mit dem Tod bestraft werden.[28] Die Erinnerungen der bosnisch-jüdischen Kämpferin Rahela Albahari Perišić unterstreicht einmal mehr, dass der Alltag bei den Partisanen für einige junge Frauen aus gut bürgerlichen Hause zunächst schockierend sein musste, aber dass sie trotzdem – um überleben zu können – diese Lebensumstände akzeptierten:

> Die ersten Tage mit den Partisanen waren sehr schwer. Man schlief in Landhäusern, in denen hygienische Zustände auf dem untersten Niveau waren, ohne Wasser, Strom, Bad, aber mit vielen Ungeziefer, und stellenweise auch Läusen. Aber wir waren zufrieden, weil wir frei waren, und ich war es besonders, denn als Jüdin wurde ich nicht mehr erniedrigt und missbraucht."[29]

---

25 Tauber, Eli: Holokaust u Bosni i Hercegovini [Holocaust in Bosnien und Herzegowina]. Sarajewo 2014, S. 462–463.
26 Jelinek, Žuži: Život Žuži Jelinek [Žuži. Das Leben von Žuži Jelinek]. Zagreb 2014, S. 62–63.
27 Jelinek, Život, S. 71–72.
28 Zur Liebe und Sexualität in der Volksbefreiungsbewegung siehe: Wiesinger, Barbara N.: Partisaninnen. Widerstand in Jugoslawien. Wien [u. a.] 2008, S. 115–121.
29 „Prvi dani sa partizanima bili su za nas veoma teški. Spavalo se po seoskim kućama, gdje su higijenski uslovi bili na najnižem nivou, bez vode, struje, klozeta, sa puno buva, a ponegdje je bilo i vaški. No, bile smo zadovoljne jer smo bile slobodne, a ja posebno kao Jevrejka nisam više bila ponižavana i zlostavljana." Siehe: Albahari Perišić, Bila je teška, ali časna borba protiv fašizma, S. 114.

Im jugoslawischen Widerstand fungierten jüdische Frauen, genau wie ihre nichtjüdischen Genossinnen, als politische Arbeiterinnen, Kurierinnen, Kämpferinnen, Sanitäterinnen und Ärztinnen.[30] Zwei Millionen jugoslawische Frauen sollen die Widerstandsbewegung unterstützt haben.[31] Sie gehörten verschiedenen sozialen Schichten und Berufsgruppen an, waren u. a. Hausfrauen, Arbeiterinnen, Schülerinnen, Studentinnen, Intellektuelle, Künstlerinnen. Auf Beschluss des Antifaschistischen Rates wurden seit 1942 alle Frauen in die Antifaschistische Frauenfront Jugoslawien, kurz AFŽJ (Antifašistička Fronta Žena Jugoslavije)[32] eingegliedert. Diese Frauenorganisation hatte in erster Linie die Aufgabe, die Volksbefreiungsarmee mit Lebensmitteln, Medikamenten, Waffen und Bekleidung zu versorgen und Frauen für den bewaffneten ebenso wie den zivilen Widerstand zu rekrutieren. Vor allem frauenstereotype Tätigkeiten, wie etwa für die Partisanen Essen zu kochen, ihre Wäsche zu waschen und Kranke zu verpflegen, wurden von den Partisaninnen ausgeübt. Im Zuge des Frauenbildungsprogrammes organisierte die AFŽJ Kurse für Analphabetinnen, in denen Grundwissen der kommunistischen Ideologie gelehrt wurde. Die Publikation von regionalen Frauenbroschüren war ein wichtiger Bestandteil antifaschistischer Gegenwehr.[33] Da sich am Verfassen der Artikel Frauen beteiligten, die erstmals in den Kursen lesen und schreiben gelernt hatten, war der Schriftstil dieser Broschüren einfach und beinhaltete Themen (z. B. Bekämpfung des Analphabetismus, Hervorhebung von tapferen Partisaninnen, Schilderung der Gräueltaten der Feinde), mit denen sich die meisten Frauen in den Kriegsjahren identifizieren konnten.[34] Aufklärung und Propaganda waren eine der zentralen Aktivitäten der politischen Arbeiterinnen

---

30 Gavrilović, Vera: Žene lekari u ratovima na tlu Jugoslavije [Ärztinnen in den Kriegen auf dem Gebiet Jugoslawiens]. Belgrad 1976, S. 56ff.
31 Leksikon narodnooslobodilačkog rata i revolucije u Jugoslaviji 1941–1945 [Lexikon des Volksbefreiungskrieges und der Revolution in Jugoslawien 1941–1945]. Bd. 2, Belgrad 1980, S. 1251. Diese Zahlangabe ist jedoch nicht belegt. Vermutlich wurde sie von der KPJ übertrieben, um die Größe der Bewegung hervorzuheben.
32 Über Frauen in der AFŽJ siehe auch: Jancar-Webster, Barbara: Women and Revolution in Yugoslavia: 1941–1945. Denver 1990; Sklevicky, Lydia: Organizirana djelatnost žena Hrvatske za vrijeme narodnooslobodilačke borbe 1941–1945 [Die organisierte Teilnahme von Frauen Kroatiens zur Zeit des Volksbefreiungskampfes 1941–1945]. In: Povijesni prilozi [Historische Beiträge] 1 (1984), S. 85–127.
33 Unter anderem publizierten die Antifaschistinnen folgende Broschüren und Zeitschriften: Žena u borbi [Die Frau im Kampf], Dalmatinka u borbi [Die Dalmatinerin im Kampf], Glas žene [Die Stimme der Frau], Antifašistkinja. Glasilo AFŽ-a za okrug Bjelovar [Die Antifaschistin. Organ der AFŽ für den Distrikt Bjelovar].
34 HDA, Okružni odbor AFŽ Zadar [Distriktsausschuss der AFŽ Zadar]. Fond 1878, Karton 1, 8. 12. 1943.

und Lehrerinnen, die in den Zivilverwaltungen tätig waren. Unter den jüdischen Frauen, die zivilen Widerstand leisteten, waren beispielsweise Hermina Altarac, Bončika Kamhi, Solči Kasorla und Frida Laufer.[35]

Für die Propagandaabteilung des Antifaschistischen Landesrats der Volksbefreiung Kroatiens [Zemaljsko antifašističko vijeće narodnog oslobođenja Hrvatske (ZAVNOH)] arbeitete ebenfalls die berühmte Fotografin Elvira Kohn. Ihre Ausbildung machte sie im italienisch annektierten Dubrovnik. Nach Einführung der „Rassengesetze" wurde sie aus dem Geschäft, in dem sie arbeitete, entlassen. Dennoch ließ sie ihr Vorgesetzter nicht im Stich und half ihr finanziell, indem er ihr Aufträge erteilte, die sie sogar zu Veranstaltungen der Ustaše führten. Aus Stolz nahm sie den obligatorischen Judenstern bei der Arbeit auch dann nicht ab, als ihr die Ustaše befohlen hatten, dies zu tun. 1942 wurde sie in das italienische Konzentrationslager Kampor auf der Insel Rab, italienisch Arbe, deportiert. Ihre Leica nahm sie heimlich mit. Mithäftlinge halfen ihr, die Fotokamera gut zu verstecken. Nach der Kapitulation Italiens am 8. September 1943 wurde das Lager von den Partisanen befreit.[36] Bereits vor diesem Geschehen formierten die dortigen Häftlinge, unter ihnen befand sich auch Elvira Kohn, das Jüdische Raber Bataillon bestehend aus 243 Kämpferinnen und Kämpfern. Diese erste und letzte jüdisch-jugoslawische Einheit konnte nur zwanzig Tage bestehen, da keiner von den ehemaligen Insassen über Kampferfahrungen verfügte, und es von der kommunistischen Führung grundsätzlich nicht gewollt war, in der Volksverteidigungsarmee rein jüdische Einheiten aufrechtzuerhalten.[37]

Die Teilnahme jüdischer Partisaninnen am Volksbefreiungskampf blieb auch bei den politisch-ideologischen Feinden, den Ustaše, nicht unbemerkt. Um ihre weiblichen Feindinnen öffentlich zu diffamieren, veröffentlichten sie 1944 unter dem pejorativen Titel „Sare und Perse in den Reihen der Partisanen" [Sare i Perse u partizanskim redovima][38] eine Liste mit Frauennamen, die sie als jüdisch oder serbisch definierten. Spöttisch bemerkte der Autor des Artikels, dass viele dieser Frauen sogar zu Offizierinnen ernannt wurden. Ziel der Ustaša-Propaganda war

---

35 Romano, Jevreji Jugoslavije, S. 318, 402, 405 u. 423.
36 Dazu: Benyovsky, Lucija: Fašistički logor Kampor na Rabu prema sačuvanim bilješkama Elvire Kohn [Das faschistische Lager Kampor auf Rab nach Elvira Kohns aufbewahrten Notizen]. In: Kraus, Ognjen (Hrsg.): Antisemitizam, Holokaust, Antifašizam [Antisemitismus, Holocaust, Antifaschismus]. Zagreb 1996, S. 214–223.
37 Goldstein: Židovi u narodnooslobodilačkom ratu, S. 194f. Siehe auch: Gitman, Esther: Courage to Defy: Jews of the Independent State of Croatia Fight Back, 1941–1945. In: Henry, Patrick (Hrsg.): Jewish Resistance Against the Nazis. Washington, D. C. 2014, S. 426–447, vor allem S. 435f.
38 Nova Hrvatska [Neues Kroatien], Nr. 89, 16. 4. 1944.

es, ein Frauenbild der unmoralischen und aggressiven Partisanin zu verbreiten, die das kroatische Heim zerstöre, jedoch nicht erwähnend, dass auch der Weibliche Zweig der kroatischen Ustaša-Bewegung [Ženska loza hrvatskog ustaškog pokreta] durch militärische Symbole geprägt war und das Militär im Unabhängigen Staat Kroatien unterstützte.[39] Unter den jüdischen Frauen befanden sich die Sanitätsreferentin der Zweiten Proletarischen Brigade, Dr. Sara Božević, die wohl berühmteste Chirurgin der Volksbefreiungsbewegung, Dr. Zora Goldschmidt, der Leutnant Dr. Frida Gutman und die ebenfalls zum Leutnant ernannte Krankenschwester Davida Milosavljević. Zora Goldschmid gehörte zu der Gruppe jüdischer Ärztinnen, die mit ihren Kolleginnen Julijana Kraus-Lederer und Klara Fischer-Lederer, Marija Schlesinger-Brand, Ljuba Neumann und Eta Najfeld-Spitzer 1941 von der Ustaša-Regierung nach Bosnien geschickt wurden, um dort die Syphilisverbreitung zu bekämpfen. Diese Gelegenheit konnten jüdische Ärztinnen und Ärzte nutzen, um zu den Partisanen zu fliehen. Einige von ihnen überlebten so den Krieg.[40]

Auch Dr. Roza Papo, Jahrgang 1913, gehörte zu denjenigen Jüdinnen, die in ihrer Funktion als Chefärztin verschiedener in Bosnien und Herzegowina stationierter provisorischer und mobiler Krankenhäuser von den Kommunisten hoch anerkannt wurden. Seit 1942 war sie Mitglied der Kommunistischen Partei Jugoslawiens und die einzige Frau in der Jugoslawischen Nationalarmee, der ein Orden als Generalin verliehen wurde. Darüber hinaus wurde sie 1941 mit der Partisanen-Gedenkmedaille geehrt, die nur den Erstkämpfern der Volksbefreiungsbewegung verliehen wurde; in den 1960er-Jahren erhielt sie den Orden der Brüderlichkeit und Einigkeit mit silbernen Bund. Aus ihrem Tagebuch, das nur zum Teil veröffentlicht wurde, ist zu erkennen, wie hart ihr Alltag als Ärztin gewesen sein musste. Ihre Situation illustrierte sie im November 1943 folgendermaßen:

> Unsere Soldaten müssen Diebe sein, plündern deutsche Krankenhäuser aus, klauen Serum, Äther, Chloroform. [...] Wir haben nie genug. Ich repositioniere Beine, entferne Granatsplitter, schneide Kugeln raus. Manchmal einen Schluck *rakija*, meistens nichts. Ich habe gelernt es ohne nichts zu tun.[41]

---

[39] Dazu: Bitunjac, Martina: Le donne e il movimento ustascia. Rom 2013; Dies.: „Velike su naše dužnosti prema narodu." Intelektualke u Ženskoj lozi hrvatskog ustaškog pokreta. [„Groß sind unsere Pflichten dem Volk gegenüber." Intellektuelle im Weiblichen Zweig der kroatischen Ustaša-Bewegung]. In: Roksandić/Cvijović-Javorina, Intelektualci i rat, S. 243–253; Dies.: Le donne e il totalitarismo nel Novecento. In: Battaglia, Antonello [u. a.] (Hrsg.): Archivi di famiglia e storia di genere tra età moderna e contemporanea. Quaderni del Dottorato. Storia d'Europa. Rom 2010, S. 47–52.
[40] Dazu: Romano, Jevreji Jugoslavije, S. 95–100.
[41] Walders, Davi: Dr. Roza Papo reports from the front. In: Bridges 2 (2006), S. 51–53, hier 53.

Und im Februar 1944 notierte sie:

> Niemand war vorbereitet. Kein Soldat marschierte jemals dreißig Kilometer im Schnee. Bauern hatten zuvor kein Radio gehört. Oder ich, eine Ärztin, was wusste ich schon, hatte erst angefangen. Die Ustaše töteten sechzigtausend Menschen. Irgendwie fanden uns dreißigtausend Partisanen. Wir waren stark [...]. Wir haben gelernt auszuhalten.[42]

Ungefähr 1.022 Jüdinnen und Juden gehörten zum Medizinpersonal. Zu ihnen zählen neben den Ärztinnen und Ärzten, auch Medizinstudent/-innen, Arzthelferinnen, Dentist/-innen und Sanitäterinnen.[43] Weibliches Sanitätspersonal wurde ebenfalls für die Versorgung von Verwundeten an der vordersten Front eingesetzt.[44] Jüdische Antifaschistinnen zogen zudem als Kämpferinnen in den Krieg. Sie erlernten in kurzer Zeit das Schießen mit Gewehren, kämpften mit genauso starkem Willen wie ihre männlichen Kriegsgefährten und hielten zusammen mit ihnen die Strapazen des Krieges aus. Trotz oder gerade wegen der faschistischen Propaganda, die Juden als schlechte Kämpfer bezeichnete, schwuren sich einige Partisaninnen, wie etwa Žamila Kolonomos aus Makedonien, mutige Kämferinnen zu sein. In ihren Erinnerungen erzählt sie zum einen von ihrer Einsatzbereitschaft an der Front; zum anderen von den Leiden, die dieser Krieg hervorbrachte:

> Die erste mazedonisch-kosovarische Brigade marschierte im Februar 1944 los, um die von der bulgarischen faschistischen Armee okkupierten Territorien zu befreien. Der Winter war hart mit Winden, Schneestürmen und viel Regen. Die Polizei und die Armee fanden uns schnell, da wir Spuren im Schnee hinterließen. Zusammen mit deutschen Einheiten umlagerten sie uns. Die Offensive dauerte fünfzehn Tage. Ständig umzingelt, zerschlugen wir den Reifen und führten Tag und Nacht Kämpfe. Ohne Pause, ohne Essen, schlecht bewaffnet und eingekleidet, im tiefen Schnee, an den Spitzen der Berge, fingen wir an zu erlahmen. Zum ersten Mal sah ich was der weiße Tod bedeutet. Erschöpfte Soldaten versteckten sich hinter einem Gebüsch mit der Absicht, sich auszuruhen. Hier würden sie einschlafen und schnell kam der Tod. Mit Gewalt trieben wir die Kämpfer sich zu bewegen. Viele hatten Halluzinationen. Wir sahen wie sie lächeln, mit ausgestreckten Händen, wie sie sich wärmen, einige schnitten ihre Ausrüstung oder Kleidung, denkend es sei Brot. Auch mich überging die Gefahr nicht. Ich dachte, ich höre das Gekläff von Hunden, dass wir uns Häusern annähern und wie ich gebratenes Fleisch esse.[45]

---

42 Walders, Dr. Roza Papo reports from the front, S. 53.
43 Goldstein, Židovi u narodnooslobodilačkom ratu, S. 195.
44 Zu den Sanitäterinnen siehe: Wiesinger, Partisaninnen, S. 47–61.
45 „Prva makedonsko-kosovska udarna brigada pošla je februara 1944. da proširi slobodnu teritoriju okupiranu od bugarske fašističke vojske. Bila je velika zima s vetrovima, vejavicama i mnogo padavina. Policija i vojska brzo su nas otkrile, jer smo ostavljali tragove u snegu. Zajedno sa nemačkim jedinicama opkolili su nas. Ofanziva je trajala petnaest dana. Stalno opkoljeni, probijali smo obruče i danonoćno vodili borbe. Bez odmora, bez hrane, slabo opremljeni i obučeni,

Da Partisaninnen bewiesen, dass sie genauso kämpfen konnten wie Männer, betonte die kommunistische Propaganda die liberale und nicht-patriarchalische Position der Widerstandsbewegung ihnen gegenüber und legte beispielsweise in der *Deklaration über die Grundrechte des Volkes und der Bürger des demokratischen Kroatiens* von 1943 die politischen Rechte der antifaschistischen Frauen fest. Dazu gehörte das Recht zu wählen und gewählt zu werden, welches nach Ende des Zweiten Weltkrieges im sozialistischen Jugoslawien unter Führung von Josip Broz für alle Frauen eingeführt wurde.[46]

Nur etwa 7.500 jüdisch-jugoslawische Frauen von 35.000 überlebten den Krieg. Die Holocaust-Überlebenden, es konnten sich schließlich nur 20 Prozent retten, blieben in Jugoslawien und gründeten dort die jüdischen Gemeinden in den größeren Städten;[47] von 1948 bis 1953 verließen aber fast die Hälfte der Juden den sozialistischen Staat und emigrierten nach Israel.[48]

---

po dubokom snegu, po vrhovima planina, počeli smo da posustajemo. Prvi put sam videla šta znači bela smrt. Iznemogli borci bi se sakrili iza nekog žbuna u nameri da se odmore. Tu bi zaspali i smrt bi brzo došla. Silom smo terali borce da se kreću. Mnogi su imali halucinacije. Videli smo ih kako se smeju, sa ispruženim rukama kao da se greju, neki su sekli ranac ili odeću, misleći da je hleb. Ni mene nije mimoišla opasnost. Mislila sam da čujem lavež pasa, gledam kako se približavam kućama i jedem pečeno meso." Zitiert aus: Kolonomos, Žamila: U borbi od prvog dana [Im Kampf seit dem ersten Tag]. In: Gaon, Mi smo preživeli, Bd. 3, S. 17–24, hier S. 23.

46 Dazu vgl. Pantelić, Ivana: Partizanke kao građanke. Društvena emancipacija partizanki u Srbiji 1945–1953 [Partisaninnen als Bürgerinnen. Die gesellschaftliche Emanzipation der Partisaninnen in Serbien 1945–1953]. Belgrad 2011.

47 Über jüdisches Leben in der Nachkriegszeit siehe: Ivanković, Mladenka: Jevreji u Jugoslaviji 1944–1952. Kraj ili novi početak [Juden in Jugoslawien 1944–1952. Das Ende oder ein neuer Anfang]. Belgrad 2009.

48 Švob, Melita: Židovi u Hrvatskoj. Židovske zajednice [Juden in Kroatien. Jüdische Gemeinden]. Buch I, Zagreb 2004, S. 359ff.

Steven Bowman
Greek Jews against the Axis

There were many forms of Resistance during World War II among the various nationalities, ethnic groups, ideologies, and religious groups under Nazi domination. The Jews, however defined according to the above categories, could be found well represented in various ways in the general Resistance and occasionally as an identifiable group of their own during the war. In particular the career of Abba Kovner could claim to be a unique Jewish response – or at least the first such group – through his call for Jewish resistance in Vilna on New Year's Eve 1941: "Let us not die like sheep led to slaughter" which became a battle cry as well as a condemnation among Jews and gentiles during and after the war.[1] Whatever the sources for this battle cry – a Soviet commander's query, an early Zionist paean, a nineteenth-century ubiquitous comment on the mass slaughter of soldiers, or the first appearance of the phrase in the tenth-century *Sepher Yosippon* – it electrified his young scouts and led to the formation of four small regiments totaling some 800 Jewish youth who fought in the forests of Lithuania throughout the war.

Among the national groups who resisted the Axis were the Greeks who had their own traditions of "Freedom or Death" as the Cretan novelists hallowed in their wartime tales of Greek resistance to invaders.[2] This tradition was embedded in Greek tradition since ancient times and was best summarized by Jacob Burckhardt in his notes on ancient Greek culture.[3] There he summarized the responsibility of the besieged citizens of the polis who were about to be defeated by another polis: Kill your wives and children, fire your city and stores, and then commit suicide. The latter part of this tradition is better known as "noble death" and has been practiced in the West since the Roman Republic by nearly every military which chose death with honor over capture, imprisonment, and torture. Since the tenth-century the tradition of noble death and martyrdom, the latter a Hellenistic Jewish variation that became fundamental to Judaism, Christianity, and Islam, have been conjoined in the *Sepher Yosippon*, a history of the Second Temple period.[4] The latter indeed was a significant factor in the nineteenth-century

---

[1] See Feldman, Yael: "Not as Sheep to Slaughter". On Trauma, Selective Memory, and the Making of Historical Consciousness. Jewish Social Studies 19:3 (Summer 2013), pp. 139–159.
[2] Title of Nikos Kazantzakis' classic novel on the Cretan revolt against the Ottomans. Oxford 1956; Prevelakis, Pandelis: The Cretan. Minneapolis (MN) 1991.
[3] Murray, Oswyn (ed.): The Greeks and Greek Civilization. New York 1999, pp. 117–118.
[4] See Bowman, Steven: Freedom and Death. The Jews and the Greek Andartiko. In: Goda, Norman (ed.): Jewish Histories of the Holocaust. Oxford/New York 2014, chap. 12.

emergence of Zionism, the Jewish version of nationalism that was realized in the mid twentieth century.[5]

This paper will examine aspects of the response of Jews of Greece to the oppression of the Axis in Greece during the occupation and elsewhere in the wartime Reich.[6]

The tale begins with the Italian invasion of Greece on October 28th, 1940. Jews in the Greek army fought for their "patrida" and a hero of the Epirote campaign was a career officer who had managed to stay clear of the political stasis between the French trained and the German trained officers who were favored by the Germanophile Ioannes Metaxas. The French trained officers were cashiered and sat out the war, eventually forming the backbone to the Republican Resistance Movement EDES [Ethnikos Dimokratikos Ellinikos Syndesmos] which was ultimately subverted by the British into supporting the return of the king now in exile under British protection. Lt. Col. Mordecai Frizis, a staff officer who helped plan the defense of the Albanian border region, led his troops in the successful counterattack that drove back Mussolini's "hollow legions" and captured large numbers of the ill-trained and ill equipped troops.[7] Frizis was killed in an aerial attack along with a small group of Jewish soldiers from Larissa who were protecting him while he led his men in another charge. Metaxas declared him a national hero and promoted him to colonel; his sons were offered state benefits including membership in his Youth Movement from which Jews were generally excluded.[8]

Other Jews were part of the suicide defense line that guarded the Rupel Pass from Bulgaria to Greece. This Metaxas Line that defended the border with Bulgaria was manned by orphans since it was considered a last stand effort. The large graveyard on the Bulgarian side of the pass, visible from the heights, testifies to the ferocity of the fighting; none of the forts fell to the invaders. Some of the Greek survivors went into the mountains to continue the fight including Elias Nissim of Salonika who died from wounds incurred later in 1944 fighting near Grevena. After a series of victories that pushed the Italians back into the Albanian mountains and essentially trapped them there where they froze, Mussolini tried two generals and finally himself as leader to break through to conquer Greece. The tragic story of the so called "Cohen Brigade" made up largely of Salonika

---

[5] See Bowman, Steven: Yosippon and Jewish Nationalism. In: Proceedings of the American Academy for Jewish Research LXI (1995), pp. 23–51.
[6] In addition to the articles in the previous two notes see Bowman, Steven: The Agony of Greek Jews, 1940–1945. Stanford 2009.
[7] The phrase is from Cervi, Mario: The Hollow Legions. Mussolini's Blunder in Greece 1940–1941. New York 1971.
[8] See Bowman, Agony of Greek Jews, p. 253, n. 2 for his wartime career.

Jews was sent by a Greek career officer who apparently did not like Jews across a bridge guarded by Italian machine guns that inflicted heavy casualties.⁹ Yitshak Mosheh, who had learned German while at school in Thessaloniki, was the only soldier capable of speaking with the German officer who drove up to the Greek lines and requested their surrender since the government had evacuated Greece and General Tsolakoglou had already accepted terms from the Germans who had overrun the Greek rear. Hitler was so impressed by the fighting élan of the Greeks that in his May 4th speech he praised their soldiers effusively and released all Greek prisoners of war. He was soon to lose nearly his entire parachute corps during the invasion of Crete.¹⁰

The heaviest casualties suffered by both the Italians and the Greeks were from frostbite and subsequent gangrene that were treated most easily by amputation, a result that could be seen for years among survivors of the mountain fighting.¹¹ The prosthetic limbs of the Jewish veterans of Albania still fill the bins at the Auschwitz Museum along with the myriads of personal possessions of the victims: shoes, eyeglasses, suitcases, shaving gear etc. Some of the Jewish doctors found better treatment for gangrene, especially for those soldiers who protested most strongly against amputation. A number of them survived to fight in the mountain resistance forces. Dr. Jean Alalouf who ran the Greek hospital in Albania during the 1940–1941 campaign used the therapy of René Leriche [a surgical technique he called sympathectomy to increase blood flow in the arteries] to prevent amputation for treatment of frostbite. Alalouf was subsequently honored by the Greek government, the Masonic order of Phoenix and St. George. The Germans sent him to Bergen-Belsen where he administered the health services in the camp. For his treatment of survivors during and after the war he was honored by the French ambassador, and Queen Wilhelmina of Holland gave him honorary Dutch citizenship after the war.

The Axis divided Greece into three parts among which Italy received the bulk of the mainland and the islands [Greece has some 2,500 islands], Bulgaria which gained its irredentist claims to Macedonia and Thrace, and Germany which took Thessaloniki, the strip along the Bulgarian-Turkish border, an area of Crete, and some strategic points. The destination for the brave Cretans who battled General Von Student's paratroopers was Mauthausen. A group of fierce Cretan women, captured in battle in their native dress, were allowed to keep their knives in their

---

9 Author's interviews with Yitshak Mosheh, aka Kapetan Kitsos in 2010.
10 See Brevor, Anthony: Crete. The Battle and the Resistance. Boulder (CO) 1994.
11 See memoirs in Revelli, Nuto: Mussolini's Death March. Eyewitness Accounts of Italian Soldiers on the Eastern Front. Lawrence (KS) 2013, passim.

Athenian prison. Germans generally respected the fighting élan of the Greeks as emphasized by Hitler's May 4th speech. That respect however did not deter them from massive retaliation against non-military Greek men, women, and children throughout the occupation.

Greek resistance began as a congeries of bands ranging from soldiers who refused to surrender to klephtes, the traditional bandits who had earned a folkloric reputation by fighting the Turks, and outright thieves who preyed on the peasants. In autumn 1941, the Communists who had been released from their island prisons by the victorious Germans answered Stalin's call for a mass people's resistance against the Nazis and Fascists. The Communist led ELAS [Ethnikós Laikós Apelevtherotikós Stratós – National People's Liberation Army] gradually put an end to the klephtes, the thieves, and the rival bands of soldiers in most of Greece. Most of the soldiers of ELAS were either Socialists, peasants, refugees, and in all about 1,000 or more Jews who were dispersed among the various ELAS units. By summer of 1943 ELAS had become organized as a semi-professional army with its own officer school under the leadership of General Sarafis.[12] Its methods were harsh toward internal and external opponents but generous in its welcome to Jewish fighters and refugees.

In June 1940 Winston Churchill called for "Setting Europe Ablaze", that is a general call for a guerilla war in every country occupied by the Axis. A new intelligence corps SOE [Special Operations Executive] was formed that organized and assisted the various movements and parachuted agents, supplies, weapons, and BLOs [British Liaison Officers] into occupied Europe. In June 1942 the Americans formed a complimentary organization the OSS [Office of Strategic Services] led by William Donovan, a personal friend of Franklin Roosevelt. Eventually the British and American allies formed the Allied Military Mission [AMM] when the Americans began to operate in Greece. Stalin had already called for a people's resistance in September 1942. But it was the locals, whether assisted by the Soviets [loyal to Stalin's orders and tactics] or the British, who had to navigate between the true local allies and those who were supported by the Axis, i. e., the men on the ground who ran the show. The real question for the Allies was who would govern after (or if) they won the war.

In Greece ancestral tradition taught as summarized by Euripides [frag 245] "I tell you one thing only; do not allow yourself to be taken alive into servitude, as long as you can still choose to die free", and the ancient writers are unanimous in the view that slavery is worse than death. Eighteenth- and nineteenth-century Greek writers echoed this sentiment and Greek nationalists fought to the

---

12 Sarafis, Stephanos: ELAS. Greek Resistance Army. London 1980, pp. 154ff.

last bullet and killed themselves in various ways to avoid capture and torture by the Turks and Bulgarians. Over 75 percent of the Greek women participated in the resistance from weapons to laundry. Aside from male collaborators most of the peasants and shepherds were with the resistance, especially those with young sons in danger of being drafted for labor by the Axis occupiers. Greece was still predominantly a patriarchal society and would remain so after the war, especially with regard to the thousands of women who were "liberated" by the preaching of the specially trained women of ELAS. Many of these peasant women would spend years postwar in government prisons, many with their children, rather than renounce their new found freedom of self-identity and self-assertiveness to return to their former beast of burden status in the mountain villages.[13]

The Greek Resistance was drawn from a number of sources both native and foreign. While numerous Greek officers escaped via Resistance networks to Egypt where they joined the Greek army in exile, the soldiers either returned to their villages where they supplied reserve forces for those elements in the mountains which remained "Free Greece" throughout the war or went to serve in the mountains. Jews who fought both in the Italian and German campaigns mostly returned to Thessaloniki whence the bulk of the Jewish draftees and volunteers hailed while others escaped to Egypt to serve there or to Palestine where they integrated with the earlier Greek immigrants or went to the mountains to continue the fight. When the persecutions of the Germans began in summer 1942 many young Jews in Thessaloniki were recruited by Communist or ELAS agents to flee to safety in the mountains where they subsequently joined fighting units. Older Jews with their families fled during the deportations of spring 1943 to mountains villages where many of them served with their various intellectual or commercial skills and experiences. The majority of these Jews were either formally educated in the Greek system including university or polyglot by virtue of the international and polyethnic society of Thessaloniki. Many of the young women, actually teenagers, were imbued with Socialist teachings and the emerging emancipation of urban females in interwar Thessaloniki. They were recruited and trained to draw the young men to the resistance. However, their efforts were generally stymied by older matrons in the matriarchal households who chased them away. Eventually they escaped to the mountain villages where they organized various services for the families of the fighters, led cheering rallies, provided basic education for the village children, taught nursing skills, and generally spread their modern ideas among the rural traditional and conservative Greek population, in particular the

---

13 See Bowman, Steven: Jewish Resistance in Wartime Greece. London 2006, chap. 3 et passim.

women. Also many of them joined the fighting units in various capacities. Older Jewish women joined the village women among whom they took refuge while the men and older girls were with the resistance and contributed whatever urban skills they had brought with them, e. g., sewing machines which were unknown in the mountains.

Not only Greek Jews were to be found among the resistance. Indeed among the first volunteers in the mountains were Communist refugees from neighboring Yugoslavia which had been rapidly conquered and divided among the Axis allies: Italy, Hungary, Bulgaria, and the "independent" dependency of Croatia. In response to the bloodbaths unleashed during the war two major resistance movements emerged with that of the Communists under Tito welcoming thousands of Jews who served throughout the ranks as they did in Greece. Occasional Jewish refugees from Poland moved south to Greece where they were trapped by the war and some joined the Resistance. Jewish refugees from Austria could also be found as well as German Jews, part of the Palestinian contingent in the British Expeditionary Force to Greece in autumn 1941 who were left behind during the British retreat to Crete. A non-Jewish Swiss engineer, Rene Burckhardt, who worked for the large Allatini factory in prewar Thessaloniki, provided valuable services as the wartime agent in Thessaloniki of the International Committee of the Red Cross. Another engineer, a German Jew, provided key data that assisted the resistance fighters in their encounters with the Wehrmacht 999 punishment battalions that did guard and occupation duty in Greece. Greece had a number of Central European specialists who helped to modernize industry during the interwar years and several of them, e. g., Edgar Thomashausen, manager of the Athens Electric Company, remained in Greece during the occupation in various contexts. A contingent of Soviet Jewish prisoners of war escaped from slave labor in Crete and fought with the resistance as we shall see. In sum Jews and non-Jews from Greece and elsewhere were an integral part of the multi-ethnic forces that constituted the Greek resistance forces during the war.

The Greek resistance movement during the war was the arena in which two wars were fought: The one against the Axis occupiers was secondary to its prewar civil struggle over the future of Greece. How would the Greek monarchy, constitutional at best, Orthodox and conservative, face the challenge of Socialism and the international Communist movement with its totalitarian messianic vision of a new society so attractive to the modernizing Left. Among the various groups that emerged in the wake of Greece's surrender were ELAS and EDES. ELAS was the largest and most powerful and controlled most of Free Greece in particular the Pindus mountain range and Olympus with units in the Peloponnese and the islands. It consisted of a congeries of political parties from agrarian to socialist but secretly was led by Soviet trained Greek Communists. ELAS fighting forces were led by Aris Velouhiotis, a prewar Communist who had recanted his membership due to police pressures and thus was suspect to the more orthodox Communist leadership. EDES membership was basically republican Venezelists; its officers were French trained who had been cashiered by the dictator Ioannes Metaxas whose bloodless coup of August 4th, 1936, suspended the constitution yet continued to support the monarchy. The royals were divided between British supporters (the king took refuge under their protection and fought with the Empire who wanted to restore him after the war) and the queen who was sympathetic to the Germans, a tradition that had begun during World War I and was based on the Germanic antecedents of the monarchy. Metaxas himself, identified as a Mediterranean fascist (as were Franco and Salazar), actually attempted to reintroduce ancient Athenian values into Greek society. EDES was led by Colonel Zervas who was clever enough to be seduced into supporting the return of the king after the war in return for British support. He was cautious enough to survive both the Germans and ELAS throughout the occupation. Both ELAS and EDES were more concerned with the postwar resolution of their prewar struggles for control of Greek society; even so they assisted the BLOs who were spread among their units and contributed men, arms, and gold to the various operations against the enemy as called for in the war effort. Britain supported both movements, although ELAS more reluctantly due to its Communist leadership and to its call for a postwar plebiscite over the return of the king. Even so Churchill honored his agreement with Stalin over the disposition of the Balkans in which Britain was to have 90 percent influence over Greece while Stalin would control the Slavs of the Balkans that his army was overrunning.

The Jews were not part of this grand scheme however. Of the nearly 80,000 Jews in prewar Greece over 65,000 were deported to Auschwitz and Treblinka. Less than 2,000 survived and only some 1,200 returned after the war. About 8,000–10,000 fled to the mountains and the remainder mostly found refuge in Palestine and other neutral or Allied controlled regions. Many old and infirm succumbed during the rigors of the occupation prior to the deportation of their healthier relatives. It is to the mountain story that we turn now for examples of the various Jewish contributions to the resistance: the fighting and non-fighting contributions, the leadership and the training, the medical and the commercial. We shall also see Jewish resistance against the Nazis in Poland, both in Auschwitz and in Warsaw. We shall see too how after capture Greek Jews who died by their myriads as "sheep led to slaughter" reified the virtually unknown words of Euripides that permeated Greek society through the memory of the Maccabees and other legendary Hellenic heroes of the distant and more recent past: "I tell you one thing only; do not allow yourself to be taken alive into servitude, as long as you can still choose to die free."

A short excursus on the phrase "as sheep led to slaughter" is necessary at the outset given its political and emotional postwar history. The phrase is generally considered as an insult to the victims of the Holocaust whom religious Jews commemorate as martyrs.[14] While many were not martyrs, they died mostly by the four means of dying mentioned in the Yom Kippur service: famine, plague, hanging, burning.

To which we may sadly add the more modern bombing, gas chambers, bullets, torture, poison, and in general, sadism. The phrase is biblical in origin and is a metaphor for God's actions viv-a-vis the Jews and so it became part of the medieval prayers. By the nineteenth century it was in common use in Hebrew texts and newspapers to describe the mass murders of soldiers and civilians in the nationalist wars, in particular among gentiles.[15] During World War II a Soviet officer asked Abba Kovner why Jews were going to their deaths like sheep to the slaughter.[16] In postwar Palestine and later Israel it was used to condemn the galut [diaspora] as a negative force in the new identity that Zionism was forging. This negative development became a branding insult to the victims of the Holocaust.

However, the complete phrase is "Do not go like sheep led to the slaughter" as uttered by Abba Kovner in his clarion call for Jewish resistance against the genocidal policy of the Nazis. Here he was citing [directly or indirectly does not concern us here] the tenth-century nationalist-religious history of the Second Temple period popularized as *Sepher Yosippon*, which became the most influential story of Jewish history and the end of Jewish independence during the millennium preceding Abba Kovner. In the *Yosippon* the author has merged two biblical phrases [Isaiah 53:7 and Psalms 44:22] to form this mighty phrase which he puts in the mouth of Matathias, the patriarch of the Hasmonean clan. Matathias sends forth his son Judah in secret throughout the cities of Judah [Judea] calling out "Who among you is with me and who for the Lord to me" and the community of militant Hasideans flocked to him. Whereupon follows Matathias's injunction:

> Why further mince words! There is nothing further other than prayer and fighting.
> Be strong and we shall be strengthened and we shall die fighting and not die as
> sheep led to slaughter [*namuth bamilhamah velo namuth ketson latevah yuval*].[17]

---

14 See Bowman, Steven: Greek Responses to the Nazis in the Mountains and in the Camps. In: Henry, Patrick (ed.): Jewish Resistance to the Nazis. Washington, D. C. 2014.
15 Yael Feldman's Yad Vashem lecture in spring 2010; a revised and expanded study appeared in Jewish Social Studies 19:3 (Summer 2013), pp. 139–169.
16 Feldman, Not as Sheep to Slaughter. The origins of the Soviet officer's query has not been analyzed in this context.
17 Flusser, David (ed.): The Yosippon [Josephus Gorionides]. Jerusalem 1981, p. 76. "And from that day on the burden of the nation of Makedon was cast off from the nation of Judah." (p. 77).

This phrase appears in numerous writings in subsequent centuries and of course in the many editions of *Yosippon* in Hebrew and Yiddish and the numerous translations throughout the subsequent millennium. And even if Abba Kovner's scouts were among the few who never read *Sepher Yosippon* his citing of the phrase and subsequent leadership ignited the spirit of resistance unto death among the Jewish youth of Lithuania.

Indeed, as Abba Kovner points out, Jewish youth were the first into battle and constituted the vanguard of the resistance in Lithuania at the beginning of 1942, already a few weeks anterior to the Wannsee Conference at which the Final Solution and the genocidal phase of the Holocaust was officially announced by the Nazi and governmental leadership.

Among Greek Jews *Sepher Yosippon* was available in Hebrew and also in an eighteenth-century Judeo-Spanish translation. The rabbi of Kastoria used to cite the heroes of *Yosippon* who had already become the heroes of Zionism through the literary efforts of Micah Berdischewski [Bin Gorion, name adopted after the purported author of *Yosippon*] at the end of the nineteenth and the beginning of the twentieth centuries. One can find numerous allusions and references to the content of *Yosippon* and even David Ben Gurion hebraized his name Grün from the purported author of the book as he admitted to David Flusser, the modern editor of this classic text.[18] The rabbi of Kastoria however imbued he was with Zionism nonetheless castigated the resistance as communists and therefore forbade the youth to join it. Nevertheless a few ignored him and were saved by their participation in the mountain fighting. Other young Jews were entertained by the Judeo-Spanish version that was cited to them by their teachers in the Jewish schools of Salonika and Bulgaria. By comparison the Greek youth were harangued with nationalist mottos and the stories of heroes and martyrs during the War of Independence (1821–1830) as well as the border fighters against the Bulgarians in their pursuit of the Megali Idea, the Modern Greek version of Manifest Destiny which included the recovery of all former Greek possessions surrounding the Aegean Sea and former Byzantine possessions to the north.

We have not yet found reference in Greek Jewish sources to two other influential texts that recalled the disasters of Jews and Armenians past and present during the interwar years and that had a major influence on the Jews during their resistance movements against the Nazis: Isaac Lamdan's epic poem *Masada* which was recently shown to be based on *Sepher Yosippon* and not on Flavius Josephus's *Jewish War* and Franz Werfel's classic *Musa Dagh* whose Hebrew

---

18 Personal communication to the author.

translation was widely read and partially contributed to the idea of a Mount Carmel redoubt in the event of a German breakthrough into Palestine in 1942.[19]

Literature and folklore aside, although not discounting their influence among Jews and non-Jews, the few memoirs of Greek Jews cast some light on the various areas of the resistance in which they participated. I have collected nearly 700 names of Greek Jews, men and women, who were active during the war, out of some estimated 1,000. Some estimates suggest about 3,000 Jews who were in fighting or serving in the mountains out of about 30,000 andartes [partisans] (i. e., between three and ten percent). Needless to say many died nameless and share a common grave with their Greek synagonistes as their colleagues in arms. Historian Joseph Matsas of Ioannina commemorated them in his seminal lecture of 1982; that was the original stimulus for my research on the topic.[20] A decade and a half later his relative Michael Matsas added more data in his memoir cum history.[21]

An army marches on its stomach as Napoleon quipped, and so in addition to fighters there is the general problem of logistics, impedimenta as the Romans designated supplies. A resistance army has to forage for its supplies while a regular army has the support of a state structure to supply it, although Mussolini failed to do so in Albania and as the war wore down the Wehrmacht too ran short of supplies. Greek resistance forces were supplied by air from Egypt and later Italy by the British and occasionally by submarine. Various sorts of supplies and men were smuggled over the Aegean from Turkey under the auspices of British services and later by the Americans. The latter eventually landed American Greek-speaking soldiers on the mainland and Crete to assist in sabotage and creating general mayhem among Axis forces.

But in the mountains the Greek andartes had to rely on the poor villages. A number of resourceful individuals were foragers for food and other supplies including David Brudo and Alberto Meir, while Jules Nissim collected supplies and other equipment and spare parts.[22] A Jewish agronomy student from the University of Athens actually organized a collective among some 50 villages and acted as translator for the German forces that also lived off the land. Yaakov Arar,

---

19 Feldman, Yael: "The Final Battle" or "A Burnt Offering"? Lamdan's Masada Revisited. In: AJS Perspectives: The Newsletter of the Association for Jewish Studies (Spring 2009), pp. 30–32.
20 Matsas, Joseph: The Participation of the Greek Jews in the National Resistance, 1940–1944. Journal of the Hellenic Diaspora, 17.1 (1991), pp. 55–68.
21 See Matsas, Michael: The Illusion of Safety. New York 1997.
22 On Brudo see Bowman, Jewish Resistance in Wartime Greece. Brudo's brother Marcel was also in the resistance. According to his son, Dr. Isaac Meir, Alberto Meir served with the Sterea Ellas Division under Triantaphyllidis after September 1943. The latter's role was supplied by his daughter.

who had experience among the villages of Macedonia in his capacity as merchant, was able to guide British officers in their hunt for fresh food and other supplies. As for feet which are as important to the military as stomachs, Alberto Meir is reported to have told the following story: After a firefight with the Germans on Euboia the andartes retired and fled to the mountains. Exhausted they came upon a hot spring, took off their boots, and soaked their feet. The Germans, having pursued them, opened fire and killed all of the men save one. The witness, Alberto Meir, was the only one who did not remove his boots. The Histadruth of Palestine was pleased to supply several hundred pairs of boots to ELAS along with gold coins that paid the fare of Jewish refugees escaping from Nazi occupied Athens to Euboia. The ELAS run boat service from Euboia to the Çesme peninsula in Turkey was paid one gold coin per Jew ferried to safety. Among those so rescued and paid for was George Papandreou who later formed a post-liberation government in Athens. British headquarters in Cairo had earlier engaged Captain Aczel, a Palestinian Jewish sea captain, to rescue the Greek government which had escaped to Turkey in 1941 and bring them and their families to Palestine.

Brudo and Meir were also fighters of note in the mountains but the most wellknown was Kapitan Kitsos, the nom de guerre of Itzhak Mosheh of Salonika. Along with Brudo and Meir he too was a Communist whom he joined in 1936 after the August coup of Ioannes Metaxas and in response to the abject conditions of the thousands of tobacco workers, mostly women, of Kavalla who precipitated the strike that provided the rationale for the coup.[23] Kitsos was a fighting commander and also a "politikos" who preached the message of resistance. As a leader in the field he was sent orders to call up reserves for special missions that he led and he was able to discuss the strategy of these orders with his superiors. Another political and military leader was Baruch Schibi who was one of the urban leaders for Sector 3A in Athens and later fought in the Peloponnesus toward the end of the occupation during a German sweep through Arkadia in Passover 1944. Schibi, who was one of the three leaders in the area and administered the resistance newspapers in Arkadia, was called up to assist the units trapped near Gortini. The Greeks inflicted a major defeat on the 700 German regulars at the Battle of Glogoba.[24] There were a few other Communist Jews in the resistance – Alegra Skyphti joined

---

23 On Kitsos also see Bowman, Jewish Resistance in Wartime Greece.
24 See Bowman, Jewish Resistance in Wartime Greece, chap. 6. Schibi returned to Athens in December and was arrested by the British now engaged in the Dekembria. He was sent to Egypt where he became spokesman for the thousands of Greeks interned there. After liberation he returned to Salonika and helped organize the survivors of the death camps and the mountains of Greece, later becoming president of the community.

the KKE [Greek Communist Party] in Volos and served with EAM, the National Liberation Front, under her husband's name as Alegra Kapeta – however, they were never part of the leadership as were their co-religionists in Yugoslavia and elsewhere. Indeed Jews were rather to be found on the lower levels of leadership as active political promoters and lieutenants in the ELAS fighting forces. Another fighter and forager of supplies and equipment was Salvator Bakolas of Ioannina. Known as Sotiris, he was in the 5th Brigade of EPON [Eniaia Panelladiki Organosi Neon – Greek Youth Organisation] and fought in the battle of Amfissa (July 2nd, 1944) where second lieutenant "Skoufas" (Yohannes Kajis from Arta) was killed.[25] Another wellknown fighter was Kapetan Makkabaios, so designated by his commander who wished to honor his fighting ancestors, only forty years later identified as Ido Shimshi. Most of the young Jewish boys and girls however leaned toward Socialism which was well established in Salonika since the foundation of the Socialist movement there by Abraham Benaroya.

The first major act of the resistance movement was the destruction of the Gorgopotamos Bridge, a key target on the railroad supply line to southern Greece for the German forces in North Africa. True, the bridge was destroyed in late November 1942 after the Battle of El Alamein which ended the Nazi threat to Egypt and Palestine. However, the sabotage was a major stage in the British involvement in the Greek resistance. Major Eddy Meyers, a scion of the older Sephardic immigrants to England and now a pro forma member of the state religion was drafted from his teaching position at the British military college in Haifa to lead a demolition unit to Greece. He succeeded in the process to obtain the assistance of the two major resistance forces ELAS and EDES and after the success of the mission he was ordered to stay in Greece and try to unite the two groups. Major Meyers finally succeeded in obtaining a hiatus in the civil war in the mountains by summer 1943 when he was recalled to England and replace by Christopher Woodhouse, a dedicated monarchist who had exposed the Communist leadership of ELAS. We now have more support for the claim that there were Jews among the andartes who supported the British mission.[26] Alberto Meir is the only named Jewish fighter to date, according to family tradition, to have participated in the mission. In retaliation the Germans shot a number of hostages. On the plaque at the site commemorating the execution is the name of Sab[y or -bethai?] Sapheka,

---

25 See Matsas, The Illusion of Safety, and Bowman, Jewish Resistance in Wartime Greece. According to a witness he was killed after being captured by the Germans.
26 A Palestinian POW claimed one Jew participated in the raid [Central Zionist Archives S25/7852]. Kabeli, Isaac: The Resistance of the Greek Jews. In: YIVO Annual of Jewish Social Science VIII (1953), pp. 281–288 has an exaggerated figure that has been rejected by some researchers.

which is a decidedly Jewish name. The Germans used 286 Greek Jews and Christians to repair the bridge. Among the Salonika Jews drafted for this labor was Salomon Matalon who later escaped, joined the andartes and helped to mine the German supply line.

The island of Euboia was a crucial link in the escape route out of occupied Greece. A number of Jewish fighters visited the island along with their commanders from Central Greece [Sterea Ellada] where they regularly participated in the fighting, including the Battle of Amphissa. British agents from the Çesme peninsula passed by Jewish refugees and Greek military men heading for the east Mediterranean via Turkey, the military men to the Greek army in Egypt and the Jews to Palestine. Some of these Jews joined the Greek army and air service operating in Egypt. ELAS set up a ferry service of local caiques [traditional fishing and cargo boats] to facilitate the exodus from Greece. The British and the Americans in the Çesme peninsula hired their own caiques. On the island was a small Jewish community in Chalkis connected to the mainland by a bridge, although the refugees crossed to the island in the south and were later led to embarkation ports. One of its members, a young girl independent of spirit and clever beyond her years, convinced her mother to escape the occupying forces that she distrusted – the Wehrmacht dentist quartered in their home pretended to shoot Jews walking in the street – and with the aid of her friends left the city for the safety of the mountains. She began her career with the resistance by teaching in the mountain villages and later she negotiated her own diversionary squad of young girls who served as a distraction to the occupiers. Who would suspect young girls of setting off explosions? While the occupiers investigated the incidents, the andartes would carry out raids in the opposite direction. Sarah [Sarika] Yeshurun was related to Colonel Frizis, the hero of the Epirus defeat of the invading Italians. In addition to her work as teacher and commando leader [she was an excellent shot and even single handedly executed the collaborator responsible for her cousin's brutal and sadistic murder], she became the poster soldier of Euboia ELAS and led a special marching company to honor the British and American journalists who accompanied the British forces after the German withdrawal.[27]

Many of the Jews who had served in Albania during the six month war with Italy had returned home, some of them to later join the andartiko [Greek partisan resistance]. Their military experience and their non-partisan politics deserve a special chapter in the difficult years of the occupation and the later civil war that racked Greece in the late 1940s. During that decade few Jews became army

---

27 See Bowman, Jewish Resistance in Wartime Greece, chap. 3.

officers and most of those were in the lower ranks. Itshak Mosheh pointed out that his affiliation with the KKE barred him from becoming an officer during the war. His leadership talents were recognized during the occupation however and he served as both military commander of his own group and politikos. Other talented Jews served as officers such as Lieutenant Samuel Eskenazi of Larissa, a decorated veteran of Albania who commanded a company in Regiment 54 and died in battle. Lieutenant Yohannes Hadjis of Arta, mentioned above, was a Second Lieutenant in Albania and died a First Lieutenant following his capture during the Battle of Amphissa.[28] Zach Kakis was a captain with ELAS on Mount Pelion. His father Emil was not killed in battle by the Germans as previously noted, but rather died from pneumonia before the war according to his daughter Carmen who was[29] a recruiter for ELAS in the region of Volos.

When ELAS finally established a regular army and an officer's training school, Marko Carasso was chosen as a candidate following his citation for bravery in the battle that Regiment 16 fought near Kastoria against the German trained Slavophones.[30] Carasso was bent on revenge against the Germans who had shot his father in Salonika during one of their numerous hostage massacres in retaliation for the killing or wounding of a German soldier. He died in an attack on a military train in July 1944. Much of his wartime career was spent in seeking vengeance for his father. Several Greek Jews received honorary commissions from the British with whom they served during the war and were listed on the Nominal Rolls Force 133 of Christopher Woodhouse, its commander following Myers recall to London.[31]

Medicine has occasionally been cited as a Jewish monopoly in the Balkans. Two factors may support this supposition. While the Bible emphasizes that God is the ultimate healer and later Jewish tradition eagerly absorbed all biblical references to medicine and healing, Jews also studied Greek medicine and many became physicians, many acceding to the royal houses and even to the Papacy itself despite the blandishments of more pious anti-Jewish clerics in the western and eastern churches. Numerous Jewish students studied medicine in Italy since the Renaissance and in later centuries returned to Greece to practice; others

---

28 The Jewish Museum of Greece mounted an exhibition "Synagonistis. Greek Jews in the National Resistance" from April 16, 2013 to April 25, 2014. The catalog contains an edited list of Jewish andartes and additional material by Jason Chandrinos. See an earlier list in Ben, Yosef: Yehudei Yavan bashoah uvehitnagduth. Tel Aviv 1985 [in Hebrew].
29 According to my interview with Carmen Kakis. See also for his occasionally fanciful memoir Kakis, Frederic: Legacy of Courage. A Holocaust survival Story in Greece. Bloomington (IN) 2003.
30 For the general situation see Koliopoulos, John S.: Plundered Loyalties. New York 1999.
31 See Bowman, Jewish Resistance in Wartime Greece, p. 288, note 47.

had their studies curtailed by the war and so went to the mountains with rather basic training in first aid and medical practice. One of the better known is Robert Mitranis who both fought and healed. His father was a well-respected physician in Serres who was murdered in Auschwitz. Though still a medical student at the start of the war Robert was soon assigned to the andartiko headquarters to set up a medical facility. His unit was ambushed at Agia Triada on January 5th, 1944, and he died on the field of battle while attempting to rescue his wounded commander.

Perhaps the best known doctor, among the many in the mountains and in the concentration camps, is Dr. Manolis (Emmanuel) Arukh, chief medical officer of V/34 Battalion and leader of the best medical unit in Central Greece. Jewish doctors also treated captured German soldiers, despite complaints to the contrary by his fellow fighters. Albert Cohen was another well remembered doctor in V/34 and helped set up a mobile hospital after the battle of Arahova where the andartes captured some large tents from the defeated Germans. Nurses too went to the mountains and trained young village girls in first aid and basic hygiene. The most famous is Fanny Florentin who had served with the Hellenic Red Cross in Albania. She served later with Dr. Yanni (a Jewish doctor later killed during the civil war) and trained village girls as nurses' aides. She was saved after capture by the Germans and imprisoned in Salonika through the efforts of young Resistance members who bribed the guards before her execution. They had been informed of her status by her friends in the Helleni Red Cross. Fanny's husband Leon was a mortar expert who fought alongside Salomon Matalon with the Greek American commandos at Veskoti in 1944 and were part of the Allied Military Mission that destroyed the Aliakmon Bridge.

In retrospect we can deduce several motifs in the Jews who served with the resistance. Many of the young men had fought in Albania and on the northern border of Greece. They were well trained. Many too had been educated either in the Jewish schools in Salonika or in the foreign schools where they learned several languages [French, German, Italian] in addition to their native medieval Spanish and Hebrew. Many were hard working, sons of merchants and professionals. The mass of poor stevedores were less educated but they controlled street Greek and Spanish at a minimum and their vocation gave them strong backs and endurance. Many were cited for bravery, a tribute to the education in Greek nationalism that had been introduced into the Salonika school system in an attempt to Hellenize the city so recently incorporated into the kingdom.

Like their Christian co-fighters, they were intense, perhaps more so since they were proud to be Greeks and, perhaps more importantly, they had little choice since Nazi Germany had sentenced Greek Jews to death and ultimately killed nearly 90 percent of them.

Resourceful and brave and somewhat desperate, they hid their identities under the mythical names of Hellenic heroes or their Christian neighbors. Very few survived capture to be sent to concentration camps: Mauthausen for the Christian Cretans and Auschwitz for the Jews. On the other hand, Jewish leaders were concerned with the survival of their men, many drawn from the peasant families who constituted the reserves for the resistance. And as much as they trained them to survive the tactics of the nineteenth century – wild charges across minefields, as reported by the Americans – losses were heavy, but enthusiasm for confronting the occupiers and seeking vengeance for the slaughter of women and children kept up general Greek morale in the mountains.

The resistance in Greece was fought by free men. But there was also resistance in the heart of the evil empire. The Poles rose in revolt in August 1944 in the mistaken belief that the Soviet Army would come to their assistance; Stalin, however, was happy to see his two foes killing each other and so rested his army across the Vistula River. Warsaw and the ruins of the Jewish ghetto was also the center of the revolt. Several trainloads of slaves from Birkenau were sent in Fall 1943 to Warsaw to recycle the ruins of the destroyed ghetto. In July most of the surviving Greeks were marched back to Dachau, leaving about 150 to break down the camp. When the revolt broke out these Greeks, many of them veterans of the Albanian theater, were able to contribute their experience, both medical and military, to the effort. They were for example able to maneuver and fire captured German tanks. They split into many smaller groups so that some might survive to report on their participation and they died as free men. The major problem they faced during the fighting was the blatant anti-Semitism they encountered from the Poles among whom they fought. Only 27 returned to Greece with their stories and the memories of their comrades.

Increasing research has illuminated the number of ghetto revolts or uprisings, the Warsaw ghetto uprising being the best known. In the death camps there were revolts in anticipation of the closing of the camps, in particular Sobibor where most of the slaves who escaped were killed. One of the features of the latter revolts was the arrival of Jewish officers in the camps. One must remember that the majority of the slaves in the killing process were young, strong, and totally bewildered by the insane situation into which they had been so brutally thrust. Discipline was exacting and veterans were regularly removed and killed and younger ones sent in as replacements. The shifting of Jewish slaves to various work camps did not allow for organization. Thus the arrival of officers among the Sonderkommandos gave some hope for planning, especially as rumors of the approach of the Soviet Army and increased contact with the Polish resistance raised hopes if not for success then for vengeance. This leadership in the various camps has not been sufficiently emphasized during research and in popular treatments of the death camps. The uprising in Auschwitz-Birkenau in Fall 1944 will hopefully serve as an example for future consideration.

The summer of 1944 was particularly tragic for the Hungarian Jews. Nearly half a million were deported to Birkenau and some 400,000 were immediately gassed and cremated by the Sonderkommando. This last Sonderkommando had been replenished in mid-June with the arrival of the next to last transport from Greece and consisted mainly of Jews from Corfu [about 1,795 of the 2,000 victims]. By September there were a less than 2,500 Greeks, of whom 731 were women, in the entire Auschwitz complex with its 39 subcamps. Already in July plans were being made for a camp wide revolt; however, the Polish resistance groups with the main camp demurred in face of the vengeful slaughter they anticipated from the Nazis. The mass of Jews in Birkenau were too weak to attempt a revolt but they would gladly add their numbers should a revolt break out. That left only the Sonderkommando whose members were young and strong, well fed, and many had military training and combat experience before their capture and enslavement. Among the planners of the revolt was Joseph Varouh, a career officer in the Greek army, who had joined the resistance after the Greek surrender, and four other Greeks. With him on the transport were another 30 Greeks from Arta, Corfu, Ioannina, Athens, and Salonika whose registration forms indicated their military service.

Plans for the revolt set for August 15th were sabotaged through the betrayal of the major kapo who helped to organize the revolt by another kapo. Toward the end of August the Sonderkommando was reduced in number since the Hungarian influx had abated. In October another selection was planned and on the seventh, a Saturday since the Nazis enjoyed desecrating holy days, the numbers of some Greeks and Hungarians were called out. [Three months was the average length of time for the previous 10 Sonderkommandos and it was time to cull the population with the last in to be the first removed leaving a corps of veterans to train the next Sonderkommando.] At this point, according to reports of survivors, Varouh[32] called out an order to charge the guards. The slaves rioted and began to throw stones at the guards. One guard escaped the attack and alarmed the SS headquarters. Reinforcements arrived and within 55 minutes the uprising was put down and the rioters all shot on the spot. Within a few days those who had succeeded in escaping were captured. About 250 men were killed from crematoria 3 and 4. The latter was the center of the uprising and the men chose to blow themselves up with the dynamite that women slaves had smuggled out of the Unionwerke. No doubt they were well aware of the heroes of the nineteenth

---

[32] Alternately spelled Baruch in the secondary literature and usually mistakenly identified with an Askenazi Jew named Joseph Baruch.

century who blew up their redoubts or otherwise killed themselves rather than be captured and shot. Reportedly they died singing the Greek and Zionist anthems, a final gesture of defiance by men trained to die as free men. Another 200 men of the Sonderkommando were killed bring the total to about two thirds of the pre-uprising complement. Another 30 who had escaped were recaptured and hid their identity and were sent to Dachau. Thirty slaves of crematorium 5 continued to service crematorium 5 Another 70 dismantled crematoria 2 and 3 in the wake of Himmler's order to end mass murders at Birkenau. Eventually these 100, including 8 Greeks, were part of the general evacuation of Auschwitz in January 1945. The following day (January 26th) the SS blew up crematorium 5. The 100 survived their planned execution when the officer in charge of that detail was replaced at the last moment and the new officer, unaware of the order to execute them, evacuated them to Mauthausen.[33]

During the same period of the uprisings in Warsaw and Birkenau, the Greeks were busy harassing the German withdrawal from Greece. They were aided by the British BLOs and the American Greek Brigade who were primarily interested in hindering the withdrawal that the British had negotiated with the Germans. But that agreement only covered Athens and the Peloponnesus. The andartiko (occasionally assisted by Canadian and Soviet liaison officers as noted by Kapetan Kitsos, also known as Itshak Mosheh) however was more interested in revenge and pursued the troops, cutting the roads, sabotaging bridges and slaughtering the disorganized troops who had to pass through ELAS controlled territory on their way to Salonika and ultimately to safety in Bulgaria. Their vengeance against the Germans was continued into November 1944. Mainland Greece, Crete, and the Bulgarian side of the Rupel Pass are covered with German graveyards. Perhaps the most odd of these is the one at Marathon where hundreds of SS troops, many killed by the andartes, lie in twelve mass graves each covered by a cross. Surely their arrival in the Fields of Elysium was not welcomed by the ancient Greek heroes of Marathon who have their own honored tumulus in the area.

While the Jews were integrated into the Greek andartiko and rarely identified as such to their Greek Christian comrades in arms, there is one incident, unique in the Greek story of the war, when a Jewish group of andartes, now soldiers in the army of ELAS, rescued a group of Jews who were captured by the SS troops. The differing accounts by General Stephanos Sarafis in his story of the ELAS army and Joseph Matsas the first historian of the Jewish role in the andartiko is illustrative of the anonymity of the Jewish role in the resistance. Sarafis mentions no Jewish

---

[33] See Bowman, Agony of Greek Jews, pp. 96–99 and notes for further bibliography.

fighters in his book, and only sympathizes with some Jewish refugees whom he passed on the road.[34] His account is professionally listed:

> 6 May. A column of 600 Germans advanced into southern Olympus, fell into a 10th division ambush and was decimated. German dead 150, wounded 150, prisoners 18. Booty: 12 heavy machine-guns, 25 Steyrs, 80 rifles, 20 pistols and a large quantity of ammunition. ELAS dead 8, wounded 12.

Matsas, who researched the battle, gives a broader background: German HQ in Larissa was informed of 12 Jewish families who were hiding in Kalyvia tou Handjiara. An SS battalion was dispatched to arrest them and then fire the site. The ambush that caught them was led by Lt. Marko Carasso and included several other platoons that caught the SS in a deep ravine. German dead 230 – ELAS took no wounded prisoners, prisoners 14 including the commanding officer and his interpreter. The Jews were saved.

---

34 Sarafis, ELAS. Greek Resistance Army.

Jüdischer Widerstand in Westeuropa

Kurt Schilde
Marianne Cohn – „.... dass sie sich absolut nicht für eine Heldin hielt."

Eine Fluchthelferin aus Deutschland in der Résistance

> Es wäre mir sehr wichtig, wenn bei der Ehrung gesagt würde, wie selbstverständlich es für meine Schwester war so zu handeln, wie sie es tat, und dass sie sich absolut nicht für eine Heldin hielt.[1]

Der Schriftsteller Walter Benjamin hat bis zu seinem Todesjahr 1940 in regelmäßigem Briefwechsel mit dem Vater von Marianne und Lisa Cohn, seinem früheren Klassenkameraden Alfred Cohn, gestanden.[2] Die Lebensgeschichten dieser beiden Männer sind – auch vermittelt durch die Mutter der Kinder, Margarete Radt, – eng miteinander verwoben. „Wer sich mit der Geschichte Walter Benjamins beschäftigt hat, wird ihnen vielleicht begegnet sein: Margarethe [sic] als der Verlobten Benjamins vor dem Ersten Weltkrieg. Alfred als seinem in mancher Hinsicht besten Freund [...]."[3] Alfred Cohn hat bis zur Einjährigenprüfung mit Walter Benjamin die Kaiser-Friedrich-Schule in Berlin-Charlottenburg besucht. Margarete Radt studierte in München Nationalökonomie und ist von 1914 bis 1916 mit Benjamin – der ab 1915 in München Philosophie studierte – verlobt gewesen.[4]

In der Korrespondenz geht es oft um das Leben der Familie Cohn. Es existieren mehr als 50 Briefe an Alfred und Margarete Cohn, gut 30 Briefe an Benjamins

---

[1] Auszug aus einem Brief von Lisa Souris am 18. 9. 1988 über ihre Schwester Marianne Cohn. Dieses an mich gerichtete Schreiben ist abgedruckt bei Kemper, Friedmar: Marianne Cohn. Hrsg. von Frag Doch! Verein für Begegnung und Erinnerung e. V. in Kooperation mit dem Bezirksamt Tempelhof-Schöneberg von Berlin. Berlin 2012, o. S. Ich danke Regina Szepansky, mit deren Hilfe es gelungen ist, eine Kopie dieses Albums zu erhalten. Auch bei Gideon Botsch bedanke ich mich für die Unterstützung meiner Arbeit.
[2] Vgl. Gödde, Christoph/Lonitz, Henri (Hrsg.): Walter Benjamin. Gesammelte Briefe. Bd. III: 1925–1930, Frankfurt a. M. 1997; Bd. IV: 1931–1934, Frankfurt a. M. 1998; Bd. V: 1935–1937, Frankfurt a. M.1999; Bd. VI: 1938–1940, Frankfurt a. M. 2000. Im Folgenden: Benjamin, Bd., Seitenangabe.
[3] Kreutzer, Michael: „Die Gespräche drehten sich auch vielfach um die Reise, die wir alle antreten müssen." Leben und Verfolgtsein der Juden in Berlin-Tempelhof. Biographien, Dokumentation. Berlin 1988, S. 17–19. Vgl. die biografische Skizze in: Brodersen, Momme: Klassenbild mit Walter Benjamin. Eine Spurensuche. München 2012, S. 180f.
[4] Vgl. zur Beziehung Walter Benjamins zu den Cohns: Kemper, Marianne Cohn, o. S. sowie Brodersen, Momme: Spinne im eigenen Netz. Walter Benjamin – Leben und Werk. Bühl-Moos 1990. Mit zahlreichen Hinweisen.

Verwandte und weitere 50 Briefe an gemeinsame Freunde, „in denen auf die Lebensumstände der Cohns in Mannheim, in Berlin und im Exil Bezug genommen wird".⁵ In seinen Briefen fragt Benjamin häufig nach Alfred Cohns Kindern. Den Spuren der älteren Tochter Marianne Cohn, die am 8. Juli 1944 in einem Schuppen in Ville-la-Grand in der Nähe der französisch-schweizerischen Grenze tot aufgefunden wurde, soll unter besonderer Beachtung des Schriftwechsels nachgegangen werden.⁶

Marianne Cohn gehörte der zionistischen Jugendorganisation „Mouvement de la Jeunesse Sioniste" an. Sie ist am 31. Mai 1944 bei dem Versuch, von der Deportation bedrohte jüdische Kinder und Jugendliche von Frankreich aus heimlich in die Schweiz zu bringen, entdeckt worden. Sie lehnte einen Plan zu ihrer Befreiung ab, weil sie die ihr anvertrauten Kinder und Jugendlichen durch ihre Flucht nicht in Gefahr bringen wollte. Dem Initiator der geplanten Rettungsaktion, Emmanuelle Racine, teilte sie in einem aus dem Gefängnis geschmuggelten Kassiber mit:

> Für mich allein, nichts leichter als das. Aber so lange die Kinder da sind, unmöglich. [...] Du weißt, ich habe viel Zeit, nachzudenken, aber ich bereue nichts von dem, was geschehen ist, und ich würde nicht eine Sekunde zögern, wenn alles noch einmal von vorn begänne. Geht die Arbeit weiter?⁷

Statt sich um ihre eigene Gefährdung zu sorgen, fragte sie, ob die Rettungsaktionen gefährdet sind.

Die Geschichte dieser Widerstandskämpferin ist in Deutschland und noch mehr in Frankreich sowie in Israel und in den Vereinigten Staaten wiederholt beschrieben worden. Der Fokus dieser Darstellungen liegt in der Regel auf ihrer Fluchthilfe und den Umständen ihrer Ermordung.

Meine Rekonstruktion ihrer Lebensgeschichte beruht auf eigenen Recherchen und der Lektüre von Darstellungen unterschiedlicher Provenienz. Die ermit-

---

5 Kemper, Marianne Cohn, o. S.
6 Die Beziehungen zwischen Benjamin und der Familie Cohn hatten es für das biografische Album der Ausstellung „Wir waren Nachbarn. Biografien jüdischer Zeitzeugen im Rathaus Schöneberg" nahegelegt, auf den Briefwechsel zurückzugreifen. Vgl. Kemper, Marianne Cohn. Vgl. zu der Ausstellung Wiese, Klaus [u. a.] (Redaktion): Wir waren Nachbarn. Biografien jüdischer Zeitzeugen. Eine Ausstellung in der Berliner Erinnerungslandschaft. Hrsg. von Frag doch! Verein für Begegnung und Erinnerung e. V. Teetz 2008.
7 Haymann, Emmanuel: Marianne Cohn, la dernière victime. Quelques jours avant la Libération, à peu de la frontière suisse, a été assassinée une jeune fille coupable d'avoir sauvé des enfants juifs. In: Tribune Juive (Paris) 738 (1982), S. 16–19, hier S. 18. Übersetzung nach Strobl, Ingrid: Die Angst kam erst danach. Jüdische Frauen im Widerstand in Europa 1939–1945. Frankfurt a. M. 1998, S. 92.

telten Informationen sind – soweit möglich – geprüft worden. Wenn dies nicht gelungen ist, wurde die plausibelste Version übernommen.[8]

Kindheit und Schulzeit in Berlin-Mariendorf

Die Familie Cohn stammt aus Mannheim, wo Marianne am 17. September 1922 geboren wurde. Hier verlebte sie ihre frühe Kindheit und ging mit ihrer am 19. April 1924 gleichfalls in Mannheim geborenen Schwester Lisa in einen Montessori-Kindergarten. Ihr Vater Alfred Cohn (1892–1954) und ihre Mutter Margarete, geborene Radt (1891–1979) – Grete genannt, – waren seit dem 22. März 1921 verheiratet.

Am 16. Oktober 1927 schreibt Benjamin aus Paris, wo er in der *Bibliothèke Nationale* de France arbeitete, an Grete und Alfred Cohn: „Herzliche Grüße und ein Kompliment an die kleinen Mädchen."[9] Er möchte die fünf und drei Jahre alten Schwestern gern wieder sehen und hofft, im Laufe des Winters nach Frankfurt zu kommen „und dann würde ich Euch mit Freude in Mannheim sehen."[10] Zu diesem gewünschten Treffen scheint es jedoch noch nicht gekommen zu sein, aber sein Interesse bleibt auch im folgenden Jahr wach, als er – wieder nach Berlin zurückgekehrt – schreibt: „Was machen die Kinder?"[11] Im Juni 1928 ist es schließlich zu einem Besuch gekommen und er stellt fest, „ich habe noch bei niemanden unserer Generation zwei Töchter gesehen und ich bin froh die beiden jetzt, und gerade in diesem Alter wenigstens einen Tag lang gesehen zu haben. Übrigens würde ich mich über ein Bild von ihnen freuen."[12] Dieses Bild hat er sicherlich erhalten. „Ich denke immer mit Vergnügen an Eure Kinder und hörte

---

8 Vgl. Schilde, Kurt: Erinnern – und nicht vergessen. Dokumentation zum Gedenkbuch für die Opfer des Nationalsozialismus aus dem Bezirk Tempelhof. Mit einem Geleitwort von Klaus Wowereit und einem Schlußwort von Dr. Klaus Scheurenberg. Hrsg. vom Bezirksamt Tempelhof von Berlin anlässlich der Erweiterung des Gedenkbuches am 9. November 1988. (= Reihe Deutsche Vergangenheit – Stätten der Geschichte Berlins, Bd. 31), Berlin 1988, S. 33–37; zuletzt: Schilde, Kurt: „Geht die Arbeit weiter?". Marianne Cohn – illegale Sozialarbeiterin in der Résistance. In: Ders.: Jugendopposition 1933–1945. Ausgewählte Beiträge. Mit einem Geleitwort von Johannes Tuchel, Berlin 2007, S. 63–75.
9 Brief von Walter Benjamin an Grete und Alfred Cohn vom 16. 10. 1927. In: Benjamin, Bd. III, S. 290.
10 Offenbar hat Benjamin den Brief an Grete und Alfred Cohn vom 16. 10. 1927 an Alfred Cohn fortgesetzt. In: Benjamin, Bd. III, S. 293.
11 Brief an Alfred Cohn vom 18. 5. 1928. In: Benjamin, Bd. III, S. 376.
12 Brief an Alfred und Grete Cohn vom 6. 6. 1928. In: Benjamin, Bd. III, S. 385f.

gern etwas Dichterisches."[13] Im Oktober 1928 fragt er seinen Freund: „Ich habe gehört, die Photos, die Grete in Mannheim von mir gemacht hat, seien so gut geworden. Darf ich aus unausrottbarer Autorengepflogenheit um ein Belegexemplar bitten? Was macht Grete? Und dichten die Kinder munter fort. Ihr werdet mir erwidern, daß auch der Alltag der Kinder nicht aus Singen und Dichten besteht."[14] Die gewünschten Fotos hat er bekommen und schreibt in seinem letzten Brief des Jahres 1928: „Vielen Dank, Dir, liebe Grete, für die Photos. Eines finde ich sehr gut." Er denkt wieder an die Gedichte der Mädchen: „Die Verse der Kinder sind sehr hübsch. Hoffentlich schreibt Ihr so etwas auch für Euch selbst auf."[15]

In den folgenden Briefen lässt Benjamin weiterhin Grete, Marianne und Lisa Cohn – die Familie lebt inzwischen in Berlin-Mariendorf – grüßen. Alfred Cohn, der ein Studium der Kunstgeschichte aus ökonomischen Gründen abbrechen musste, hat in der deutschen Hauptstadt eine Beschäftigung als kaufmännischer Angestellter gefunden. Zunächst ist er bis 1931 bei der Vereinigung deutscher Pumpenfabriken Borsig-Hall GmbH beschäftigt. Seinem Freund Benjamin sind durch Alfred Cohns Schwester Jula Radt-Cohn Probleme zu Ohren gekommen, „daß Du neuerdings Anlaß zu Besorgnissen Deiner Stellung wegen hast".[16] Benjamins ehemalige Freundin Jula ist seit 1925 mit Fritz Radt, dem Bruder von Margarete Cohn, verheiratet.

Das nicht benannte Problem scheint vorübergegangen zu sein. Alfred Cohn wechselt als leitender Angestellter zur Maschinenfabrik und Eisengießerei C. Henry Hall, Nachfolger Carl Eichler, und wird Miteigentümer dieses Unternehmens. Sein Geschäftspartner Eichler wird im Frühjahr 1933 aus politischen Gründen verhaftet und in das gerade im Norden Berlins errichtete Konzentrationslager Oranienburg verschleppt. Alfred Cohn muss auch um seine Freiheit fürchten und er folgt dem Rat, Deutschland zu verlassen. Er sieht sich im Ausland nach Arbeit um, „zunächst in der Tschechoslowakei, dann in Paris; beides ohne Erfolg".[17]

Die Mutter Margarete Cohn-Radt hat 1932 ein Buch über *Berliner Pflegekinder – eine Untersuchung über die Gründe des Pflegestellenwechsels in vier Berliner Bezirken* veröffentlicht.[18] Möglicherweise hat sie ihre Tochter Marianne beeinflusst, sich in der sozialen Arbeit für jüdische Kinder zu engagieren?

---

13 Brief an Alfred Cohn vom 19. 7. 1928. In: Benjamin, Bd. III, S. 399.
14 Brief an Cohn vom 22. 10. 1928. In: Benjamin, Bd. III, S. 418.
15 Brief an Alfred Cohn vom 10. 12. 1928. In: Benjamin, Bd. III, S. 429f.
16 Brief an Cohn vom 1. 5. 1931. In: Benjamin, Bd. IV, S. 30.
17 Kreutzer, Gespräche, S. 19.
18 Cohn-Radt, Margarete: Berliner Pflegekinder. Untersuchung über die Gründe des Pflegestellenwechsels in 4 Berliner Bezirken. (= Schriften des Deutschen Erziehungsbeirats für verwaiste Jugend e. V.). Berlin 1932.

Marianne Cohn hat seit dem sechsten Lebensjahr in Berlin-Mariendorf – heute Teil des Verwaltungsbezirks Tempelhof-Schöneberg – eine Volksschule besucht und ist von Oktober 1932 bis zur Auswanderung der Familie 1934 auf ein Gymnasium – die „Deutsche Oberschule und Lyceum mit Frauenschule" – in der Ringstraße 104–106 gegangen. Seit Ostern 1933 besuchte sie die Sexta und wurde im März 1934 in die Quinta versetzt. In ihrem Abgangszeugnis vom 28. März 1934 werden ihr gute Leistungen bescheinigt: Im jüdischen Religionsunterricht – „außerhalb der Anstalt" besucht – bekommt sie die beste Note: „Sehr gut". Diese Zensur erhält sie auch in Musik und für das „Verhalten in der Schule" bescheinigt. Ihre Leistungen in den Fächern Deutsch, Erdkunde, Mathematik, Biologie, Nadelarbeit, Zeichnen werden mit „gut" bewertet. Diese Note gibt es auch in Französisch. Die in Berlin erworbenen Sprachkenntnisse sind ihr sicherlich in ihrem Emigrationsland Frankreich von großem Nutzen gewesen. Nur „genügend" (entspricht Note 3) bekommt sie in Leibesübungen und Handschrift, ihre Beteiligung im Unterricht wird als „rege" bewertet. Mit elf Jahren verlässt sie die Berliner Schule „wegen Verlegung des elterlichen Wohnsitzes nach dem Auslande", wie es im Abgangszeugnis formuliert ist.[19]

Die Wohnung der Familie hat sich bis zur Auswanderung in Berlin-Mariendorf am Wulfila-Ufer 52 bei Godelmann befunden, wo sie bis 31. März 1934 zur Untermiete lebten. Nachdem bereits große Teile der wertvollen Wohnungseinrichtung zu Spottpreisen verschleudert werden mussten, wird wegen der Auswanderung auch noch der Rest aufgegeben. Nun beginnt für die Eltern und Töchter eine Odyssee.

Emigration der Familie Cohn

Die erste Etappe nach dem Verlassen Berlins im Ausland ist Paris. Dorthin war Walter Benjamin schon ein Jahr zuvor emigriert. Es ist aber nicht bekannt, ob er sich dort mit der Familie Cohn getroffen hat. Diese ist schon nach wenigen Tagen noch im April 1934 weiter nach Spanien in die katalanische Hauptstadt Barcelona gefahren. Hierüber ist Benjamin durch zwei Postkarten unterrichtet worden und er schreibt am 4. Mai 1934 aus Paris an Alfred Cohn ebenfalls auf einer Postkarte: „Laß mich recht bald Günstiges wissen und sei – mit Grete und den Kindern – herzlich gegrüßt."[20]

---

19 Vgl. das Faksimile des Abgangszeugnisses in Schilde, Erinnern, S. 35.
20 Brief an Cohn vom 4. 5. 1934. In: Benjamin, Bd. IV, S. 407.

In Barcelona soll Alfred Cohn mit seiner Familie „von dem kleinen Kapital, das er aus Deutschland herausgebracht hatte",[21] gelebt haben. Er ernährte die Familie durch den Verkauf von künstlichem Schmuck. Etwas nähere Informationen über die Schwierigkeiten des Lebens in der erzwungenen Emigration lassen sich einem Brief von Jula Radt-Cohn an Walter Benjamin entnehmen. Ihr Bruder

> Alfred ist seit einem halben Jahr mit Frau und Kindern in Barcelona und hatte dort ein paar Monate sogar eine winzige Stelle, doch ist sie bereits schon wieder aufgeflogen. Die Kinder gehen in eine gute Schweizer Schule dort und Alfred und Grete haben mehr Bekanntschaften gemacht als in Jahren in Tempelhof nicht. Sie haben schon eine eigene Wohnung und fahren sonntags ans Meer, was wohl für manches entschädigt.[22]

Auch von seinem Freund Alfred hat Benjamin – der von Juni bis Oktober 1934 im Exilort von Bertold Brecht und Helene Weigel in der dänischen Hafenstadt Svendborg lebt – offenbar gute Nachrichten aus Barcelona erhalten. Denn er schreibt am 2. Oktober 1934: „Ich freue mich, daß Du mit Grete und den Kindern zur Ruhe gekommen bist und wünsche Dir dort Wohlbefinden und Glück."[23]

Weitere Informationen über die Lebensbedingungen der Cohns können der Antwort auf eine Anfrage Benjamins – der inzwischen an der Côte d'Azur lebte – entnommen werden. Er fragt am 24. Februar 1935 aus Condamine (Fürstentum Monaco), wo er im Hotel de Marseille untergebracht war, „ob es – bei bescheidenen Ansprüchen – möglich ist, von monatlich 100 schweizer francs – [...] zu existieren".[24] Alfred Cohn antwortet bejahend, aber muss ihm schreiben: „Leider können wir Dich zu uns nicht einladen, weil wir – mangels jeder anderen Verdienstmöglichkeit – zwei Zimmer fest vermietet haben und in den beiden anderen zu viert hausen."[25] Ergänzend erfährt Benjamin aus einem Brief vom 15. August 1935 über die Lebensumstände der Cohns:

> Die Erfolge meiner Tätigkeit stehen in grobem Mißverhältnis zu der aufgewandten Mühe, nur der Mut ist noch ungebrochen, und ich bin noch frei von jeglichen Depressionen. Auch die diesjährige Hitze ist zwar manchmal schlimm, aber nicht geradezu unerträglich[,] wenn wir auch manchmal halbe Nächte auf den Fliesen unseres Balkons schlafen, weil man sich nicht in Bett und Zimmer traut oder zu schlapp ist, um sich auszuziehen. – Die Kinder sind munter und gesund. – [...].[26]

---

21 Benjamin, Bd. IV, S. 407. Die Anmerkung der Herausgeber zu dem Brief Benjamins an Cohn vom 4. 5. 1934 erfolgt ohne Quellenangabe.
22 Benjamin, Bd. IV, S. 495.
23 Brief an Cohn vom 2. 10. 1934. In: Benjamin, Bd. IV, S. 510.
24 Brief an Cohn vom 24. 2. 1935. In: Benjamin, Bd. V, S. 51.
25 Benjamin, Bd. V, S. 52
26 Brief von Cohn an Benjamin vom 15. 8. 1935. In: Benjamin, Bd. V, S. 149.

Auch über den im Jahr darauf in Spanien beginnenden Bürgerkrieg informierte Alfred Cohn seinen Freund:

> Hier in Barcelona hat sich nach der ersten stürmischen Woche, die wir ohne jede persönliche Schwierigkeit überstanden haben, alles äußerlich einigermaßen normalisiert, nur daß jede Möglichkeit, Geld zu verdienen abgeschnitten ist, und es ist eine besondere Ironie, daß nach 2 Jahren steter Bemühungen für mich seit Juni die Existenzfrage einer Lösung sehr nahegerückt war. Da nicht abzusehen ist, welche Wendung die Ereignisse hier nehmen, haben wir vor einer Woche unsere Kinder allein zu unseren Verwandten [Jula und Fritz Radt][27] nach Boulogne geschickt, wo sie wohlbehalten angekommen sind. Wir wollen die Stelle hier solange halten wie möglich, denn wenn wir fortgingen, so nur unter Zurücklassung all unserer Sachen und als Bettler. Und wo eine neue Existenzsuche anfangen? Ich sehe nirgends eine Möglichkeit.[28]

Nach der Abreise der Schwestern kann das leer gewordene Zimmer zusätzlich vermietet werden, wie Alfred Cohn Benjamin berichtet: „Wir haben drei Zimmer vermietet, und ich betreibe einen kleinen Verkauf von Bijouterien [Schmuck], [...] sodass wir uns notdürftig über Wasser halten können. Um die Kinder mitzuernähren, würde es allerdings schon nicht mehr reichen."[29]

Benjamin versucht auch, sich um die Kinder zu kümmern: „Zum unmittelbar Gegenwärtigen: ohne zu wissen, ob ich Deinen Kindern, wie ich es sehr wünsche, in Paris nützlich sein kann, bin ich doch im Klaren darüber, an wen ich mich zunächst wenden könnte."[30] Alfred Cohn teilt seinem Freund aus Barcelona mit:

> Wir wissen uns hier schlecht und recht zu halten, am meisten liegt uns aber am Ergehen der Kinder. Sie sind jetzt 12 und 14 Jahre, mit den besten Anlagen, es wäre ein Jammer, wenn das verschütt gehen sollte. Mein Schwager [Fritz Radt][31] in Paris ist finanziell in großer Bedrängnis und kann nur unter größter Selbstaufopferung die Kinder mit durchfüttern. Abgesehen davon wird ihnen in Paris jeder Anschluß an vernünftige Gesellschaft fehlen. Hast Du in Deinem dortigen Bekanntenkreis jemanden, wo sie Anschluß an Gleichaltrige finden könnten oder überhaupt jemanden, der sich ihrer hin und wieder annimmt, vielleicht eine Freistelle in einer Schule oder Internat verschafft? Wir haben schon die Fühler nach den Hilfskomités ausgestreckt, aber da sind wohl keine positiven Resultate zu erwarten. [...] Ich bitte Dich sehr zu überlegen, ob Dir ein Rat oder eine Beziehung für die Kinder in Paris einfällt, denn das ist mir im Moment das Wichtigste.[32]

---

27 Anmerkung der Herausgeber der Gesammelten Briefe.
28 Brief von Cohn an Benjamin vom 16. 8. 1936. In: Benjamin, Bd. V, S. 350f.
29 Brief von Cohn vom 16. 8. 1936, zitiert nach Brodersen, Klassenbild, S. 141. Der Original brief befindet sich im Walter Benjamin Archiv der Akademie der Künste Berlin.
30 Brief an Cohn vom 25. 8. 1936. In: Benjamin, Bd. V, S. 367f.
31 Anmerkung der Herausgeber der Gesammelten Briefe.
32 Fortsetzung des Briefes von Cohn an Benjamin vom 16. 8. 1936. In: Benjamin, Bd. V, S. 369.

Die Kontaktaufnahme zwischen Walter Benjamin und Fritz Radt erweist sich als schwierig, wie Benjamin am 29. Oktober 1936 aus Paris an Alfred Cohn schreibt:

> Was Deine die Kinder betreffende Anfrage angeht, so ist es mir damit nicht ganz nach Wunsch geglückt. Dein Schwager hat meiner an ihn gerichteten Bitte, sich mit mir in Verbindung zu setzen, bisher nicht Folge geleistet. Ich weiß mir darum nicht anders zu helfen, als die Informationen, die ich auf meine Bemühungen erhielt, hier beizulegen. Natürlich bin ich zu jedem dienlichen Schritt auch weiter sehr gern bereit.[33]

Es ist nichts weiter über die genannten Informationen bekannt. Im Februar 1937 lebten die Kinder noch in Paris und gingen dort zur Schule, bis sie noch im gleichen Jahr von einer Hilfsorganisation vermittelt in die Schweiz gebracht wurden. Alfred Cohn berichtet seinem Freund am 9. Oktober 1937:

> Um von uns zu erzählen, so war Grete im Juli in Paris, um die Kinder zu besuchen, leider zu einer Zeit, wo Du gerade abwesend warst. [...] Grete war sehr befriedigt von der Verfassung der Kinder und konnte noch ihrer Übersiedlung in die Schweiz beiwohnen, wohin sie von der Assistance médicale expediert worden sind. Sie befinden sich in Bern und sind Gottseidank recht wohl. Falls Du dort irgendwelche Bekannte hast, deren Umgang man ihnen – besonders unserer ältesten Tochter (15 Jahre) – empfehlen könnte, so schreibe es mir bitte; es handelt sich in diesem Falle ausnahmsweise mal nicht um materielle Hilfe, da dafür von der Assistance in ausreichendem Maße gesorgt ist, bzw. haben die Familien, in denen die Kinder untergebracht sind (leider nicht beide zugleich in derselben), sie zunächst zwei Monate kostenlos zu sich genommen und haben jetzt gebeten, sie weiter behalten zu dürfen, wofür die eine weniger geldkräftige Familie wohl einen Zuschuß vom Comité erhalten wird, da wir von hier ja nichts schicken können.[34]

Am 13. Januar 1938 fragt Benjamin in einem in San Remo verfassten Brief: „Sind Eure Kinder noch in der Schweiz? Ich hoffe es geht ihnen, wo auch immer, gut."[35] Cohn antwortet am 26. Februar aus Barcelona, „daß Marianne und Lisa Cohn noch bis April 1938 Aufenthaltserlaubnis hätten und in ihren Pflegefamilien bleiben könnten."[36] Im Brief am 14. Juli 1938 schreibt er über die eigene Perspektive: „Unser Schicksal ... scheint sich nun endgültig in Frankreich abspielen zu wollen ... Trotzdem versuche ich, das Palästina-Zertifikat noch aufrecht zu erhalten, um mir auch diese Möglichkeit ... zu sichern ... wir müssen in diesem

---

33 Brief an Cohn vom 29. 10. 1936. In: Benjamin, Bd. V, S. 410f. Die genannten Informationen und der Antwortbrief von Cohn sind nicht bekannt.
34 Brief von Cohn an Benjamin vom 9. 10. 1936. In: Benjamin, Bd. V, S. 607f.
35 Brief an Cohn vom 13. 1. 1938, Benjamin, Bd. VI, S. 16.
36 Kommentar der Herausgeber in Benjamin, Bd. VI, S. 17.

hoffnungslosen Zustand schon sehr froh sein, dass man einen Strohhalm erwischt."[37] Zu einer Weiterwanderung nach Palästina ist es nicht gekommen.

Als sich die Niederlage der spanischen Republik ankündigte, gingen die Eltern noch 1938 wieder nach Frankreich zurück, „für sie als Demokraten der richtige, vielleicht einzig mögliche, für sie als Juden aber ein verhängnisvoller Weg".[38] Wie das Leben der Familie Cohn weitergeht, ergibt sich aus einem Brief Benjamins, – der wieder in Paris lebt, – an seinen Jugendfreund Ernst Schoen am 6. August 1939: „Alfred hat seine Kinder wunderbar untergebracht und dürfte aus den allerschlimmsten Schwierigkeiten vielleicht in absehbarer Zeit herauskommen."[39] Dies sollte eine Hoffnung bleiben.

Die beiden letzten Korrespondenzen zwischen Walter Benjamin und Alfred Cohn sind in französischer Sprache verfasst. Am 20. Juli 1940 kündigt Benjamin auf einer in Lourdes geschriebenen Briefkarte seinem Freund eine finanzielle Unterstützung für seine 17-jährige Tochter an: „J'envoie par ce même courier à l'adresse de Marianne, à Moissac, 200 frcs qui vous doivent server les premiers jours après votre liberation."[40] Im seinem letzten Brief vom 17. September 1940 – es ist der 18. Geburtstag von Marianne Cohn – fragt er noch einmal, ob es aus der letzten Zeit Neuigkeiten über die Familie gibt: „Y-a-til eu, ces temps derniers, des nouvelles de ta sœur et de sa famille?"[41] Mit diesem Brief aus Marseille endet der seit 1927 bestehende Schriftwechsel zwischen Walter Benjamin und Alfred Cohn. Nachdem Benjamin zu Kriegsbeginn zunächst kurzzeitig in ein Internierungslager kam, flüchtete er beim Einmarsch der deutschen Truppen in den Süden Frankreichs. „Bei dem Versuch, illegal die Grenze nach Spanien zu überschreiten und Lissabon zu erreichen, war er in Port Bou von spanischen Grenzern aufgegriffen und an der Weiterfahrt gehindert worden. Um sich der drohenden Auslieferung an die Deutschen zu entziehen, begeht er in der Nacht vom 26. auf den 27. September 1940 Suizid."[42]

Alfred und Margarete Cohn gehen unmittelbar nach dem Überfall der deutschen Wehrmacht auf Frankreich am 10. Mai 1940 in den unbesetzten Teil des Landes. Mit dem Waffenstillstand am 22. Juni 1940 endete die III. Republik und Frankreich wird geteilt: Der Norden und Nordosten des Landes mit Paris werden von der deutschen Wehrmacht besetzt, der äußerste Norden wird der deutschen

---

37 Brief von Cohn am 14. 7. 1938, zitiert nach Brodersen, Klassenbild, S. 141. Auslassungen im Zitat nach Brodersen.
38 Kreutzer, Gespräche, S. 19.
39 Brief von Benjamin an Ernst Schoen vom 6. 8. 1939. In: Benjamin, Bd. VI, S. 325.
40 Briefkarte an Cohn vom 20. 7. 1940. In: Benjamin, Bd. VI, S. 471.
41 Brief an Cohn vom 17. 9. 1940. In: Benjamin, Bd. VI, S. 482.
42 Brodersen, Klassenbild, S. 142f.

Militärverwaltung in Belgien unterstellt und der äußerste Süden dem Bündnispartner Italien. Die übrig gebliebene freie Zone in Mittel- und Westfrankreich mit dem Verwaltungssitz Vichy wird von der deutschfreundlichen Regierung unter „Staatschef" Philippe Pétain und Regierungschef Pierre Laval bzw. François Darlan beherrscht. Bis Anfang September 1943 wird eine Zone im Südosten Frankreichs von Italien besetzt.

Alfred und Margarete Cohn werden von der Vichy-Polizei verhaftet und im Mai 1940 im Camp de Gurs (heute: Departement Pyrénées-Atlantiques) interniert. Während Margarete Cohn im Juli 1940 entlassen wird, muss Alfred Cohn bis zum 16. Mai 1941 dort bleiben. Beide werden gezwungen, sich in Moissac (Tarn et Garonne) anzusiedeln. In diesem Ort befindet sich ein Kinderheim der Pfadfindervereinigung Éclaireurs Israélites de France (EIF),[43] in dem ihre Töchter untergekommen sind. Diese 1923 in Paris entstandene Organisation arbeitete nach der Besetzung Frankreichs zunächst legal unter dem Dach der Union Génerale des Israélites de France (UGIF). Ein Teil der Pfadfinderinnen und Pfadfinder begann bald mit der illegalen Arbeit. „Sie gründen die geheime Organisation La Sixième (Die Sechste), die sich vor allem auf das Fälschen von Papieren und das Verstecken von Kindern und Jugendlichen spezialisiert."[44]

In Moissac sind Marianne und Lisa Cohn zunächst wieder zur Schule gegangen. Ihr Vater Cohn hat hier für kurze Zeit als Lehrer gearbeitet. Es ist unklar, wie lange die Eltern und die beiden Schwestern getrennt gelebt haben. Noch vor der Besetzung Südfrankreichs durch deutsche Truppen wird Alfred Cohn am 22. Februar 1942 von der Geheimen Staatspolizei erneut inhaftiert. Er kommt in das Lager Septfonds (Tarn et Garonne), wo er völlig zusammenbricht. Am 8. April 1942 wird er schwerkrank und soll sich nicht mehr richtig erholen: „Er war nie wieder der alte."[45] So erinnert sich seine Tochter Lisa Souris. „Erbrechen, Gewichtsverlust, daß er ein gebrochener Mann war, bescheinigen ihm Berichte, die eidesstattlichen Versicherungen, die Verhandlungen vor dem Notar in seiner Entschädigungsakte."[46]

Um den Judenrazzien zu entgehen, sind die Eltern untergetaucht. Sie leben illegal, zunächst in Vizilles – dort teilweise in einem Hühnerstall versteckt – dann in Villar-d'Arêne in den Savoyer Alpen. Eine Zeitlang müssen sie sich „in einer

---

43 Vgl. zu dieser Organisation Lazare, Lucien: La résistance juive en France. Paris 1987, S. 67ff.
44 Collin, Claude: Die jüdischen Immigrantinnen und Immigranten. In: Heuberger, Georg (Hrsg.): Im Kampf gegen Besatzung und „Endlösung". Widerstand der Juden in Europa 1939–1945. Frankfurt a. M. 1995, S. 106–125, hier S. 123.
45 Kreutzer, Gespräche, S. 21.
46 Kreutzer, Gespräche, S. 21.

Hütte in Schnee und Kälte"[47] aufhalten. Unter falschen Namen leben sie in der von Italien besetzten Zone und können sich relativ sicher fühlen, bis Frankreich im August 1944 befreit wird. Ihre Tochter Lisa Cohn ist in dieser Zeit in wechselnden Verstecken bei Bauernfamilien in Toulouse untergebracht. Alfred, Margarete und Lisa Cohn leben von den kleinen Einkünften von Marianne Cohn.

Weg in den Widerstand

Marianne Cohn soll in dem Kinderheim der Éclaireurs Israélites de France in Moissac in der Küche gearbeitet haben.[48] Vermutlich hat sie in dem Heim oder bei Treffen mit anderen Angehörigen der Pfadfinderorganisation von deren Widerstand gegen die Deportationen der jüdischen Bevölkerung gehört. Nach der Auflösung der Éclaireurs Israélites de France sind viele der älteren Jugendlichen in den Untergrund gegangen und haben sich unter dem Namen Service Social des Jeunes La Sixième zusammengeschlossen bzw. der bewaffneten Kampforganisation Armée Juive angeschlossen.[49]

Marianne Cohn erfuhr, dass Kinder und Jugendliche illegal in Kinderheimen oder bei nichtjüdischen Familien untergebracht werden. Die inzwischen zwanzig Jahre alte junge Frau will sich ebenfalls engagieren und gehörte mindestens seit März 1943 der zionistischen Jugendorganisation Mouvement de la Jeunesse Sioniste (MJS)[50] an. Diese Bewegung ist im Mai 1942 in Montpellier entstanden. Seit August 1942 betrieb der MJS in Moissac eine Kaderschule. „25 junge Männer und Frauen werden hier auf ihre Führungsaufgaben vorbereitet."[51] Vermutlich hat Marianne Cohn zu ihnen gehört.

Durch die zunehmende Judenverfolgung hat sich mehr und mehr die Erkenntnis durchgesetzt, dass die Jagd auf die jüdische Bevölkerung nicht vor Kindern und Jugendlichen haltmacht. Dies führte dazu, dass sich der Mouvement de la Jeunesse Sioniste Schritt für Schritt in eine Widerstandsorganisation umwandelte und die Rettung von Kindern und Jugendlichen vor den Deportationen immer wichtiger wurde. Denn das Risiko wurde immer größer, dass die in Heimen oder

---

47 Kreutzer, Gespräche, S. 21.
48 Vgl. Berson, Robin Kadison: Young Heroes in World History. Westport (CT)/London 1999, S. 63.
49 Vgl. Kreutzer, Gespräche, S. 21.
50 Vgl. zu dieser Organisation Lazare, Lucien: La résistance, S. 78ff.; Hersco, Tsilla: Le Mouvement de la jeunesse sioniste (MJS). In: Organisation juive de combat. Résistance/sauvetage. France 1940–1945. Paris 2002, S. 117–170.
51 Strobl, Angst, S. 85.

bei Gasteltern illegal untergebrachten Kinder ihre Identität verraten könnten. So mussten immer wieder neue Quartiere gesucht werden.

> Weiter kam hinzu, daß Kinder aus religiösen Familien sich in der katholischen Umgebung, in die sie sich plötzlich versetzt sahen, nicht mehr zurechtfanden. Andere wiederum sahen zu „jüdisch" aus oder hatten als Kinder von Emigranten einen zu fremden Akzent, um nicht als verdächtig aufzufallen. Beunruhigend war auch das politisch ständig schärfere Klima unter der deutschen Besatzung, was die Schließung der Kinderheime und den Wegzug in sicheres Territorium nahe legte.[52]

Die historische Entwicklung führte zur Intensivierung der Zusammenarbeit der drei jüdischen Organisationen Éclaireurs Israélites de France (1.800 Mitglieder), Mouvement de la Jeunesse Sioniste und Œuvre de Secours aux Enfants (OSE).[53] Die OSE ist ein 1912 in Russland von jüdischen Ärzten und Intellektuellen gegründetes sozialmedizinisches Hilfswerk für die Opfer von Pogromen. Die nach der Russischen Revolution nach Berlin verlegte Zentrale befand sich zuletzt in der französischen Hauptstadt. Sie musste nach der Eroberung von Paris durch deutsche Truppen in den Süden nach Montpellier verlegt werden.[54] Durch das Netzwerk der jüdischen Jugendbewegungen[55] und insbesondere des Mouvement de la Jeunesse Sioniste bestanden gut funktionierende Verbindungen zu Gruppen in Nizza, Valence, Lyon, Limoges, Toulouse, Marseille, Chambéry und Aix-les-Bains[56] mit zunehmenden Erfahrungen in illegaler Arbeit. In diesen Gruppen arbeiteten hauptsächlich Frauen mit, von denen die meisten wie Marianne Cohn Jüdinnen waren. Bei ihr kommt noch hinzu, dass sie Erfahrungen sowohl bei den Éclaireurs Israélites de France als auch beim Mouvement de la Jeunesse Sioniste gesammelt hatte. Es ist nicht bekannt, ob sie Kontakte zum Œuvre de Secours aux Enfants hatte, was aber vermutet werden kann. Überliefert ist, dass sie Verbindungsfrau des Mouvement de la Jeunesse Sioniste war und an der Beschaffung falscher Papiere mitgewirkt hat.[57] Weiterhin gab es Unterstützung durch

---

52 Picard, Jacques: Die Schweiz und die Juden 1933–1945. Schweizerischer Antisemitismus, jüdische Abwehr und internationale Migrations- und Flüchtlingspolitik. 3. Aufl., Zürich 1997, S. 437.
53 Vgl. Picard, Schweiz, S. 435ff.; zur OSE vgl. Zeitoun, Sabine: L'Œuvre de Secours aux Enfants (OSE) sous l'occupation en France. Du légalisme à la résistance (1940–1944). Paris 1990.
54 Vgl. zu den Rettungsaktivitäten von OSE Klarsfeld, Serge: French Children of the Holocaust. A Memorial. New York/London 1996, S. 95ff.
55 Vgl. Lazare, Lucien: Rescue as Resistance. How Jewish Organizations Fought the Holocaust in France. New York 1996, S. 196ff.
56 Vgl. Hersco, Le Mouvement, S. 120.
57 Vgl. Hersco, Le Mouvement, S. 124.

nichtjüdische Helfer, u. a. protestantische Pfarrer beiderseits der Grenze, die aktiv und passiv zur Kinderrettung beitrugen.[58] An der französisch-schweizerischen Grenze entstanden verschiedene Fluchtlinien, die „aus Sicherheitsgründen personell und geografisch unabhängig voneinander"[59] aufgebaut waren.

Fluchthilfe an der französisch-schweizerischen Grenze

Die Fluchthilfeaktionen begannen mit der Zusammenstellung von Gruppen von 25 bis 30 Kindern und Jugendlichen in Lyon oder Limoges. Die gefährdeten Kinder stammten meist aus Kinderheimen:

> In kleinen Gruppen wurden die Kinder in nächtlichen Reisen etappenweise unter sachgemäßer Führung ihrem Ziele zugeführt; in den Heimen musste ihre Abwesenheit wegen der ständigen Polizeikontrolle verschleiert werden. In den Zwischenstationen, wo die Kinder vor der Dämmerung ankamen, wurden sie in Klöstern, Spitälern, Preventorien [Bewahranstalten, Anm. d. Verf.], Privathäusern, abgelegenen Gastschenken versteckt.[60]

So werden in einem Bericht der OSE vom Mai 1943 die heimlichen Kindertransporte beschrieben. Bis zum September 1943, als die Deutschen die italienisch besetzte Zone übernahmen, gingen drei bis vier Konvois pro Woche in Richtung Schweizer Grenze ab.[61] Die wichtigsten Sammelorte vor dem Grenzübertritt waren Annecy, Aix-les-Bains, Annemasse und Saint-Gervais.[62]

Die in diese Rettungsbemühungen eingebundenen Personen entstammten häufig dem Mouvement de la Jeunesse Sioniste. Es waren meist junge Menschen und vor allem Frauen wie Marianne Cohn. Die inzwischen in Grenoble lebende und in den Widerstand gegangene junge Frau hatte mit sorgfältig gefälschten Papieren eine neue Existenz als „Marianne Colin". Mit diesem Decknamen ist es ihr bis zur Entdeckung gelungen, mehr als 200 Kinder und Jugendliche zur schweizerischen Grenze zu bringen.[63] Im Vergleich zur Gesamtzahl von 1.300 in

---

58 Vgl. Picard, Schweiz, S. 438.
59 Picard, Schweiz, S. 437f.
60 Picard, Schweiz, S. 438.
61 Vgl. Strobl, Angst, S. 74.
62 Vgl. Picard, Schweiz, S. 438.
63 Vgl. Delpard, Raphaël: Überleben im Versteck. Jüdische Kinder 1940–1944. Bonn 1994, S. 175.

die Schweiz geschmuggelten Kindern und Jugendlichen[64] lässt sich die Rettung allein durch Marianne Cohn – eine der aktivsten Helferinnen – angemessen würdigen.

Die Organisation der Fluchten wurde von den MJS-Funktionären Georges Loinger und Emmanuel Racine gesteuert,[65] dessen Schwestern Mila und Sacha ebenfalls an den Aktionen beteiligt waren. Nachdem Mila Racine bei einer der Fluchthilfeaktionen entdeckt wurde, erfolgte ihre Deportation in ein Konzentrationslager, wo sie ermordet wurde. „Nach Mila Racines Verhaftung übernimmt Marianne Cohn die Stafette."[66]

Obwohl die ursprünglich zum italienischen Besatzungsgebiet gehörige Region Haute Savoie seit September 1943 von deutschen Truppen besetzt war, waren hier die Aussichten, in die Schweiz zu gelangen, immer noch relativ günstig. Denn hier agierte ein zuverlässiges und weit reichendes Netz von Grenzschmugglern, wie sich Heini Bornstein, ein von der Schweiz aus agierender Angehöriger der sozialistisch-zionistischen Jugendbewegung Haschomer Hazair (Der junge Wächter), erinnert. Er schreibt, dass in dieser Gegend von Ende 1943 bis in das Frühjahr 1944 „Hunderte von Kindern" in die Schweiz gebracht worden sind. Bornstein kannte auch Marianne Cohn, mit der er am 19. Februar 1944 zusammen getroffen ist:

> Marianne war Verbindungsperson zu uns und rettete viele Kinder illegal aus Frankreich in die Schweiz. In Genf stand die Familie Stitelman, insbesondere die Tochter Aimée, in Verbindung mit den Grenzkurieren. Bis zum Monat Mai traf ich Marianne zusammen mit Lea Weintraub noch einige Male an der Grenze. Lea kannte Marianne noch aus der gemeinsamen Zeit der Illegalität in Nizza.[67]

Bis zum 31. Mai 1944 sind zahlreiche Fluchthilfe-Unternehmungen erfolgreich abgelaufen. Die aus Kindern und Jugendlichen bestehende Gruppe war mit einem Zug von Limoges nach Lyon gekommen. Dort hatten sie eine Nacht verbracht und sind am nächsten Morgen nach Annecy weitergefahren. Marianne Cohn hatte mit einem Lastwagen auf sie gewartet und ist mit ihnen in Richtung Saint-Julien, dem letzten Ort vor der Grenze, gefahren. Ihr hätte eine Warnung aus Genf zugehen sollen, diesen Transport zu stoppen, aber diese Nachricht hatte sie

---

64 Vgl. zum „Kinderschmuggel" in dieser Region Picard, Schweiz, S. 435. Leider sind die Marianne Cohn betreffenden Angaben teilweise falsch. Abgesehen von der Schreibweise ihres Namens als Cohen wird z. B. gesagt, dass sie in Auschwitz gestorben sei. Bei Strobl, Angst, S. 74 ist von 1.500 Kindern und Jugendlichen die Rede.
65 Vgl. Hersco, Le Mouvement, S. 124.
66 Vgl. Strobl, Angst, S. 91.
67 Bornstein, Heini: Insel Schweiz. Hilfe- und Rettungsaktivitäten 1939–1946. Zürich 2000, S. 99f.

offensichtlich nicht erreicht.[68] „Der Lastwagen musste am Ortsausgang von Viry anhalten, in Richtung Saint-Julien, an der Gabelung zur Straße nach Fort."[69] Der mit einer Plane bedeckte Kleintransporter ist etwa bis 200 Meter an die Grenze heran gefahren, „als plötzlich eine deutsche Zollpatrouille vor dem Fahrzeug auftauchte".[70] Marianne Cohn, der Chauffeur des Lastwagens, Joseph Fournier, und die Mädchen und Jungen wurden verhaftet und nach mehreren Zwischenstationen in das Gestapo-Gefängnis in Annemasse gebracht.[71]

Der damals fünfzehn Jahre alte Léon H. hat Anfang der 1990er-Jahre aufgeschrieben, was am 31. Mai 1944 nach dem Anhalten des Fahrzeugs geschehen ist:

> Wir hatten alle ziemliche Angst. Die Größeren beruhigten die Kleineren. Eilige Schritte kamen um das Auto herum. Dann wurde mit einer abrupten Bewegung die Plane hochgeschlagen. Dann das Blendlicht von der Taschenlampe des Soldaten, das werde ich nicht vergessen! Er leuchtete unsere Gesichter einzeln ab, und bevor er die Plane wieder herunterschlug, schrie er: „Juden!"
>
> Ich glaube durch die ganze Gruppe lief das gleiche Zittern. Die Deutschen ließen uns aussteigen und luden uns auf einen anderen Lastwagen. Sie brachten uns nach Annecy. Unsere ganze Gruppe verbrachte die Nacht im Quartier der Gestapo. Einer nach dem anderen wurden wir verhört. Der Offizier, der die Fragen stellte, ohrfeigte uns und schlug auch mit der Faust zu. [...]
>
> Dann haben sie uns in derselben Nacht noch nach Annemasse zurückgebracht, wo die ganze Gruppe zunächst im ehemaligen Hotel Pax, das zum Gefängnis umgewandelt worden war, interniert wurde.[72]

---

68 Vgl. Berson, Young Heroes, S. 72f.
69 Aussage von R[aoul] Fournier, Bruder des LKW-Fahrers Joseph Fournier, festgehalten von H[erbert] Herz 1994. Zitiert nach Croquet, Jean-Claude/Molliet, Michel/Baré, Jean-Marie: Chemins de passage. Les passages clandestins entre la Haute-Savoie et la Suisse de 1940 à 1944. La Roche-sur-Foron 1996, S. 75. Eigene Übersetzung. Ich danke Inge Pénot-Eberhardt für den Hinweis auf diesen Text. Abweichend von Delpard, Überleben, ist hier von 32 jungen Juden von drei bis 19 Jahren die Rede.
70 Delpard, Überleben , S. 171.
71 Vgl. Strobl, Angst, S. 92. Eine Abbildung der Gefängniszelle, in der Marianne Cohn gefangen gehalten wurde, befindet sich in Ktorza, Magali: Marianne Cohn. „Je trahirai demain pas aujourd'hui". In: Revue d'Histoire de la Shoah. Le monde juif 161 (1997), S. 108.
72 Zitiert nach Delpard, Überleben, S. 171f. Die Originalfassung „Les Enfants cachés. Le livre des justes" ist 1993 in Paris erschienen. In einer Kleinigkeit steht diese Erinnerung im Widerspruch zu der vorher erwähnten Überlieferung. Nach Leon H. sind die Gefangenen nicht mit dem gleichen Lastwagen gefahren, sondern mussten in einen anderen umsteigen. Weiter ist im Gegensatz zu dieser Aussage bei Croquet [u. a.], Chemins, S. 76, davon die Rede, dass sich das Gefängnis gegenüber dem Hotel Pax befunden hat.

Unter den gefangenen Jungen und Mädchen war Robert Kociolek. Später widmete er Marianne Cohn einen Band mit Gedichten: *La mort de Marianne Colin*.[73]

Das Gefängnis wurde von der Geheimen Staatspolizei bewacht. Das Arrestantenregister gibt Auskunft zum Informationsstand zu den am 1. Juni 1944 eingelieferten Gefangenen:[74] Marianne Cohn wird als Nr. 625 aufgeführt: „*Name:* Colin, Marie – *Geburtsdatum:* 17. 9. 22 – *Geburtsort:* Montpellier – *Nationalität:* Französin – *Wohnort:* Grenoble – *Datum:* 1. 6. 44 – *Wann und vom wem eingel[iefert]:* Zoll Annemasse – *Wann entlassen oder an wen übergeben:* nach Lyon S.D. [Sicherheitsdienst, Anm. d. Verf.] Meyer". Diese Eintragungen zeigen, dass es Marianne Cohn aufgrund ihrer gut gefälschten Papiere gelungen war, nicht als Jüdin erkannt zu werden. In der nächsten Zeile folgen die Daten des Lastwagenfahrers Joseph Fournier. Der am 27. 8. 1921 geborene Franzose war aus Viry und fast gleichaltrig. Er wurde am 5. 6. 1944 dem SD-Mitarbeiter Mannsholt übergeben. Einige Zeilen später geht der Eintrag Nr. 642 summarisch auf die gefangenen Kinder und Jugendlichen ein. Pauschal werden 32 „Judenkinder im Alter v. 2½–18 Jahren" aufgeführt. Im folgenden Eintrag Nr. 643 werden weitere „7 Judenkinder im Alter von 5–14 Jahren" als Gefangene aufgeführt, die offensichtlich als weiterer Transport entdeckt worden sind.[75]

Dem offensichtlich couragierten Bürgermeister der Stadt Annemasse, Jean Deffaugt,[76] gelang es, den lokalen Gestapo-Chef[77] zu überreden, ihm Zugang zu dem Gefängnis zu gewähren. Deffaugt brachte es auch fertig, zusätzliche Nahrungsmittel, Seife und Medikamente für die Kinder zu beschaffen sowie Lektüre und Zigaretten für Marianne Cohn ins Gefängnis zu schmuggeln. Deffaugt war es auch, „der ihr Briefe ins Gefängnis brachte und ihre Briefe mit hinausnahm".[78] Ein Teil dieser geheimen Briefe ist erhalten, in denen sich die gefangene junge Frau nach ihren Eltern und ihrer Schwester erkundigt sowie nach ihren Mitkämpferinnen und Mitkämpfern fragt. In einem liebevollen Brief schreibt sie ihrem Vater zu seinem Geburtstag:

---

[73] Kociolek, Robert: La mort de Marianne Colin. Poèmes et dessins. Hrsg. von Anne Kociolek. Strasbourg 1982.
[74] Die Seite ist im Faksimile abgedruckt bei Kreutzer, Gespräche, S. 20 und auszugsweise in Croquet [u. a.], Chemins, S. 76f.
[75] Leider konnte die Angabe der gefangen genommenen Kinder und Jugendlichen nicht überprüft werden.
[76] In der Zeitung La Suisse. Journal de matin sind vom 7. 3.–13. 3. 1965 die Lebenserinnerungen von Jean Deffaugt veröffentlicht worden. Ich danke Dr. Daniel Fraenkel, Jerusalem, der mir den Einblick in die dort befindliche Akte des als „Gerechter unter den Völkern" Geehrten ermöglicht hat.
[77] Dessen Name wird nicht zweifelsfrei überliefert.
[78] Kreutzer, Gespräche, S. 17.

Wieder ein 1. Juli, den Du ohne mich verbringen mußt. Sei nicht traurig darüber, es wird das letzte Mal sein. Ich werde an Dich denken und ich wünsche Dir alles, was Du brauchst, wie jedes Jahr, daß es Dir besser gehe, alles, was Dich und mich glücklicher machen würde. Ich möchte, daß es Dir gut geht trotz allem, was ich getan habe. Ihr wißt, daß es mein größter Wunsch wäre, mit Euch zu sein und Euch das vergessen zu lassen, was Euch in den letzten Jahren so hat leiden lassen.

Ich küsse Dich innigst, ich denke an Dich. M.[79]

Es ist erstaunlich, wie viel Optimismus dieser Brief der gefangenen Frau ausstrahlt. Auch Leon H. erinnert sich an Marianne Cohn im Gefängnis, ihr offenes Lächeln und ihren unermüdlichen Optimismus: „Sie hat uns alle wieder aufgerichtet, uns Mut gemacht. Sie sagte immer, wir würden es schaffen, wir würden standhalten. Manchmal versammelte sie uns alle in einer Zelle, und dann sangen wir gemeinsam."[80]

Außerhalb des Gefängnisses ist von dem MJS-Generalsekretär Simon Lévitte sowie den MJS-Führern Emmanuelle Racine und Georges Loinger ein Fluchtplan entwickelt worden. Es wurde geplant, wie Marianne Cohn mit Hilfe von Jean Deffaugt befreit werden könnte.[81] Sie täuschte eine Krankheit vor, um in ein Krankenhaus zu kommen. Dort besuchte sie der Bürgermeister und weihte sie in den Fluchtplan ein. Doch sie wollte nicht fliehen, weil sie befürchtete, dass die ihr anvertrauten Kinder darunter zu leiden hätten. Stattdessen drängte sie Deffaugt, die im Gefängnis festgehaltenen Kinder herauszuholen. Tatsächlich ist es ihm gelungen, zunächst die kleineren Kinder aus dem Gefängnis herauszuholen und in einem Sommerlager der Pfarrei St. Joseph in Bonge an der Menonge unterzubringen. Dort wurden sie am 18. August 1944 befreit.[82] Die weiterhin gefangen gehaltene Marianne Cohn und die Älteren wurden jeden Tag zum Hotel de France gebracht und mussten dort in der Küche arbeiten.[83] Deffaugt erreichte es auch, dass die Deutschen am 7. Juli 1944 die Jugendlichen freilassen. Dieses „Entgegenkommen" der Deutschen hängt sicherlich mit dem sich nähernden Ende des Zweiten Weltkrieges zusammen.

---

79 Zitiert nach Lustiger, Arno: Zum Kampf um Leben und Tod! Das Buch vom Widerstand der Juden 1933–1945. Köln 1994, S. 440. Den Text über Marianne Cohn hat Lustiger entnommen aus Latour, Anny: The Jewish Resistance in France. New York 1981.
80 Zitiert nach Delpard, Überleben, S. 171f.
81 Vgl. Hersco, Le Mouvement, S. 121.
82 Vgl. Lustiger, Kampf, S. 441, sowie die Erklärung von Jean Deffaugt. In: Bundesarchiv, Außenstelle Ludwigsburg, Sign. 114 AR.-Z 1554/62. Ich danke Stephan Stracke für den Hinweis auf dieses Dokument.
83 Vgl. Lustiger, Kampf, S. 440.

Die von Marianne Cohn betreuten Kinder und Jugendlichen wurden nach der Befreiung nach Annemasse zurückgebracht und übermittelten ein Gedicht, welches sie während der Gefangenschaft in Annemasse geschrieben hat:[84]

Je trahirai demain

Je trahirai demain pas aujourd'hui.
Aujourd'hui, arrachez-moi les ongles
Je ne trahirai pas.

Vous ne savez pas le bout de mon courage.
Moi je sais.
Vous êtes cinq mains dures avec des bagues.
Vous avez aux pieds des chaussures
Avec les clous.

Je trahirai demain, pas aujourd'hui,
Demain.
Il me faut la nuit pour me résoudre,
Il ne me faut moins d'une nuit

Pour renier, pour abjurer, pour trahir.[85]
Pour renier mes amis.
Pour abjurer le pain et le vin,
Pour trahir la vie,
Pour mourir.

Je trahirai demain, pas aujourd'hui.
La lime est sous le carreau,
La lime n'est pas pour le barreau,
La lime n'est pas pour le bourreau,
La lime est pour mon poignet.

Aujourd'hui je n'ai rien à dire,
Je trahirai demain.[86]

---

[84] Klarsfeld überliefert, dass das Gedicht in ihrer Zelle aufgefunden wurde. Vgl. Marianne Cohn: I will betray. In: Klarsfeld, French Children, S. 89.
[85] Diese Zeile fehlt in der Überlieferung in Klarsfeld, Serge: Le calendrier de la persécution des Juifs en France (septembre 1942–août 1944). Paris 2001, S. 1870; vgl. auch Klarsfeld, Serge: Le calendrier de la persécution des Juifs en France (1940–1944). Paris 1993, S. 1047.
[86] Zitiert nach Seghers, Pierre: La Résistance et ses poètes. Bd. 2: France 1944–1945. Choix de poèmes. Paris 1978, S. 122.

Verraten werde ich morgen

Verraten werde ich morgen, nicht heut.
Heut reißt mir die Nägel aus.
Ich verrate nicht.

Ihr wisst nicht, wo mein Mut aufhört.
Ich weiß es.
Ihr seid fünf harte Hände mit Ringen,
Und an den Füßen habt ihr Stiefel
Mit Nägeln.

Verraten werde ich morgen, nicht heut.
Morgen.
Ich brauche die Nacht, um mich zu entschließen.
Ich brauche nicht weniger als eine Nacht,
Um zu verleugnen, abzuschwören, zu verraten.

Um meine Freunde zu verleugnen,
Dem Brot und dem Wein abzuschwören,
Das Leben zu verraten,
Um zu sterben.

Verraten werde ich morgen, nicht heut.
Die Feile steckt unter der Fliese.
Die Feile ist nicht für das Gitter.
Die Feile ist nicht für den Henker.
Die Feile ist für meinen Puls.

Heute habe ich nichts zu sagen.
Verraten werde ich morgen.[87]

Marianne Cohn hat niemand verraten und dadurch vielen Menschen das Leben gerettet. Sie selbst wurde am 8. Juli 1944 mit anderen Gefangenen von aus Lyon

---

[87] Diese Übersetzung von Irene Selle wurde entnommen aus dem von ihr herausgegebenen Band: Selle, Irene: Frankreich meines Herzens. Die Résistance in Gedicht und Essay. Leipzig 1987, S. 171. Ich danke ihr für die Genehmigung zum Abdruck. Eine von Wolf Biermann stammende Übersetzung „Ich werde morgen verraten, heute nicht" ist abgedruckt bei Lustiger, Kampf, S. 441f. Zu weiteren Varianten vgl. Delpard, Überleben, S. 175; Strobl, Angst, S. 458; Gollwitzer, Helmut/Kuhn, Käthe/Schneider, Reinhold (Hrsg.): Du hast mich heimgesucht bei Nacht. Abschiedsbriefe und Aufzeichnungen des Widerstandes 1933 bis 1945. München 1954, Taschenbuchausgabe: München/Hamburg 1964, S. 155. Eine englischsprachige Übersetzung ist abgedruckt in Klarsfeld, French Children, S. 89.

gekommenen Angehörigen des Sicherheitsdienstes – darunter ein Herr Meyer[88] – aus dem Gefängnis geholt und in einen Wald bei Ville la Grand (Haute Savoie) – wenige Kilometer von Annemasse entfernt – gebracht und ermordet.[89] Arno Lustiger hat über die Umstände ihres Todes geschrieben: „Sie war vergewaltigt und anschließend getötet worden."[90]

Die ermordete Marianne Cohn wurde erst im August 1944 gefunden: „Nach der Befreiung werden in Ville-la-Grand bei Annemasse die Leichen von zwei Frauen und vier Männern in einem Massengrab geborgen."[91] Darunter befand sich der völlig entstellte Leichnam von Marianne Cohn, der nach Grenoble gebracht wurde, „wo ihre Familie wohnte und auf dem Friedhof von Grenoble begraben".[92] Die Grabstelle befindet sich auf dem Cimetière des Sablons.

Nach dem Tod von Marianne Cohn musste die Familie von dem geringen Verdienst von Margarete Cohn leben, die halbtags als Bibliothekarin arbeitete. Die Eheleute Cohn wohnten in einem jüdischen Wohnheim in Moissac, bis sie 1952 nach La Versine (bei Paris) umzogen. Alfred Cohn starb am 21. Januar 1954 in St. Maximen (Oise). Margarete Cohn ist 1979 in Paris verstorben. Die Schwester von Marianne Cohn, verheiratete Lisa Souris, lebte bis zum ihrem Tode 1996 in Paris.

---

88 Vgl. das Arrestantenregister, als Faksimile abgedruckt u. a. bei Kreutzer, Gespräche, S. 20.
89 Über den Tod von Marianne Cohn gibt es differierende Darstellungen. Beispielhaft sei auf die allen anderen Versionen widersprechende in der Enzyklopädie des Holocaust verwiesen: „Am 8. Juli 1944 brachen zwei Angehörige der pronationalsozialistischen französischen Miliz in das Gefängnis ein und ermordeten Marianne Cohn mit einer Axt." Vgl. Jäckel, Eberhard/Longerich, Peter/Schoeps, Julius H. (Hrsg): Enzyklopädie des Holocaust. Die Verfolgung und Ermordung der europäischen Juden. Hauptherausgeber: Israel Gutman. Bd. I, Berlin 1993, S. 289.
90 Lustiger, Arno: Rettungswiderstand. Über die Judenretter in Europa während der NS-Zeit. Göttingen 2011, S. 207. Diese Publikation enthält folgende Widmung: „Dieses Buch widme ich dem Feldwebel Anton Schmid, Marianne Cohn und allen anderen Helden des Rettungswiderstandes in Europa, die ihre Aktionen mit dem Leben bezahlten." (S. 2). Zu Anton Schmid vgl. Wette, Wolfram: Feldwebel Anton Schmid. Ein Held der Humanität. Frankfurt a. M. 2013.
91 Vgl. Strobl, Angst, S. 92f. Bei den Ermordeten handelt es sich neben Marianne Cohn um Félix Debord, Henry Jaccaz, Marthe-Louise Perrin, Julien Duparc und Paul Regard. Vgl. hierzu die ansonsten nicht fehlerfreie Darstellung in dem Kinderbuch von Minc, Rachel: Kinder der Nacht. Schicksale jüdischer Kinder 1939–1945, Frankfurt a. M. 1963, S. 49.
92 Aus einem Brief von Emanuel Racine aus Tel Aviv vom 9. 6. 1981. Vgl. Staatsarchiv Münster, Staatsanwaltschaft Dortmund, Nr. 2426-2444, Verfahren 45 JS 14/78. Ich danke Stephan Stracke für den Hinweis auf dieses Dokument.

Vielfältige Erinnerungen

Abschließend soll ein von der französischen Widerstandskämpferin Frieda Wattenberg erinnertes Bild von Marianne Cohn wiedergegeben werden:

> Bei unseren Sitzungen lachte sie immer, sie war so lebhaft. Sie war so einfach, bescheiden, [...]. Sie fuhr gerne Schi. Jedesmal, wenn wir Vorträge hatten, meldete sie sich zu Wort, und was sie sagte, war sehr intelligent und überlegt. Daran versuche ich mich zu erinnern, nicht daran, wie sie zermartert in einem Massengrab gefunden wurde. Es war ihr Heldentum, die Kinder nicht verlassen zu haben. [...] Und sie hat uns nicht verraten."[93]

Marianne Cohn ist posthum am 7. November 1945 für ihre Widerstandstätigkeit geehrt worden, indem ihr die französische Militärregierung das Kriegskreuz mit silbernem Stern verliehen hat. Weiterhin sind in Annemasse eine Schule und in Ville-la-Grand eine Straße nach ihr benannt. Dort befindet sich ebenfalls ein Denkmal.[94]

Als der Präsident der französischen Republik François Mitterand 1982 Israel einen Staatsbesuch abstattet, weiht er in der israelischen Gedenkstätte Yad Vashem einen Marianne Cohn gewidmeten Garten ein.[95] Bei solchen Ehrungen haben sich einige der als Kinder und Jugendliche von Marianne Cohn geretteten Männer und Frauen wieder getroffen.

Seit November 1988 trägt im Berliner Verwaltungsbezirk Tempelhof-Schöneberg eine Schule die Bezeichnung „Marianne-Cohn-Schule". Im Dezember 2007 ist am Haus Wulfila-Ufer 52 in Berlin-Mariendorf ein Stolperstein verlegt worden: „Hier wohnte / Marianne Cohn / Jg. 1922 / Flucht 1934 / Frankreich / denunziert / ermordet 8. 7. 1944 in / Ville-la-Grande" [sic]. Ein weiterer Stolperstein mit fast identischem Text befindet sich in ihrer Geburtsstadt Mannheim. Seit dem 22. Januar 2012 wird in der Ausstellung „Wir waren Nachbarn – Biografien jüdischer Zeitzeugen" im Rathaus Berlin-Schöneberg ein Marianne Cohn gewidmetes Erinnerungsalbum ausgestellt.[96]

---

[93] Interview mit Ingrid Strobl. Vgl. Strobl, Angst, S. 94.
[94] Vgl. die Abbildung in Ktorza, Marianne Cohn, S. 111.
[95] Vgl. die Abbildung in Ktorza, Marianne Cohn, S. 111.
[96] Vgl. http://www.stolpersteine-berlin.de/de/biografie/1269 (16. 2. 2014); http://www.mannheim.de/tourismus-entdecken/marianne-cohn (16. 2. 2014); Kemper, Marianne Cohn; vgl. Wiese, Nachbarn.

Tanja von Fransecky
Fluchtroute durch Westeuropa

Die Rettungsaktivitäten der Westerweel-Gruppe

Die Westerweel-Gruppe entstand im Sommer 1941 in den Niederlanden. Die Gruppe wurde zu Ehren des Initiators Johan Gerard Westerweel und seiner Frau Wilhemina retrospektiv nach ihnen benannt. Ihr Ziel war es gegen die Judenverfolgung der deutschen Besatzer Widerstand zu leisten. Sie war in den Niederlanden und den Nachbarländern, vor allem in Frankreich, aktiv.[1] In der Westerweel-Gruppe agierten sozialistisch gesinnte junge, jüdische Zionisten der Hechaluz-Bewegung,[2] die aus Deutschland, Österreich und den Niederlanden kamen sowie nichtjüdische Niederländer, die unterschiedliche politische Ideale vertraten. Die Gruppe gehörte zu den effektivsten Widerstandsgruppen in den Niederlanden. Sie bewahrte um die 300 Juden vor der nationalsozialistischen Vernichtung.[3]

Diese hohe Zahl wirft Fragen nach den objektiven und subjektiven Voraussetzungen für die Rettungsaktivitäten der Westerweel-Gruppe auf. Fragen nach den Rahmenbedingungen, innerhalb derer die Rettungsmaßnahmen umgesetzt wurden. Fragen nach den sozialen Dynamiken, die Vertrauensbildung und Gruppenbildungsprozesse beförderten. Wie kam es, dass Menschen, die in vielerlei Hinsicht sehr divers waren, eine langfristig funktionierende Zusammenarbeit aufbauen konnten? In welcher Situation befanden sich die jungen Palästina-Pioniere? Wie stellte sich ihre Handlungsmächtigkeit her? Abschließend stellt sich die Frage, ob die Westerweel-Gruppe als Gruppe adäquat beschrieben ist oder ob sie nicht auch Elemente eines Netzwerks aufweist.

---

[1] Vgl. Mageen, Nathan: Zwischen Abend und Morgenrot. Eine Geschichte aus dem niederländischen Widerstand. Düsseldorf 2005, S. 35f.
[2] Die Hechaluz-Bewegung wurde 1917 in Russland von J. Trumpeldor als zionistisch-sozialistische Pionierorganisation gegründet. Der deutsche Landesverband entstand fünf Jahre später. Erklärtes Ziel war, möglichst viele junge Jüdinnen und Juden auf die Auswanderung nach Palästina vorzubereiten. Hechaluz ist das hebräische Wort für Pionier. Zur Hechaluz-Bewegung in den besetzten Niederlanden siehe: Yigael, Benjamin: They were our friends. A Memorial for the Members of the Hachsharot and the Hehalutz Underground in Holland murdered in the Holocaust. Tel Aviv 1990.
[3] Vgl. Michman, Dan: Zionist Youth Movements in Holland and Belgium and their activities during the Shoah. In: Cohen, Asher/Cochavi, Yehoyakim (Hrsg.): Zionist Youth Movements during the Shoah. New York [u. a.] 1995, S. 156.

Der linke Wehrdienstverweigerer, Antimilitarist und Christ Johan Gerard, genannt Joop Westerweel (*1899, Zutphen) arbeitete als Lehrer in der freien Schule de Werkplaats Kinder Gemeenschap in Bilthoven.[4] Dort unterrichte auch seine spätere Ehefrau Wilhelmina.[5] Viele jüdische Kinder, die aus Nazideutschland geflohen waren, brachte er in seiner Schule unter.[6] 1940 zog die Familie Westerweel mit ihren Kindern nach Rotterdam, wo Joop Westerweel die Stelle eines Schulleiters an einer Montessori-Grundschule antrat. 1941 bat seine ehemalige Kollegin Mirjam Waterman (*1916, Loosdrecht) aus Bilthoven, die als Jüdin aus dem Schuldienst entlassen worden war, Joop Westerweel um Hilfe. Jüdische Jugendliche, von denen die meisten vor der NS-Verfolgung aus Deutschland geflohen waren, sollten gerettet werden. So entstand der Kontakt Westerweels zu den Palästina-Pionieren, die sich unter anderem auf dem Hachschara[7]-Ausbildungsbauernhof der Jugend-Aliya in Loosdrecht und der Hachschara-Gartenbauschule Gouda[8] auf die Auswanderung nach Palästina vorbereiteten.[9] Dort sollten sie landwirtschaftliches und handwerkliches Wissen und Praxis erwerben sowie Hebräisch lernen.

Gemeinsam mit den beiden Leitern des Hachschara-Ausbildungsbauernhofs Loosdrecht Menachem Pinkhof (*1920, Amsterdam) und Joachim Simon (*1919, Berlin) gründete Joop Westerweel ein Netzwerk, welches zum Ziel hatte, die Palästina-Pioniere vor der Deportation und Vernichtung zu bewahren.[10] Noch in

---

4 Vgl. Menachem Pinkhof, o. D., Nederlands Instituut voor Oorlogsdocumentatie [NIOD], 296 A, Groep Westerweel; vgl. Bronowski, Alexander: Es waren so wenige. Retter im Holocaust. Stuttgart 1991, S. 181.
5 Vgl. Bronowskik, Es waren so wenige, S. 181.
6 Vgl. Land-Weber, Ellen: To save a life. Stories of Holocaust Rescue. Urbana 2000, S. 112.
7 Als Hachschara wird die Vorbereitungs- und Ausbildungszeit unmittelbar vor der Auswanderung nach Palästina bezeichnet.
8 Heinz Landwirth, Erlebnisse in den Jahren 1938 bis 1945, Dezember 1955, Wiener Library, Testaments of the Holocaust, P.III.d. No. 197, 050-EA-0703; vgl. Flörsheim, Chanan Hans: Über die Pyrenäen in die Freiheit. Von Rotenburg an der Fulda über Leipzig nach Amsterdam und durch Frankreich und Spanien nach Israel 1923–1944. Konstanz 2008, S. 47.
9 Vgl. Land-Weber, To save a life, S. 115.
10 Vgl. Menachem Pinkhof, o. D., NIOD, 296 A, Groep Westerweel; vgl. Avni, Hain: The zionist underground in Holland and France and the escape to Spain. In: Gutman, Israel/Zuroff, Efraim (Hrsg.): Rescue attempts during the holocaust. Jerusalem 1977, S. 557; Vom Ringen des holländischen Hechaluz, 1945, NIOD, 614 A, Palestina Pioniers, doc II. Unterzeichnet ist der Bericht mit den Worten: „Dieser Choser ist die Gemeinschaftsarbeit von 58 Chawerim des holländischen Hechaluz, die Anfang November 1944 mit der ‚Guine' ins Land kamen". (Das Original liegt im Archiv von Yad Vashem); vgl. Kochba, Adina: Joachim-Yachin Simon (Shushu). In: Pinkhof, Mirjam (Hrsg.): De jeugdalijah van het Paviljoen Loosdrechtsche Rade 1939–1945. Hilversum 1998, S. 94ff.

Deutschland hatte Joachim Simon auf dem vom Hechaluz betriebenen Ausbildungshof Ellguth in Oberschlesien gearbeitet.[11] Er war unter den 30.000 jüdischen Männern gewesen, die 1938 im Zuge der „Reichskristallnacht" in Konzentrationslager verschleppt worden waren. Nachdem er am 10. Dezember 1938 aus dem KZ Buchenwald entlassen worden war, floh er in die Niederlande.[12] Besonders Joop Westerweel und Joachim Simon, genannt „Schuschu", wurden enge Freunde.[13] Das Umfeld des Ehepaar Westerweels beteiligte sich in vielfältiger Form an Unterstützungsmaßnahmen, beispielsweise durch die heimliche Aufnahme von jüdischen Kindern und Jugendlichen oder durch großzügige Geldtransfers.[14]

Was tat die Westerweel-Gruppe um junge Jüdinnen und Juden zu retten?

Um die jungen Palästina-Pioniere der Hechaluz-Bewegung zu retten, verfolgte die Westerweel-Gruppe unterschiedliche Rettungsstrategien. Eine bestand darin, für sie in den Niederlanden immer neue Verstecke zu finden, was sehr schwierig war.[15] Mirjam Waterman, nunmehr verheiratete Pinkhof, berichtete, einer der ersten Schritte sei gewesen, von allen Jugendlichen Passfotos zu machen, um nötigenfalls gefälschte Identitätspapiere anfertigen lassen zu können.[16] Einige der jungen Leute konnten mit diesen Ausweispapieren in den Niederlanden überleben.[17] Es gelang auch, junge Juden, mit gefälschten Ausweispapieren als niederländische Zivilarbeiter getarnt, zum freiwilligen Arbeitseinsatz nach Deutschland zu schicken.[18] So arbeitete Heinz Jehuda Meyerstein (*1920, Göttingen) beispielsweise

---

11 Benno Teichmann, Hachscharah-Kibbuz Ellguth Ende 1938. o. D., Wiener Library, Testaments of the Holocaust, P.III.c. No. 114, 049-EA-0667.
12 Karteikarte KZ Buchenwald, Joachim Simon, o. D., 1.1.5.3, ID 7117350#1, ITS Bad Arolsen.
13 Vgl. Vom Ringen des holländischen Hechaluz, 1945, NIOD, 614 A, Palestina Pioniers, doc II; vgl. Kochba, Joachim-Yachin Simon, S. 94ff.
14 Av (Avraham) Perlmutter, Interview Code 34327, VHA, USC Shoah Foundation Institute.
15 Vgl. Land-Weber, To save a life, S. 116.
16 Land-Weber, To save a life, S. 115.
17 Av (Avraham) Perlmutter, Interview Code 34327, VHA, USC Shoah Foundation Institute.
18 Report on Bernhard Joseph Natt's experiences in Frankfurt/M., Holland & Auschwitz, 24. 8. 1955, Wiener Library, Testaments of the Holocaust, P.III.h. No. 139. (Auschwitz), 053-EA-0900; Bernard N'at, Interview Code 23073, VHA, USC Shoah Foundation Institute; vgl. Meyerstein, Heinz Jehuda: Gehetzt, gejagt und entkommen. Von Göttingen über München und das KZ Dachau nach Holland, Deutschland, Holland und durch Frankreich über die Pyrenäen in Spanien gerettet. Konstanz 2008, S. 37f.

im Sommer 1943 als Dreher in der Geschoßfabrik Dortmund-Hoerder Hüttenverein in der Rüstungsproduktion.[19] Andere wurden in die Schweiz geschleust. Eine weitere Fluchtroute verlief durch Belgien und Frankreich teilweise bis nach Spanien und Palästina. Die Flüchtlinge wurden unter anderem von Frans Gerritsen (*1915), Ernst Hirsch (*1916, Aachen), Menachem Pinkhof, Kurt Reilinger (*1917, Stuttgart), Jan Smit (*1917), Joop Westerweel, Wilhelmina Westerweel (*1908, Amsterdam) und Max Windmüller (*1920, Emden) auf zuvor ausgespähten Fluchtrouten über die Landesgrenzen gebracht.[20]

Die Fluchten aus Westerbork

Mit der Frage, wie man aus dem Lager Westerbork fliehen konnte, beschäftigte sich der damals dort internierte Paul Siegel (*1924, Köln). Er war mit seinen Eltern und seinen beiden Schwestern 1933 in die Niederlande geflohen und hatte sich dort 1940 den Palästina-Pionieren angeschlossen.[21] Nachdem Paul Siegel im Juli 1942 den Befehl erhalten hatte, sich zum Arbeitseinsatz zu melden, tauchte er am 1. Oktober 1942 unter. Bald jedoch wurde er gefasst und am 28. November 1942 nach Westerbork gebracht.

Von Westerbork aus fuhren zu diesem Zeitpunkt zweimal wöchentlich Züge nach Auschwitz. Die Schienen führten bis in das Lager hinein. In der Baracke 64, wo Paul Siegel mit einigen Kameraden auf Wunsch einquartiert wurde, wohnten vor allem Mitglieder verschiedener zionistisch orientierter landwirtschaftlicher Lehrbetriebe. Paul Siegel arbeitete beim lagerinternen Fürsorgedienst und war durch eine Armbinde mit einem aufgedruckten „F" kenntlich gemacht. Er musste beispielsweise das Gepäck der Alten, Geschwächten und Frauen mit Kindern zum Deportationszug tragen und vor dem Verschließen der Waggons jeweils ein Lebensmittelpaket hineingeben.

---

19 Vgl. Meyerstein, Gehetzt, gejagt und entkommen, S. 39ff. und S. 111.
20 Vgl. Siegel, Paul: In ungleichem Kampf. Von Köln nach Holland durch Westerbork über Frankreich und Spanien nach Israel 1924–1947. Christlich-jüdische Hilfsaktion der Westerweel-Gruppe. Konstanz 2001, S. 108, 143, 167f.; Interview with Menachem Pinkhof by Haim Avni, The Hebrew University, 8. 7. 1961, NIOD, 296 A, Groep Westerweel; Avni, Zionist underground, S. 557; Meyerstein, Gehetzt, gejagt und entkommen, S. 58ff.; Flörsheim, Über die Pyrenäen in die Freiheit, S. 74.
21 Nachfolgende Ausführungen beruhen auf einem Interview der Verfasserin mit Shaul Sagiv, der vor der Hebräisierung seines Namens Paul Siegel hieß, 3. Oktober 2009, Kibbuz Yakum sowie seiner Autobiografie.

Als Paul Siegel mit Angina und Lungenentzündung ins Krankenrevier eingeliefert wurde, erlitt er einen Schock. Er schrieb darüber: „[...] in den benachbarten Betten lagen, wörtlich und bildlich, Menschenskelette."[22] Die dürren, misshandelten Juden waren aus dem Lager Ellecom und dem Polizeilichen Durchgangslager Amersfoort gekommen.[23] Unter anderem waren es diese grausamen Misshandlungen, die Paul Siegel eine Vorstellung davon vermittelte, „was uns in Polen erwartete."[24] Allerlei Gerüchte und alarmierende Geschichten führten zur weiteren Beunruhigung. Ein Deportierter schrieb eine Postkarte aus Auschwitz, es sei alles in Ordnung, auch die Arbeit und die Verpflegung. Unterzeichnet war die Postkarte mit „Blinde Maupie" (Blinder Moses), einem unter Amsterdamer Juden geläufigen Ausdruck für jemanden, der mit einem Augenzwinkern fantastische Lügengeschichten erzählt.

Paul Siegel wollte daher um keinen Preis nach Osten deportiert werden. Er fand, es sei das Wichtigste, zu überleben und das zionistische Ideal zu verwirklichen. So beschloss er mit seinem Freund Herman Italiaander (*1923, Amsterdam): „Wir gehen nicht nach Polen!"[25] Der Schwur wurde zum morgendlichen Gruß. Aus Westerbork zu fliehen, wäre für Paul Siegel nicht besonders schwer gewesen, doch er hatte öfter erlebt, dass als Repressalie für jeden Flüchtigen zehn Mitgefangene aus dessen Baracke mit dem nächsten Transport deportiert worden waren.[26] Aus Verantwortungsgefühl gegenüber den Mitgefangenen schlug er verschiedene Fluchtmöglichkeiten bewusst aus. Die starke Verbundenheit mit den anderen und die Solidarität untereinander führt Paul Siegel heute auf die sozialistische Prägung in der zionistischen Jugendbewegung zurück.[27] Die Schwierigkeit bestand also darin, Fluchten so zu organisieren, dass andere dafür nicht büßen müssten. Paul Siegel überlegte, aus dem fahrenden Deportationszug zu springen, verwarf den Plan jedoch, da es ihm zu gefährlich schien. Er schreibt:

---

22 Vgl. Siegel, In ungleichem Kampf, S. 34f., 106.
23 Vgl. De Jong, Sytske: Die jüdischen Arbeitslager in den Niederlanden. In: Benz, Wolfgang/Distel, Barbara (Hrsg.): Terror im Westen. Nationalsozialistische Lager in den Niederlanden, Belgien und Luxemburg 1940–1945. Berlin 2004, S. 142; Frijtag Drabbe Künzel, Geraldien von: Das Gefängnislager Amersfoort. In: Benz/Distel, Terror im Westen, S. 73ff.; Mechanicus, Philip: Im Depot. Tagebuch aus Westerbork. Berlin 1993, S. 21, 25; Presser, Jacques: Ashes in the wind. The Destruction of Dutch Jewry. Detroit 1988, S. 230.
24 Vgl. Siegel, In ungleichem Kampf, S. 107.
25 Interview der Verfasserin mit Shaul Sagiv (früher Paul Siegel) am 3. Oktober 2009 im Kibbuz Yakum.
26 Vgl. De Wijze, Louis, in: Lindwer, Willy: Kamp van hoop en wanhoop. Getuigen van Westerbork 1939–1945. Amsterdam 1990, S. 160.
27 Interview der Verfasserin mit Shaul Sagiv (früher Paul Siegel) am 3. Oktober 2009 im Kibbuz Yakum.

Aus dem fahrenden Zug zu springen, der von bewaffnetem SS-Begleitpersonal [es handelte sich tatsächlich um Schutzpolizisten, Anm. d. Verf.] bewacht wurde, war nicht so einfach. Das sieht nur in einem Kinofilm gut aus. Auch der Zeitfaktor stand zu unseren Ungunsten, denn wir hätten kaum genügend Zeit gehabt, den Zug noch auf holländischem Boden zu verlassen, weil Westerbork nahe der deutschen Grenze lag. Die Aussichten, sich in Deutschland zu retten, waren äußerst gering; denn es war nicht anzunehmen, einen Deutschen zu treffen, der uns geholfen hätte, nach Holland zurückzukehren.[28]

Der Gedanke, aus dem Deportationszug zu fliehen, ließ ihn trotzdem nicht mehr los, denn vor dem Besteigen des Zugs wurden die Häftlinge aus der Lagerkartei gestrichen. Er überlegte: „Wozu überhaupt mit dem Zug fahren? Warum nicht dem Zug entkommen, solange er sich noch im Lager befand?"[29] So entwickelte Paul Siegel einen Plan, wie es gelingen könnte, zu fliehen, ohne sich oder andere zu gefährden. Dazu griff er auf die Hilfe der Palästina-Pioniere Paul Sonnenberg und Lore Durlacher zurück.

An Transporttagen durfte sich niemand außer denjenigen, die Dienst am Bahnsteig hatten, außerhalb der Baracken aufhalten. Über den in Westerbork internierten Paul Sonnenberg, der auf der Farm außerhalb des Lagergeländes arbeitete, hielt Lore Durlacher den Kontakt zu den in Westerbork internierten Angehörigen des Hechaluz-Untergrundes. Paul Siegel und Herrmann Italiaander baten Paul Sonnenberg, bei Lore Durlacher anzufragen, ob es möglich sei, gefälschte Passierscheine zu bekommen, wie sie Außendienstarbeiter hatten, die ohne Polizeibegleitung täglich das Lager verließen. Die Antwort war positiv.[30]

Nachdem sie nachts einem Mithäftling einen solchen Ausweis als Vorlage für die Fälschungen gestohlen und aus dem Lager herausgeschmuggelt hatten, dauerte es nicht lange, bis eine hinreichende Menge an nachgemachten Passierscheinen geliefert wurde.[31] Zunächst unterbrach die im November 1943 verhängte Lagerquarantäne die regelmäßig stattfindenden Deportationen, dann aber Anfang 1944 setzten die Transporte wieder ein. Paul Siegel ließ sich gemeinsam mit seinem Freund Martin „Uffi" Uffenheimer (*1922, Breisach) für den Transport am 1. Februar 1944 nach Bergen-Belsen auf die Deportationsliste setzen. Hermann Italiaander und Fritz Siesel (*1925, Gießen), die ebenfalls im Fürsorgedienst tätig waren, sollten am Bahnsteig neben ihren üblichen Aufgaben ein Auge auf Paul Siegel und Martin Uffenheimer haben und notfalls helfend eingreifen.

---

28 Vgl. Siegel, In ungleichem Kampf, S. 127.
29 Siegel, In ungleichem Kampf, S. 142.
30 Siegel, In ungleichem Kampf, S. 144.
31 Interview der Verfasserin mit Shaul Sagiv (früher Paul Siegel) am 3. Oktober 2009 im Kibbuz Yakum.

Am Tag der Deportation wurden sie beim Verlassen der Baracke aus der lagerinternen Häftlingskartei als Abgang gestrichen. Paul Siegel bestieg den Deportationszug. Er trug unter seinem Mantel seine Arbeitskleidung mit der Armbinde, die ihn als Angehörigen des Fürsorgedienstes auswies. Schnell zog er im Zug, der aus Personenwagen zusammengestellt war, den Mantel aus und sprang, bevor die wachhabenden Schutzpolizisten einstiegen und die Türen verschlossen, wieder zurück auf den Bahnsteig. Dabei verdrehte er sich das Knie, als er zwischen den Trittstufen hängen blieb, was zu heftigen Schmerzen führte. Doch er wusste, dass es um sein Leben ging und verschwand so schnell wie möglich zwischen den Baracken in das Spital, wo er bereits erwartet und versteckt wurde. Am Abend traf Paul Siegel Martin Uffenheimer, der es ihm gleichgetan hatte, in einem vereinbarten Versteck auf dem Dachboden des Pferdestalls nahe dem Lagertor. Am nächsten Morgen verließen beide mithilfe der gefälschten Passierscheine das Lager. Außerhalb des Lagers wurden sie von Lore Durchlacher und Frans Gerritsen in Empfang genommen. Die beiden hatten jeder noch ein zusätzliches Fahrrad mitgebracht. Mit den Rädern fuhren sie in das nahegelegene Assen, wo Paul Siegel und Martin Uffenheimer bei einer Familie untergebracht wurden.[32] Paul Siegel kam nach Amsterdam und wurde zwei Tage später von Joop Westerweel und Frans Gerritsen zu einer Familie nach Den Haag gebracht.[33] Von dort aus halfen ihm Joop Westerweel und Jan Smit, die belgische Grenze zu passieren.[34] In Brüssel angekommen, wurde er von Max Windmüller mit Papieren ausgestattet, die ihn als niederländischen Zivilarbeiter auf einer Atlantikwall-Baustelle der Organisation Todt auswiesen. Paul Siegel berichtete: „Max brachte weitere Dokumente, Gehaltszettel, Arbeitskarten, Lebensmittelkarten und anderes, was bestätigen sollte, daß wir durch die ‚Organisation Todt' für das deutsche Militär arbeiteten. Max instruierte uns, wie wir diese Papiere handhaben und was wir sagen sollten, wenn wir kontrolliert würden."[35]

Max Windmüller begleitete ihn bis nach Frankreich.[36] Dort traf Paul Siegel einige Palästina-Pioniere wieder, unter anderem Alfred Fraenkel (*1920, Breslau), Susi Herman, Paula Kaufmann (1920, Dąbrowa/Polen, lebte bis 1938 in Wien) und Meta Lande (*1921, Karlsruhe). Paul Siegel schloss sich einer Gruppe an, die von

---

[32] Zu Frans Gerritsen, der vor dem Einmarsch der Wehrmacht u. a. Friedensaktivist in der J.V.A. (Jongere Vredes Actie) war, siehe: Vragenlijst, NIOD, 296 A, Groep Westerweel.
[33] Vgl. Siegel, Paul: De laatste ontmoeting. In: Kochba, Adina (Hrsg.): Het Verzet van de nederlandse Chaloetsbeweging en de Westerweelgroep tijdens de duitse Bezetting Palastina-Pioniers, unveröff. Manuskript, o. J., NIOD, 614 A, Palestina Pioniers, doc II, S. 158.
[34] Siegel, De laatste onmoeting.
[35] Siegel, In ungleichem Kampf, S. 164ff.
[36] Schriftliche Mitteilung von Shaul Sagiv an die Verfasserin vom 28. 6. 2010.

Joop Westerweel bis zu den Pyrenäen begleitetet wurde.³⁷ Per Fußmarsch über die Pyrenäen erreichte Paul Siegel im März 1944 Spanien. Von dort fuhr er mit dem Schiff nach Palästina.

Bald nach seiner Ankunft im November 1944 traf er in Palästina einen Überlebenden des Transports, aus dem er und Martin Uffenheimer geflohen waren. Der berichtete, dass ihr Fehlen bei der Registrierung im KZ Bergen-Belsen anhand des Abgleichs mit der Deportationsliste bemerkt worden war. Tatsächlich hatte die Verwaltung des KZ Bergen-Belsen an den Judenreferenten Wilhelm Zöpf in Den Haag telegraphiert, dass Martin Uffenheimer und Paul Siegel nicht eingetroffen waren.³⁸ Nachdem alle Häftlinge des KZ Bergen-Belsen stundenlang hatten Appell stehen müssen und etliche Male gezählt worden waren, mutmaßte die SS in derselben Meldung, dass Siegel und Uffenheimer der Sprung aus dem fahrenden Zug geglückt war.

Diese Fluchtvariante aus dem stehenden Zug im Lager Westerbork wurde von etwa einem Dutzend weiterer Kameraden der Hechaluz-Bewegung genutzt, darunter Hermann Italiaander, Lotti Wahrhaftig-Siesel (*1926, Berlin), Fritz Siesel, Meta Lande, Kurt Walter (*1922, Bamberg), Heinz und Fritz Pollak sowie Bubie Pinkus.³⁹ Offenbar gab es eine weitere Fluchtvariante. Es soll insgesamt 16 Hechaluz-Mitgliedern in Westerbork gelungen sein, auf dem Weg zum Deportationszug unbemerkt zwischen die Baracken zu schlüpfen. Später konnten sie mit gefälschten Ausweisen, die sie zum Verlassen des Lagers berechtigten, das Lager zu verlassen.⁴⁰

Die Fluchtroute durch Westeuropa

Die Judenverfolgung in den Niederlanden war vergleichsweise effizient. Die Deportationszüge fuhren regelmäßig. Etliche Palästina-Pioniere wollten daher

---

37 Schriftliche Mitteilung von Shaul Sagiv an die Verfasserin vom 28. 6. 2010.
38 Seidl (SS-Aufenthaltslager Bergen-Belsen) an Zoepf, Betrifft: Transport aus Westerbork am 2. 2. 1944, 7. 2. 1944, NIOD, 77, Generalkommissariat für das Sicherheitswesen (Höherer SS- und Polizeiführer Nord-West), 1299.
39 Interview der Verfasserin mit Shaul Sagiv (früher Paul Siegel) am 3. Oktober 2009 im Kibbuz Yakum; Lottie Wahrhaftig-Siesel, Van schuilplaats naar schuilplaats, NIOD, 614 A, Palestina Pioniers, doc II, S. 193; Herman Italiaander, Naar de Vrijheid, 1., NIOD, 614 A, Palestina Pioniers, doc II, S. 249-250; Perez Siesel (früher Fritz Siesel), Interview Code 12408, VHA, USC Shoah Foundation Institute.
40 Vom Ringen des holländischen Hechaluz, NIOD, 614 A, Palestina Pioniers, doc II; Zeev Hirschfeld, Naar de Vrijheid, 2., NIOD, 614 A, Palestina Pioniers, doc II, S. 251.

nach Frankreich fliehen, um sich von dort nach Palästina durchzuschlagen. Ein fast unmögliches Unterfangen, denn die Grenzen waren abgeriegelt und schwer bewacht. Unter Lebensgefahr schleusten Aktivistinnen und Aktivisten der Westerweel-Gruppe gefährdete Menschen über die Grenzen.[41] Menachem Pinkhof erinnerte sich, dass es am schwierigsten gewesen sei, die Grenze zwischen den Niederlanden und Belgien zu passieren. Um nach Belgien zu gelangen, musste man über die „grüne Grenze" gehen. Dazu reisten die Fluchtwilligen ausgestattet mit falschen niederländischen Dokumenten zu einem nahe der Grenze gelegenen Bahnhof und wurden von Westerweel-Aktivisten auf verschlungenen Wegen über die Grenze geführt. Dann fuhren sie vom nächstgelegenen belgischen Bahnhof nach Antwerpen. Chanan Hans Flörsheim (*1923, Rotenburg an der Fulda), der mit Hilfe von Menachem Pinkhof und in Begleitung von Alfred Fraenkel die Grenze passierte, erinnerte sich, mit dem Zug in das südniederländische Breda und von dort aus mit dem Bus in das grenznahe Ginneken gefahren zu sein. Von dort ging der Fußmarsch nach Belgien los.[42] Menachem Pinkhof gab an: „I crossed the borders many a time and when I reached Belgium and France coming from Holland I breathed more freely and I felt with each step, that the danger was much smaller in Belgium, than in Holland and in France still smaller than in Belgium."[43]

Die Strategien, die das Westerweel-Netzwerk zur Überwindung der schwer gesicherten Grenzen entwickelte, wurden immer raffinierter. Durch die freiwillige Meldung zum Arbeitseinsatz auf den Baustellen des Atlantikwalls in Frankreich konnten junge männliche Juden, die sich mit gefälschten Papieren als nichtjüdische Niederländer auswiesen, problemlos die Grenzen passieren. Der Bau des Atlantikwalls wurde im Auftrag der Wehrmacht von der Organisation Todt (OT) betrieben, er sollte als Befestigungs- und Verteidigungsanlage gegen eine alliierte Invasion entlang der westeuropäischen Küste von Norwegen bis nach Südfrankreich entstehen. Die OT wiederum beauftragte zur Realisierung dieses Großprojekts Privatfirmen mit der Durchführung einzelner Bauabschnitte. Der Bedarf an Arbeitskräften war entsprechend groß.

Die Fluchtroute, die nachfolgend rekonstruiert wird, wurde von Kurt Reilinger, Max Windmüller und Menachem Pinkhof eingerichtet. Es half Hans Ehrlich (*1919, Bad Salzungen), der als junger Zionist vor seiner Flucht nach Holland

---

41 Bericht Walter Rosenberg, April 1956, Wiener Library, Testaments of the Holocaust, P.III.d. No. 229, 050-EA-0706.
42 Vgl. Flörsheim, Über die Pyrenäen in die Freiheit, S. 71.
43 Interview with Menachem Pinkhof by Haim Avni, The Hebrew University, 8. 7. 1961, NIOD, 296 A, Groep Westerweel.

1939 auf dem Hachschara-Gut in Spreenhagen gelebt hatte.[44] In den Niederlanden kam er als Palästina-Pionier zur Deventer Vereinigung.[45] Als die Deportationen losgingen, tauchte er in Lisse unter. Er erhielt über das Westerweel-Netzwerk falsche Papiere, die ihn als nichtjüdischen Niederländer auswiesen, und wurde über die Grenzen bis nach Frankreich geschleust.[46] Dort heuerte er auf einer Baustelle des Atlantikwalls an. Beeindruckt von den guten Deutschkenntnissen des vermeintlichen Niederländers, sei er vor Ort bald vom Bauleiter Kattenbusch in dessen Büro eingesetzt worden. Darüber erhielt er Zugriff auf die Durchlassscheine West, die für Grenzübertritte in Westeuropa benötigt wurden. Sie waren wegen des Wasserzeichens fälschungssicher.[47] Mit dem Dokument konnten beide abgeriegelten Grenzen unproblematisch und kostenlos in komfortablen Waggons passiert werden, die für die Wehrmacht reserviert waren.[48]

Es etablierte sich folgende Fluchtroute: Hans Ehrlich fuhr mit meist um die zwanzig vom Bauleiter Kattenbusch abgezeichneten Urlaubsscheinen nach Paris, um dort im Oberkommando der Wehrmacht die für die Urlaubsreise erforderlichen Blankoformulare des Durchlassscheins West zu erhalten. Diese Formulare wurden in Paris meistens von Menachem Pinkhof oder Max Windmüller entgegengenommen und in die Niederlande geschmuggelt. Dort wurden in die Durchlassscheine West Fingerabdrücke und Fotos von Hechaluz-Mitgliedern eingefügt. Hans Ehrlich, der von seinem Betrieb mit der Überführung der Arbeitskräfte beauftragt war, legte dann auf der Ortskommandantur in Amsterdam die Transportpapiere vor, um den Transport genehmigen zu lassen. An der Kommandantur war ein Schild angebracht auf dem stand: „Juden haben keinen Zutritt".[49] Der mit einer Pistole bewaffnete Hans Ehrlich war beim Betreten des Gebäudes entsprechend nervös, denn er musste stets befürchten aufzufliegen.[50] Aber es

---

44 Hans Ehrlich, Interview Code 49247, VHA, USC Shoah Foundation Institute.
45 Die Deventer Vereinigung war eine zionistische Organisation in den Niederlanden. Hans Ehrlich, Interview Code 49247, VHA, USC Shoah Foundation Institute.
46 Hans Ehrlich, Interview Code 49247, VHA, USC Shoah Foundation Institute.
47 Hans Ehrlich, Interview Code 49247, VHA, USC Shoah Foundation Institute.
48 Vgl. Hans Ehrlich. In: Kochba, Adina (Hrsg.): Het Verzet van de nederlandse Chaloetsbeweging en de Westerweelgroep tijdens de duitse Bezetting, unveröff. Manuskript, o. J., NIOD, 614 A, Palestina Pioniers, doc II, S. 29f.; vgl. Hans E.. In: Jakob, Volker/Van der Voort, Annet: Anne Frank war nicht allein. Lebensgeschichten deutscher Juden in den Niederlanden. Berlin/Bonn 1988, S. 169-181; Vom Ringen des holländischen Hechaluz, NIOD, 614 A, Palestina Pioniers, doc II; Lazare, Lucien: La résistance juive en France. Paris 1987, S. 188; Lazarus, Jacques: Combattants de la liberté. Paris 1995, S. 12; Flörsheim, Über die Pyrenäen in die Freiheit, S. 79.
49 Hans Ehrlich, Interview Code 49247, VHA, USC Shoah Foundation Institute.
50 Hans Ehrlich, Interview Code 49247, VHA, USC Shoah Foundation Institute.

funktionierte: Mit den entsprechenden Transportunterlagen und den gefälschten Identitätspapieren konnten sie als niederländische Zivilarbeiter die abgeriegelten Grenzen problemlos passieren.[51]

Als es zudem gelang, an Blankoformulare des Berechtigungsscheins zum Passieren der Demarkationslinie innerhalb Frankreichs zu kommen, war es nun auch möglich, jüdische Flüchtlinge von der besetzten Zone in Nordfrankreich in die bis November 1942 unbesetzte Zone in Südfrankreich zu schleusen. Dazu ließ sich ein Aktivist der Westerweel-Gruppe, der bereits im Atlantikwallbauprojekt arbeitete, von der Bauleitung als Transportführer einsetzen, um neue Arbeiter auf Zugreisen nach Nizza und Toulouse zu begleiten. Hans Yehuda Meyerstein berichtete, wie er als Transportführer bei einer Fahrt über die Demarkationslinie einen Marschbefehl mit dem Wort „Wehrmachtsgefolge" an die im Zug kontrollierenden deutschen Soldaten überreichte, den er eine Stunde zuvor selbst ausgefüllt hatte. Es war, wie er sagte: „Ein herrliches Gefühl, die Deutschen so foppen zu können!"[52]

Der gebürtige Österreicher Heinz Frankl (*1921, Wien) fand eine weitere Möglichkeit zur Überquerung der schwer gesicherten Grenzen. Als Jugendlicher war er in seiner Heimatstadt Wien in einem zionistisch orientierten Jugendclub und bei den sozialistischen Roten Falken aktiv gewesen.[53] Nach dem „Anschluss" im März 1938 wollte er, unterstützt von seinen Eltern, aus Österreich nach Palästina fliehen. Um sich auf ein Leben in einem Kibbuz in Palästina vorzubereiten, zog Heinz Frankl auf ein Hachschara-Gut. Im Zuge der Novemberprogrome 1938 wurde er wegen angeblicher „Rassenschande" kurzzeitig verhaftet.[54] Auf Initiative der Deventer Vereinigung gelangte Heinz Frankl mit einer Gruppe von insgesamt zehn jungen Wienern nach Deventer in die Niederlande. Sie wurden im ganzen Land verteilt. Frankl kam zu verschiedenen Bauern in Gelderland und Overijssel, wo er bis Anfang 1943 arbeitete. Als die Lage zu gefährlich wurde,

---

51 Vgl. Hans Ehrlich. In: Kochba, Adina (Hrsg.): Het Verzet van de nederlandse Chaloetsbeweging en de Westerweelgroep tijdens de duitse Bezetting, unveröff. Manuskript, o. J., NIOD, 614 A, Palestina Pioniers, doc II, S. 29 f.; Hans E.. In: Jakob,Van der Voort, Anne Frank war nicht allein, S. 169ff.; Vom Ringen des holländischen Hechaluz, NIOD, 614 A, Palestina Pioniers, doc II; Lazare, La résistance juive, S. 188; Lazarus, Combattants, S. 12; Erinnerungsbericht Henry Pohoryles verfasst auf der Grundlage eines Interviews geführt von Rachel Leigam im Rahmen des Projekts „La Résistance Juive en France" von Anny Latour, 1974, Centre de Documentation Juive Contemporaine [CDJC], DLIX-76.
52 Meyerstein, Gehetzt, gejagt und entkommen, S. 69.
53 Henry Frank (früher Heinz Frankl), Interview Code 1842, VHA, USC Shoah Foundation Institute.
54 Henry Frank (früher Heinz Frankl), Interview Code 1842, VHA, USC Shoah Foundation Institute.

mietete er sich im März 1943 in einem Hotel ein, wurde dort aber von Angehörigen der Nationaal Socialistische Beweging (NSB) verhaftet und der deutschen Polizei in Enschede übergeben.[55] Seine Identitätspapiere waren zu offensichtlich gefälscht.[56] Immerhin konnte er glaubhaft machen, „Halbjude" zu sein. Daraufhin hätten die deutschen Polizisten gesagt: „Wir werden einen Menschen aus dir machen."[57] Sie setzten ihn in der Gefängnisküche zum Kartoffelschälen ein. Er floh und fuhr mit dem Zug nach Amsterdam. Er hatte dort eine Kontaktadresse und wurde von Joop Westerweel in einer überfüllten Pension versteckt.[58]

Drei Tage später überschritt Heinz Frankl, ausgestattet mit neuen Papieren, die ihn als „arischen" Niederländer auswiesen, mit Hilfe von Kurt Reilinger in einem Waldgebiet die „grüne Grenze" nach Belgien. Von dort ging es mit der Tram in das französische Lille.[59] Über Paris fuhr er in die Normandie, wo er auf einer Baustelle des Atlantikwalls eingestellt wurde. Seine Deutschkenntnisse lösten Verwunderung aus. Frankl sagte, seine Mutter sei Wienerin. Nach einiger Zeit ergab sich ein guter Kontakt zu dem Direktor. Heinz Frankl berichtete: „Der deutsche Direktor, [...] fragte mich, da ich sein besonderes Zutrauen erworben hatte: ‚Kennst du nicht Leute in Holland, die hier arbeiten würden? Könntest du mir nicht welche beschaffen?' Es verschwanden nämlich dauernd so viele Arbeiter, dass er ständig neue brauchte."[60]

Damit war der Weg für eine effektive Fluchtroute geebnet. Zunächst wollte Heinz Frankl eigentlich nur seinen Freund Kurt Wilder aus den Niederlanden nachholen.[61] Deshalb fuhr er mit dem Direktor nach Paris, wo dessen Bruder als Verbindungsoffizier der Luftwaffe in der deutschen Militärverwaltung arbeitete. Obwohl es seine Kompetenzen überschritt, händigte der Verbindungsoffizier Frankl einen Wehrmachtsausweis aus, mit dem er in den Niederlanden die

---

55 Bericht von Heinz Frankl, Juni 1956, Wiener Library, Testaments of the Holocaust, P.III.d. No. 230, 050-EA-0673.
56 Henry Frank (früher Heinz Frankl), Interview Code 1842, VHA, USC Shoah Foundation Institute.
57 Henry Frank (früher Heinz Frankl), Interview Code 1842, VHA, USC Shoah Foundation Institute.
58 Henry Frank (früher Heinz Frankl), Interview Code 1842, VHA, USC Shoah Foundation Institute; Bericht von Heinz Frankl, Juni 1956, Wiener Library, Testaments of the Holocaust, P.III.d. No. 230, 050-EA-0673.
59 Henry Frank (früher Heinz Frankl), Interview Code 1842, VHA, USC Shoah Foundation Institute.
60 Bericht von Heinz Frankl, Juni 1956, Wiener Library, Testaments of the Holocaust, P.III.d. No. 230, 050-EA-0673.
61 Henry Frank (früher Heinz Frankl), Interview Code 1842, VHA, USC Shoah Foundation Institute.

angeworbenen Arbeiter für die Befestigungsarbeiten am Atlantikwall über die Grenze nach Frankreich führen konnte. Der Verbindungsoffizier erklärte, dass das Vorgehen nicht legal sei und man daher so tun müsse, als seien die holländischen Arbeitskräfte bereits auf den OT-Baustellen in Frankreich beschäftigt gewesen und würden nun lediglich aus dem Urlaub in der Heimat zurück an ihre Arbeitsstellen in Frankreich gebracht.[62] Zurück in Amsterdam holte Heinz Frankl seinen Freund Kurt Wilder aus dem Versteck. Sie gingen zum Übernachten zu der alten Kontaktadresse, wo sie Joop Westerweel trafen. Der war zunächst verärgert, dass Heinz Frankl nach erfolgreicher Flucht in die Niederlande zurückgekehrt war. Heinz Frankl zeigte ihm seine Urlaubsscheine und Transportpapiere. Joop Westerweel wurde schnell klar, wie hilfreich diese sein würden.[63] Westerweel bat Frankl, auf den nächsten Transport fünf oder sechs Personen mitzunehmen, die sich von Frankreich aus weiter nach Spanien durchschlagen wollten. Heinz Frankl willigte ein. Er schilderte die Überquerung der beiden schwer bewachten Grenzen: „Bis Belgien: Soldatenzug, dann mit gewöhnlichem Zug weiter. An der Grenze in Rosendaal wollte man uns zuerst zurückschicken, dann ließ man uns doch durch. [...] Auch die Gestapokontrolle bereitete keine Schwierigkeiten."[64]

In Paris traf Heinz Frankl Kurt Reilinger. Der regte an, auf diese Weise weitere Personen aus den Niederlanden nach Frankreich zu bringen. So wurde diese Fluchtroute eingerichtet. Heinz Frankl erinnerte sich: „Ich war nun Transportführer für Wehrmacht-Zivilarbeiter; [...]. Auch einen Grenzschein für die beiden Grenzen (Frankreich-Belgien und Belgien-Holland) erhielt ich, [...]. Die Transporte waren unverdächtig."[65] Menachem Pinkhof stellte die Transporte zusammen.[66] Es waren zur Hälfte Juden, zur anderen Hälfte nichtjüdische Niederländer, die aus unterschiedlichen Gründen ebenfalls das Land unerkannt verlassen wollten.

Einer, der bei einem dieser Transporte 1943 nach Frankreich geschleust wurde, war Walter Rosenberg (*1921, Dortmund). Er war im Dezember 1938 in die Niederlande geflohen, lebte und arbeitete im „Werkdorp" der Hechaluz-Bewegung

---

62 Henry Frank (früher Heinz Frankl), Interview Code 1842, VHA, USC Shoah Foundation Institute.
63 Henry Frank (früher Heinz Frankl), Interview Code 1842, VHA, USC Shoah Foundation Institute.
64 Bericht von Heinz Frankl, Juni 1956, Wiener Library, Testaments of the Holocaust, P.III.d. No. 230, 050-EA-0673.
65 Bericht von Heinz Frankl, Juni 1956, Wiener Library, Testaments of the Holocaust, P.III.d. No. 230, 050-EA-0673.
66 Henry Frank (früher Heinz Frankl), Interview Code 1842, VHA, USC Shoah Foundation Institute.

bis zu dessen Auflösung im März 1942. Walter Rosenberg gab in seinem Bericht an, die Westerweel-Gruppe sei ihm unter dem Namen „Nanno" bekannt gewesen, was der Deckname Kurt Reilingers war. An die von Reilinger vermittelte Reise von den Niederlanden nach Frankreich erinnerte er sich:

> Ich war bei einem der ersten Transporte Frankls dabei. Es waren sowohl deutsche Juden wie holländische „Arier" dabei im Verhältnis 50-50; im Ganzen 20 Personen. Mit Hilfe seiner [Frankls, Anm. d. Verf.] guten Papiere konnten wir unbelästigt die Grenze passieren und gingen über Maastricht, Brüssel, Lille (bis Brüssel im Wehrmachtszug) nach Accun (Pas-de-Calais).[67]

Insgesamt wurde dieser Trick etwa neunmal durchgeführt.[68] Frankl resümierte: „Ich habe im Ganzen 150 Leute oder mehr über die Grenze gebracht. Alle hatten falsche holländische Papiere. Außerdem Kollektivausweis für die Grenze. In Amsterdam ging ich stets zur Luftwaffe, meldete die Transporte an."[69]

Einige Palästina-Pioniere flohen nach wenigen Tagen von ihren Arbeitsstellen. Andere blieben dort, da die Tarnidentität als nichtjüdischer niederländischer Arbeiter relativ sicher war. Heinz Frankl gab an, allein in Auffay bei Rouen hätten etwa 100 Juden auf diese Weise überlebt. Eine große Gefahr stellten jedoch die alliierten Bombenangriffe auf die Baustellen und Anlagen des Atlantikwalls dar.

Walter Rosenberg berichtete, dass er mit anderen Juden von seinem Transport für eine niederländische Firma Befestigungsarbeiten ausführte. Als einer von ihrem Transport bei einem Arbeitsunfall starb, fürchteten die anderen, dass sie alle mit ihren gefälschten Papieren auffliegen könnten. So seien alle Angehörige des Transports in kleinen Gruppen nach und nach geflüchtet. Dazu Walter Rosenberg: „Wir bestiegen unverfroren einen Wehrmachtszug und fuhren auf gut Glück nach Paris."[70] Dort ging Rosenberg, der im Besitz gut gefälschter Papiere war, zur Rüstungsinspektion, um sich Arbeit zu besorgen. Das gelang ihm. So erlebte er die Befreiung in Frankreich.

Offenbar verschwanden ständig Arbeiter von den Baustellen des Atlantikwalls. Daher sorgte Heinz Frankl für neue Arbeitskräfte:

---

67 Bericht von Walter Rosenberg, April 1956, Wiener Library, Testaments of the Holocaust, P.III.d. No. 229, 050-EA-0706.
68 Henry Frank (früher Heinz Frankl), Interview Code 1842, VHA, USC Shoah Foundation Institute.
69 Bericht von Heinz Frankl, Juni 1956, Wiener Library, Testaments of the Holocaust, P.III.d. No. 230, 050-EA-0673.
70 Bericht von Walter Rosenberg, April 1956, Wiener Library, Testaments of the Holocaust, P.III.d. No. 229, 050-EA-0706.

> Der deutsche Direktor regte sich über das ständige Verschwinden von Arbeitern nicht auf, ich musste einfach dauernd für neue sorgen, solche aus Holland holen. Ich bekam 1000 Francs für jeden Mann, den ich lieferte, gab das Geld mit Ausnahme meiner Reisespesen an die Widerstandsorganisation in Holland ab. Freilich ging mit den Spesen der größte Teil des Geldes dahin; 1000 Fr. – nicht viel. Reilinger arbeitete in Frankreich mit Kurt Windmüller [es muss Max heißen, Anm. d. Verf.] und Menachem Pinkhof zusammen.[71]

Anfang 1944 flog Frankls Fluchtroute auf. Er entschloss sich zuzugeben, dass er Jude war, denn dann würde er deportiert werden, anstatt vor dem Kriegsgericht zum Tode verurteilt zu werden. Tatsächlich wurde er im Mai 1944 nach Westerbork gebracht. Dort wurde er als Straffälliger in die Strafbaracke eingewiesen. In der Strafbaracke traf er Menachem Pinkhof, der bis zu seiner Verhaftung 1944 viele grenzüberschreitende Fluchten von Palästina-Pionieren organisiert hatte. Menachem und Mirjam Pinkhof waren bei dem Versuch, den mittlerweile inhaftierten Joop Westerweel aus dem Gefängniskrankenhaus des KZ Vught zu befreien, verraten worden.[72] Menachem Pinkhof und Heinz Frankl wurden von der Widerstandsbewegung aus der Strafbaracke geschmuggelt und einem Transport nach Bergen-Belsen zugeteilt, wohl um weiterer Bestrafung und der befürchteten Deportation zum „Arbeitseinsatz im Osten" zu entgehen. In der Auflösungsphase von Bergen-Belsen musste Frankl trotz Flecktyphus auf einen Evakuierungstransport und wurde in der Niederlausitz von der Roten Armee befreit. Auch Menachem Pinkhof überlebte die NS-Verfolgung und wanderte 1946 mit Mirjam Pinkhof nach Israel aus.[73]

Heinz Frankl gab an, dass über „seine" Fluchtroute die meisten Leute über die beiden Landesgrenzen geschleust worden seien.[74]

Die Zusammenarbeit mit der Armée Juive (AJ)

Viele Palästina-Pioniere hatten das Ziel, sich von Frankreich aus über Spanien nach Palästina durchzuschlagen. Ein fast unmögliches Unterfangen. Durch die freiwillige Meldung zum Arbeitseinsatz auf den OT-Baustellen in Frankreich hatten sie bereits einen schwierigen Teil der Fluchtroute bewältigt. Einige von

---

[71] Bericht von Heinz Frankl, Juni 1956, Wiener Library, Testaments of the Holocaust, P.III.d. No. 230, 050-EA-0673.
[72] Vgl. Land-Weber, To save a life, S. 119ff.
[73] The Testimony of Menachem Pinkhof, 19. 11. 1963, NIOD, 296 A, Groep Westerweel.
[74] Henry Frank (früher Heinz Frankl), Interview Code 1842, VHA, USC Shoah Foundation Institute.

ihnen wollten zunächst von Südfrankreich aus über die Pyrenäen nach Spanien gelangen. Um Fluchtmöglichkeiten in das neutrale Spanien zu eruieren, war Joachim Simon im Herbst 1942 nach Frankreich gegangen. In Frankreich gelang es ihm, mit Mitgliedern der jüdisch-zionistischen Untergrundorganisation Armée Juive (AJ) Kontakt aufzunehmen.[75]

Die AJ hatte sich in der unbesetzten südlichen Zone gegründet. Sie verübte Attentate auf Denunzianten und „Judenjäger", Gestapo-Angehörige und Profiteure der Besatzung und sie organisierte Fluchten aus den Lagern im unbesetzten Frankreich. Mitglieder der AJ stellten Verbindungen und Fluchtrouten in die Schweiz und nach Spanien her und fälschten in großem Stil und in guter Qualität Identitätspapiere.[76] Es wurden Konvois mit 17–18-jährigen jüdischen Pfadfinderinnen und Pfadfindern zusammengestellt, die nach Palästina geschleust werden sollten, um dort einen Kibbuz der ehemaligen französischen Pfadfinderschaft zu gründen. Diejenigen, die alt genug waren, um zu kämpfen, blieben in Frankreich, um sich dem bewaffneten Widerstand des Maquis [Partisanen, die sich vor allem in schwer zugänglichem Gelände (Wälder, Gebirge u. ä.) verborgen hielten und von dort aus operierten, Anm. d. Verf.] anzuschließen.[77] Die Rekrutierung neuer Mitglieder beschränkte sich auf den unmittelbaren Freundeskreis. Die AJ arbeitete mit verschiedenen anderen Résistancegruppen zusammen, beispielsweise mit dem im Mai 1942 in Montpellier gegründeten Dachverband zionistischer Jugendgruppen Le mouvement de la Jeunesse Sionistie (MJS).[78] Die AJ und die in der MJS organisierten jüdischen Pfadfinder Éclaireurs Israélites de France (EIF), die als einzige der in der MJS organisierten Gruppen eine bewaffnete Einheit aufgebaut hatten, schlossen sich im Juni 1944 zur Organisation Juive de Combat

---

75 Kochba, Adina (Hrsg.): Het Verzet van de nederlandse Chaloetsbeweging en de Westerweelgroep tijdens de duitse Bezetting, unveröff. Manuskript, o. J., NIOD, 614 A, Palestina Pioniers, doc II, S. 7.
76 Vgl. Kapel, René S.: Un rabbin dans la tourmente (1940–1944). Dans les camps d'internement et au sein de l'Organisation juive de combat. Paris 1986, S. 125; Henry Pohoryles, Etats de services, CDJC, CCXVIII-58; Vom Ringen des holländischen Hechaluz, NIOD, 614 A, Palestina Pioniers, doc II.
77 Maurice Bernsohn, [Erinnerungsbericht], o. D., CDJC, DLXI-6.
78 Vgl. Lazare, La résistance juive, S. 78-80; In der MJS sollen folgende Gruppen organisiert gewesen sein: Jeunesse socialiste, PZ gauche, Misrahi, EIF und Hehaloutz, vgl. Lubin, Aron: L'Organisation Juive de Combat (OJC). In: Le Monde Juif. Revue d'histoire de la Shoah 152 (1994), S. 75; Latour, Anny: La résistance juive en France (1940–1944). Paris 1970, S. 84; Strobl, Ingrid: Die Angst kam erst danach. Jüdische Frauen im Widerstand in Europa 1939–1945. Frankfurt a. M. 1998, S. 84f.; Henri Pohoryles, Etats de services, CDJC, CCXVIII-58; Mompezat (Forces Francaises de l'interieur), 6. 4. 1945, CDJC, CMXX-6.

(OJC) zusammen, um als kämpfende Einheit in die alliierten Streitkräfte integriert zu werden.[79]

Joachim Simon und eventuell noch weitere Mitglieder der Westerweel-Gruppe traten in Toulouse über die zionistische Föderation an die dort organisierte EIF heran. Gemeinsam entwickelten sie einen Plan. Joachim Simon würde zunächst die Palästina-Pioniere aus den Niederlanden durch Belgien nach Frankreich bringen. In Frankreich sollten sie von der EIF empfangen werden, die im Weiteren für deren Schleusung in ein neutrales Land Sorge tragen sollte. Joachim Simon kümmerte sich um die notwendigen Papiere. Er nahm unterschiedliche Vordrucke aus Frankreich mit, damit sie in den Niederlanden nachgemacht werden konnten. Die Leiter der zionistischen Föderation, Henri Pohoryles und Shimon Levit, organisierten die Unterkünfte für die ersten Ankömmlinge in Lyon. Sie schliefen in einem Clubhaus auf Strohmatratzen und sogar in einer Kirche.[80]

Joachim Simon, der den Kontakt zur AJ geknüpft hatte, wurde im Januar 1943 verhaftet und beging am 27. Januar im Gefängnis von Breda Selbstmord, da er Angst hatte, unter Folter Verrat zu begehen. Kurt Reilinger und Leo Schwarzschild waren zwecks Auslotung von Fluchtrouten im Sommer 1943 nach Frankreich gegangen und konnten auf die Kontakte, die Joachim Simon aufgebaut hatte, zurückgreifen. Im selben Jahr verfestigte sich die Zusammenarbeit zwischen dem Hechaluz-Untergrund und der Armée Juive.[81] Unter der Leitung von Kurt Reilinger, Alfred Fraenkel, Max Windmüller, Lolly Eckart und deren Freund Ernst Hirsch entstand, trotz einiger Sprachprobleme und unterschiedlicher politischer Ansichten, eine enge Zusammenarbeit. Ehemalige AJ-Mitglieder sprachen in der Erinnerungsliteratur von der „holländischen Gruppe" innerhalb der AJ oder den „Holländern" (obwohl tatsächlich fast niemand von ihnen aus den Niederlanden kam).[82] Kurt Reilinger, Ernst Hirsch, Alfred Fraenkel, Max Windmüller,

---

79 Vgl. Lubin, L'organisation, S. 75; Latour, La résistance juive, S. 94; Kapel, Un rabbin, S. 205.
80 Kochba, Adina (Hrsg.): Het Verzet van de nederlandse Chaloetsbeweging en de Westerweelgroep tijdens de duitse Bezetting, unveröff. Manuskript, o. J., NIOD, 614 A, Palestina Pioniers, doc II, S. 7.
81 Kochba, Het Verzet van de nederlandse Chaloetsbeweging, S. 7.
82 Paula Kaufmann, Interview, 5. 5. 1998, YVA O.3 2.396; Joop (Ad) Linnewiel, Verzet en illegale acties. In: Kochba, Adina (Hrsg.): Het Verzet van de nederlandse Chaloetsbeweging en de Westerweelgroep tijdens de duitse Bezetting, unveröff. Manuskript, o. J., NIOD, 614 A, Palestina Pioniers, doc II, S. 32; vgl. Latour, La résistance juive, S. 104; Lubin, L'organisation, S. 76; Lazare, La résistance juive, S. 188; Les Anciens de la résistance juive en France. In: Lazarus, Jacques/Lazare, Lucien: Organisation Juive de Combat. Résistance/sauvetage. France 1940–1945. o. O. 2006, S. 412.

Leo Weill, Ernest Ascher, Ad Linnewiel (*1920, Arnheim) und Meta Lande beteiligten sich an den Widerstandsaktionen der AJ und ihrer Nachfolgeorganisation der Organisation Juive de Combat.[83] Einige „Holländer" hatten in der südfranzösischen Region Tarn unter anderem von dem AJ-Mitglied Jacques Lazarus eine militärische Ausbildung bekommen, bevor sie mit Hilfe der AJ ihre illegale Reise über Spanien nach Palästina antraten.[84] Die AJ wiederum erhielt von den „Holländern" Informationen über die Aktivitäten und Vorhaben der Organisation Todt und aus den von deutschsprachigen Mitgliedern der Westerweel-Gruppe infiltrierten deutschen Besatzungsbehörden.[85] Die Synergieeffekte dieser Zusammenarbeit beschrieb der ehemalige Palästina-Pionier Benjamin Yigael:

> In spite of their different mentalities and the fact that at times they pursued divergent goals, a close cooperation developed. The cooperation between the Dutch and the French exploited the special skills of each of the parties, the French had good contacts in Spain and knew well the routes over the Pyrenées, the Dutch speciality was their "German connection" – they infiltrated the "Todt" organization and branches of the Nazi military administration.[86]

So gelang es beispielsweise Paula Kaufmann unter falschem Namen 1944 eine Anstellung in der Bau- und Verwaltungsstelle der Sicherheitspolizei im Gestapohauptquartier in der Pariser Avenue Foch zu bekommen.[87] Von dort konnte sie wichtige Informationen, wie den deutschen Verteidigungsplan von Paris, an den Widerstand übermitteln.[88]

---

83 Lucien Rubel an Forces Francaises de l'interieur, Région Ile-de-France, 20. 10. 1944, CDJC, CDLXXVI-6.
84 Interview der Verfasserin mit Jacques Lazarus am 19. 9. 2008, Paris; Erinnerungsbericht Jacques Lazarus, 1974, CDJC, DLXI-56.
85 Vgl. Kapel, Un rabbin, S.128; Erinnerungsbericht Jacques Lazarus, entstanden im Rahmen des Projekts „La Résistance Juive en France" von Anny Latour, 1973, CDJC, DLXI-56.
86 Vgl. Yigael, They were our friends, S. 30.
87 Ernst Asscher, Arrestaties en Reddingspogingen, 3., NIOD, 614 A, Palestina Pioniers, doc II, S. 33; vgl. Siegel, In ungleichem Kampf, S. 170; Hans Ehrlich. In: Kochba, Adina (Hrsg.): Het Verzet van de nederlandse Chaloetsbeweging en de Westerweelgroep tijdens de duitse Bezetting, unveröff. Manuskript, o.J., NIOD, 614 A, Palestina Pioniers, doc II, S. 30.
88 Paula Kaufmann, Interview, 5. 5. 1998, YVA O.3 2.396; Hans Ehrlich. In: Kochba, Adina (Hrsg.), Het Verzet van de nederlandse Chaloetsbeweging en de Westerweelgroep tijdens de duitse Bezetting, unveröff. Manuskript, o. J., NIOD, 614 A, Palestina Pioniers, doc II, S. 30; Paula Kaufmann, Arrestaties en Reddingspogingen, NIOD, 614 A, Palestina Pioniers, doc II; vgl. Yigael, They were our friends, S. 30; Hans E.. In: Jakob/Van der Voort, Anne Frank war nicht allein, S. 177.

Über die Pyrenäen nach Palästina

Ende Oktober 1943 ergab sich für die Palästina-Pioniere die Möglichkeit, mit Hilfe der Toulouser Sektion der AJ nach Spanien zu gelangen. Frida Wattenberg von der AJ berichtete, ihre extra zu diesem Zwecke angemietete 2-Zimmer-Wohnung in Toulouse sei bis oben hin voll mit Wanderausrüstungen für die Überquerung der Pyrenäen gewesen.[89] Die Versorgung derjenigen, die in Toulouse auf die Gelegenheit zur Überquerung der Pyrenäen warteten, wurde folgendermaßen organisiert: Sie benutzten Blanko-Marschbefehle, die sie als niederländische Arbeiter auf der Durchreise zu einer Baustelle auswiesen. Sobald diese ausgefüllt bei der Ortskommandantur der Wehrmacht in Toulouse vorgelegt wurden, händigte man ihnen dort Lebensmittel und Lebensmittelmarken aus und quartierte sie in einem Hotel ein.[90] Heinz Jehuda Meyerstein schrieb in seinen Erinnerungen:

> Diese „Marschbefehle" waren eine schöne Sache: Wenn die Lebensmittel zur Neige gingen, schrieb man sich einen Befehl aus und ging damit zur Wehrmacht. Einige Minuten später war man wieder alle Sorgen los! [...] Nanno [Spitzname von Kurt Reilinger, Anm. d. Verf.] sorgte immer dafür, dass ein Vorrat an Marschbefehlen vorhanden war.[91]

Vor der Gebirgspassage bestand die strikt zionistisch ausgerichtete AJ darauf, dass die Palästina-Pioniere einen Treueeid leisteten.[92] Chanan Hans Flörsheim schildert diese Situation:

> Am nächsten Tag mussten wir eine merkwürdige Zeremonie über uns ergehen lassen. Wir wurden am Nachmittag zu einer bestimmten Adresse geschickt, und dort musste jeder Einzelne in einem verdunkelten Raum auf einer Bibel und einer mit Davidstern geschmückten Fahne einen Eid ablegen und Treue zu Erez Israel schwören.[93]

Die Überquerung der Pyrenäen war ein sehr riskantes Unterfangen. Die Grenze zwischen Frankreich und Spanien war von der französischen Gendarmerie, dem Zoll und seit der vollständigen Besetzung Frankreichs im November 1942

---

89 Zeitzeugengespräch mit Frida Wattenberg am 18. 11. 2012 in Paris.
90 Vgl. Meyerstein, Gehetzt, gejagt und entkommen, S. 74.
91 Meyerstein, Gehetzt, gejagt und entkommen, S. 74.
92 Vom Ringen des holländischen Hechaluz, NIOD, 614 A, Palestina Pioniers, doc II; vgl. Siegel, In ungleichem Kampf, S. 171.
93 Flörsheim, Über die Pyrenäen in die Freiheit, S. 92.

zusätzlich von deutschen Gebirgsjägern streng bewacht.[94] Der mehrtägige Marsch war äußerst kräftezehrend. Ein Palästina-Pionier, Isi Tiefenbrunner (*1925, Köln), erfror während der Passage.[95]

Chanan Flörsheim nutzte die längere Wartezeit bis zur Überquerung der Pyrenäen, indem er intensiv auslotete, ob es möglich sei, die französisch-spanische Grenze versteckt unter einem Eisenbahnwaggon zu passieren. Dieser Fluchtweg erwies sich als nicht praktikabel.[96] Als er dann mit einer Gruppe die Pyrenäen überqueren wollte, scheiterten die ersten drei Versuche, woraufhin manche der Palästina-Pioniere für einige Monate zu den kämpfenden Einheiten des Maquis im Massif Central gingen.[97] Als Flörsheim am 10. Februar 1944 eine Reise nach Toulouse unternahm, um herauszufinden, ob ein weiterer Versuch, die Pyrenäen zu durchqueren möglich sei, wurde er in Peyrehorade von der Wehrmacht verhaftet und mehrere Wochen lang inhaftiert.[98] Doch noch im selben Monat gelang es den ersten Palästina-Pionieren, die Pyrenäen zu überqueren.[99]

Chanan Flörsheims vierter Versuch im April 1944 war erfolgreich.[100] Die Gruppen, die jeweils von bezahlten Bergführern über die Berge geführt wurden, setzten sich aus verschiedenen Teilgruppen zusammen: aus jungen jüdischen Pfadfinder/-innen aus Frankreich, aus den Hechaluz-Pionieren und aus Personen, die nicht jüdisch waren, aber aus anderen Gründen die Grenze passieren wollten, wie etwa über Frankreich abgeschossene britische Flieger, die sich vor den Deutschen in Sicherheit bringen mussten.[101]

Auch Paul Siegel und Martin Uffenheimer fuhren am 24. Februar 1944 nach Toulouse, um von dort aus die Pyrenäen zu überqueren. Paul Siegel hatte einen Arbeitseinsatz für die Deutschen am Atlantikwall abgelehnt und bat Joop Westerweel, den er bei seiner Flucht in Paris traf, entweder bei der Untergrundtätigkeit

---

94 Vgl. Mühlen, Patrik von zur: Fluchtweg Spanien – Portugal. Die deutsche Emigration und der Exodus aus Europa 1933–1945. Bonn 1992, S. 41f.
95 Heinz Landwirth, Erlebnisse in den Jahren 1938 bis 1945, Dezember 1955, Wiener Library, Testaments of the Holocaust, P.III.d. No. 197, 050-EA-0703; Bundesarchiv, Namensverzeichnis, Gedenkbuch Opfer der Verfolgung der Juden unter der nationalsozialistischen Gewaltherrschaft in Deutschland 1933–1945.
96 Vgl. Flörsheim, Über die Pyrenäen in die Freiheit, S. 100ff.
97 Vgl. Meyerstein, Gehetzt, gejagt und entkommen, S. 76ff.
98 Vgl. Flörsheim, Über die Pyrenäen in die Freiheit, S. 126ff.
99 Vom Ringen des holländischen Hechaluz, NIOD, 614 A, Palestina Pioniers, doc II; vgl. Meyerstein, Gehetzt, gejagt und entkommen, S.89ff.
100 Vgl. Flörsheim, Über die Pyrenäen in die Freiheit, S. 95, 164.
101 Vgl. Flörsheim, Über die Pyrenäen in die Freiheit, S. 95, 164; Siegel, In ungleichem Kampf, S. 173.

oder im französischen Maquis eingesetzt zu werden.¹⁰² Stattdessen tat sich eine andere Option für ihn und Martin Uffenheimer auf: Die Flucht über die Pyrenäen nach Spanien. In Toulouse trafen sie einige ihrer Freunde, die ebenfalls nach Spanien fliehen wollten. Nach einigen Tagen fuhren sie, geführt von einer jüdischen Gefährtin, mit dem Zug nach St. Giron und von dort aus mit dem Bus weiter in das Grenzgebiet. Nach einigen Kilometern zu Fuß kamen sie zu einer Hütte. Dort sammelte sich die „Wandergruppe". Außer den 21 Palästina-Pionieren, unter ihnen nur zwei Mädchen, war noch ein nichtjüdischer Niederländer, der nach England wollte und sechs ältere französische Juden und zwei nichtjüdische Franzosen, frühere Polizeioffiziere, die sich in Nordafrika den Truppen unter General de Gaulle anschließen wollten.¹⁰³ Um nicht gesehen zu werden, marschierten sie zunächst nachts. Der Bergführer teilte ihnen am ersten Abend mit, die Überquerung würde statt wie bisher behauptet nicht zwei, sondern vier Tage dauern. Die Lebensmittel gingen aus. Paul Siegel schilderte die Situation am Abend des zweiten Tags: „Wir hatten beinahe zwei Tage keinen Bissen zu uns genommen. Die grimmige Kälte, der starke Wind und die ununterbrochene körperliche Anstrengung hatte uns sehr geschwächt. [...] Es ist schwer vorstellbar, wie ausgemergelt wir waren."¹⁰⁴ Der Schnee war teilweise so hoch, dass man bei jedem Schritt bis zu den Knien versank. Am vierten Tag brachen sie morgens auf. Einige litten an Durchfall und konnten sich kaum durch den Schnee schleppen.¹⁰⁵ Der Bergführer wies ihnen den weiteren Weg und kehrte um. Bis es Abend wurde hatten sie sich heillos verlaufen. Ohne Werkzeug hoben sie eine Grube aus, in der sie sich zusammen schlafen legen wollten, um nicht zu erfrieren. Paul Siegel schilderte die verzweifelte Stimmung, denn „wer wusste, ob wir hier jemals wieder lebend herauskämen?"¹⁰⁶ Am fünften Tag schließlich erreichten sie Spanien. Einer Internierung versuchten Paul Siegel und andere Palästina-Pioniere zu entgehen, in dem sie nachts aus dem von der Polizei umstellten Hotel flohen, doch sie wurden von der Guardia Civil verhaftet. Sie konnten glaubhaft machen, dass sie Niederländer seien und erreichten über ihren Gewährsmann von der in Spanien aktiven Sektion des American Jewish Joint Distribution Committee ihre Freilassung.

Auch Chanan Flörsheim berichtete, dass sie in Spanien von der Guardia Civil aufgegriffen wurden. Er hatte zwar seinen richtigen Namen angegeben, sich aber

---

102 Vgl. Siegel, In ungleichem Kampf, S. 168f.
103 Siegel, In ungleichem Kampf, S. 172.
104 Siegel, In ungleichem Kampf, S. 178.
105 Siegel, In ungleichem Kampf, S. 177 .
106 Siegel, In ungleichem Kampf, S. 181.

für unter 18 Jahre alt ausgeben, um der Internierung entgehen. Sie erhielten spanische Identitätskarten, die sie als „staatenlos" auswiesen.[107] In Spanien wurden sie vom American Jewish Joint Distribution Committee beraten und unterstützt.[108] Im Oktober 1944 erhielten Paul Siegel und weitere Palästina-Pioniere von der britischen Mandatsregierung erteilte Einwanderungszertifikate für Palästina.[109] Er, Chanan Flörsheim und 53 weitere Hechaluz-Mitglieder gingen am 27. Oktober 1944 in Cadiz an Bord des Schiffes „Guinée" und erreichten am 4. November den Hafen von Haifa.[110]

Seit Mai 1943 soll insgesamt 150 Palästina-Pionieren die Flucht aus den Niederlanden über Belgien bis Frankreich geglückt sein.[111] Etwa 80 von ihnen überquerten in von der Toulouser Sektion der AJ organisierten Gruppen seit Februar 1944 die Pyrenäen und gelangten von Spanien aus in das unter britischem Mandat stehende Palästina.[112]

Die Zerschlagung der Westerweel-Gruppe

Im Dezember 1943 wurde Wilhelmina Westerweel verhaftet und im Februar 1944 in das KZ Vught eingeliefert. Sie musste bei der Firma Philips arbeiten.[113] Von dort wurde sie in das KZ Ravensbrück überstellt, überlebte die Lagerhaft und starb 1999. Joop Westerweel brachte unmittelbar nach der Verhaftung seiner Frau ihre Kinder in ein Versteck und setzte seine Rettungsaktivitäten unvermindert fort.[114] Im März 1944 wurde Joop Westerweel verhaftet, als er, gemeinsam mit dem Aktivisten Bouke Koning, zwei junge Frauen über die niederländisch-belgische

---

107 Vgl. Flörsheim, Über die Pyrenäen in die Freiheit, S. 169ff.
108 Vgl. Siegel, In ungleichem Kampf, S. 195.
109 Siegel, In ungleichem Kampf, S. 198; Siehe auch Flörsheim, Über die Pyrenäen in die Freiheit, S. 181.
110 Vgl. Siegel, In ungleichem Kampf, S. 199 f.; Flörsheim, Über die Pyrenäen in die Freiheit, S. 185ff.
111 Vgl. Avni, Escape, S. 562ff.; Vom Ringen des holländischen Hechaluz, 1945, NIOD, 614 A, Palestina Pioniers, doc II.
112 Interview der Verfasserin mit Shaul Sagiv (vormals Paul Siegel) am 3. 10. 2009 im Kibbuz Yakum; vgl. Presser, Ashes, S. 283.
113 Wilhelmina Westerweel, Karteikarte, 1.1.12. Konzentrationslager Herzogenbusch-Vught, 1.1.12.2 Individuelle Unterlagen, ID 31272/0002, ITS Digitales Archiv.
114 Av (Avraham) Perlmutter, Interview Code 34327, VHA, USC Shoah Foundation Institute.

Grenze schleusen wollte.¹¹⁵ Westerweel wurde verhört, gefoltert und am 11. August 1944 im KZ Vught erschossen.¹¹⁶

Im April 1944 wurden unter anderem Kurt Reilinger, Ernst Hirsch, Alfred Fraenkel und Susi Hermann in Frankreich gefasst. Im Juli 1944 gelang es der Gestapo durch die Einschleusung eines Spitzels, einige Aktivisten der AJ und der Westerweel-Gruppe in Paris gemeinsam zu verhaften.¹¹⁷ Darunter waren Max Windmüller und Paula Kaufmann. Sie wurden mit Kurt Reilinger, Ernst Hirsch und Alfred Fraenkel am 25. August 1944 in das KZ Buchenwald eingeliefert. Vom KZ Buchenwald wurde Max Windmüller im Rahmen der Evakuierung zunächst in das KZ Flossenbürg gebracht, dann während eines Todesmarsches vom KZ Flossenbürg in das KZ Dachau im April 1945 in Cham erschossen.¹¹⁸ Alfred Fraenkel wurde vom KZ Buchenwald aus zunächst in das Außenlager Lippstadt, dann in das Außenlager Witten-Annen überstellt.¹¹⁹ Er überlebte die Verfolgung. Paula Kaufmann wurde als niederländische politische Gefangene sowie als „Mischling 1. Grades"¹²⁰ in das KZ Buchenwald eingeliefert und von dort im September 1944 nach Auschwitz-Birkenau verschleppt.¹²¹ Ende November wurde sie nach Bergen-Belsen und am 10. Februar 1945 in das erst drei Tage zuvor eingerichtete Außenlager des KZs Buchenwald, Raghun, verlegt.¹²² Dort mussten jüdische Frauen bei den Heerbrandt-Werken, die für Junkers produzierten, arbeiten. Besonders viele

---

115 Vgl. Siegel, In ungleichem Kampf, S. 188.
116 Johan Gerard Westerweel, Karteikarte, 1.1.12. Konzentrationslager Herzogenbusch-Vught, 1.1.12.2 Individuelle Unterlagen, ID 31271/0002, ITS Digitales Archiv.
117 Vgl. Fraenkel, Alfred: Als afgevaardige van de ondergrondse uit Holland naar Italie. In: Kochba, Adina (Hrsg.): Het Verzet van de nederlandse Chaloetsbeweging en de Westerweelgroep tijdens de duitse Bezetting, unveröff. Manuskript, o. J., NIOD, 614 A, Palestina Pioniers, doc II, S. 24.
118 Häftlings-Personal-Karte Max Windmüller, KL Weimar-Buchenwald, o.D., 1.1.5.3, ID 7421603, ITS Digitales Archiv; vgl. Overzicht van gebeurtenissen. In: Kochba, Adina (Hrsg.): Het Verzet van de nederlandse Chaloetsbeweging en de Westerweelgroep tijdens de duitse Bezetting Palestina-Pioniers, Unveröff. Manuskript, o.J., NIOD, 614 A, Palestina Pioniers, doc II.
119 Häftlings-Personal-Karte Alfred Fraenkel, KL Weimar-Buchenwald, o. D., 1.1.5.3, ID 5880197, ITS Digitales Archiv; Alfred Fraenkel, Interview Code 17589, VHA, USC Shoah Foundation Institute.
120 Frauenkarteikarte Pauline Kaufmann, KZ Buchenwald, o. D., 1.1.5.4, ID 7610307, ITS Digitales Archiv.
121 Paula Kaufmann, Arrestaties en Reddingspogingen, o. D., NIOD, 614 A, Palestina Pioniers, doc II.
122 Interview Paula Kaufmann, 5. 5. 1998, YVA 0.3 2.396; Karteikarte Arbeitseinsatz Pauline Kaufmann, o. D., 1.1.5.4, ID 14999/0002, ITS Digitales Archiv. Für hilfreiche Hinweise bei der Interpretation der Vermerke auf dem Dokument danke ich Sabine Stein, Archiv Stiftung Gedenkstätten Buchenwald und Mittelbau-Dora; vgl. Seidel, Irmgard: Jüdische Frauen in den Außenkommandos des KZ Buchenwald. In: Bock, Gisela: Genozid und Geschlecht, Frankfurt a. M./New York 2005, S. 160.

der dort eingesetzten Frauen waren entweder mit „Ariern" verheiratet oder galten, wie Paula Kaufmann, als Mischling 1. Grades.[123] Von dort kam sie auf einen Transport nach Theresienstadt, wo sie am 20. April 1945 ankam und schließlich befreit wurde.[124] Ernst Hirsch wurde ebenfalls am 25. August 1944 im KZ Buchenwald registriert.[125] Auf seiner Arbeitseinsatzkarte stand bei Bemerkung „Austausch".[126] Offenbar wurde er als Geisel betrachtet, verstarb aber im April 1945 im KZ Bergen-Belsen.[127] Nach der Einlieferung im KZ Buchenwald wurde Kurt Reilinger zu einem nicht bekannten Zeitpunkt in das KZ Mittelbau-Dora überstellt.[128] Nach der Befreiung wurde er vom Roten Kreuz zur Erholung nach Schweden gebracht und kehrte von dort in die Niederlande zurück. Dort kam er im September 1945 bei einem Autounfall ums Leben.[129]

Überlegungen zur Rettungsbilanz der Westerweel-Gruppe

Die Bilanz der Westerweel-Gruppe ist beeindruckend: Etwa 300 Jüdinnen und Juden wurden in Sicherheit gebracht, davon etwa 80 nach Palästina. Für die Effizienz der Gruppe gab es mehrere Gründe. Einer davon war die gewachsene soziale Struktur, die die Palästina-Pioniere der Hechaluz-Bewegung in die Westerweel-Gruppe einbrachten. Viele von ihnen hatten sich bereits in Hachschara-Ausbildungsstätten kennengelernt. Sie waren überwiegend aus Deutschland und Österreich in die Niederlande geflohen und hatten den fanatischen und bedrohlichen Antisemitismus der Nationalsozialisten von Beginn an selbst erlebt. Einige,

---
123 Vgl. Seidel, Jüdische Frauen, S. 160.
124 Interview Paula Kaufmann, 5. 5. 1998, YVA O.3 2.396; vgl. Frenkel-Bihan, Chawah: In Theresienstadt. In: Kochba, Adina (Hrsg.): Het Verzet van de nederlandse Chaloetsbeweging en de Westerweelgroep tijdens de duitse Bezetting, unveröff. Manuskript, o. J., NIOD, 614 A, Palestina Pioniers, doc II, S. 257; Schriftliche Auskunft des Archivs der Gedenkstätte Theresienstadt vom 11. 12. 2011.
125 Häftlingspersonalkarte Ernst Hirsch, o. D., 1.1.5.3, ID 00091420/002; ITS Digitales Archiv.
126 Karteikarte Arbeitseinsatz Ernst Hirsch, KZ Buchenwald, o. D., 1.1.5.3, ID 00091420/003, ITS Digitales Archiv.
127 Karteikarte Krankenrevier Ernst Hirsch, KZ Buchenwald, o. D.,1.1.5.3, ID 00091420/0011, ITS Digitales Archiv.
128 Karteikarte Krankenrevier Kurt Reilinger, KZ Mittelbau-Dora, o. D., 1.1.5.3, ID 00040310/0003, ITS Digitales Archiv; Postkontrollkarte Kurt Reilinger, KZ Mittelbau-Dora, 1.1.5.3, ID 00040310/0002, ITS Digitales Archiv.
129 Vgl. Siegel, In ungleichem Kampf, S. 213.

wie Joachim Simon oder Heinz Jehuda Meyerstein, waren im Zuge der Masseninhaftierung von Juden infolge des Novemberpogroms in die Konzentrationslager Buchenwald und Dachau eingeliefert worden und wussten daher, was KZ-Haft bedeutete.[130] Die jungen Flüchtlinge hatten es bereits geschafft, aus dem Deutschen Reich zu entkommen und waren nach dem deutschen Einmarsch in den Niederlanden selbstverständlich entschlossen, sich erneut dem Zugriff der Nationalsozialisten zu entziehen. Die jungen Zionisten bildeten eine Peergroup. Sie verband die Verfolgungserfahrung und die Flucht in die Niederlande. Viele kamen ohne Familie. Sie hatten in der Auswanderung nach Palästina ein gemeinsames geografisches Ziel, als zionistische Sozialisten jedoch auch eine gemeinsame gesellschaftspolitische Utopie. Neben der verbindenden Lebenslage prägte das sozialistische Solidaritätsideal den Umgang miteinander. Als die antisemitische Verfolgung durch die deutschen Besatzer einsetzte, bestand bereits ein soziales Gefüge, in dem Freundschaft und Vertrauen die Grundlage gemeinsamer Praxis bildeten. Zu den Palästina-Pionieren stießen jüdische und überwiegend nichtjüdische erwachsene Niederländer, die sich als Nazi- und Kriegsgegner, Christen oder Sozialisten verstanden und durch ihre Überzeugungen stark intrinsisch motiviert waren. Die einzelnen Akteure ordneten ihre religiösen Orientierungen und politischen Überzeugungen der gemeinsamen Tat unter. Mit Joop und Wilhelmina Westerweel, Frans Gerritsen oder Jan Smit gab es Helfer, die ihr Leben in Gefahr brachten ohne selbst von der antijüdischen Verfolgung der Nationalsozialisten betroffen zu sein. Juden und Nichtjuden arbeiteten innerhalb der Westerweel-Gruppe zusammen und verfolgten mit großer Konsequenz und, wie Mirjam Pinkhof ebenso wie der Aktivist Nathan Mageen retrospektiv betonten, „auf der Grundlage vollkommener Gleichheit"[131] unterschiedliche Rettungsstrategien.[132] Die Westerweel-Gruppe war auch deshalb so erfolgreich, weil diejenigen, die gerettet werden sollten, selbst überdurchschnittlich viel zu ihrer Rettung beitrugen. Jede Rettungsanstrengung setzt das aktive Wollen und Mittun des zu Rettenden voraus. Im Fall der Palästina-Pioniere allerdings war das Aktionsniveau besonders hoch. Etliche Berichte verdeutlichen die vielfältigen und sehr aktiv vorangetriebenen Rettungsmaßnahmen, mit denen die Palästina-Pioniere ihrer eigene Rettung und die ihrer Peers in die Hand nahmen. Beispielsweise fungierten sie als Verbindungspersonen zwischen der Westerweel-Gruppe und den im

---

130 Karteikarte KZ Buchenwald, Joachim Simon, o. D., 1.1.5.3, ID 7117350#1, ITS Digitales Archiv; vgl. Meyerstein, Gehetzt, gejagt und entkommen, S. 16ff.
131 Mageen, Zwischen Abend, S. 36.
132 Vgl. Lindeman, Yehudi: All or nothing. The Rescue Mission of Joop Westerweel. In: Scrase, David [u. a.]: Making a Difference. Rescue and Assistance during the Holocaust. Burlington 2004, S. 241; Vgl. Land-Weber, To save a life, S. 115.

Lager Westerbork internierten Palästina-Pionieren, übernahmen die Transportleitung der vermeintlichen Arbeiter der Organisation Todt, dienten als Boten und Späher, besorgten Quartiere und Lebensmittel und entwickelten selbst Ideen und Strategien zur Rettung.[133] Paul Siegel beispielsweise war der Erfinder und Initiator der Fluchtmöglichkeit aus dem Lager Westerbork, die mit Unterstützung von den Gruppenmitgliedern außerhalb des Lagers von etlichen Hechaluz-Aktivisten genutzt werden konnte. Chanan Flörsheim prüfte intensiv die Möglichkeit, die französisch-spanische Grenze versteckt unter einem Eisenbahnwaggon zu passieren.[134] Die jungen Palästina-Pioniere handelten stark eigeninitiativ. Bei dem Gros der Palästina-Pioniere wechselten die Rollen und der Grad der Eingebundenheit in Hilfsaktivitäten temporär. So konnte jemand für einen fingierten Transport zum Arbeitseinsatz zum Transportleiter werden und zu einem anderen Zeitpunkt eher eine passive Rolle, etwa in einer Gruppe bei der Pyrenäenüberquerung, einnehmen. Joop Westerweel soll gesagt haben, es sei eine Freude, Leuten zu helfen, die sich selber helfen wollten.[135]

Trotz vieler Berichte von Überlebenden bleibt die Beschreibung dessen, wer und was die Westerweel-Gruppe organisatorisch darstellte, schwierig. Das was retrospektiv als Gruppe bezeichnet wird, weist darüber hinaus deutliche Strukturelemente eines klassischen Netzwerkes auf: die Verknüpfung und Zusammenführung der Aktivitäten unterschiedlicher Gruppen, Organisationen, Freundeskreise und Einzelpersonen zu einem gemeinsamen, planvollen Handeln, in das jede und jeder seine und ihre Ideen und Möglichkeiten einspeiste. Vielleicht wäre es sinnvoll die Westerweel-Gruppe als eine Kerngruppe von maßgeblich und dauerhaft agierenden Aktivisten zu beschreiben, um die sich ein unterschiedlich dicht geknüpftes Netzwerk befand.

---

133 Vgl. Meyerstein, Gehetzt, gejagt und entkommen, S. 85.
134 Vgl. Flörsheim, Über die Pyrenäen in die Freiheit, S. 100ff.
135 Vgl. Mageen, Zwischen Abend, S. 36.

Jüdischer Widerstand im Deutschen Reich

Johann Nicolai
Erfolge unserer Arbeit – Jüdische Selbstbehauptung durch den Central-Verein (C.-V.) in den Jahren nach den Nürnberger Gesetzen

Der 1893 als Reaktion des deutsch-jüdischen liberalen Bürgertums auf die Wahlergebnisse antisemitischer Parteien gegründete „Central-Verein deutscher Staatsbürger jüdischen Glaubens" (C.-V.) verstand sich vor allem in den ersten Jahrzehnten seiner Existenz als Gegenöffentlichkeit zum von Nationalismus und Antisemitismus geprägten Zeitgeist des Kaiserreichs und der Weimarer Republik. Diesem setzte der Verein eine deutschpatriotische, fortwährend auf den kulturellen Beitrag des deutschen Judentums verweisende Tätigkeit im Bereich der Öffentlichkeitsarbeit durch Zeitungen und wissenschaftliche Publikationen des eigenen Philo-Verlags, durch juristische Rechtsberatung sowie auch durch Unterstützung dezidiert nicht antisemitischer, bürgerlicher Parteien – im Wesentlichen der Linksliberalen – entgegen.

Einen harten Schnitt in der Arbeit des Vereins stellte ohne Frage der 30. Januar 1933 mit der „Machtergreifung" Adolf Hitlers dar, welche einen wesentlichen Kern der Vereinstätigkeit – die Antisemitismusabwehr – geradezu torpedierte. Dennoch ist es erstaunlich, dass der gerade in den Jahren 1930 bis 1932 in der politischen Kampagne gegen den Nationalsozialismus sehr aktive Verein, welcher mit seinem Büro in der Berliner Wilhelmstraße sogar eine eigene Abteilung zur Dokumentation und Kampagne gegen die Nationalsozialisten betrieb, seine Arbeit auch nach der Etablierung der nationalsozialistischen Diktatur fortsetzen konnte. Ebenso erstaunlich ist es, dass der C.-V. seine durchaus nicht dem Zeitgeist entsprechenden Medien – die *C.-V.-Zeitung* und die Literaturzeitschrift *Der Morgen* – bis zu seiner Auflösung nach der Reichspogromnacht vom 9. November 1938 weiterhin publizieren durfte.

Freilich nicht ohne Einschränkungen: Der Verein änderte nach den Nürnberger Rassengesetzen 1935 zweimal auf Weisung der Behörden seinen Namen: Im September 1935 nannte er sich provisorisch „Central-Verein der Juden in Deutschland (C.-V.)", ab Herbst 1936 schließlich „Jüdischer Central-Verein e. V. (C.-V.)".[1]

---

1 Vgl. Barkai, Avraham: „Wehr Dich!" – Der Centralverein deutscher Staatsbürger jüdischen Glaubens 1893–1933. München 2002, S. 342f.

Es bietet sich aufgrund dieser Namensänderungen des Vereins also an, diesen für die Zeit zwischen 1933 bis 1938 als Central-Verein (C.-V.) zu bezeichnen, da dieser Kurzname sich in allen drei Vereinsnamen findet.

Die Veröffentlichung der als geistiges Refugium deutsch-jüdischen Bildungsbürgertums fungierenden *C.-V.-Zeitung* wurde zudem zweimal von behördlicher Seite verboten: zunächst ein Vierteljahr vor dem Erlass der Nürnberger Gesetze (Ende Juni bis Ende September 1935), dann nochmals für einen Monat im Februar 1938 wegen einer zu kritischen Berichterstattung über die rumänische Regierung.[2]

Die Arbeit des Vereins konnte demnach zwar während des Nationalsozialismus fortgesetzt werden, erfuhr aber immer tiefer einschneidende Beschränkungen von behördlicher Seite.

Umso bemerkenswerter ist es, dass der Verein neben seiner Öffentlichkeitsarbeit auch in einem anderen Feld, der juristisch-wirtschaftlichen Beratung, noch in den Jahren nach 1935 beachtenswerte Einzelerfolge vorweisen konnte, mit denen sich dieser Artikel befassen möchte. Erleichtert wird diese Darstellung durch eine Aktensammlung, welche der Central-Verein selbst anlegte, mit dem Titel: *Erfolge unserer Arbeit*.[3] Hervorzuheben ist an diesem zum Teil nur aus kurzen Notizen bestehenden Material zunächst das edle Papier mit Wasserzeichen, auf dem die Arbeitserfolge dokumentiert wurden. Schon dieser Umstand zeigt die besondere Stellung dieser Sammlung im Aktenbestand des Central-Vereins, welche im Hauptbüro in Berlin vorlag. Es ist keine lose Blattsammlung von einfachen Notizen über Erfolge der Beratungen der jeweiligen Landesvertretungen, sondern jede noch so kleine Nachricht wurde sorgsam nochmals abgetippt und in der Akte *Erfolge unserer Arbeit* hinterlegt, um zu seiner Zeit sicherlich die Vereinsmitarbeiter zu motivieren. Heute dient sie uns jedoch als ein Vermächtnis, das uns zeigt, dass Mut und Bürgerengagement auch in völlig hoffnungsloser Situation Erstaunliches zu leisten vermögen.

---

2 Vgl. Diehl, Katrin: Die jüdische Presse im Dritten Reich – Zwischen Selbstbehauptung und Fremdbestimmung. Tübingen 1997, S. 200f.
3 Diese Akte liegt im Original im Moskauer Osoby-Archiv (721/1-190) und in Form einer Mikrofilmkopie in den Jerusalemer Central Archives for the History of the Jewish People (CAHJP) sowie auch in der Wiener Library in London vor (MF Doc 55) vor.

Erfolge unserer Arbeit – Ein Vermächtnis deutsch-jüdischen Bürgerengagements

Übersicht über die Gesamtheit der Erfolge

Der Central-Verein erzielte im Zeitraum von 1935 bis 1938 in etwa 200[4] erfolgreich abgeschlossene Fälle in seiner Rechtsberatung durch seine Ortsgruppen und Landesverbände. Konnten 1935 immerhin noch 87 Fälle erfolgreich abgeschlossen werden, so sank die Zahl der abgeschlossenen Fälle im Jahr 1936 – dem Folgejahr der Nürnberger Rassengesetze – bereits auf 59 Fälle ab.

Dieser Abwärtstrend setzte sich 1937 mit nur noch 46 Fällen und schließlich 1938 mit gerade noch zehn Fällen weiter fort. Die Tendenz der Arbeitserfolge in den Jahren 1935 bis 1938 ist also durchgängig abnehmend und zeigt damit die zunehmende Einschränkung der Vereinsarbeit auf. Angesichts der verheerenden Rechtssituation jedoch, ist die erfolgreiche Bearbeitung von rund 50 Fälle jährlich in den Jahren 1936/1937 bzw. sogar noch zehn Fällen im Jahr der Reichspogromnacht und dem „Anschluss" Österreichs 1938 dennoch beachtlich.

Schlüsselt man die Fälle nach Regionen auf, so fallen insbesondere zwei Regionen mit ihren jeweiligen Landesverbänden besonders auf: Rheinland-Westfalen mit Sitz in Essen und den Zuständigkeitsgebieten der Rheinprovinz und Westfalen sowie Mitteldeutschland mit Sitz in Leipzig und den Zuständigkeitsgebieten Sachsen, Provinz Sachsen und Thüringen. Der Landesverband Rheinland-Westfalen erzielte mit 52 Arbeitserfolgen mit Abstand die höchste Anzahl vor dem mitteldeutschen Landesverband mit immerhin 35 Arbeitserfolgen.

Ebenfalls erwähnenswert sind die Erfolge der Landesverbände in Schlesien mit 22, Hessen mit 18, Nordwestdeutschland[5] mir 12, Pommern mit 11 und Ostpreußen mit 10 Arbeitserfolgen. In Berlin, Brandenburg, Baden und Württemberg konnten einige wenige Einzelerfolge erzielt werden, aus allen anderen Regionen gibt es keinerlei vermeldete Erfolge. Besondere Beachtung verdient auch der Umstand, dass die bei Weitem meisten Erfolge in kleinen Provinzstädten erzielt wurden, deren Namen in den C.-V.-Akten aus Sicherheitsgründen verkürzt, grob regional zugeordnet[6] oder gar völlig weggelassen wurden. Einzelne Arbeitserfolge

---

4 Ungenauigkeiten bei der Anzahl der Fälle ergeben sich durch Dubletten, unleserliche Aktenblätter oder fehlende Seiten.
5 Nordwestdeutschland entspricht hier dem heutigen Gebiet Niedersachsens, Bremens, Hamburgs, Schleswig-Holsteins und Mecklenburg-Vorpommerns.
6 Z. B. durch die Bezeichnung: „In einem westdeutschen Ort ...", vgl. CAHJP–HM2-8697, Delo 190, p. 12. Orig. im Osoby-Archiv Moskau, 721/1-190.

des C.-V. in Großstädten beschränkten sich auf Berlin, Breslau, Leipzig oder Frankfurt am Main. Aus diesem Umstand kann geschlossen werden, dass persönliche Beziehungen und die engere gegenseitige wirtschaftliche Abhängigkeiten in kleineren Städten pragmatische Problemlösungen erleichterten, während der Spielraum in den Großstädten deutlich geringer war.

Neben dieser statistischen Auswertung ist jedoch beachtenswert, in welchen Bereichen die Rechtsberatung des C.-V.s tätig wurde und Erfolge erzielen konnte. Das wichtigste Feld nahm dabei der Bereich Handel und Gewerbe ein. Hier unterstützten die Beratungsstellen jüdische Einzelhändler, Marktverkäufer und andere Händler in Fällen von Geschäftsschädigung durch antisemitischen Transparente, Kundenlisten oder Diffamierungen in den „Stürmer"-Kästen. Weiterhin halfen sie in Fällen von Belästigung der Kundschaft durch Posten oder der Verteilung von antisemitischen Hetzblättern vor den Geschäften. Ebenfalls wurde der Verein tätig in Fällen von Ortsverbotsschildern[7] oder in der Öffentlichkeit angebrachter antisemitischer Propaganda. Ein wesentlicher Anteil der Arbeitserfolge des Jahres 1935 konnte in diesem Bereich erzielt werden.

Einen deutlich kleineren Anteil machten die Erfolge im Bildungsbereich aus, also die Intervention beim Ausschluss bzw. der Nicht-Zulassung jüdischer Schülerinnen und Schüler an Schulen, Berufsschulen oder den Versuch der Umschulung. In diesem Bereich konnten vor allem durch persönliche Gespräche mit den Schulleitern oder örtlichen Behörden in einigen Einzelfällen akzeptable Lösungen erzielt werden, die Ausgrenzung jüdischer Schüler wurde dadurch jedoch nicht abgestellt.

Der Bereich der Rechtsberatung bei Behörden, die die Ausstellung bestimmter Dokumente (Abschlusszeugnisse, Legitimationsscheine) verweigerte, machte einen weiteren Bereich der Vereinsarbeit aus. Dessen Bedeutung wuchs in den Jahren 1937/1938 wegen strengerer amtlicher Auflagen und dem Auswanderungswillen deutschen Juden und die damit verbundene Notwendigkeit bestimmter Zertifikate.

Ein kleiner aber doch wesentlicher Bereich war die Landwirtschaft mit dem besonderen Bezugspunkt der Vieh- und Schlachtwirtschaft, wo es zu Boykottmaßnahmen jüdischer Viehhändler oder zu Problemen bei der Zuteilung von Schlachtvieh kam.

Neben diesem klar umrissenen Schwerpunkt der juristisch-wirtschaftlichen Beratung des Central-Vereins gab es noch einige kuriose Einzelfälle, bei denen sogar noch 1938 Erfolge erzielt werden konnten und auf die später noch eingegangen wird.

---

7 Z. B. in einem Aushangkasten in Suderrode (Harz) „Juden nicht erwünscht"; vgl. CAHJP–HM2-8697, Delo 190, p. 205. Orig. im Osoby-Archiv Moskau, 721/1-190.

Eingaben und Beschwerden wurde zum überwiegenden Teil an die Regierungspräsidenten der preußischen Regierungsbezirke gerichtet. Des Weiteren konnten viele Fälle mit Ortsbürgermeistern, Landräten oder Kreishauptmannschaften gelöst werden. Auch die lokalen Sektionen der Geheimen Staatspolizei und sogar die Reichs- und Landesministerien verschiedener Zuständigkeitsbereiche wurden für die Lösung der Fälle herangezogen.

Erleichternd für die Arbeit des Central-Vereins war, dass Teile der preußisches Verwaltungsstrukturen auch nach der „Machtergreifung" der Nationalsozialisten weiter existierten, und Regierungspräsidenten immer noch einflussreich genug waren, um Entscheidungen, wie etwa die Entfernung von antisemitischen Schmähtafeln, erwirken zu können. Gleichwohl zeigt die im Verlauf der Jahre abnehmende Tendenz der Erfolgsfälle des C.-V. auch, dass diese Einflussmöglichkeit mit der Stabilisierung der NS-Herrschaft spürbar zurückging.

Beispiele der erzielten Erfolge

Als erstes Beispiel für Erfolge in der wirtschaftlich-juristischen Beratung des Central-Vereins soll ein Fall aus M. in Westfalen aus dem Jahr 1935[8] dienen. Einem C.-V.-Mitglied war ein Bau-Schein ausgestellt worden mit dem Text: „Dem Juden X. wird ...".[9]

Der Landesverband reagierte auf diesen Text mit einer Eingabe an den Regierungspräsidenten, in der er feststellte, Herr X. erblicke in seiner Zugehörigkeit zum Judentum keine herabsetzende Eigenschaft und wünsche sie nicht zu verheimlichen. Die hier gewählte Form verstoße jedoch gegen alle bestehenden Gepflogenheiten. Es sei auch nicht üblich, von Amts wegen Angehörige anderer Religionen mit dem Bezug auf ihre Konfession zu adressieren. Daher bliebe nur die Erklärung, dass der Empfänger durch die gewählte Anrede herabgewürdigt werden sollte. Der Central-Verein zeigte sich jedoch überzeugt, dass der Regierungspräsident diese Form nicht billigen würde, wenn „[...] die amtliche Erteilung eines Bauscheins in einer Form erfolgt, die den Antragsteller und dessen Gemeinschaft in ihrer Ehre verletzen muss [...]".[10]

Das hier offenkundige Selbstbewusstsein der C.-V.-Mitglieder, die sich gegen eine herabsetzend intendierte Anrede zu Wehr zu setzten, fand dann auch seine Bestätigung im Bescheid des Regierungspräsidenten, welcher feststellte, dass die

---

8 Wahrscheinlich ist hiermit Münster in Westfalen gemeint.
9 Vgl. CAHJP–HM2-8697, Delo 190 p. 134. Orig. im Osoby-Archiv Moskau, 721/1-190.
10 Vgl. CAHJP–HM2-8697, Delo 190, p. 134. Orig. im Osoby-Archiv Moskau, 721/1-190.

Beschwerde ordnungsgemäß erledigt worden sei. Der Central-Verein deutete den positiven Bescheid dahingehend, dass der Regierungspräsident das Verhalten nicht billigte und dass Wiederholungen nicht zu erwarten seien.[11]

Ein zweiter Fall aus dem Bereich Handel, mutmaßlich aus dem Jahr 1936,[12] wurde in Berlin dokumentiert. Einem Markthändler war sein Marktstand gekündigt worden mit der Begründung, dass er mit bestehenden Geschäften konkurriere.[13] Da sich laut dem C.-V.-Aktenblatt nur ein Geschäft für Bettwäsche und Inletts in der Nähe befand, machte der Verein eine Eingabe, in der betont wurde, dass nur zu diesem Geschäft Konkurrenz bestehen könne und der Händler auf den Verkauf dieser Artikel verzichte. Der kurze Fallbericht schloss mit der nüchternen Feststellung, dass die Eingabe Erfolg gehabt habe.

An diesem Beispiel zeigt sich das Geschick der C.-V.-Beratung, die Sachlage nach Kompromissen zu untersuchen und dadurch zumindest Teilerfolge zu erzielen. Der Markthändler musste in diesem Fall zwar eine geringe Einschränkung seines Warenangebots in Kauf nehmen, aber immerhin wurde seine berufliche Existenz gesichert.

Der dritte Fall im Bereich Handel ist ein Vorkommnis, das sich in Willebadessen bei Paderborn zugetragen hat. In dem kleinen Ort fand ein Schützenfest statt, welches laut dem C.-V.-Aktenblatt „von erebliche[r] wirtschaftlicher Bedeutung für den Ort" war.[14] Durch den Gemeindediener wurde dann vor dem Fest durch „Ausschellen" eine Anordnung des Schützenobersten bekanntgegeben, nachdem derjenige, der seine Kleidungsstücke in jüdischen Geschäften gekauft habe, vom Betreten des Festplatzes ausgeschlossen sei.

Es erfolgte von Seiten des C.-V. eine Eingabe an den Regierungspräsidenten, worauf dieser antwortete, dass die Beschwerde erst zwei Tage vor dem Schützenfest eingegangen sei. Sollte die Bekanntmachung überhaupt Auswirkungen gehabt haben, so sei ein Abstellen in diesem kurzen Zeitraum unmöglich gewesen. Im Übrigen sei vom Regierungspräsidenten das Erforderliche veranlasst worden.

Der C.-V. bewertete diesen Bescheid des Regierungspräsidiums als Erfolg in zweierlei Hinsicht: Zunächst einmal habe der Regierungspräsident die Bekanntmachung für unzulässig erklärt und infolgedessen das Erforderliche veranlasst, und zum zweiten seien die entsprechenden Stellen angewiesen worden, Ähnliches in Zukunft zu unterlassen.[15]

---

11 Vgl. CAHJP–HM2-8697, Delo 190, p. 134. Orig. im Osoby-Archiv Moskau, 721/1-190.
12 Es gab keine genaue Datierung des Aktenblattes, die zeitliche Zuordnung erfolgte nach der Position des Blattes in der Akte, welche chronologisch angeordnet wurde.
13 Vgl. CAHJP–HM2-8697, Delo 190, p. 109. Orig. im Osoby-Archiv Moskau 721/1-190.
14 Vgl. CAHJP–HM2-8697, Delo 190, p. 88. Orig. im Osoby-Archiv Moskau 721/1-190.
15 Vgl. CAHJP–HM2-8697, Delo 190, p. 88. Orig. im Osoby-Archiv Moskau 721/1-190.

Der vierte Fall aus dem Bereich Handel beschäftigte sich mit einem nach Berufen geordneten halbamtlichen Fernsprech-Teilnehmerbuch des Reichspostdirektionsbezirks Magdeburg vom 24. 11. 1937.[16] In diesem waren jüdische und nichtjüdische Ärzte getrennt aufgeführt worden. Nachdem der C.-V. bei der Bezirksdirektion der deutschen Reichspostreklame deswegen vorstellig geworden war, wurde dem Verein mitgeteilt, dass bei der Neuauflage des Fernsprechbuches eine solche Trennung unterbleiben würde.

Als Erfolge aus der zweiten Sparte, also der öffentlichen antisemitischen Propaganda ohne unmittelbaren Einfluss auf jüdische Geschäfte und Gewerbe, sollen hier drei Beispiele dargestellt werden. Das erste Fallbeispiel stammt aus Schlesien im Februar 1935, also etwa ein halbes Jahr vor Erlass der Nürnberger Gesetze. In einem Ort waren in der letzten Januar- und ersten Februarwoche handtellergroße Zettelchen geklebt worden mit einer „Judenfratze" und der Aufschrift: „Wer beim Juden kauft, ist ein Volksverräter".[17] Der örtliche Verbindungsmann des C.-V. erstattete deswegen Anzeige bei der Polizei, welche jedoch den Täter nicht ermitteln konnte.

Am 7. Februar hing in einem Geschäft ein Plakat der NS-HAGO[18] aus, welches mit zuvor geklebten Zetteln umrandet war. Nach erneuter Vorsprache eines Vertrauensmannes des C.-V. bei der Polizei wurde das Plakat durch diese entfernt. Am nächsten Tag hing erneut ein Reklameplakat mit aufgeklebten Handzetteln im gleichen Geschäft. Der C.-V. mutmaßte in seinem Bericht, dass die Polizei eine Ordnungsstrafe gegen die Geschäftsinhaberin wegen Nichtbefolgung einer polizeilichen Anordnung verhängt habe.

Als die Zettel weiterhin in der Stadt geklebt wurden, ohne dass der oder die Täter ermittelt werden konnten, sprachen der Syndikus des C.-V.-Landesverbandes Oberschlesien und der örtliche C.-V.-Vertrauensmann am 11. Februar beim Polizeimeister vor. Bei der Besprechung wurde auf den Umstand hingewiesen, dass die Zettel keine Angabe einer Druckerei trügen, sodass ihre Verbreitung auch aus diesem Grund unerlaubt sei. Das Ergebnis dieser Unterredung war die Zusicherung des Polizeimeisters, die Geschäftsinhaberin, in deren Schaufenstern wiederholt diese Zettel geklebt hatten, nochmals auf das Strafbare der Handlungsweise hinzuweisen.

Der Central-Verein erreichte bemerkenswerterweise in diesem Fall sogar polizeiliche Ermittlungen wegen der Verbreitung von antisemitischer Propaganda, wenn auch hauptsächlich wegen der unklaren Herkunft der Schmähzettel.

---

16 Vgl. CAHJP–HM2-8697, Delo 190, p. 15. Orig. im Osoby-Archiv Moskau 721/1-190.
17 Vgl. CAHJP–HM2-8698, Delo 190, p. 203. Orig. im Osoby-Archiv Moskau 721/1-190.
18 Nationalsozialistische Handwerks-, Handels- und Gewerbeorganisation.

Ein zweiter Fall ereignete sich in Mansbach bei Bad Hersfeld (Hessen) im Jahr 1935: Ein Kohlenhändler hatte sich geweigert, die Juden des Ortes mit Kohlen zu beliefern. Nach der Vorstellung des C.-V.-Ortsgruppenvorsitzenden bei der Regierung in Kassel[19] wurde die Wiederbelieferung der jüdischen Einwohner erreicht.[20]

Ein dritter Fall in den C.-V.-Akten handelt von einer Ankündigung des *Koblenzer Stadtanzeigers* vom 12. März 1937. Für die nächste Ausgabe plante die Redaktion der Zeitung alle Namen und Adressen von „Volksgenossen" zu veröffentlichen, welche weiterhin zu jüdischen Ärzten gingen.[21] Nach Rücksprache des C.-V.-Landesverbandes Linksrhein mit der Geheimen Staatspolizei unterblieb die angekündigte Veröffentlichung. Am 14. März fand sich eine kurze Notiz in der Zeitung, in welcher mitgeteilt wurde, vorerst auf die Veröffentlichung der Namen und Adressen zu verzichten. Verbunden wurde diese Nachricht jedoch mit der Erwartung, „[...] dass sich nunmehr auch der letzte Volksgenosse der *Rassepolitik des deutschen Volkes und des nationalsozialistischen Staates* [Kursives im Original gesperrt gedruckt, Anm. d. Verf.] bewusst wird".[22]

Im Bereich der C.-V.-Arbeit im Bildungswesen ragen besonders zwei Fälle heraus: In einer Bauschlosserklasse der Berufsschule Beuthen in Oberschlesien wurde im November 1936 während des Unterrichts eine Zigarettenschachtel von Schüler zu Schüler weitergegeben, auf deren Rückseite „Juden raus!" stand.[23] Der kurze Bericht des C.-V. vermerkte, dass die beiden jüdischen Schüler, die bereits früher Schwierigkeiten mit ihren Mitschülern gehabt hatten, den Vorfall dem Lehrer meldeten, der sie darauf hin nach Hause gehen ließ. Nach Intervention des C.-V. beim Schulleiter erklärte dieser wie auch der Klassenlehrer, dass sie solche Vorfälle an ihrer Schule nicht dulden würden. Außerdem erklärte der Klassenlehrer, er habe die jüdischen Schüler nach Hause geschickt, um sich „die Klasse vorzunehmen" und um die Anstifter zu verwarnen.

Dieser Fall aus dem Jahr 1936 zeigt eindrucksvoll, dass auch nichtjüdischen Deutschen die Unerträglichkeit antisemitischer Propaganda bewusst war. Die Lösung dieses Falls ging somit zwar nicht auf den C.-V. zurück, dennoch half der Einsatz des C.-V. den Angehörigen der jüdischen Schüler, das Verhalten des Schulleiters und des Klassenlehrers zu verstehen, welches sie ansonsten als hilflose Duldung hätte deuten können.

---

19 Gemeint ist anscheinend der Regierungspräsident des Regierungsbezirks Kassel.
20 Vgl. CAHJP–HM2-8697, Delo 190, p. 128. Orig. im Osoby-Archiv Moskau 721/1-190.
21 Vgl. CAHJP–HM2-8697, Delo 190, p. 45. Orig. im Osoby-Archiv Moskau 721/1-190.
22 Vgl. CAHJP–HM2-8697, Delo 190, p. 45. Orig. im Osoby-Archiv Moskau 721/1-190.
23 Vgl. CAHJP–HM2-8697, Delo 190, p. 72. Orig. im Osoby-Archiv Moskau 721/1-190.

Im Oktober 1937 berichtete die C.-V.-Akte vom Fall einer Medizinstudentin, welche auswandern wollte und Schwierigkeiten bei der Aushändigung des Doktordiploms hatte. Über die Lösung des Falls berichtete das Aktenblatt nur sehr knapp: „Mit Hilfe eines Sachbearbeiters der Hauptgeschäftsstelle in Berlin gelang es schliesslich, dass Diplom zu beschaffen."[24]

Zum Abschluss der Fallbeispiele aus der Arbeit des Central-Vereins in den Jahren nach den Nürnberger Gesetzen sollen hier weitere drei Fälle Erwähnung finden.

Einer der letzten Fälle datiert aus dem Januar 1938 in Berlin: Eine Studentin hatte infolge des neuen Promotionserlasses Schwierigkeiten bei der Aushändigung des Doktordiploms, da ihre Arbeit noch nicht gedruckt war. Nach ausführlicher Beratung durch den Central-Verein erhielt sie einen Bescheid, dass der Minister die Aushändigung des Doktordiploms genehmigen würde, sofern sie die erforderlichen Druckstücke der Arbeit binnen drei Monaten bei der betreffenden Fakultät abliefere.[25]

Im Juli 1935 berichtete die Akte des Central-Vereins von einem Fall in Essen, bei dem jüdischen Fleischgroßhändlern das Betreten des örtlichen Schlacht- und Viehhofs untersagt wurde.[26] Nachdem sich der C.-V.-Landesverband der Sache angenommen hatte, teilte der Regierungspräsident in Düsseldorf mit, dass ihm der Oberbürgermeister von Essen mitgeteilt habe, dass nun die Fleischgroßhändler Leopold Berg, Felix Kahn, Albert Meyer und David Markus zum Betreten des Schlacht- und Viehhofs wieder zugelassen würden. Somit war das allgemeine Verbot für Juden, den Viehhof zu betreten, zwar nicht vollständig aufgehoben worden, jedoch erhielten nun ausgewählte Händler Zugang, so dass sich die gegebene Situation dadurch zumindest entspannte.

Als letztes und sicherlich kuriosestes Beispiel der Erfolge des Central-Vereins mag ein Fall aus dem Jahr 1938 dienen. In einem Ort in der Provinz Sachsen war einem jüdischen Frontkämpfer das Ehrenkreuz vorenthalten worden.[27] Der Landesverband intervenierte darauf hin beim Regierungspräsidenten und konnte die Aushändigung des Ehrenkreuzes erreichen.

---

24 Vgl. CAHJP–HM2-8697, Delo 190, p. 21. Orig. im Osoby-Archiv Moskau 721/1-190.
25 Vgl. CAHJP–HM2-8697, Delo 190, p. 21. Orig. im Osoby-Archiv Moskau 721/1-190.
26 Vgl. CAHJP–HM2-8697, Delo 190, p. 172. Orig. im Osoby-Archiv Moskau 721/1-190.
27 Vgl. CAHJP–HM2-8697, Delo 190, p. 8. Orig. im Osoby-Archiv Moskau 721/1-190.

Schlussbetrachtung: C.-V.-Arbeit in den 1930er-Jahren – Selbstbehauptung oder Einzelerfolge?

Die Erfolge der juristisch-wirtschaftlichen Beratung des Central-Vereins der Jahre 1935 bis 1938 mögen zunächst gering erscheinen: Rund 200 Fälle in etwa dreieinhalb Jahren entsprachen nicht dem Ideal der selbstbewussten Verteidigung der Bürgerrechte jüdischer Deutscher, das Raphael Löwenfeld 1893 in seiner Schrift *Schutzjuden oder Staatsbürger? Von einem jüdischen Staatsbürger* formuliert hatte. Freilich waren von diesen Bürgerrechten unter dem totalitären NS-Regime keine mehr vorhanden, und die Nürnberger Gesetze setzten sogar den Begriff „Staatsbürger" außer Kraft. Insofern sind diese im Wesentlichen kleinen Erfolge zumindest als Genugtuung der deutschen Juden zu sehen, dem Treiben der Nationalsozialisten nicht tatenlos ausgeliefert zu sein und eine Linderung ihrer Situation der Rechtlosigkeit zu erreichen.

Dennoch kann man zur Aktensammlung *Erfolge unserer Arbeit* zweierlei anmerken:

Erstens wurden in den Akten aus berechtigter Vorsicht und Personenschutzgründen in den meisten Fällen keine Orts- und Personennamen angegeben. Dadurch wird heutzutage aber die Verifizierung der Fälle schwierig, insbesondere in Bezug auf den Verlauf der Entscheidungsprozesse, welche am Ende zu einem günstigen Bescheid für die C.-V.-Mandanten führten. Gut möglich ist auch, dass die Beschwerden anderer nichtjüdischer Bürger am Ende stärkeres Gewicht hatten als die Eingaben und Unterredungen der C.-V.-Anwälte. Insofern können diese Erfolge nicht endgültig als Ergebnis der C.-V.-Arbeit gewertet werden, zumal der Verein auch sehr bemüht war, aus den Bescheiden so viel wie möglich zu seinen Gunsten herauszulesen.

Zweitens ist kritisch zu bemerken, dass der ansonsten sehr um seine öffentliche Darstellung bemühte Verein diese Erfolge seiner Arbeit nicht publizierte. Die Möglichkeit dazu wäre durch die vereinseigene *C.-V.-Zeitung* von Herbst 1935 bis Ende 1938 durchaus gegeben gewesen. Die in der Hauptgeschäftsstelle akribisch gesammelten Fälle hätten so einer größeren Öffentlichkeit zugänglich gemacht werden können. So hätte auch gegenüber den Zionisten die Notwendigkeit einer Fortexistenz des Vereins nach dem Herbst 1935 deutlich gemacht werden können. Dies geschah aber wohl nicht, um die künftigen Erfolge durch die Darstellung der Beratungsarbeit und die damit verbundene mögliche Bloßstellung von Regierungspräsidenten und anderen Amtsträgern zu vermeiden. Die Aktensammlung blieb somit eine rein interne Motivation für die C.-V.-Mitarbeiter – und ist Zeugnis dafür, dass die Lage einiger weniger Menschen verbessert werden konnte.

Gleichwohl ist die Arbeit des Central-Vereins in den Jahren 1935 bis 1938 zu würdigen. Angesichts einer völligen Rechtlosigkeit der deutschen Juden im NS-Staat waren diese Einzelerfolge immerhin beachtlich. Sie zeigen nicht nur auf, dass sich jüdische Deutsche gegen ihr Schicksal auch nach ihrer völligen Entrechtung durch die Nürnberger Gesetze zur Wehr setzten konnten, sondern auch, dass es immer wieder Menschen gab, die geneigt waren, den Argumenten des C.-V. Beachtung zu schenken und ihre Entscheidungen gründlich abzuwägen. Damit zeigt sich, dass der NS-Staat durchaus nicht eine einheitliche Machtstruktur von der Führungsspitze bis in die Provinz hatte, und gerade im ländlichen Raum noch Bewegungsspielraum für örtliche Amtsinhaber vorhanden war.

Eine Besonderheit war außerdem die Kontinuität der preußischen Regierungspräsidenten, welche es insbesondere dem mitteldeutschen und dem rheinisch-westfälischen Landesverband ermöglichte, die meisten Erfolge zu erzielen. Immerhin ist bemerkenswert, dass ein Regierungspräsident noch so viel Einfluss hatte, dass er die Entfernung von antisemitischen Schmähplakaten erwirken konnte.

Abschließend ist festzustellen, dass der Central-Verein sich mitnichten untätig in die Jahre des Nationalsozialismus fügte, sondern sich engagiert und couragiert den Herausforderungen seiner Zeit stellte. Denn spätestens mit der Aufhebung des Staatsbürgerbegriffs durch die Nürnberger Gesetze wäre es für einen „Central-Verein der deutschen *Staatsbürger* jüdischen Glaubens" opportun gewesen, sich aufzulösen, da seine bloße Existenz absurd gewesen wäre. Doch für den Verein war die Verteidigung der Rechte und der Würde deutscher Juden von größerer Bedeutung und er führte seine Arbeit bis zu seiner Auflösung in der Reichspogromnacht im November 1938 fort.

Der C.-V. als Institution war am Ende gescheitert, doch seine Idee von einer liberalen, pluralistischen und rechtsstaatlichen Gesellschaft ist in der bundesdeutschen Demokratie lebendig geblieben.

Stefanie Mahrer
Schreiben aus den Katakomben
Bücher als Widerstand – Der Schocken-Verlag Berlin

1934, ein Jahr nach der Machtergreifung der Nationalsozialisten in Deutschland, saßen Martin Buber und seine Frau Paula gemeinsam mit dem Philosophen Ewald Wasmuth und dessen Frau bei Marion und Lambert Schneider. Schneider, der kaufmännische Leiter des Schocken-Verlages, erinnerte sich in seinen Aufzeichnungen[1] an diesen Abend und an einen Kommentar Martin Bubers zur damaligen Situation der Verleger und Schriftsteller:

> Wir müssen lernen, in den Katakomben zu leben. Für uns Schriftsteller kommt es darauf an, klug zu schreiben, dass die derzeit Mächtigen nicht gleich unseren Widerstand sehen und uns beim Wickel nehmen können, so klug zu schreiben, dass uns viele Menschen gelesen haben, ehe man uns zur Verantwortung ziehen kann.[2]

Buber war nicht der Einzige, der den Begriff der Katakomben[3] für eine Situation verwendete, aus der man mehr oder weniger versteckte Kritik am Nationalsozialismus üben konnte. Ein politisch-literarisches Kabarett bestand von 1929 bis 1935 unter diesem Namen. Gegründet von Werner Finck in Berlin, schafften es die Kabarettisten, jeden Abend satirisch über Hitlerdeutschland zu spotten, bis am 10. Mai 1935 die „Katakomben" polizeilich geschlossen und Finck und die anderen Kabarettisten für einige Wochen ins Konzentrationslager Esterwegen deportiert wurden.[4]

Lange wurde angenommen, dass die römischen Katakomben, unterirdische Gewölbe, die zur Bestattung der Toten dienten, von Christen für heimliche Gottesdienste und als Versteck genutzt wurden. Verstecktes Schreiben, getarnte Kritik am System, Auflehnung durch geschickte Auswahl von Publikationen, so wollten Buber und Schneider Widerstand leisten. Werner Finck stichelte noch 1935 an

---

[1] Schneider, Lambert: Rechenschaft über vierzig Jahre Verlagsarbeit 1925–1965. Ein Almanach. Heidelberg 1965.
[2] Schneider, Rechenschaft, S. 38.
[3] Schneider überschrieb das Kapitel über die Jahre 1933–1945 mit dem Titel „In den Katakomben". Schneider, Rechenschaft, S. 37–51.
[4] [Anon.]: „Kabarett. Katakombe. Überwachung angebracht". Der Spiegel, 4. 4. 1966. Siehe dazu auch: Heiber, Helmut: Die Katakombe wird geschlossen. Archiv der Zeitgeschichte, Bd. 3. München 1966.

einem Katakomben-Abend „Wir sind nicht zu offen, aber wir sind offen genug, um gerade noch offen zu bleiben."[5] Er sollte sich täuschen, zu dieser Zeit saßen bereits Beamte der Gestapo und aus Goebbels Propagandaministerium im Publikum.[6] Dem Schocken-Verlag mit Schneider als Leiter und Buber als einer seiner bedeutendsten Autoren gelang das Agieren aus den „Katakomben" bedeutend länger.

> Das [Schreiben aus den Katakomben, Anm. d. Verf.] leuchtete mir auch als Verleger ein, denn inzwischen war mir klar geworden, wie nutzlos, wie leicht abzuwürgen der Protest eines einzelnen oder der einer kleinen Gruppe ist. In den Katakomben leben, ja möglichst überleben, jedoch ohne Kompromiß in der Arbeit, ohne Heuchelei, hilfsbereit jedem Gefährten gegenüber, so wollen wir es versuchen.[7]

Der Schocken-Verlag leistete mit seinen Büchern und der Auswahl von publizierten Texten aber eigentlich schon durch seine Existenz Widerstand gegen den Nationalsozialismus und gegen die Verdrängung alles Jüdischen. Bücher als Widerstand und das Schreiben aus den Katakomben ist Thema dieses Beitrages.

Der Schocken-Verlag

Das Fehlen jüdischer Bücher – Schockens Publikationsbemühungen 1914–1931

Der Schocken-Verlag war das Resultat jahrelanger Bemühungen Salman Schockens, eine Publikationsmöglichkeit für jüdische Bücher zu schaffen. In seiner programmatischen Rede[8] auf dem außerordentlichen Delegiertentag der Zionistischen Vereinigung für Deutschland (ZVfD) am 25. und 26. Dezember 1916 prangerte er das Fehlen einer jüdischen Wissenschaft und sowie fehlende Publikationsmöglichkeiten an.

> Es fehlt uns am notwendigsten. Wir haben keine arbeitende Wissenschaft und keine Bücher. [...] Es wird eine Publikationsgesellschaft gegründet werden müssen, deren Aufgabe es sein wird, die jüdische wissenschaftliche Arbeit anzuregen und zu bezahlen; die Herausgabe wissenschaftlicher Werke mit Geldbeiträgen zu fördern und Bücher in eigenem Verlag

---

5 Zitiert nach: [Anon.], Kabarett, S. 168.
6 Zitiert nach: [Anon.], Kabarett, S. 168.
7 Schneider, Rechenschaft, S. 38.
8 Eine gekürzte Version der Rede wurde in der Jüdischen Rundschau publiziert: Schocken, Salman: Referat auf dem Delegiertentag der ZVfD. In: Jüdische Rundschau, 5. 1. 1917, S. 2–6.

herauszubringen, deren Herausgabe auf geschäftlicher Basis wegen der geringen Aussicht auf den wirtschaftlichen Erfolg sonst nicht erfolgen würde.[9]

Für Schocken war das Problem der jüdischen Existenz in erster Line ein kulturell-gesellschaftliches, denn ein politisches.[10] Dies lag, so sein Sohn Gershom Schocken, in Salmans Biografie begründet. Aufgewachsen in einem traditionell-jüdischen Elternhaus, entfremdete sich der junge Salman Schocken vom Judentum. Erst die Lektüre von Martin Bubers *Die Legenden des Rabbi Nachman von Brazlaw*[11] weckte sein Interesse für jüdische Themen wieder.[12] Aus Ablehnung des deutschen Assimilationsjudentums und aus der Beschäftigung mit jüdischen Texten schloss sich Schocken der zionistischen Bewegung an. Es war, so sein Sohn, vor allem die geistige Seite des Zionismus, die ihn „als ein Weg, auf dem ein der westlicher Kultur verbundener Jude zu sich selbst heimkehren und zu einem geistigen und seelischen Gleichgewicht gelangen konnte [...]", ansprach.[13]

1914 überreichte Schocken auf dem Delegiertentag der ZVfD jedem Teilnehmer eine gebundene Ausgabe der sechs Kongressreden Theodor Herzls.[14] Damit wurde er innerhalb der zionistischen Bewegung Deutschlands erstmals einem größeren Kreis bekannt. 1915 spielte Schocken bei der Gründung von Martin Bubers Zeitschrift *Der Jude* eine tragende Rolle. An der bereits erwähnten außerordentlichen Delegiertenversammlung im Dezember 1916 machte er dann aber seine weiteren Pläne für einen jüdischen Verlag und die Bereitstellung von Büchern für ein breites deutsch-jüdisches Lesepublikum deutlich. Er bemängelte nicht nur das Fehlen einer wissenschaftlichen Auseinandersetzung mit dem Judentum, seinen Texten und Traditionen, sondern auch das Fehlen von verständlichen Publikationen für interessierte Leser außerhalb eines akademischen Kreises.

> Neben unserer Arbeit an dem Aufbau unserer Wissenschaft wird die Herausgabe populär-wissenschaftlicher Arbeiten einhergehen müssen. Unsere Arbeit wird erst dann ihre Wirkung beginnen, wenn wir gute Darstellungen von der Vergangenheit unseres Volkes und seines gegenwärtigen Bestandes unter dem Gesichtspunkt unserer Zukunftsentwicklung in die Hand jedes jüdischen Lesers geben können. Wir werden Bücher für den Gebrauch unserer Jugend herauszugeben haben. [...] Wir müssen daran gehen, den Kindern jüdische Heldensagen zu erzählen.[15]

---

9 Schockens Referat, Jüdische Rundschau, S. 3.
10 Schocken, Gershom: „Salman Schocken: Ich werde seinesgleichen nicht mehr sehen." Der Monat 242 (1968), S. 21.
11 Buber, Martin: Die Geschichten des Rabbi Nachman. Frankfurt a. M. 1906.
12 Schocken, „Ich werde seinesgleichen nicht mehr sehen", S. 21.
13 Schocken, „Ich werde seinesgleichen nicht mehr sehen", S. 21.
14 Dahm, Volker: Das jüdische Buch im Dritten Reich. Frankfurt a. M. 1979, S. 166.
15 Schockens Referat, Jüdische Rundschau, S. 3.

Der Kulturausschuss des ZVfD, der am Delegiertentag 1916 gegründet wurde, sollte diese Pläne verwirklichen. Der Kulturausschuss setzte sich zusammen aus Hugo Bergmann, Kurt Blumenfeld, Max Brod, Martin Buber, Moses Calvary und dem Vorsitzenden – Salman Schocken. Das Komitee brachte in den etwas mehr als zehn Jahren (1916–1927), in denen es Bestand hatte, acht Kinderbücher, ein hebräisches Lesebuch, ein „ostjüdisches" Liederbuch und eine hebräische Phraseologie heraus[16] und blieb damit weit hinter den Plänen, die Schocken 1916 formuliert hatte, zurück.[17]

Vor und auch während seines Vorsitzes im Kulturausschuss betätigte Schocken sich privat als Mäzen für kulturelles und schriftstellerisches Schaffen. Im März 1916 trat er in Verhandlungen mit dem Schriftsteller Samuel Joseph Agnon (der zu dieser Zeit noch unter seinem Geburtsnamen S. J. Czazkes veröffentlichte) über ein monatliches Stipendium. Im Gegenzug hatte Agnon nach fünf Jahren ein Buchmanuskript zu liefern. Dieser Vertrag wurde 1917 in einen eigentlichen Verlagsvertrag revidiert, wobei sämtliche Rechte an Schocken gingen.[18] Schocken finanzierte auch teilweise die Arbeiten des Kulturausschusses mit privaten Mitteln.[19] Durch seine erfolgreiche Warenhauskette kam Schocken in den 1920er-Jahren zu grossem Reichtum,[20] was ihm seine erlaubte, Schriftsteller und Projekte finanziell zu unterstützen und, als der Kulturausschuss des ZVfD aufgelöst wurde, die Fertigstellung des *Lesebuches* sicherzustellen und das Werk schließlich als erste Publikation des 1931 neugegründeten Schocken-Verlages herauszubringen.[21]

Die Herstellung des *Lesebuches* brachte Schocken und Lambert Schneider in Kontakt. Lambert Schneider befand sich zu dieser Zeit mit seinem eigenen Verlag in großen Schwierigkeiten und er kontaktierte auf Anraten von Leo Baeck Schocken. Es ging um die Rettung der Bibelübersetzung von Martin Buber. Schocken übernahm den Vertrag mit Buber und Schneiders Judaika, im Gegenzug wollte Scho-

---

16 Poppel, Stephen M.: Salman Schocken and the Schocken Verlag. A Jewish Publisher in Weimar and Nazi Germany. Harvard Library Bulletin 21.1 (1973), S. 24.
17 Die wichtigsten Meilensteine der Publikationstätigkeit finden sich im Katalog des Schocken Archives, Jerusalem [SchA]: Zur Entstehung des Schocken-Verlages. Chronologische Übersicht, 29. 9. 1937. In: SchA, Katalog (Verlag, Privates, Familie).
18 Für das Verhältnis zwischen Schocken und Agnon siehe: Dahm, Das jüdische Buch, S. 269–273, sowie der (unvollständige) publizierte Briefwechsel Shmuel Yosef Agnon und Salman Schocken. Sh. Y. Agnon – Sh. Z. Schocken. Chilufe igrot. Jerusalem 1991.
19 Poppel, Jewish Publisher, S. 25.
20 Siehe dazu u. a.: Fuchs, Konrad: Ein Konzern aus Sachsen. Das Kaufhaus Schocken als Spiegelbild deutscher Wirtschaft und Politik. 1901 bis 1953. Stuttgart 1990.
21 Glatzer, Nahum/Strauss, Ludwig (Hrsg.): Ein jüdisches Lesebuch. Sendung und Schicksal. Aus dem Schrifttum des nachbiblischen Judentums, Bd. 1. Berlin 1931.

cken Schneider als Leiter des noch zu gründenden Schocken-Verlages gewinnen.[22] Mit seinem eigenen Verlag kam Schocken seinen lang gehegten Plänen, das deutsche Judentum mit Büchern zu seinen Wurzeln zurückzuführen, näher.

Im Gründungsjahr 1931 trumpfte der Verlag mit einem qualitativ und quantitativ bemerkenswerten Programm auf, zehn Titel mit 23 Bänden brachte der junge Verlag auf den Markt.[23] Im Dezember 1932 veröffentlichte der Verlag erstmals sein Programm:

> In der deutschsprachigen Abteilung soll das Jahrhunderte alte Kulturgut des Judentums und des gesamtsemitischen Kulturkreises in mustergültigen Übersetzungen und Ausgaben bereitgestellt werden. Die Bibelübersetzung von Buber und Rosenzweig ist das zentrale Kernstück dieser Abteilung und das Jüdische Lesebuch von Glatzer-Strauss ist unser erster Versuch, eine große Anzahl sorgfältig ausgewählter Stellen aus Midrasch und Talmud, aus dem Sohar und der mittelalterlichen jüdisch-philosophischen und poetischen Literatur, kabbalistische und chassidische Texte usw., einem größeren Publikum zugänglich zu machen.
>
> In der hebräischen Abteilung erscheinen in engster Zusammenarbeit mit dem „Forschungsinstitut für hebräische Dichtung" in Berlin Standardausgaben klassischer hebräischer Poesie des Mittelalters. Ferner sollen moderne hebräische Dichtungen [...] veröffentlicht werden. Die gesammelten Werke von S. J. Agnon bilden den Auftakt für diese Abteilung.[24]

1932 wurde zudem das Kernteam des Schocken-Verlages mit Moritz Spitzer als Lektor ergänzt. Spitzer, Doktor der Indologie, der schon als Jugendlicher unter dem Einfluss von Martin Buber zionistisch aktiv wurde, war ab 1930 als Hebräisch- und Religionslehrer für die Kinder Salman Schockens angestellt. 1928 gründete er die *Jungzionistischen Blätter* und kurz darauf wurde er Leiter der „Schule der jüdischen Jugend". Zu Beginn seiner Anstellung im Schocken-Verlag assistierte er Buber als wissenschaftlicher Sekretär bei seiner Bibelübersetzung in Heppenheim und erst 1934 zog er nach Berlin, um hauptberuflich im Verlag zu arbeiten.[25]

Das zweite Jahr des Schocken-Verlages verlief weitgehend ruhig. Was die Publikationsmenge anbelangte, konnte der Verlag nicht an das Gründungsjahr 1931 anknüpfen.[26] 1933 hingegen, im Jahr der nationalsozialistischen Machtübernahme, expandierte der Schocken-Verlag. Im Mai 1933 wurde über den Ausbau

---

22 Schneider, Rechenschaft, S. 20f.; Poppel, Jewish Publisher, S. 26f.
23 Siehe die Bibliografie des Schocken-Verlags bei Dahm, hier: 1931. Dahm, Das jüdische Buch, S. 476f.
24 Anhang zu einem Brief des Verlags an Dr. Wolf vom 14. 12. 1932, Gemeindezeitung der israelitischen Gemeinde Württembergs zur Publikation. In: SchA, 331/51. Verlag Propaganda.
25 Dahm, Das jüdische Buch, S. 307.
26 Dahm, Das jüdische Buch, S. 477.

des Verlages beraten und im Herbst 1933 erschien der erste Almanach. Ebenfalls 1933 erschienen die ersten Ausgaben der Schocken-Bücherei, kleine Bände, die der Bücherei des Insel-Verlags nachempfunden waren. Im Mai 1933, im Monat also, in dem in vielen deutschen Städten im Zuge der „Aktion wieder den undeutschen Geist" Bücher verbrannt wurden, planten Schocken und seine Verlagsmitarbeiter den systematischen Ausbau des Verlages.

Jüdische Bücher als Stützen

Im Mai 1933 berieten Schocken, Buber und Schneider über die Ausrichtung und den Ausbau des Verlages hinsichtlich der politischen Ereignisse in Deutschland.[27] Der Boykott jüdischer Geschäfte am 1. April, die Inkraftsetzung des „Gesetzes zur Widerherstellung des Berufsbeamtentum" am 7. April und die Bücherverbrennungen im Zuge der „Aktion wider den undeutschen Geist" am 10. Mai machten deutlich, dass Jüdinnen und Juden in Deutschland sukzessive entrechtet und aus der Gesellschaft ausgestoßen werden sollten. Die Reaktionen auf jüdischer Seite auf diese Entwicklungen waren höchst unterschiedlich.[28] Neben Verharmlosungen und Realitätsfluchten, waren aber auch eine wachsende innerjüdische Solidarität und der Aufbau von jüdischen Institutionen zu verzeichnen. Ernst Simon bezeichnete diese Tendenz treffenderweise als „Aufbau im Untergang".[29] Es wurden Institutionen, wie die „Mittelstelle für Erwachsenenbildung" oder der „Jüdische Kulturbund" gegründet, um den deutschen Juden Beistand zu liefern.[30] Die Bemühungen des Schocken-Verlages sind in diesem Kontext zu verstehen.

Der Schocken-Verlag reagierte auf die politischen und gesellschaftlichen Entwicklungen mit Expansion. Der Verlag brachte noch im Jahr 1933 zwanzig Bücher heraus, darunter der erste Verlagsalmanach zu Rosh HaShana 5694 (Herbst 1933) und die ersten fünf Bändchen der *Bücherei des Schocken Verlags*.[31] Damit

---

27 Es scheinen zu diesen Gesprächen keine Protokolle oder anderweitigen Aufzeichnungen vorzuliegen. Siehe dazu auch: Dahm, Das jüdische Buch, S. 303.
28 Dahm, Das jüdische Buch, S. 303.
29 Simon, Ernst: Aufbau im Untergang. Jüdische Erwachsenenbildung im nationalsozialistischen Deutschland als geistiger Widerstand. Schriftenreihe wissenschaftlicher Abhandlungen des Leo Baeck Institute of Jews from Germany. Tübingen 1959.
30 Siehe dazu: Davidowicz, Klaus S.: Rückführung zum Judentum. Der „jüdische Mensch von heute" und die Tradition. In: Schreuder, Saskia/Weber, Claude (Hrsg.): Der Schocken Verlag/Berlin. Essayband zur Ausstellung „Dem suchenden Leser unserer Tage" der Nationalbibliothek Luxemburg. Berlin 1994, S. 116.
31 Dahm, Das jüdische Buch, S. 304f.

begründete der Verlag zwei neue Reihen, die sich an ein allgemeines jüdisches Lesepublikum richtete. Für ein akademisches Fachpublikum erschien der erste Band der *Mitteilungen des Forschungsinstituts für hebräische Dichtung*,[32] die dritte Reihe, die 1933 eröffnet wurde. Im folgenden Jahr brachte der Schocken-Verlag 33 neue Titel auf den Markt. Es wurden zwei weitere Reihen begründet, einerseits die *Schriften des Forschungsinstituts für hebräische Dichtung*, eine weitere wissenschaftliche Buchreihe, andererseits die *Jüdischen Lesehefte*, die für den Schulunterricht entworfen wurden.[33] Somit verfügte der Verlag 1934 über fünf Reihen sowie Einzelpublikationen. 1937 wurde das Verlagsprogramm durch die Reihe der „Manuldrucke", fotomechanischer Nachdrucke klassischer religiöser Bücher für den alltäglichen Bedarf, ergänzt. Die Vorarbeiten für diese Reihe begannen jedoch bereits 1935.[34]

Insgesamt brachte der Schocken-Verlag von der Gründung im Jahr 1931 bis zu seiner Zwangsschließung Ende 1938 249 Titel (ohne unveränderte Neuauflagen) heraus, zwei Drittel davon in den Jahren 1934 bis 1937.[35] Es stellt sich die Frage, warum der Schocken-Verlag sein Programm nach der Machtergreifung der Nationalsozialisten systematisch ausbaute und neue Reihen konzipierte, zumal Salman Schocken Ende 1933 mit seiner Familie Deutschland verließ und sich nach einem kürzeren Aufenthalt in der Schweiz schließlich in Jerusalem niederließ.

Im Sommer 1938 bemerkte Moritz Spitzer in einem Gespräch mit Theodor Schocken[36], der den Inhalt der Unterredung in einem Brief an seinen Vater weitergibt, „dass das Interesse der Juden an der Lektüre von Büchern jüdischen Inhalts erheblich vermindert ist", und er, Spitzer, glaube, dass – „ganz im Gegensatz zu der Lage im Jahr 1933 – es keine Stütze mehr für das deutsche Judentum bedeutet, wenn man jüdische Bücher noch herausbringt."[37] Auf das Jahr 1933 bezogen heißt das, dass Spitzer, Schneider, Buber und nicht zuletzt Salman Schocken die Publikation von jüdischen Büchern als Hilfeleistung für das bedrängte deutsche Judentum verstanden.

---

[32] Zum Forschungsinstitut siehe: Lehnhardt, Peter S.: Das Forschungsinstitut für hebräische Dichtung und sein Beitrag zur Kenntnis der hebräischen Dichtung des Mittelalters. In: Schreuder/Weber, Der Schocken Verlag/Berlin, S. 299–320.
[33] Dahm, Das jüdische Buch, S. 308.
[34] Dahm, Das jüdische Buch, S. 308.
[35] Dahm, Das jüdische Buch, S. 308.
[36] Theodor Schocken (1914–1975), Salman Schockens zweitältester Sohn war von 1933 bis 1938 Leiter des Schocken-Kaufhauses in Zwickau und 1935 bis 1938 Teilhaber des Schocken-Verlages. Er emigrierte 1938 mit seiner Familie in die USA und war dort 1945 Mitbegründer der Schocken Books New York.
[37] Brief Theodor Schocken an Salman Schocken, London, 14. 7. 1938. In: SchA, 331/41.

Die assimilierten deutschen Juden, die kaum mehr Zugang zu ihren jüdischen Wurzeln hatten, sollten durch die Publikationen, in erster Linie durch die Bändchen der Schocken-Bücherei, zu ihrem Judentum zurückfinden. Ohne die mit dem Judentum nicht sehr vertrauten Leser zu überfordern, sollten sie wieder mit der jüdischen Kultur und Literatur vertraut gemacht werden, oder wie es der Verlag selber nannte, wollte man ihnen „ein Gebäude jüdischer Bildung errichten".[38]

Schocken und seine Mitarbeiter gingen weiterhin von der Annahme aus, dass Bücher, oder eben die Bücher des Schocken-Verlages, den deutschen Juden halfen, sich in der neuen Situation – der Ausgrenzung und beginnenden Verfolgung durch die Nationalsozialisten – zurechtzufinden. Dazu sollten monatlich zwei Büchereibände erscheinen. Das Gesamtprogramm des Schocken-Verlages umfasste sowohl sich nur schlecht verkaufende Produktionsgruppen (Hebräischer Verlag, klassische hebräische Dichtung und moderne hebräische Dichtung, sowie der deutsche und wissenschaftliche Verlag) als auch die gut laufenden, populären Gruppen Almanach, Bücherei und Jüdische Lesehefte. Der Verlag schuf damit einerseits Bücher von langfristigem jüdisch-kulturellem Wert und trug andererseits zur Erziehungsarbeit der breiteren deutsch-jüdischen Bevölkerung bei.

Ernst Simon schreibt 1937: „Das Jahr 1933 wird zum Jahr der großen Heimholung. Es ist das Jahr der Gründung des Schocken-Verlages. Seine Leistung und Haltung sind ein Teil der Antwort, die das Judentum Deutschlands auf dieses Schicksalsjahr und die ihm folgenden Ereignisse gegeben hat."[39] In der Betrachtung der Verlagsmitarbeiter und eng mit dem Verlag verbundeneren Autoren war die Vergrößerung und programmatische Neuorientierung des Schocken-Verlages ein klares Zeichen gegen die nationalsozialistische Judenpolitik und damit eine Form geistigen Widerstandes. Das Programm, die günstigen Publikationen und die Intention des Verlages, deutschen Juden zu helfen, das Judentum wieder zu entdecken, müssen auch in der Retrospektive als Auflehnung gegen die Verdrängung und Kriminalisierung alles Jüdischen gedeutet werden.

---

38 Werbung in Jüdische Rundschau, 17. 4. 35, S. 9.
39 Simon, Ernst: Der „Schocken Verlag". In: Jüdische Rundschau, 12. 11. 37, S. 9. Simon ist bei der Datierung der Verlagsgründung ein Fehler unterlaufen. Der Verlag wurde bereits 1931 gegründet, 1933 wurden jedoch die zwei wichtigen Reihen „Bücherei" und „Almanach" ins Verlagsprogramm aufgenommen.

Aus den Katakomben

„Die Nazis waren der Ansicht", so Lambert Schneider in seiner *Rechenschaft*, „sie hätten den Schocken-Verlag in ein jüdisches Ghetto gesperrt [...]".[40] Die weiter oben angeführten Publikationszahlen zeigen jedoch auf, dass sich der Verlag in den ersten Jahren der nationalsozialistischen Herrschaft sehr gut entwickeln konnte. Der Ausschluss der Juden aus der nichtjüdischen Gesellschaft hatte zumindest vorerst auf den Schocken-Verlag keinen Einfluss.

Salman Schocken war ab 1932 Mitglied im „Börsenverein der Deutschen Buchhändler" und so wurde der Verlag im Herbst 1933 Mitglied der „Reichsschrifttumskammer",[41] obwohl es sich beim Schocken-Verlag um einen jüdischen Verlag handelte und seine Autoren mit wenigen Ausnahmen keinen „Ariernachweis" bringen konnten. Da der Schocken-Verlag, mit wenigen Ausnahmen, ein klar jüdische Programm hatte, blieb er von Einschränkungen und Zensur weitgehend verschont. Einzig die Freigabe von Devisenzahlungen für ausländische Autoren war auch für den Schocken-Verlag ein großes Problem.[42]

Auch gelang es den Nationalsozialisten nicht, nichtjüdische Leser vom Kauf von Schocken-Büchern abzuhalten. Lambert Schneiders Frau Marion Schneider bereiste mit dem Sortiment des Schocken-Verlages Buchhandlungen, von denen sie wusste, dass sie es wagen, die Bücher auf die Tische zu legen oder unter den Theken an Kunden zu bringen. Marion Schneider hat wohl ein regelrechtes Netzwerk nichtjüdischer Buchhändler aufgebaut, das sie so lange es irgendwie möglich war, belieferte.[43] Mit sehr viel Mut und Widerständigkeit gelang es den Mitarbeitenden des Verlages immer wieder, aus dem Ghetto, in das sie gesperrt wurden, auszubrechen. So wandelten sie das Ghetto in eigentliche Katakomben um, aus denen halb versteckt, halb offen agiert, geschrieben und publiziert wurde.

Kochanowski vom Sonderreferat Hinkel und dessen Interesse am Zionismus

Im Frühjahr 1937 wurden alle deutschen Verlage und Buchhandlungen, die auf jüdische Themen spezialisiert waren, aus der Reichsschrifttumskammer ausge-

---

40 Schneider, Rechenschaft, S. 41.
41 Dahm, Das jüdische Buch, S. 309. Der Verlag wurde erst 1937 aus der Reichsschrifttumskammer ausgeschlossen.
42 In den Akten des SchA finden sich zahlreiche Anträge sowie Bittschreiben von Autoren um Bezahlung der Honorare.
43 Schneider, Rechenschaft, S. 42; vgl. auch Poppel, Jewish Publisher, S. 43.

schlossen und direkt dem Propagandaministerium unterstellten Sonderreferat Hinkel zugeordnet.[44] Am 31. Juli 1937 traf das Schreiben des Sonderreferates mit dem Betreff „Überwachung der geistig und kulturell tätigen Juden im deutschen Reichsgebiet" im Schocken-Verlag ein.[45] Der Reichsminister genehmigte damit widerruflich die „Firma als ‚Jüdischen Buchverlag'" und teilte gleichzeitig den sofortigen Ausschluss aus der Reichsschrifttumskammer mit. Dem Schreiben lag das „Erste Rundschreiben an die zum jüdischen Buchhandel gehörenden Personen und Unternehmen"[46] bei, das über sämtliche Bestimmungen des Reichsministeriums informierte. Knapp einen Monat später sprach Moritz Spitzer, nicht der „arische" Verlagsleiter Lambert Schneider, für den Schocken-Verlag beim Sonderreferat Hinkel vor.[47]

Hinkel selber stellte sich für das Gespräch nicht zu Verfügung, so verhandelte Spitzer am 20. August 1937 mit dessen Sonderreferenten Erich Kochanowski, sowie den Referenten Gerhard Lock und Walter Owens,[48] also fast dem gesamten Stab Hinkels. Aus dem Bericht wird deutlich, wie gut das Sonderreferat Hinkel über den Schocken-Verlag, dessen Programm und dessen Geschäfte informiert war. Schneider schilderte die dreistündige Unterredung als mehrheitlich positiv. So gelang es Spitzer, dass weiterhin auf eine Manuskript-Zensur verzichtet würde, falls der Verlag „in der bisherigen Form weiterproduziere".[49] Auch Anträge für Auslandshonorare sollten „künftig möglichst wohlwollend" behandelt werden. Schneider ist sich im Klaren, dass trotz des konstruktiven Gesprächs, „noch vielerlei Unangenehmes nachfolgen kann". So wurde „[d]ie Überwachung der Bestimmungen der Gestapo übertragen, was z. B. keine ungetrübte Freude ist".[50]

Die Arbeit des Schocken-Verlages wurde jedoch „mit Respekt beachtet und galt im als durchaus erwünscht. Dabei stellte sich heraus, dass Bubers Arbeiten und Person sehr hoch geachtet werden, und dass gegen keines seiner Bücher

---

44 Siehe dazu: Dahm, Volker: Jüdische Verleger, 1933–1938. In: Paucker, Arnold [u. a.] (Hrsg.): Die Juden im nationalsozialistischen Deutschland 1933–1943. Tübingen 1986, S. 273–283.
45 Der Brief liegt im SchA, 331/91 (Ausgliederung Verlag).
46 Der Brief liegt im SchA, 331/91 (Ausgliederung Verlag).
47 Lambert Schneider berichtet über das Gespräch am 22. August schriftlich an Salman Schocken. In: SchA, 331/42 (Dr. Lambert Schneider).
48 Dahm gelang es, den dritten Mitarbeiter Hinkels, der im Bericht von Schneider an Schocken mit „Name vorerst unbekannt, etwa 22–24 Jahre alt, frisch und blond, buchhändlerisch geschult. Offen und ungefährlich" beschrieben wird, als Walter Owens zu bestimmen. Dahm, Das jüdische Buch, S. 310.
49 SchA, 331/42.
50 SchA, 331/42.

Bedenken bestehe. [...] Grundsätzlich dürfte die Produktion so weitergeführt werden, allerdings Stifter, Mommsen, Droske u.s.w. werden nicht mehr gehen."[51]

Spitzer beschrieb Kochanowski als „etwa 30 Jahre alt, etwas verkniffen, Typ verkrachter Student, der im Parteipolitischen hängen geblieben ist". Er verfüge über „[v]erbindliche Umgangsformen" und bemühe sich, sein Amt ernst zu nehmen. Er gehöre zudem zum „Ressort ehrgeizig".[52] Laut Poppel war Kochanowski zudem einer der jungen Nazis, die einiges an zionistischer Literatur gelesen hätten und daher zu jener (kleinen) Gruppe Nationalsozialisten gehörte, die eine Dissimilation von Juden einer Diskrimination vorzögen.[53] Poppel meint weiterhin, dass es für die weitere Arbeit des Schocken-Verlages von großer Bedeutung war, dass sich ein Beamter wie Kochanowski für den Verlag verantwortlich zeigte, denn durch seine Bewunderung für Buber und durch sein Interesse am Zionismus, beschützte er den Verlag vor größeren Einmischungen durch andere Stellen.[54]

Der Schocken-Verlag konnte also auch nach August 1937 einigermaßen ungehindert sein Programm weiterverfolgen. Als jüdischer Verlag, der er schon vor dem Ausschluss aus der Reichsschrifttumskammer war, produzierte er weiterhin jüdische Bücher für ein, zumindest offiziell, jüdisches Publikum. Das von Kochanowski einigermaßen geschützte Ghettodasein erlaubte es dem Verlag, jüdischen Autoren das Schreiben und einen Verdienst zu ermöglichen, gleichzeitig wurde so jüdischen Anliegen eine Stimme gegeben.[55]

„Steh auf, Gott! Streite deinen Streit!"[56] – Der neue Midrasch

Der Begriff des „neuen Midrasch" wurde von Ernst Simon, Verlagsautor und enger Mitarbeiter von Martin Buber, für die Form versteckter, aber dennoch öffentlicher Kritik am System geprägt. Das vierte Kapitel seines 1959 erschienenen Buches

---

51 SchA, 331/42.
52 SchA, 331/42.
53 Poppel bezieht sich hier auf ein Interview mit Moritz Spitzer vom 7. 7. 1969. Leider gibt es zu diesem Interview keinerlei weitere Angaben über den Aufbewahrungsort o. ä. Poppel, Jewish Publisher, S. 44f.
54 Poppel, Jewish Publisher, S. 44f.
55 Schneider, Rechenschaft, S. 42.
56 Aus Psalm 74,22. Hier zitiert nach dem 51. Band der Schocken-Bücherei, der eine Auswahl von 23 Psalmen in einer Reihenfolge von Buber darstellt. Buber, Martin: Aus den Tiefen Rufe ich dich. 23 Psalmen in der Urschrift mit der Verdeutschung von Martin Buber. Bücherei des Schocken Verlags, Bd. 51. Berlin 1936.

Aufbau im Untergang. Jüdische Erwachsenenbildung im nationalsozialistischen Deutschland als geistiger Widerstand[57] widmet sich der Systemkritik in Publikationen des Schocken-Verlages. So schreibt er, dass „[e]ine verfolgte Minderheit [...] sich im Midrasch schon zur Zeit seiner Entstehung eine Binnensprache für ihre Auseinandersetzung mit der Außenwelt [schaffte], die der Gegner selten, der Volks- und Glaubensgenosse fast immer verstand."[58] Die Verleger, allen voran Spitzer, der für die Bücherei zuständig war, wählten Gedichte und Prosa aus, die einen direkten Bezug zur Gegenwart herstellten. Ähnlich verfahren wurde auch mit historischen Texten, die sich durch den Leser in dessen Gegenwart transferieren ließen.[59] So wurden im ersten Bändchen der Schocken-Bücherei die Jesaja-Kapitel 40–55 auf Hebräisch und in der Übersetzung von Buber und Rosenzweig unter dem Titel *Die Tröstung Israels*[60] publiziert. „Tröstet tröstet mein Volk, spricht euer Gott" (Jes 40,1) – mit dieser Zeile beginnt Kapitel 40. Trost spenden will der Schocken-Verlag, Hoffnung wecken in diesem ersten schweren Jahr:

> Er gibt den Ermattenden Kraft, dem Ohnmächtigen mehrt er Kernhaftigkeit. Jünglinge ermatten, ermüden, Rüstige straucheln und straucheln, aber die SEIN harren tauschen Kraft ein, wie die Adler trieben sie Schwingen, sie rennen und werden nicht müde, sie gehen und werden nicht matt. (Jes 40,29–31).

Es wird deutlich, wie mit geschickter Auswahl von Texten ein Bezug zur Gegenwart der Juden Deutschland hergestellt wird. Folgt man den Reaktionen auf die Publikationen, kann man davon ausgehen, dass der Verlag dem Bedürfnis des deutschen Judentums nach Trost entsprach. Berta Badt-Strauss bemerkte 1934 in einem Artikel in der *Jüdischen Rundschau*:

> Die Reihe [gemeint ist die Schocken-Bücherei, Anm. d. Verf.] begann mit einer Gabe aus unserer klassischen Literatur: Die „Tröstung Israels", Jeschajahus gewaltige Botschaft, die heute mehr als je zuvor zu unserem Herzen spricht und uns in diesen Wochen eben erst wieder in den Ohren klang, bildet den Anfang.[61]

Max Dienemann, Rabbiner in Offenbach (bis 1938), zeigte sich verantwortlich für den 36. Büchereiband, der 1935 unter dem Titel *Midraschim der Klage und des Zuspruchs"* erschien. In der Einleitung „Zum Verständnis des Midrasch" schrieb er:

---

57 Die folgenden Darlegungen basieren weitgehend auf den Ausführungen von Ernst Simon.
58 Simon, Aufbau im Untergang, S. 76f.
59 Dahm, Das jüdische Buch, S. 363f.
60 Die Tröstung Israels. Aus Jeschajahu, Kapitel 40 bis 55. Mit der Verdeutschung von Martin Buber und Franz Rosenzweig. Bücherei des Schocken Verlags, Bd. 1. Berlin 1933.
61 Badt-Strauss, Bertha: Eine jüdische Hausbücherei. Jüdische Rundschau, 18. 9. 1934, S. 5.

> Was am stärksten zu ergreifen vermag, das ist die im Midrasch lebendige *Geschichtsauffassung*. Beinahe kann man sagen, der Begriff der „Geschichte" wird aufgehoben. Denn Geschichte heißt, daß etwas „geschehen" ist, also nicht mehr ist, daß Menschen gewesen sind, die nicht mehr sind, man erfährt von ihnen, man lernt wer sie waren, und wie sie waren, aber sie *waren*. Und im Midrasch leben alle gleichzeitig, kein Geschlecht ist so vergangen, daß es nicht mehr gegenwärtig sein könnte. [...] Alles ist eine große Gleichzeitigkeit. Die Zeit ist aufgehoben. [...] Diese Allgegenwärtigkeit der Väter ist das wahre Tröstende, das was den Midrasch ins Zeitlose hebt.[62]

Die Allgegenwärtigkeit der Väter oder eben die direkte Verbindung zur Vergangenheit machte diese Texte relevant für die Gegenwart.

Die Textauswahl um die Vernichtung des ersten und des zweiten Tempels liest sich heute als Prophetie des noch zu kommenden Schreckens der Shoah. „Ihr wilden Räuber, bei eurem Leben beschwöre ich euch: Tötet sie nicht eines grausamen Todes, vernichtet sie nicht ganz und gar."[63] Noch wichtiger aber als die Klage war der Zuspruch, der Trost, der durch die alten Texte vermittelt wurde. „Nur Gott kann trösten", heißt es weiter unten.[64] Vielleicht bedeutet Gott hier auch einfach Halt in der eigenen Tradition, schließlich wurden die alten hebräischen Texte für das assimilierte Judentum ins Deutsche übersetzt. Der Gott der Midraschim war aber mehr als ein tröstender, er war ein streitender und strafender. „Du Narr, Ich wollte sie verderben und [...] vermochte es nicht [...] und du denkst, du könntest verderben, erschlagen, vernichten? Bei deinem Leben! Dein Kopf an ihrer Köpfe statt!"[65]

Vor den Augen der Nationalsozialisten publizierte der Schocken-Verlag eine Reihe von Büchern und Texten, die eine ähnliche Richtung einschlugen. Martin Buber veröffentlichte 1936 eine Auswahl an Psalmen (*Aus Tiefen rufe ich dich*, Schocken-Bücherei, Bd. 51). Bemerkenswert an dieser Ausgabe war vor allem die Anordnung der Psalmen.[66] Was dabei herauskommt ist ein gänzlich neuer Text, aus dem hier in einem längeren Ausschnitt zitiert werden soll.

> Das Leben deiner Gebeugten,
> nimmer vergiß es in die Dauer! (74,19)
> Blick auf den Bund! (74,20)
> [...]

---

62 Dienemann, Max: Midraschim der Klage und des Zuspruchs. Bücherei des Schocken Verlags, Bd. 36. Berlin 1935, S. 9f.
63 Dienemann, Midraschim, S. 35.
64 Dienemann, Midraschim, S. 42–49.
65 Dienemann, Midraschim, S. 52.
66 Die Psalmen wurden in der Reihenfolge 130, 42, 43, 6, 12, 5, 74, 64, 59, 69, 14, 10, 73, 7, 94, 4, 80, 77, 102, 120, 124, 126, 57 geordnet.

Steh auf, Gott!
streite deinen Streit!
gedenke deiner Verhöhnung
durch den Schändlichen all den Tag! (74,22)
[...]
Fürchten müssen sich alle Menschen (64,10)
[...]
Du, aber DU, wirst ihrer lachen,
wirst all der Weltstämme spotten. (59,9)
[...]
Denn deinetwegen trage ich Hohn,
hüllt Beschimpfung mein Antlitz ein (69,8)
[...]
Reiße mich aus dem Schlamm,
daß ich nimmer versinke,
entrissen sei ich meinen Hassern,
den Wassertiefen! (69,35)
[...]
Preisen sollen ihn Himmel und Erde,
die Meere und allwas sich drin regt! (69,35)
Denn Gott wird Zion befreien,
aufbauen die Städte Jehudas,
daß man dort siedelt und sie ererbt! (69,36)

Hohn und Hass soll auf die Verfolger niederschlagen, es ist ein strafender, kein vergessender Gott, der zitiert wird. Hier ging es nicht mehr darum, dem von der jüdischen Tradition abgeschnittenen deutschen Judentum einen Zugang zu den eigenen Texten zu schaffen, hier ging es um moralische Unterstützung, um das Wecken einer, wenn auch nur geistigen, Kampfeslust. Klug schreiben müssen die Schriftsteller, so „daß die Mächtigen nicht gleich [den] Widerstand sehen [...]."[67] Das gelang Buber und anderen Autoren des Schocken-Verlages. Keines dieser Bändchen fiel unter die Zensur. Verboten wurde zum Beispiel die Ausgabe der *Judenbuche* von Annette Droste-Hülshoff,[68] da es sich bei der Autorin nicht um eine Jüdin handelte. Bei solchen Vergehen gegen die Auflagen reagierten die Machthaber streng, bei der offen aber dennoch versteckten Kritik am Regime in jüdischem Schriftgut blieben sie blind.

Eine ähnliche Taktik wie in der Bücherei wurde in den Verlagsalmanachen verfolgt. Die jährlich zum jüdischen Neujahrsfest erscheinenden Almanache,

---

67 Schneider, Rechenschaft, S. 38.
68 Zur Auswirkung der Zensur auf den Schocken-Verlag siehe: Dahm, Das jüdische Buch, S. 366–378.

insgesamt sechs, hoben sich von jenen anderer Verlage ab, die einem reinen Werbezweck dienten. Auch der Schocken-Verlag kam nicht umhin, sein Programm zu bewerben, jedoch gelang es dem Herausgeber Moritz Spitzer, die Beiträge thematisch auszuwählen.[69]

Der erste Almanach, der von Moritz Spitzer in großer Eile hat zusammengestellt werden müssen, ist, so sind sich die Kritiker einig, thematisch der dichteste und konziseste. Erschienen im Schicksalsjahr 1933, stellt er eine Anthologie zum Thema der Galut-Existenz dar.[70]

Als letztes Beispiel für dem „neuen Midrasch" sei hier aber ein Ausschnitt aus dem letzten Almanach für das jüdische Jahr 5699 (1938/1939) angefügt. Im Herbst 1938 herrschte nun auch für den Schocken-Verlag Vorzensur, dennoch konnten die Gedichte des kaum bekannten palästinensischen Dichters Jannai aus dem 5. oder 6. Jahrhundert u. Z. veröffentlicht werden. Es handelte sich bei den Texten um lyrische Variationen zu den ersten drei Büchern Mose.[71]

> Nach Deiner Liebe vergehen uns die Augen,
> Der die vom Feindhaß Gehaßten Du liebst.
> O sieh auf das Elend drinnen bei uns,
> Blick auf den Hass, der von draußen uns trifft,
> Wie Lea Du ansahst, im Elend gebeugt,
> Blickest du auf den Haß, der ihr Elend erzeugt.
> Hasser hatte sie drinnen im Zelt,
> War draußen von Schüren des Hasses umstellt.
> Nicht jeder, der geliebt ist, ist geliebt.
> Nicht jeder, der gehaßt ist, ist gehaßt.
> Manch drunter Gehaßter ist droben geliebt.
> Gehaßt sind, die Du hassest, die Du liebst.
> Weil Dich wir lieben trifft uns der Haß, Heiliger!"[72]

Die Zensurbehörde wurde in Fußnoten getäuscht, indem die „Entdeckung" des Dichters als außerordentlich beschrieben wurde. Die Leser wurden, ebenfalls in Fußnoten, darauf hingewiesen, dass „die Stimme [des Dichters, Anm. d. Verf.] auch heute noch lebendig" sei.[73]

---

69 Dahm, Das jüdische Buch, S. 323.
70 Dahm, Das jüdische Buch, S. 325. Für eine detaillierte Analyse des ersten Almanach siehe: Simon, Aufbau im Untergang, S. 84–90.
71 Dahm, Das jüdische Buch, S. 365.
72 Almanach des Schocken Verlags auf das Jahr 5699. Berlin 1938/1939, S. 7.
73 Dahm, Das jüdische Buch, S. 365.

Dass das Wirken des Schocken-Verlages als Reaktion auf die Lebensumstände, auf die politische Aktualität in den 1930er-Jahren verstanden werden konnte, findet sich in zahlreichen Rezensionen wieder. Ernst Simon schrieb z. B. in der *Jüdischen Rundschau* vom 12. November 1937: „So entspricht das Werk des Verlages jenem tieferen Streben, auf die Aktualität nicht nur in der aktuellen Schicht zu reagieren, sondern die Antwort aus tieferen Quellen zu holen. Der Schocken-Verlag hat das Bedürfnis erkannt, zum Teil befriedigt, und vor allem unablässig gemehrt."[74] Dass Simon als Vertrauter des Verlages sich positiv über das Programm äußerte, mag nicht erstaunen, dass aber ein derart öffentlicher und mutiger Diskurs über die Absichten des Verlages geführt wurde, umso mehr.

Fazit

In zahlreichen zeitgenössischen Rezensionen findet sich der Anspruch des Schocken-Verlages bestätigt, eine jüdische Antwort auf die nationalsozialistische Judenpolitik zu sein. Ernst Simon schrieb am 12. November 1933 in der *Jüdischen Rundschau*: „Das Jahr 1933 wird zum Jahr der großen Heimholung. Es ist das Jahr der Gründung des Schocken-Verlages. Seine Leistung und Haltung sind ein Teil der Antwort, die das Judentum Deutschlands auf dieses Schicksalsjahr und die ihm folgenden Ereignisse gegeben hat."[75] Simon hätte durch seine enge Verbindung mit dem Verlag wissen müssen, dass die Gründung des Schocken-Verlages bereits zwei Jahre davor geschehen war. Daher ist es wohl kein Versehen, dass er retrospektiv die Gründung als Reaktion auf die politischen und gesellschaftlichen Ereignisse der ersten Hälfte des Jahres 1933 legte. Eine systematische Auswertung aller zeitgenössischen Zeitschriften und Zeitungen im Hinblick auf Besprechungen des Schocken-Programmes steht noch aus,[76] eine kursorische Durchsicht[77] macht aber deutlich, dass viele Rezensenten die Absicht des Schocken-Verlages verstanden und aufgenommen hatten.[78] Vor diesem Hintergrund ist es umso

---

[74] Simon, Ernst: Der Schocken Verlag. In: Jüdische Rundschau, 12. 11. 1937, S. 10.
[75] Simon, Der Schocken Verlag, S. 9.
[76] Saskia Schreuder hat in ihrem Beitrag „Inmitten aller Not und aller Angriffe" einen Teil der zeitgenössischen Kritiken aufgearbeitet, dies jedoch nicht abschließend. Siehe: Schreuder, Inmitten aller Not.
[77] Compact Memory bietet eine Volltextsuche durch weit über hundert jüdische Periodika (1768–1938), was die Suche erleichtert. Da das Portal aber nicht alle Zeitschriften und Zeitungen umfasst, kann auch die Durchsicht im Rahmen dieses Beitrages als nicht abgeschlossen gelten. http://www.compactmemory.de/ (25. 7. 2013).
[78] Zu den Absatzzahlen siehe: Dahm, Das jüdische Buch, S. 437–444.

erstaunlicher, dass der Verlag so gut wie ungehindert publizieren konnte. Die gute Verbindung zum Sonderreferat Hinkel und das seltsame Interesse Erich Kochanowskis an zionistischen Schriften und jüdischen Schriftstellern mögen eine Erklärung dafür sein.

Im Laufe des Jahres 1938 wurde es dann aber auch für den Schocken-Verlag deutlich schwieriger weiterzuarbeiten. Zwar glaubte im Juli 1938 selbst Spitzer noch daran, zu Pessach 1939 den hundertsten Band der Schocken-Bücherei als Abschluss zu publizieren, dennoch liefen gleichzeitig zahlreiche Abklärungen und Vorbereitungen zur Rettung des Buchlagers ins Ausland.

Im Juli 1938 traf sich Theodor Schocken mit Moritz Spitzer, dem Lektor des Schocken-Verlags, in London. In Theodors Brief an seinen Vater vom 14. Juli 1938, in dem er vom bereits weiter oben erwähnten Gespräch mit Spitzer berichtete, ging es nun aber nicht um wirtschaftliche Fragen sondern darum, inwiefern der Schocken-Verlag weiter bestehen kann:

> Durch die Vorgänge in den letzten Wochen, die das ganze Bild der jüdischen Existenz in Deutschland völlig verändert haben, glaubt Dr. Spitzer auch eine Änderung in diesem Programm für richtig zu halten. Er schlägt vor, dass die hebräische und wissenschaftliche Produktion, die ja vom Vertrieb in Deutschland im wesentlich unabhängig ist, weiter fortgesetzt wird, soweit dafür Mittel bei der Abwicklungsstelle zur Verfügung stehen.
>
> Die Bücherei möchte Dr. Spitzer langsam weiterführen, sodass etwa zu Pessach nächsten Jahres der Band 100 erscheint, den Dr. Spitzer jetzt im Gegensatz zu seinen früheren Auffassungen als Abschlussband der Bücherei betrachtet.
>
> Dr. Spitzer glaubt, dass als Folge der jetzigen Vorgänge der Käuferkreis für unsere Bücher in ganz kurzer Zeit zusammenschrumpfen wird, und dass der deutsche Markt also keine genügende Basis für eine weitere Produktion bietet. Er hat auch den Eindruck, dass das Interesse der Juden an der Lektüre von Büchern jüdischen Inhalts erheblich vermindert ist, und der glaubt, dass – ganz im Gegensatz zu der Lage im Jahre 1933 – es keine Stütze mehr für das deutsche Judentum bedeutet, wenn man jüdische Bücher noch herausbringe. [...] Er hat [...] aus Gesprächen mit Buchhändlern gehört, dass das Interesse an jüdischen Büchern unserer Art fast erlahmt sei.
>
> Die Menschen wollen, wenn sie schon ein Buch in die Hand nehmen, heute irgendeine leichte Lektüre haben, die sie von den Problemen des Tages ablenkt. Die Jugend, die in den Schulen mit jüdischen Dingen überfüttert würde, wehre sich zum Teil schon gegen das Lesen von jüdischen Büchern.[79]

---

79 SchA, 331/41.

Es wird deutlich, dass Spitzer im Sommer 1938 nicht länger daran glaubte, dass ein großes Interesse an jüdischen Büchern bestehe und dass anders als 1933 jüdische Bücher „keine Stütze" mehr bedeuten. Theodor kommentierte die Einschätzung Spitzers mit folgenden Worten:

> So weit Spitzers Meinung, ich teile sie nicht ganz, wenn ich auch verstehe, dass Spitzer nach den Erlebnissen und Erfahrungen der letzten Wochen heute die jüdische Situation in Deutschland so negativ sieht.[80]

Spitzer beklagte sich später, dass Schocken, Buber aber auch Lambert Schneider blind gewesen wären, sie hätten einfach immer nur weitermachen wollen. Für Spitzer hingegen war 1938 klar, dass die Probleme der unter immer stärkeren Repressionen leidenden Juden nicht mit Büchern behoben werden konnten. Nach den gewalttätigen Ausschreitungen in der Reichspogromnacht schien die Auflösung kaum mehr aufzuhalten.[81] Schocken selber versuchte um jeden Preis die Aufgabe des Verlages zu verhindern, selbst nach der Reichspogromnacht vom 8. auf den 9. November 1938 wollte er von einer Liquidation nichts wissen.[82] Der durch die Nationalsozialisten angeordneten Zwangsliquidation Ende Dezember 1938 konnte sich dann aber auch Salman Schocken nicht mehr widersetzen.

---

80 SchA, 331/41.
81 Siehe dazu: Dahm, Das jüdische Buch, S. 445–462.
82 Dahm, Das jüdische Buch, S. 449.

Gideon Botsch
Wer rettete das Jüdische Krankenhaus Berlin?

Zur Frage des Widerstands Berliner Juden gegen die Vernichtungspolitik

Das Jüdische Krankenhaus Berlin (JKB) gilt, in Verbindung mit dem Jüdischen Friedhof Weißensee, als einzige jüdische Institution in Deutschland, die während der gesamten Zeit der nationalsozialistischen Herrschaft bestand, diese Zeit überstand und anschließend seine Arbeit fortsetzte – bis in die Gegenwart hinein.[1] Die Frage, warum die Gestapo das Krankenhaus bis Kriegsende nicht auflöste, hat zu einer Reihe von Spekulationen geführt. In jüngster Zeit ist dabei auf einen Vorgang hingewiesen worden, demzufolge die komplette Liquidierung des Krankenhauses am 10. März 1943, im Anschluss an die „Fabrikaktion", unmittelbar bevorgestanden habe, aber durch geschicktes Taktieren des damaligen Krankenhausleiters und späteren Leiters der Reichsvereinigung der Juden in Deutschland, Dr. Dr. Walter Lustig,[2] gerettet worden sei. Der Preis für das Zugeständnis

---

1 Vgl. Hartung-von Doetinchem, Dagmar/Winau, Rolf (Hrsg.): Zerstörte Fortschritte. Das Jüdische Krankenhaus in Berlin 1756 – 1861 – 1914 – 1989. Berlin 1989, S. 221–226; Elkin, Rivka: Das Jüdische Krankenhaus in Berlin zwischen 1938 und 1945. Berlin 1993, S. 53–59; Dies.: The Survival of the Jewish Hospital in Berlin 1938–1945. In: Leo Baeck Institute Year Book 38 (1993), S. 157–192; Silver, Daniel B.: Überleben in der Hölle. Das Berliner Jüdische Krankenhaus im Dritten Reich. Berlin 2006, S. 40–46; Kotowski, Elke-Vera/Schoeps, Julius H.: Vom Hekdesch zum Hightech. 250 Jahre Jüdisches Krankenhaus im Spiegel der Geschichte der Juden in Berlin. Berlin 2007. – Der Stiftung Topographie des Terrors und ihrem Direktor Andreas Nachama danke ich für ihre Unterstützung bei den Recherchen; Akim Jah danke ich für kritische Lektüre und wertvolle Hinweise.
2 Vgl. Nadav, Daniel S./Stürzbecher, Manfred: Walter Lustig. In: Hartung-von Doetinchem/Winau, Zerstörte Fortschritte, S. 221–226; Elkin, Jüdische Krankenhaus, S. 53–59; Elkin, The Survival, S. 157–192; Wolff, Hans-Peter (Hrsg.): Biographisches Lexikon zur Pflegegeschichte. Berlin/Wiesbaden 1997, S. 122f.; Meyer, Beate: Gratwanderung zwischen Verantwortung und Verstrickung. Die Reichsvereinigung der Juden in Deutschland und die Jüdische Gemeinde zu Berlin 1938–1945. In: Dies./Simon, Hermann (Hrsg.): Juden in Berlin 1938–1945. Berlin 2000, S. 290–337, hier S. 325–330; Meyer, Beate: Tödliche Gratwanderung. Die Reichsvereinigung der Juden in Deutschland zwischen Hoffnung, Zwang, Selbstbehauptung und Verstrickung (1939–1945). Göttingen 2011, S. 357–363; Maierhof, Gudrun: Frauen in der jüdischen Selbsthilfe 1933–1943. Frankfurt a. M./New York 2002, S. 338; Klimpel, Volker: Ärzte-Tode. Unnatürliches und gewaltsames Ableben in neun Kapiteln und einem biographischen Anhang. Würzburg 2005, S. 135; Silver, Überleben, S. 40–46; Schwoch, Rebecca (Hrsg.): Berliner jüdische Kassenärzte und ihr Schicksal im Nationalsozialismus. Ein Gedenkbuch. Berlin 2009, S. 571–573; Botsch, Gideon: Dr. Dr. Walter

der Gestapo habe darin bestanden, dass Lustig statt der kompletten Belegschaft und der Patienten die Hälfte des Personals auf die Deportationslisten habe setzen müssen; so schrecklich dies sei, habe sich doch die Aufrechterhaltung des Krankenhausbetriebes dadurch erkaufen lassen. Die Interpretation wird zum Anlass genommen, das von den meisten Überlebenden überlieferte Bild des umstrittenen „Ein-Mann-Judenrates" Lustig zu revidieren und sein Verhalten fast in die Nähe eines subtilen Widerstands zu rücken.[3]

Diese Interpretationsweise folgt einem verständlichen Bedürfnis der Öffentlichkeit, im Verhalten der jüdischen Institutionen in Deutschland angesichts der nationalsozialistischen Vernichtungspolitik mehr zu entdecken als willfähriges und verantwortungsloses Ausführen von Anweisungen der Gestapo. Wie Beate Meyer zeigen konnte, unternahmen die jüdischen Institutionen – so insbesondere die Reichsvereinigung der Juden in Deutschland (RV) – in einer ausweglosen Situation den Versuch, zu helfen oder zumindest Schlimmeres zu verhindern, was sich indes letztendlich als „tödliche Gratwanderung"[4] erweisen sollte. Aus diesem Dilemma ergab sich auch die Entscheidung zur Mitwirkung an den Deportationen aus Deutschland, die im Oktober 1941 wieder aufgenommen worden waren und nunmehr stringent und systematisch durchgeführt wurden.[5] Hatten die NS-Verfolgungsbehörden, namentlich die Gestapo, bereits in den früheren Phasen der Vernichtungspolitik jüdische Institutionen unter ihren unmittelbaren Zugriff gebracht und relativ erfolgreich in Instrumente der jeweils beabsichtigten judenfeindlichen Maßnahmen umgewandelt, so fügten sie auch das Jüdische Krankenhaus Berlin systematisch in den Apparat der Deportationen ein, machten es zu einem Instrument dieser verbrecherischen Praxis.

Lustig – vom preußischen Medizinalbeamten zum „Ein-Mann-Judenrat". In: Beddies, Thomas/Doetz, Susanne/Kopke, Christoph (Hrsg.): Jüdische Ärztinnen und Ärzte im Nationalsozialismus. Entrechtung, Vertreibung, Ermordung. Berlin/Boston 2014, S. 103–116.
3 Vgl. Silver, Überleben, S. 156ff und passim.
4 Vgl. Meyer, Tödliche Gratwanderung. Zur RV vgl. ferner Hildesheimer, Esriel: Jüdische Selbstverwaltung unter dem NS-Regime. Der Existenzkampf der Reichsvertretung und Reichsvereinigung der Juden in Deutschland. Tübingen 1994; Gruner, Wolf: Öffentliche Wohlfahrt und Judenverfolgung. Wechselwirkungen lokaler und zentraler Politik im NS-Staat (1933–1942). München 2002.
5 Vgl. Gruner, Wolf: Judenverfolgung in Berlin 1933–1945. Eine Chronologie der Behördenmaßnahmen in der Reichshauptstadt. Berlin 1996; Meyer/Simon, Juden; Kundrus, Birthe/Meyer, Beate (Hrsg.): Die Deportation der Juden aus Deutschland. Pläne – Praxis – Reaktionen 1938–1945. Göttingen 2004; Gottwaldt, Alfred/Schulle, Diana: Die „Judendeportationen" aus dem Deutschen Reich 1941–1945. Eine kommentierte Chronologie. Wiesbaden 2005; Meyer, Tödliche Gratwanderung; Jah, Akim: Die Deportation der Juden aus Berlin. Die nationalsozialistische Vernichtungspolitik und das Sammellager Große Hamburger Straße. Berlin 2013.

Dennoch war es, wie einige Beispiele aus dem besetzten Europa zeigen, nicht ganz unmöglich, dass Juden die Absichten ihrer Verfolger durch eigensinniges, doppelbödiges oder gar widerständiges Verhalten partiell konterkarierten, Handlungsspielräume eröffneten und geplante Vernichtungsschläge zumindest herauszögerten. In Einzelfällen mochte es sogar möglich sein, die unter die Kontrolle der Gestapo gezwungenen jüdischen Institutionen für solche Zwecke zu benutzen. Unter Zugrundelegung eines weiten Begriffs von jüdischem Widerstand und jüdischer Selbstbehauptung[6] muss daher auch die Frage, ob Lustig angesichts einer bevorstehenden Liquidierung 1943 das Jüdische Krankenhaus rettete, im Kontext jüdischen Widerstands diskutiert werden. Vor dem Hintergrund dieser Fragestellung werde ich im Folgenden die Überlieferung der „Rettungs-Erzählung" kritisch hinterfragen und ihre Plausibilität mit Blick auf die Absichten der Gestapo prüfen.

Damit ist die Frage nach der Rettung des Krankenhauses allerdings nicht erschöpft. Schließlich verlor es mit dem durch den Vormarsch der sowjetischen Truppen erst im April 1945 erzwungenen Ende der Deportationen aus Berlin[7] aus Sicht der Gestapo seine Funktion, wurde aber dennoch weder geräumt noch liquidiert. Hatte die Gestapo diese Einrichtung – in der sich bei Kriegsende noch bis zu 1.000 Jüdinnen und Juden aufhielten – am Ort ihrer eigenen Kommandozentrale übersehen? Es gibt Hinweise, dass es tatsächlich der Geistesgegenwart eines Berliner Juden geschuldet ist, wenn das Krankenhaus überlebte – dass es sich dabei aber nicht um Lustig handelte, und die Liquidierung, die letztlich verhindert wurde, nicht auf dem Höhepunkt der Deportationsphase geplant war, sondern als Teil des SS-Terrors der letzten Kriegstage zu betrachten ist.

Das Jüdische Krankenhaus Berlin und die Deportationen

Das Jüdische Krankenhaus Berlin stand in einer Tradition, die sich bis auf die Mitte des 18. Jahrhunderts zurückverfolgen lässt. Seinen bis heute bestehenden Standort im Wedding bezog das Krankenhaus kurz vor Beginn des Ersten Weltkriegs 1914. Von Anfang an handelte es sich nicht um ein Krankenhaus, in dem

---

6 Vgl. Lustiger, Arno: Zum Kampf auf Leben und Tod. Das Buch vom Widerstand der Juden 1933–1945. Köln 1994; sowie den Beitrag von Peter Steinbach im vorliegenden Band.
7 Ein letzter Transport verließ noch am 27. März 1945 Berlin in Richtung Theresienstadt, vgl. Gottwaldt/Schulle, Judendeportationen, S. 467.

explizit nur Juden behandelt werden würden, sondern um eine Einrichtung, die allen Kranken offenstand. Vor allem zwei Gruppen von Patienten nahmen es in Anspruch. Juden besuchten das Krankenhaus wegen ihrer Verbundenheit zur Gemeinde und der Möglichkeit, rituellen Anforderungen entsprechend betreut und versorgt zu werden. Dies wurde durch Betergemeinschaft und Betraum, rabbinische Seelsorge und koschere Verpflegung garantiert. Daneben etablierte es sich aber auch als patientennah gelegenes Krankenhaus in dem proletarischen Berliner Wohnbezirk Wedding. Das Jüdische Krankenhaus gewährleistete mit anderen Worten für diejenigen jüdischen Patienten, die es wünschten, eine Unterbringung in Übereinstimmung mit den religiösen Anforderungen, bildete aber kein abgeschottetes Terrain. Es war kein „Ghetto"- sondern ein „Kiez-Krankenhaus". Insofern diente es der Integration der jüdischen Gemeinschaft bei gleichzeitiger Stabilisierung ihrer Position in der Mehrheitsgesellschaft, nicht aber der Segregation. Es war ein typisches Produkt der beherrschenden Tendenz im deutschen Judentum zu Beginn des 20. Jahrhunderts, die als „Assimilation", „Akkulturation" oder auch „Verbürgerlichung" beschrieben werden kann.

Die nationalsozialistische Rassenpolitik richtete sich zunächst in der Tradition des politischen Antisemitismus darauf, einen Zustand wieder herzustellen, wie er vor Emanzipation und Akkulturation der Juden gegeben war. Dabei wurde ein rassistischer Judenbegriff zugrunde gelegt, der nicht auf das religiöse, kulturelle oder politische Bekenntnis des Einzelnen gerichtet ist, sondern auf eine von außen bestimmte, durch Abstammung definierte Gruppenbildung. Um aber die Segregation dieser Gruppe wirksam zu erreichen, bedienten sich die nationalsozialistischen Verfolgungsapparate regelmäßig jüdischer Institutionen. Daher war es für jüdische Einrichtungen schwer und eigentlich unmöglich, auf die neuen Herausforderungen zu reagieren und z. B. Strategien für politischen Widerstand zu entwickeln. Diese Problematik – die schon Hannah Arendt in ihrem Buch *Eichmann in Jerusalem* angesprochen hatte[8] – zeigt sich besonders deutlich am Berliner Beispiel. Widerstand bestand weithin in der Organisation des alltäglichen Lebens und Überlebens, zunehmend im Untergrund, und mit Unterstützung aus der Berliner Bevölkerung. An regelrechten jüdischen Widerstandsgruppen sind nur die Baum-Gruppe, der Chug Chaluzi und die von Juden und Nichtjuden gemeinsam getragene Gemeinschaft für Frieden und Aufbau bekannt. Obgleich die prägende Persönlichkeit im Chug Chaluzi, der zionistische Jugendgruppenleiter und Lehrer Jizchak Schwersenz, für die Reichsvereinigung arbeitete,

---

8 Vgl. Arendt, Hannah: Eichmann in Jerusalem. Ein Bericht von der Banalität des Bösen. Reinbek 1978, S. 152ff.

muss doch konstatiert werden, dass der Widerstand dieser Gruppen nicht aus der Praxis jüdischer Institutionen hervorgegangen war. Jüdischer Widerstand in Berlin ist insofern aus der Menge der Angehörigen der verfolgten Minderheit geleistet worden. Jüdische Institutionen sahen sich dagegen dem Zwang der Verfolgungsapparate unterworfen, denen es gelang, sie schrittweise, aber höchst wirkungsvoll in die judenfeindliche Politik einzuspannen. Dies gilt auch für das Jüdische Krankenhaus Berlin.

Mit der Wiederaufnahme und systematischen Durchführung der Deportationen aus dem Reich seit Herbst 1941 wurde das Krankenhaus ein Element im Räderwerk dieser Maßnahmen der Vernichtungspolitik. Für die Durchführung der Verschleppung der Juden aus Berlin[9] war bis Sommer 1942 die hiesige Stapoleitstelle und ihr in der Burgstraße angesiedeltes Judenreferat zuständig. Seit etwa Mitte 1942 griff auch die Zentralinstanz, also das Eichmann-Referat im Reichssicherheitshauptamt (RSHA), direkt ein, um die Deportationen aus der Reichshauptstadt zu beschleunigen. Bereits am 25. Juni 1942 verlangte das Judenreferat der Berliner Stapoleitstelle – wohl schon unter dem Druck des RSHA – vom Vorstand der RV und in Anwesenheit von Lustig, „das Personal im Verhältnis zur Verringerung der Anzahl der Juden […] unter Anlegung eines strengen Maßstabes entsprechend zu vermindern".[10] Im Oktober 1942 griff dann die Zentralinstanz direkt ein. Während der sogenannten Gemeindeaktion, dem ersten echten „Appell", dem die Berliner Juden ausgesetzt waren, zeigte sich, dass die Gestapo ihre Forderung vom Juni 1942 wörtlich meinte: Waren in den 12 Monaten seit Beginn der Deportation etwa 37 Prozent der Berliner Juden deportiert worden, so wurden im Zuge der Gemeindeaktion etwa 38 Prozent der Angestellten der Jüdischen Kultusvereinigung Berlin (JKV) „abgebaut".[11] Der Gesundheitsverwaltung, der das Personal des Jüdischen Krankenhauses zugeordnet war, kam dabei eine Sonderrolle zu. Gemessen an den anderen Abteilungen war sie zu einem relativ niedrigeren Prozentsatz betroffen. Von gut 300 Mitarbeitern wurden 91 durch die Gestapo angefordert. Dies entsprach dem Interesse der Gestapo an der Aufrechterhaltung einer medizinischen Versorgung für diejenigen Juden in Berlin, die – aus unterschiedlichen Gründen – nicht sofort deportiert werden konnten. Um sich eine unmittelbare Kontrolle zu sichern, ordnete die „Aufsichtsbehörde", also das Judenreferat im Reichssicherheitshauptamt, im Zuge der „Gemeindeak-

---

9 Vgl. zum Folgenden, soweit nicht anders angegeben, Jah, Deportation.
10 Zit. n. Hartung-von Doetinchem/Wienau, Fortschritte, S. 186
11 Von ca. 70.000 Juden in Berlin sind im Oktober 1942 ca. 26.000 bereits deportiert worden; im Zuge der Gemeindeaktion werden von den über 1.400 Gemeindeangestellten über 500 „abgebaut", wobei ihre Familienangehörigen i. d. R. mit betroffen waren (eigene Berechnung).

tion" vom 20. Oktober 1942 die direkte Unterstellung des Jüdischen Krankenhaus unter die Zentralinstanz an und machte den Leiter der Gesundheitsabteilung der JKV, Walter Lustig, persönlich dafür verantwortlich.[12] Bald nach der Gemeindeaktion entsandte das Eichmann-Referat mit Alois Brunner einen seiner brutalsten und effektivsten Mitarbeiter nach Berlin. Brunner beschleunigte den Vorgang der Deportationen und erhöhte den Druck auf die Berliner Juden erheblich. Ende Januar 1943 war sein Einsatz in Berlin beendet.

Die Krankenhaus-Aktion im März 1943 und die Rolle von Walter Lustig

Ende Februar erfolgte dann die „Fabrikaktion", die schlagartige Massenverhaftung von über 10.000 Juden, vor allem in Berlin und Umgebung, und ihre Deportation nach Theresienstadt und Auschwitz. Bei weiteren Verhaftungsaktionen wurden am 4. März 1943 mehrere jüdische Ärzte, auch aus dem Krankenhaus, in ihren Wohnungen festgenommen und ins Sammellager Levetzowstraße gebracht. Hermann Pineas, dem Leiter der Neurologischen Abteilung, gelang es, von dort aus Walter Lustig anzurufen, der offenbar erreichte, dass Pineas gemeinsam mit seiner Frau das Sammellager verlassen konnte. Wenige Tage später gingen die beiden in die „Illegalität" und überlebten dort die Verfolgungen.[13]

Ebenfalls in ein Sammellager verbracht worden war die Stenotypistin Hilde Kahan, die seit Ende 1941 bei Lustig als Sekretärin arbeitete. Obwohl sie als „Volljüdin" galt und nicht durch einen „privilegierten Status" vor der Deportation geschützt war,[14] wurde sie gemeinsam mit ihrer Mutter entlassen und dem Krankenhaus zugewiesen. Kahan führte ihre Entlassung auf eine persönliche Intervention Lustigs zurück. Es ist auch nicht ausgeschlossen, dass er sich für sie einsetzte und z. B. die Freilassung ihrer Mutter bewirkte. Doch lässt die Akten-

---

12 Vgl. die Aussage von Fritz Wöhrn im Rahmen des sog. Bovensiepen-Verfahrens, LG Berlin, 3P Ks 1/71 gegen Otto Bovensiepen u. a., Bd. XXXI, Fritz Wöhrn v. 12. 9. 1967, hier S. 182f. – Die Ermittlungsakten der Berliner Staatsanwaltschaft gegen Angehörige der Berliner Stapoleitstelle bzw. des RSHA, die sich inzwischen im Landesarchiv Berlin befinden, werden hier durchweg zit. n. d. Kopien im Archiv der Stiftung Topographie des Terrors.
13 Pineas, Hermann: Unsere Schicksale seit dem 30. Januar 1933 (Ms., 1945), zit. n. Richarz, Monika (Hrsg.): Jüdisches Leben in Deutschland. Bd. 3: Selbstzeugnisse zur Sozialgeschichte 1918–1945. Stuttgart 1982, S. 429–442.
14 Jah, Deportationen, S. 230ff., gibt eine konzise Übersicht über die Personenkreises, die von den Deportationen zurückgestellt wurden.

Überlieferung erkennen, dass sein Einfluss auf die Entscheidung der Gestapo eng begrenzt blieb. Die Zurückstellung Kahans entsprach dem Interesse der Gestapo an einer funktionierenden Reichsvereinigung, und diese hatte gegenüber der Gestapo nach der Fabrikaktion einen „dringende[n] Bedarf [...] an Stenotypistinnen" glaubhaft gemacht.[15] Hierüber kann Kahan aber keine Kenntnis gehabt haben, so dass es aus ihrer Sicht plausibel erscheinen musste, wenn Lustig ihre Freilassung seinem geschickten Taktieren gegenüber der Gestapo zuschrieb. Für die Überlieferungsgeschichte der Rettungs-Erzählung ist dieser Umstand von Bedeutung: Kahan hatte ein sehr ambivalentes Verhältnis zu ihrem Chef, mit dem sie eng zusammenarbeiten musste, dem sie zudem die Rettung verdankte, dessen vielfach bezeugten charakterlichen Schwächen sie aber zugleich ausgeliefert blieb.[16]

In der Kontroverse um die Hintergründe und Ergebnisse des sogenannten Frauenprotests in der Rosenstraße[17] ist die Behandlung der jüdischen Partner in sogenannten privilegierten Mischehen ins Blickfeld der Forschung gerückt. Dabei konnte verdeutlicht werden, dass deren Deportation nicht geplant war und sie deshalb in ein gesondertes Sammellager in der Rosenstraße gebracht worden waren. Dies schmälert den herausragenden Mut ihrer nichtjüdischen Ehepartner, die tagelang vor dem Sammellager demonstrierten, keineswegs. Die Absicht der Gestapo bestand darin, die von der Deportation durch entsprechende Regelungen ausgenommenen Mischehepartner und Mischlinge so weit wie möglich an Stelle derjenigen jüdischen Mitarbeiter der RV zu setzen, die nach den geltenden Richtlinien deportiert werden konnten. Auch im Jüdischen Krankenhaus wurde das Personal in den folgenden Monaten so verändert, dass – mit Ausnahme

---

[15] Bundesarchiv Berlin, Abteilungen Reich (BArch), R 8150 (hier zit. n. d. Mikrofiches in Archiv des Centrum Judaicum), Nr. 50, Bl. 417: Kurt Israel Levy, Aktennotiz Nr. 243, Rücksprache im Reichssicherheitshauptamt (Amtmann Woehrn), 9. 3. 1943.

[16] Kahans Aufzeichnungen aus dem Jahr 1949 liegen auch ihrem Manuskript „Chronik deutscher Juden, 1939–1945" zu Grunde, welches in den Yad Vashem Archives in einer Niederschrift von 1980 überliefert ist. Auf das ursprüngliche Manuskript stützt sich auch ihre Aussage im Rahmen des Bovensiepen-Verfahrens, vgl. LG Berlin, 3P Ks 1/71 gegen Otto Bovensiepen u. a., Bd. LX, S. 217–233: Hilda H. Kahan v. 30. 10. 1968. – Wie die meisten Zeitzeugen und – stärker noch – Zeitzeuginnen hat auch Kahan Lustig unter dem unmittelbaren Eindruck des Geschehens sehr negativ charakterisiert. Silver, Überleben, S. 44, macht auf die Diskrepanz zu späteren Aussagen im Rahmen eines Videointerviews (Yad Vashem Archives) aufmerksam, wo Kahan Lustig als „mutige[n] Mann", ja als „Genie" bezeichnet.

[17] Vgl. stellvertretend für eine lang anhaltende Kontroverse: Leugers, Antonia (Hrsg.): Berlin, Rosenstraße 2–4: Protest in der NS-Diktatur. Neue Forschungen zum Frauenprotest in der Rosenstraße 1943. Annweiler 2005; Gruner, Wolf: Widerstand in der Rosenstraße. Die Fabrik-Aktion und die Verfolgung der „Mischehen" 1943. Frankfurt a. M. 2005.

weniger Spezialistinnen und Spezialisten unter den Ärzten – fast nur noch Personen beschäftigt wurden, die durch eine Mischehe geschützt waren.

Die Planungen für diesen Personalaustausch sind teilweise überliefert oder lassen sich rekonstruieren. Insbesondere eine Aktennotiz über einen Vortrag der RV beim RSHA am 9. März 1943 lässt dies eindeutig erkennen.[18] Denn nur einen Tag vor der Krankenhaus-Aktion ordnete die Gestapo Personalmaßnahmen an, die das Krankenhaus unmittelbar betreffen, darunter umfangreiche Freistellungen von Ersatzkräften, die dem Austausch des Personals, nicht aber seinem kompletten Abbau dienten. Zugleich benennt der Vermerk einen dringenden Bedarf an „Pflegekräften für das Gesundheitswesen". Es ist höchst unwahrscheinlich, dass Lustig davon keine Kenntnis hatte, und folglich dürfte er auch zu diesem Zeitpunkt nicht mit einer kompletten Liquidierung des Krankenhauses gerechnet haben.

Als am Morgen des 10. März 1943 Polizeibeamte und Lastwagen beim Krankenhaus erschienen, mag vor Ort der Eindruck entstanden sein, dass nun das gesamte Krankenhaus aufgelöst, alle Mitarbeiter und Patienten abtransportiert werden sollten, wie dies einige Zeit zuvor im Jüdischen Krankenhaus München geschehen war.[19] Lustig vermittelte gegenüber Hilde Kahan den Eindruck, er habe eine solche vollständige Liquidierung durch geschicktes Taktieren gegenüber der Gestapo verhindern können. Auf Grundlage ihrer Aufzeichnungen stellt Kahan die Ereignisse während der Ermittlungen der Berliner Staatsanwaltschaft gegen die Berliner Gestapo („Bovensiepen-Verfahren") folgendermaßen dar:

> Am 10. März 1943 erschienen im Büro zwei Leute, ein Gestapo- und ein Kriminalbeamter, die den Chef sprechen wollten, 5 Minuten später kamen zwei andere, und so ging es weiter, bis allein 10 Leute bei uns im Büro waren. Gleich darauf erhielt ich auch die Information, daß drei große Lastwagen der Gestapo vor unserem Hause auf der Straße warteten. Nun wußten wir, was beabsichtigt war [...]
>
> Unser Chef kapitulierte aber nicht so schnell. Eine Diskussion seitens eines Juden war in dieser Situation ja nicht möglich. Er erklärte nur, daß er unverzüglich unsere Aufsichtsbehörde informieren müsse [...]. Die Beamten, die im Auftrage der Gestapoleitstelle Berlin die Verhaftungen hatten vornehmen wollen, erhielten daraufhin von dem tel[efonisch] benachrichtigten Reichssicherheitshauptamt als der übergeordneten Dienststelle die Gegenorder, und die für uns bereitgestellten Wagen fuhren wieder fort.

---

18 BArch R 8150, Nr. 50, Bl. 417: Kurt Israel Levy, Aktennotiz Nr. 243, Rücksprache im Reichssicherheitshauptamt (Amtmann Woehrn), 9. 3. 1943.
19 Wie Silver, Überleben, S. 156f. konstatiert, „gibt es keine Hinweise dafür, dass am 10. März [1943] bei der Ankunft der Gestapo und der Polizei Panik ausbrach [...]. Niemand, der dabei war, erwähnt sie in seinen Erinnerungen".

> Aber schon eine halbe Stunde später hatten wir anderen „hohen Besuch": Amtmann Wöhrn,[20] SS-Sturmbannführer Stock[21] und SS-Hauptscharführer Dobberke[22]. Gegenstand der Besprechung war Deportierung von ärztlichem, Pflege- und Verwaltungspersonal der Gesundheitsverwaltung, des Krankenhauses und der Siechenheime. 50% des gesamten Personalstabes sollten deportiert werden [...].
>
> Eine Woche später wurden die betroffenen Angestellten zusammen mit ihren Familienangehörigen in ihren Wohnungen verhaftet, und wir erfuhren nie mehr etwas von ihnen [...].[23]

Die Deportationslisten, so schildert es Kahan, habe ihr Chef weitgehend allein zusammengestellt, unterstützt nur durch zwei enge Mitarbeiter der Verwaltung, darunter der Wirtschaftsleiter des Krankenhauses Selmar Neumann. Die maschinenschriftliche Ausfertigung erledigten Kahan und eine weitere Sekretärin.[24]

Neben dem Bericht von Kahan gibt es keine weiteren Hinweise, die im Kontext der Krankenhaus-Aktion derartige Vorgänge schildern. Selbst Neumann, einer der engsten Mitarbeiter Lustigs, nennt keine Ereignisse, die sich mit dem Bericht von Kahan in Übereinstimmung bringen lassen und sagt insbesondere nichts über das vermeintliche Telefonat mit dem RSHA, durch das eine unmittelbar bevorstehende, komplette Liquidierung des Krankenhauses verhindert worden sei.[25] Aus eigenem Erleben kann Kahan den Vorgang nicht bezeugen, wie sie später einräumt: „Ich kann heute [...] nicht mehr sagen, ob ich gesehen habe, wie Dr. Lustig einem der Gestapoleute den Hörer übergab, damit dieser telefonieren konnte, oder ob ich dies nur nachträglich gesprächsweise von Dr. Lustig erfahren habe."[26]

---

[20] Fritz Wöhrn, einem Mitarbeiter Eichmanns im Judenreferat des RSHA, war seit der Gemeindeaktion vom Oktober 1942 das JKB direkt unterstellt, vgl. Jah, Deportation, S. 460.

[21] Walther Stock, Leiter des Judenreferats der Stapoleitstelle Berlin von November 1942 bis 1943, vgl. Jah, Deportation, S. 413.

[22] Walter Dobberke, Leiter des Sammellagers Große Hamburger Straße bzw. des Sammellagers Schulstraße von Juni 1942 bis zur Auflösung im April 1945, vgl. Jah, Deportation, S. 99 und passim. Die Aussage Kahans im Bovensiepen-Verfahren bestätigt die Annahme von Silver (Überleben, S. 255), dass es sich bei dem in der „Chronik" nicht namentlich benannten Leiter des Sammellagers um Dobberke handelt.

[23] Hier zit. n. LG Berlin, 3P Ks 1/71 gegen Otto Bovensiepen u. a., Bd. LX, Hilda H. Kahan v. 30. 10. 1968, S. 225ff.

[24] Vgl. Silver, Überleben, 158f.

[25] Vgl. LG Berlin, 3P Ks 1/71 gegen Otto Bovensiepen u. a., Bd. XIII, Bl. 102, Selmar Neumann v. 6. 12. 1965.

[26] LG Berlin, 3P Ks 1/71 gegen Otto Bovensiepen u. a., Bd. LX, Hilda H. Kahan v. 30. 10. 1968, S. 227.

Die Annahme, dass sich Lustig gegenüber der von ihm abhängigen Sekretärin mit dieser Erzählung profilieren wollte, passt gut zum allgemein überlieferten Charakterbild dieses Mannes. Da Kahan im Allgemeinen eine recht zuverlässige Zeitzeugin ist, kann angenommen werden, dass sie mit ihrer Aussage vergleichsweise exakt die eigene Wahrnehmung der Situation beschreibt und dabei einer manipulativen Selbstüberhöhung Lustigs zu folgen bereit ist. Kahans eigene Erinnerungen zeigen zudem, dass gerade dieser Vorgang für sie in besonderem Maße mit dem Gefühl eigener Ohnmacht, ja persönlicher Schuld verbunden war.[27] Silver berichtet darüber hinaus, dass einige Überlebende dieser Deportation „bittere Vorwürfe" gegenüber Lustig wegen seiner „Rolle bei der Auswahl der Deportierten" erhoben und dabei auch dessen „Mitarbeiter in ihre Kritik"[28] einschlossen – darunter also auch Kahan. Vor diesem Hintergrund ist es nachvollziehbar, dass Kahan ein Bedürfnis nach Selbstrechtfertigung empfunden haben mag, das auch das Verhalten ihres unmittelbaren Vorgesetzten mit einschloss, und dass sie daher einer Neigung nachgegeben hat, seiner Erzählung zu folgen.

Aus Kahans Bericht schließt Silver: „Dank seiner Courage und seiner intimen Kenntnis der Mentalität der deutschen Bürokratie [...] war es Lustig gelungen, die Gestapo zum Rückzug zu bewegen."[29] Diese Interpretation lässt sich indes im Lichte der Quellenüberlieferung nicht aufrechterhalten. Dabei ist es durchaus möglich, dass am 10. März 1943 zunächst tatsächlich eine widersprüchliche Situation im Krankenhaus entstanden war. Die Massendeportationen vom Februar und März 1943 hatten einen für Berlin bis dahin beispiellosen Umfang. Bereits bei der Bewältigung der Fabrikaktion sah sich die Gestapo mit erheblichen Problemen konfrontiert, sodass Missverständnissen und Reibungen zwischen den Instanzen nicht ausblieben. Dennoch gibt es keinen Hinweis dafür, dass es bei dieser Gelegenheit zu einem „bürokratischen Kompromiss"[30] zwischen Reichssicherheitshauptamt und Berliner Stapoleitstelle gekommen wäre. Kompetenzen und Weisungsbefugnisse waren eindeutig verteilt, und die Berliner Gestapo verfolgte in dieser Situation keine von der Zentralinstanz abweichenden Ziele, die einen Kompromiss erzwungen hätten. Allenfalls Missverständnisse bei der Umsetzung der Deportation können vermutet werden. Denn das Reichssicherheitshauptamt hatte eindeutig ein erhebliches Interesse daran, das Krankenhaus

---

27 Vgl. Silver, Überleben, S. 160.
28 Silver, Überleben, S. 158.
29 Silver, Überleben, S. 156.
30 Silver, Überleben, S. 157.

„funktionsfähig"[31] zu erhalten. Für die Gestapo erleichterte dessen Existenz die Durchführung der Deportationen ganz erheblich.

Aus diesem Grunde wurden auch nach der Fabrikaktion weitere Funktionen auf das Krankenhaus übertragen beziehungsweise am Ort des Krankenhaus angesiedelt und immer mehr Gruppen von Jüdinnen und Juden dort konzentriert. So wurde im Juni 1943 eine zentrale Unterkunft für elternlose jüdische Kinder aus dem Gemeindegebäude in der Oranienburger Straße ins Jüdische Krankenhaus verlegt. Im März 1944 folgte dann das Durchgangslager für die zur Deportation bestimmten Juden, bis dahin in der Großen Hamburger Straße in Berlin-Mitte, das nunmehr den Pathologischen Pavillon des Jüdischen Krankenhauses in der Schulstraße bezog. Dem Sammellager zugeordnet waren knapp fünfzig Jüdinnen und Juden, die zu einer Tätigkeit für die Gestapo gezwungen wurden: die „Ordner" im Lager und die „Greifer", die zum Aufspüren untergetauchter Juden missbraucht wurden und das Lager ohne Stern verlassen durften.

Die Befreiung des Lagers im April 1945 und die Rolle von Curt Naumann

Es ist bemerkenswert, dass ein weiterer Bericht vorliegt, demzufolge das Jüdische Krankenhaus Berlin mitsamt dem auf seinem Gelände angesiedelten Sammellager nur knapp der Liquidierung entgangen sei, wenn auch unter völlig anderen Umständen, als Kahan sie für die Krankenhausaktion 1943 schildert. Gleichwohl enthält die Erzählung einige auffallende Parallelen. Auch in dieser Erzählung spielt ein Telefonat eine Rolle; auch hier ist es ein von der Gestapo in Dienst

---

[31] Silver, Überleben, S. 157, hält dies für nicht geklärt, berücksichtigt aber die Aktenüberlieferung der Reichsvereinigung nicht, die m. E. ein eindeutiges Bild erkennen lässt. Hervorzuheben bleibt Silvers großes Verdienst um die Generierung und Erschließung von Aussagen überraschend vieler Zeitzeuginnen und Zeitzeugen, vor allem aus dem Bereich des medizinischen und nichtmedizinischen Personals, die ein anschauliches Bild des Lebens und Überlebens im JKB entstehen und damit die Perspektive jüdischer Verfolgter erkennen lassen. Neben der „offiziellen" Sicht in der Aktenüberlieferung und den Schilderungen des Personals erschließt sich noch eine dritte Perspektive, diejenige überlebender jüdischer Patientinnen und Patienten sowie der Insassen des Sammellagers Schulstraße, aus publizierten und nicht publizierten Erinnerungsberichten sowie aus Zeugenaussagen zum Bovensiepen-Verfahren. Soweit er sie einbezieht, begegnet Silver dieser Perspektive mit einer m. E. nicht immer begründeten Skepsis. Ein umfassendes Bild ergibt sich erst, wenn man die verschiedenen Überlieferungen integriert.

genommener Jude, der geistesgegenwärtig reagiert und es versteht, seine intime Kenntnis der Gestapo, ihrer Mitarbeiter und deren Verhaltensweisen auszunutzen. Im Vergleich mit der Rettungs-Erzählung um die Krankenhaus-Aktion kommt diesem Bericht weit größere Plausibilität zu.

Neben den Ordnern, Greifern und Insassen des Sammellagers Schulstraße hielt sich hier auch Curt Naumann auf.[32] Der frühere Bankkaufmann und Prokurist hatte sich bis zur Zwangsverpflichtung als Straßenhändler durchgeschlagen. Im Sammellager fungierte er nach eigenen Angaben als eine Art Kalfaktor, der für alle möglichen Gelegenheitsarbeiten eingesetzt wurde. Zunächst habe ihn Dobberke mit „dienstlichen Bankaufträgen" betraut, dann habe er auch private Erledigungen für den Lagerleiter machen müssen, und schließlich hätten ihm auch andere Gestapo-Führer Erledigungen auf dem Schwarzen Markt aufgetragen. Dabei sei er wegen seiner „guten Beziehungen – insbesondere zu Leuten, die mir bei der Beschaffung von Dingen, die nur unter der Hand zu haben waren – jederzeit behilflich waren, [...] ständig mit solchen Aufträgen" betraut worden.[33] Den letzten Leiter des Judenreferats der Berliner Stapoleitstelle, Erich Möller, schilderte er als Person, die sich selbst persönlich bereichert habe. Gegenüber den ihm ausgelieferten Juden habe er versucht, sich „als jovialer Mann" hinzustellen, der er aber „nach seinen Anordnungen überhaupt nicht war". Naumann war „bekanntgeworden, daß er ihm mißliebige Juden sofort zum Abtransport bringen ließ".[34] Durch seine Tätigkeit geschützt, erlebte Naumann das Kriegsende in Berlin und konnte darüber Auskunft geben.

Die Gestapo hatte inzwischen der Reichsvereinigung befohlen, alle Juden, die in Berlin ankamen, im Jüdischen Krankenhaus festzuhalten. Sie ließ auch verwundete sowjetische Soldaten jüdischer Herkunft ins Krankenhaus einliefern, statt sie in ein Lazarett für Kriegsgefangene zu bringen. Im Jüdischen Krankenhaus hielten sich bei Kriegsende etwa 800 bis 1.000 Menschen auf.

Im April 1945 flüchteten die jüdischen „Greifer", und auch Gestapo- und SD-Mitarbeiter versuchten, die Reichshauptstadt zu verlassen. Einige Angestellte des Jüdischen Krankenhauses, die nicht dort wohnten, wurden von der SS abgeholt und erschossen. Noch konnte niemand sicher sein, dass er das Kriegsende erleben würde. In dieser Situation ließ Walter Lustig jeden Widerstandsgeist

---

32 Vgl. seine Aussagen in: LG Berlin, 3P Ks 1/71 gegen Otto Bovensiepen und andere, Bd. VII, Curt Naumann v. 14. 7. 1965; Jah, Deportation, S. 487ff.
33 LG Berlin, 3P Ks 1/71 gegen Otto Bovensiepen und andere, Bd. VII, Curt Naumann v. 14. 7. 1965, S. 3ff.
34 LG Berlin, 3P Ks 1/71 gegen Otto Bovensiepen u. a., Bd. VII, Curt Naumann v. 14. 7. 1965, S. 3ff.

vermissen. So weigerte er sich, einen jüdischen Häftling auf dessen Bitte hin zu entlassen, setzte sich selbst aber heimlich ab.[35]

In der zweiten Aprilhälfte beginnt die Sowjetische Armee mit dem Artillerie-Beschuss der Reichshauptstadt. In dieser Situation holte die Gestapo noch einmal zu einem Schlag gegen ihre vermeintlichen oder tatsächlichen Gegner aus. Sondergefangene in Konzentrationslagern und Haftanstalten, unter ihnen Dietrich Bonhoeffers älterer Bruder Klaus, Friedrich Justus Perels und Albrecht Haushofer, wurden getötet.

Es ist vor diesem Hintergrund höchst wahrscheinlich, dass die Insassen des Jüdischen Krankenhauses ebenfalls beseitigt werden sollten. In dieser Hinsicht ist der Bericht Curt Naumanns plausibel, dass Erich Möller als Chef des Judendezernats der Stapoleitstelle am 19. April 1945 telefonisch und auf höhere Weisung den Befehl erteilt habe, alle Juden in den Lagern in und um Berlin zu erschießen. Im Bovensiepen-Verfahren sagte Naumann aus:

> Als ich in sein [Möllers, Anm. d. Verf.] Dienstzimmer kam, sprach er gerade mit einem mir unbekannten SS-Führer. Im Vorzimmer hörte ich, daß sie u. a. über die in den Berliner Lagern befindlichen Juden sprachen und daß Möller sagte, „ich kann mich darum nicht mehr kümmern, denn ich muß in Ahrensfelde den Volkssturm organisieren; die Juden werden alle erschossen. Diese Weisung habe ich von oben erhalten." In dem Vorzimmer konnte ich mich aufhalten, weil die dort sitzenden [Gestapo-Beamten, Anm. d. Verf.] das Dienstgebäude bereits verlassen hatten. Nachdem auch Möller gegangen war und ich hoffte, daß er nicht mehr zurückkehren wird, begab ich mich mit der Telefonistin, Frau Margarete Sch., in das Postamt Berlin [...] und rief von dort Dobberke im Lager Schulstr. an. Ich teilte ihm mit, daß alle Juden aus den Lagern entlassen werden sollten. Auf seine Frage, wer dies angeordnet habe, sagte ich ihm, es sei ein Befehl von Möller [...]. Er zweifelte meine Worte an und ich übergab daraufhin den Hörer Frau Sch., die meine Angaben wider besseren Wissens bestätigte.[36]

Nachweislich und von mehreren Zeugen bestätigt öffnete Dobberke den Häftlingen am 21. April 1945 die Türen des Sammellagers und stellte ihnen Entlas-

---

35 Vgl. Blau, Bruno: Vierzehn Jahre Not und Schrecken (Ms., 1952), zit. n. Richarz, Jüdisches Leben, S. 459–475. Zu Lustigs Schicksal nach der Befreiung vgl. Botsch, Dr. Dr. Walter Lustig, mit weiteren Literaturangaben.
36 LG Berlin, 3P Ks 1/71 gegen Otto Bovensiepen u. a., Bd. VII, Bl. 6f., Curt Naumann v. 14. 7. 1965. Sprachlich leicht geglättet, findet sich ein längerer Auszug aus dieser Aussage bereits bei Kroh, Ferdinand: David kämpft. Vom jüdischen Widerstand gegen Hitler. Mit einem Nachwort von Nathan Schwalb-Dror. Reinbek 1988, S. 161. Vgl. auch Jah, Deportation, S. 563.

sungsscheine aus.[37] Als eine Art Rückversicherung ließ er sie Erklärungen unterschreiben, aus denen hervorging, dass er sie freigelassen habe. Viele blieben aber vor Ort, denn der Wedding war zu diesem Zeitpunkt noch Schauplatz massiver Kämpfe. Am 24. April 1945 betraten dann erstmals sowjetische Soldaten und Mitarbeiter des Roten Kreuzes die Gebäude.

Auf den 25. Mai 1945 datiert ist eine eidesstattliche Erklärung der genannten Telefonistin Sch., die erklärt, Naumann habe sich „immer bemüht, seinen Glaubensgenossen zu helfen. Am 19. 4. 45 war es ihm möglich durch einen wissentlich[38] falsch durchgegebenen Befehl die Insassen in der Schulstr. (zirka 180 Juden) vor dem Erschießen zu retten".[39]

Bislang ist keine weitere Quelle bekannt, die Curt Naumanns Rettungserzählung über die Kriegsendphase eindeutig bestätigt. Sie ist bislang also nicht beweisbar. Dass er die Ereignisse aus erster Hand, aus eigenem Erleben berichten kann, erhöht in diesem Falle für sich genommen nicht die Plausibilität seines Berichts. Denn anders als bei Hilde Kahan geht es nicht nur um die Abwehr selbst empfundener Schuldgefühle oder vager Vorwürfe von Überlebenden. Da Naumann von der Gestapo die Erlaubnis erhalten hatte, das Sammellager ohne Stern zu verlassen, und er zum ständigen Personal im Umfeld von Dobberke gehörte, wurde er von den Häftlingen den Greifern zugeordnet und war nach Kriegsende entsprechenden Anschuldigungen ausgesetzt. Zur Abwehr dieser Vorwürfe strengte er 1946 bei der Jüdischen Gemeinde zu Berlin ein Ehrengerichtsverfahren gegen sich selbst an, in dessen Verlauf ihm keine Schuld nachgewiesen werden konnte;[40] auch seine Angaben, er habe seine Position zu Solidaritäts- und Hilfsleistungen für die Juden im Sammellager nutzen können, fanden Bestätigung.[41] Es kann mithin ein erheblicher Rechtfertigungsdruck bestanden haben, dem Naumann möglicherweise mit einer Rettungserzählung begegnen wollte. Die eidesstattliche Erklärung der Telefonistin kann ebenfalls nicht als Beweis gelten, da Sch. als Angestellte der Gestapo damit eigene Interessen verfolgt haben könnte.

---

37 Vgl. z. B. die Aussagen von Selmar Neumann, LG Berlin, 3P Ks 1/71 gegen Otto Bovensiepen u. a., Bd. XLI, S. 70–86, und von Heinz Paul Meissl, Bd. XXXI, Bl. 27; Kroh, David, S. 161f. u. 190; Beck, Gad: Und Gad ging zu David. Die Erinnerungen des Gad Beck 1923 bis 1945. Hrsg. v. Frank Heibert. Berlin 1995, S. 185f.; Jah, Deportation, S. 563.
38 Das Wort „wissentlich" nachträglich ergänzt.
39 Eidesstattliche Erklärung Margarete Sch. v. 25. 5. 1945 (Kopie), LG Berlin, 1 Ks 1/69 (RSHA), Nr. 13, ZO Chamois II, Bl. 19.
40 Vgl. Jah, Deportation, S. 581; zu Ehrengerichtsverfahren Meyer, Gratwanderung, S. 332.
41 Vgl. Jah, Deportation, S. 488; vgl. auch Kroh, David, S. 186.

Plausibilität gewinnt diese Erzählung dadurch, dass sich die Annahme einer im April 1945 geplanten Liquidierung mit der Praxis der SS in diesen letzten Kriegstagen deckt. Erklärungsbedürftig ist mithin, dass ein derartiger Mordbefehl ausblieb oder nicht umgesetzt wurde. Plausibel ist zudem die Schilderung des Verhaltens des SS-Personals. Möllers übereilte Flucht und sein offensichtliches Desinteresse, die Ausführung seines Befehls zu kontrollieren; Dobberkes Bereitschaft, einer mehr als unzuverlässigen und noch dazu von einem Juden übermittelten Entlassungsanweisung Folge zu leisten, und die mehrfach bezeugte Tatsache, dass er die Lagerinsassen regelrecht und unter Aushändigung entsprechender Dokumente entlassen hatte; schließlich die aktive Mitwirkung der Telefonistin am Täuschungsmanöver – dies alles sind Verhaltensweisen, die in der konkreten Lage nachvollziehbar und nicht unwahrscheinlich sind.

Insgesamt besteht kein Anlass, eine Rettungs- und Widerstands-Erzählung um das Jüdische Krankenhaus Berlin zu etablieren. Innerhalb des Krankenhauses ist auffallend wenig widerständiges Verhalten zu registrieren, von alltäglichen Hilfeleistungen abgesehen. Bis hin zum Verbot von Gottesdiensten und religiösen Feierlichkeiten und dem Verbot, die im Krankenhaus untergebrachten jüdischen Kinder und Jugendlichen zu beschulen oder zu unterrichten, sind die Anordnungen und Weisungen der Gestapo mit erschreckender Präzision ausgeführt und umgesetzt worden. Das Krankenhaus mag ein Ort des Überlebens für eine gewisse Anzahl Berliner Jüdinnen und Juden gewesen sein – als Zuflucht konnte es ihnen nicht dienen.

Ob jemand das Jüdische Krankenhaus Berlin gerettet hat, und ob es sich dabei um einen Juden handelte, ist unbewiesen. Walter Lustig war es sicher nicht, und die Erzählung von Hilde Kahan kann in diesem Punkt als widerlegt gelten. Nicht widerlegt ist dagegen Curt Naumanns Erzählung. Sollte sie zutreffen, so war es die Geistesgegenwart eines einfachen Berliner Juden, die zahlreiche Menschen vor dem Tod bewahrte.

Es bleibt zu fragen, ob sich ein Verhalten, wie es Naumann schildert, als Widerstand werten lässt. Trifft Naumanns Erzählung im Kern zu, so entzog er sich der Herausforderung nicht durch individuelle Flucht, er nahm vielmehr ein weiterhin bestehendes Risiko in Kauf und handelte. Damit konnte er ein von der SS geplantes Verbrechen abwehren. Wenn man den Widerstandsbegriff nicht an kollektives Handeln bindet und ihm auch individuelle Handlungen zuordnet, so hat Naumann in dieser Situation erfolgreich Widerstand geleistet.

Kulturelle Überlieferung und Rezeption

Stephanie Benzaquen
Mediums of Resistance
When Art Historians Look at the Art of Ghettos and Camps

In 1977 the art historian and critic Douglas Crimp organized the group exhibition *Pictures* at Artists Space in New York. One of the works on display at the gallery was Troy Brauntuch's *1 2 3*, three photographic enlargements of drawings Hitler had made before the First World War. Going back on the show two years later in the article "Pictures" (art journal *October*, Spring 1979) Crimp stresses the ordinariness of the original sketches. He adds in footnote: "Perhaps even more surprising than the banality of Hitler's paintings is that of the art produced inside the concentration camps." The comment referred to the exhibition *Spiritual Resistance: Art from Concentration Camps, 1940–1945* that had been held at the Jewish Museum of New York in 1978.[1] What is surprising is that an art historian such as Crimp, early proponent of cultural studies, dismisses so easily the wide array of experiences covered in *Spiritual Resistance*. The artists presented in the exhibition came from Poland, France, Czechoslovakia, Italy, Austria, Belgium and Russia. Some were born in the 1870s, others in the 1910s. Some were self-taught; others had studied with Rodin and Matisse or exhibited with Picasso and Mondrian. Some belonged to avant-garde movements such as Surrealism and Blaue Reiter; others were conservative artists. That Crimp subsumes under an overall "banality" such a diversity of backgrounds, hence of artistic renderings of the Nazi terror, says a lot. It illustrates how difficult it is to reflect art-historically on drawings and paint-

---

1 It included works by: Enrico Accatino, Louis Ascher, Irene Awret, Jehuda Bacon, David Brainin, Aldo Carpi, Emmy Falke-Ettlinger, Aizik Feder, Karel Fleischmann, Bedrich Fritta (Fritz Taussig), Jacques Gotko, Leo Haas, Alina Holomucki, Osias Hofstaetter, Leon Landau, Lea Lilienblum, Joseph Lubitsch, Esther Lurie, Otto Kara-Kaufman, Karlinski, Isis Kischka, Uri Kochba, Mabull (identified as Lou Albert-Lazard in the 1981 edition), David Olère, Vladimir Sagal, Malvina Schalkova, Amalie Seckbach, Bruno Simon, Amos Szwarc, Otto Ungar, Max Van Dam. The exhibition catalogue published in 1981 included more artists: Corrado Cagli, Joseph De Zwarte, Michel Fink/Moshe Finkelstein, Jindrich Flutter, Jacov Macznik, Mellé-Oldeboerrigter, Savely Schleifer, Szimon Szerman, Haim Urison, M. M. Van Dantzig, Frantizek Zelenka.

Anmerkung: This article was made possible (in part) by funds granted to the author through a Leon Milman Memorial Fellowship at the Center for Advanced Holocaust Studies, United States Holocaust Memorial Museum. The statements made and views expressed, however, are solely the responsibility of the author.

ings produced in the extreme conditions of ghettos and camps. Being at the same time work of art, evidence of crime, historical document and object of memory, they are situated at the conceptual limits of the discipline.

Obviously Crimp did not intend to produce any substantial approach to works of art made during the Holocaust. His footnote in "Pictures" has more to do with his radical engagement, like his *October* colleagues, in promoting postmodern practices in art. The works shown in *Spiritual Resistance* are collateral victims rather than initial target in his attempt of liquidating the modernist artistic legacy. In such a light, Crimp's comment seems marginal to Holocaust studies. Yet, the chapter takes it as starting point because it brings to the fore conceptual issues that are still relevant today when dealing with visual records of Nazi atrocities: the tension between documentary and aesthetic value; the relation between event, biography and language; the articulation of artistic, moral and political demands. Through these themes, the chapter reflects on the interplay of Holocaust historiography, the art of Jewish resistance, and postmodernism from the late 1970s until the present day. It tries to define what changes affected these categories over the past decades and to what extent these changes in turn impacted on our understanding of both the artistic production of camps and ghettos and the notion of "Jewish resistance". The chapter examines two phases. The first one goes from the late 1970s until the mid-1990s. It concerns the recoding of "spiritual resistance" (the term Miriam Novitch, a Holocaust survivor herself and curator of the Ghetto Fighters' House Museum in Israel, used from the 1950s onward) into "art of the Holocaust" and then "Holocaust art". The second phase starts in the mid-1990s and continues throughout the 2000s. It concerns the recoding of the notion of "work of art" into "artistic representation" of the Holocaust. Through the analysis of these two phases, the chapter aims to shed light on the cultural and intellectual construction of the reception of Holocaust documents, and the role a visual history of the Holocaust might play in the study of Nazi criminality.

From "spiritual resistance" to "Holocaust art"

The first re-conceptualization of the art of ghettos and camps occurred in the late 1970s when postmodernism began to spread across disciplines. In this new context "spiritual resistance" became the "art of the Holocaust". From the immediate postwar until then, works of art depicting the Nazi terror had been considered a reliable visual record. For the organizers of the exhibition *Extermination and Resistance: Historical Records and Source Material* (Ghetto Fighters' House,

Israel, 1958), it was not a problem to present "drawings and sketches dating from the actual time of the Catastrophe"[2] alongside notes by Immanuel Ringelblum and the Rabbi of Sanik. The divide line ran rather between oral history and archive material.[3] With the advent of postmodernism it moved and came to separate texts and images of the Jewish resistance, pointing to a hierarchical order wherein the written word prevailed over the visual in terms of authenticity, objectivity, and documentary quality. This change took place in a tense context. The postmodern discourse generated an atmosphere of relative meanings ("anything goes") wherein one version of history seemed as good as another. Holocaust scholars, who feared denial would thrive on such a ground,[4] felt obligated to re-assert the documentary status of their material.[5] Works of art did not easily lend themselves to this enterprise. Who could say whether what they depicted was "real" or "imagined"? Against such a backdrop, the recoding of "spiritual resistance" into "art of the Holocaust" was the preliminary step taken by art historians willing to tackle this issue and push the epistemological legitimacy of the works of art they defended. What emerged out of this process was not a fixed category but a field open to interpretations and methodologies.

Banal and unique

In the late 1970s, Crimp is not the only one to point to the "banal" aspect of the artistic production of camps and ghettos. Mary Louise Parke, an early Holocaust art historian, shares his assumption. In her PhD thesis (1981) she argues that: "a large amount of works made from the camp experiences could almost be called

---

[2] Among others: "Little Girl with Doll" by Alexander Bogen made in the Vilna Ghetto in 1943, "Jew on the Verge of Death in Lodz Ghetto" by Hirsz Szylis, and a 1942 aquarel by Esther Lurie, "The 'Blocks' in the Kovno Ghetto".
[3] Ofer, Dalia: The Community and the Individual: The Different Narratives of Early and Late Testimonies and their Significance for Historians. In: Bankier, David/Michman, Dan (eds.): Holocaust Historiography in Context. Emergence, Challenges, Polemics and Achievements. New York 2008, pp. 519–535, here p. 526.
[4] Indeed, Holocaust deniers were particularly active in the late 1970s and early 1980s. Arthur R. Butz published The Hoax of the Twentieth Century in 1976, David Irving Hitler's War in 1977. The Institute for Historical Review was founded in California in 1978. In France Robert Faurisson published letters in the mainstream newspaper Le Monde and engaged in public controversy with the historian Pierre Vidal-Naquet in 1981 (Dawidowicz 1980, Kahn 2004).
[5] Friedlander, Saul (ed.): Probing the Limits of Representation. Cambridge 1992; Michman, Dan/ Rosenberg, Alan (eds.): Postmodernism and the Holocaust. Atlanta 1994.

bland, neutral, or un-dramatic descriptive illustration".[6] She does not relate it, as the *October* art critique would have it, to a lack of artistic experiment from Jewish inmates. Crimp manifests – if we read his comment with postmodernist aesthetics in mind – his surprise at the fact that the novum in history that was the Holocaust did not register into a new artistic language. For Parke, this is precisely this "banality" that warrants the documentary value of the works. Jewish artists depicted only what they saw because the scheme to which they and their fellows were submitted was so hideous that they could not imagine it beyond their daily experience. Writing on the subject a few years ago, the art historian Janet Wolff argues in the same way:

> Scholars of Holocaust art have pointed out that the tendency among witness-artists [...] was to produce more or less realist documentary works. The foremost imperative was to record and provide testimony. In addition, for those who were subject to the trauma of the ghettos and the camps, the prevailing response was a loss of affect – a psychological state, which translated into the dispassionate mode of documentary realism.[7]

Interestingly, the positions of Crimp and Parke, however opposite, point to a same idea, that the oft-quoted passage of *The Differend* (1983) by Jean-François Lyotard, encapsulates. The philosopher compares the genocide perpetrated by the Nazis to:

> an earthquake [that] destroys not only lives, buildings, and objects but also the instruments used to measure earthquakes directly and indirectly. The impossibility of quantitatively measuring it does not prohibit but rather inspires in the minds of the survivors the idea of a very great seismic force.[8]

It strongly resonates with Parke's claim that: "Holocaust art cannot successfully be compared with any existing school of thought or individual work of art."[9] She suggests that it be better studied "as a completely separate body of work," thereby turning it into an isolated object with no connection whatsoever to earlier forms of visualization. "Since it was produced in a vacuum, it can only

---

[6] Parke, Mary Susan: Holocaust Art: A Cultural/Historical Approach to its Genesis with Attention Given to the Work and Experiences of Alfred Kantor, Concentration Camp Survivor. PhD Thesis, Department of Art, University of Mississippi 1981, p. 143.
[7] Wolff, Janet: The Iconic and the Allusive: The Case of Beauty in post-Holocaust Art. In Hornstein, Shelley/Jacobowitz, Florence (eds.): Image and Remembrance: Representation and the Holocaust. Bloomington 2003, pp. 153–174, here p. 159.
[8] Lyotard, Jean-François: The Differend: Phrases in Dispute. Minneapolis 1988 [1983], p. 56.
[9] Parke, Holocaust Art, p. 3.

be evaluated within that vacuum."[10] Nelly Toll, herself a Holocaust survivor and artist,[11] preceded Parke in this line of reasoning. In her first study *Without Surrender* (1978) she declares:

> Traditionally, the study of art history is based on scholarly inquiry into chronology, influences, descriptive characteristics, and stylistic evolution. A final critical analysis is based on the evidence of this accumulated research. The art of the Holocaust resists this type of study. Because of its unique roots and the circumstances under which it was executed it does not fit the traditional demands of the discipline of aesthetics.[12]

This approach replicates within the realm of art history the concept of uniqueness of the Final Solution. It is on a par with historiographical discussions of that period, as Holocaust scholars confront "attempts by others to diminish the event for apologetic or revisionist purposes".[13] The "vacuum" theory advanced by Parke and Toll serves a twofold objective. It blocks both comparisons with *outside* works of art produced in similar conditions (extreme violence, war, internment) and any possibility of evaluation *inside* the "art of the Holocaust" itself. Parke and Toll erect a protective fence around the latter on the basis of "the moral and historical weight of its subject".[14] They advocate an ethical relation that leaves no space for aesthetical judgment on "good" or "bad" art. This specific stance, however justified, deprives the works from an essential dimension. The men and women who created them resisted Nazi extermination as individuals *and* artists. In this respect the story related by Véronique Allemany-Dessaint, curator of the exhibition *Créer pour Survivre* (Fédération Nationale des Déportés, France, 1996) is enlightening. She based her selection of works for the show on the "authenticité de la démarche" of their authors. Some survivors who were professional

---

10 Parke, Holocaust Art, p. 143.
11 She was born in Lwow, Poland, in 1935. From early 1943 to July 1944, she and her mother hid with a Polish family. Her watercolors were created in this period. She emigrated to the United States in 1951. She studied art in Rowan College and Rutgers University (Rosen, Philip/Apfelbaum, Anne: Bearing Witness. A Resource Guide to Literature, Poetry, Art, Music, and Videos by Holocaust Victims and Survivors. Westport (CT) 2002, p. 85).
12 Toll, Nelly: Without Surrender. Art of the Holocaust. Philadelphia 1978, p. 22. Toll maintains this position over time. In her later study When Memory Speaks. The Holocaust in Art (1998) she keeps emphasizing the uniqueness of the art of the Holocaust: "Standing outside the artistic mainstream, this art defies classification." (1998, pp. xvi-xviii).
13 Rosenfeld, Gavriel D.: The Politics of Uniqueness: Reflections on the Recent Polemical Turn in Holocaust and Genocide Scholarship. In: Holocaust and Genocide Studies 13:1 (Spring 1999), pp. 28–61, here p. 30.
14 Lang, Berel: Holocaust Representation. Art Within the Limits of History and Ethics. Baltimore 2000, p. 49.

artists were displeased with such a criterion and expressed their reluctance to being exhibited alongside amateurs.[15] The regime of exceptionality Parke and Toll design for the "art of the Holocaust" – once more, not dissimilar to Lyotard turning the Shoah into a transcendent event "not presentable under the rules of knowledge"[16] – could function for a while. But on the long term would it not turn this artistic production into mere 'curiosity' instead of a field of study?

Re-connecting art, history, and the Holocaust

This latter point is a major concern in *Art of the Holocaust* (1982). For authors Janet Blatter and Sybil Milton, the "vacuum" position is not tenable. Milton eloquently stresses its effect:

> Unfortunately, very little has been done with [the art of the Holocaust]. Most museums have either ignored it or promoted only small token exhibits. Art historians, with few exceptions, have reacted to the subject with indifference... Libraries and archives have given Holocaust art low acquisition and cataloguing priorities, until recent media and educational interest forced critical reexamination. Furthermore historians have rarely made use of the evidence presented in these pictures for their own investigation of the Holocaust.[17]

Institutions and academia fail with regard to the specificity of the artistic production of camps and ghettos, because they share the "commonly held view that these works are either artistically or historically significant but not both".[18] The challenge for Blatter and Milton, thus, is to elaborate a scientific discourse that acknowledges the unstable categorization of such works and proposes new instruments for dealing with it. It means the long-term building of the "art of the Holocaust" as a field of study able to interact with other disciplines and trigger new areas of research.

Therefore, the establishment of methodologies and classifications is a critical step. It brings to the fore the question of the relation of the "art of the Holocaust"

---

15 Allemany-Dessaint, Véronique : L'Expression Plastique dans les Prisons et les Camps de Concentration Nazis. In: Créer pour Survivre, pp. 192–197. Symposium organized by the Fédération Nationale des Déportés et Internés Résistants et Patriotes, France, 1996.
16 Rose, Sven-Erik: Auschwitz as Hermeneutic Rupture, Differend, and Image: Jameson, Lyotard, Didi-Huberman. In: Bathrick, David/Prager, Brad/Richardson, Michael D. (eds.): Visualizing the Holocaust. Documents, Aesthetics, Memory. Rochester/New York 2008, pp. 114–137, here pp. 122–123.
17 Blatter, Janet/Milton, Sybil: Art of the Holocaust. London 1982, p. 36.
18 Blatter/Milton, Art of the Holocaust, p. 21.

to art history in general. This is not so much a question of analytical frameworks, as demonstrated in Milton's rather classical discussion of artistic genres (e. g. portraiture, landscape) as a question of position on the spectrum of Western culture. In postwar years it was not rare to compare paintings and drawings made in camps with works emblematic of a long-established iconography of atrocity, such as Picasso's *Guernica* and Goya's *Disasters of the War*. Such references, obviously, are irrelevant to art historians like Toll and Parke. Others, however, show more moderate positions. In *The Living Witness* (1982), Mary Costanza defines the "art of the Holocaust" as a form of "humanistic art" and integrates it into a history of "social protest, stream of consciousness, social conscious art, social commentary and others".[19] In her view victims-survivors have much in common with Daumier, Grosz, Rivera, Cranach, Michelangelo, and of course Picasso and Goya.[20] Milton does not agree on such comparisons since these artists, unlike Jewish "victims-artists", were not struggling for their survival when they created their works. However, she and Blatter make a point of understanding the artistic production of camps and ghettos in relation to past iconography, considering for instance the influence of artistic movements prior to Hitler's rise to power on the way Jewish artists depicted the Nazi terror.[21]

Is the artist a "camera" recording objectively every detail or an expressionist conveying what life in the camps and ghettos looked and felt like?[22] If so, what constructs his or her worldview? This is an issue that James E. Young raises in *Writing and Rewriting the Holocaust* (1988): "Each victim 'saw' – i. e. understood and witnessed – his predicament differently, depending on his own historical past, religious paradigms, and ideological explanations."[23] Young points to a complex temporality of interpretation:

> First, how events of this period were grasped in the archetypes and paradigms of other epochs during the Holocaust; second, how particular aspects of the Holocaust began to figure other parts of this time within the period itself (i. e. how the Holocaust became its own trope); and third, how images from the Holocaust subsequently came to figure other, unrelated events and experiences for both victims and non-victims, Jews and non-Jews.[24]

---

19 Costanza, Mary: The Living Witness. New York 1982, p. 163.
20 Costanza, The Living Witness, p. 8.
21 Blatter/Milton, Art of the Holocaust, p. 22.
22 Amishai-Maisels, Ziva: Depiction and Interpretation: The Influence of the Holocaust on the Visual Arts. Oxford 1993, p. 6.
23 Young, James E.: Writing and Rewriting the Holocaust. Narrative and the Consequences of Interpretation. Bloomington 1988, p. 26.
24 Young, Writing and Rewriting, p. 84.

In this line of study, and a significant contribution to the analysis of "the archetypes and paradigms of other epochs", we find *Depiction and Interpretation: The Influence of the Holocaust on Visual Arts* (1993), the work Ziva Amishai-Maisels published after twenty years of research. The art historian tries to situate the "art of the Holocaust" within the history of Western art. She refers to a long chain of tradition including medieval Christian imagery of the suffering of Christ and martyrs, Goya, Ilya Repin, Daumier and Bruegel among others:

> These comparisons raise important questions concerning camp art and the workings of the minds of the artists. One must, in fact, bear in mind that despite their conscious aim of reporting the facts coldly the artists were not born in the camps. On the contrary, each of them brought with him his own cultural background, previous knowledge, and often even practice of art. Before even they arrived in the camps they had digested iconographic and stylistic traditions that would stand them in good stead when they sought to maximalize the expressive and communicative power of their witness report.[25]

Amishai-Maisels turns "spiritual resistance" into one of the categories of the "art of the Holocaust" along with official art (ordered by Nazi authorities), art as testimony and art as catharsis.[26] In each category, she looks for "prototypes", conscious and unconscious representations that allow artists to deal with the task of representing overwhelming situations. Her reflection on issues of style (abstract vs. figurative) and limits of the "prototypes" points to the problem of the communication with the spectator. What is at stake in this discussion is the future of the "art of the Holocaust": How do works of art communicate with audiences fifty, sixty, or seventy years after the event? To what extent do they nurture "follower art" on the same subject?

The advent of "Holocaust art"

In *Art of the Holocaust* Blatter and Milton establish a distinction between "the art of the Holocaust" (works created in 1939–1945 by victims of the Nazi regime) and "the Holocaust in art" (any art depicting or alluding to the Holocaust, made during and after World War II). The distinction is also known in institutional terms as "period art" (i. e. works created in 1939–1945 by victims of the Nazi regime in occupied Europe) and "post-period". The two categories begin to increasingly interact. This can be seen for instance in the exhibition *To Feel*

---

25 Amishai-Maisels, Depiction and Interpretation, p. 10.
26 Amishai-Maisels, Depiction and Interpretation, p. 4.

Again (Yad Vashem, Israel, 1983) presenting works by young Israeli artists[27] alongside the "art of the Holocaust". The curator Irit Salmon-Livne explains in the catalogue that it is "an attempt to add a new link to the chain", and to connect "the collective national trauma [with] fragments of stories heard and absorbed". What kind of relation do these artists have with the art of victims-artists becomes a pressing issue throughout the 1980s. This development marks the emergence of cultural memory issues onto the realm of the Holocaust. Survivors begin to age, and these are now their children who show an active concern in preserving their stories. More and more artists deal with the subject, thereby reflecting an increased popular interest in the history of the Nazi regime. The mini-series *Holocaust* is aired in 1978. The playwright Robert Skloot stresses around the same period the "outpouring of political novels, television spectacular, coffee table picture books, church sermons, university courses, literary essays, theatre pieces, hip journalism, and pornographic films on the Holocaust theme".[28] This is a turning point, the beginning of a phenomenon (memorialization) that keeps expanding over years. Many scholars are aware of the importance of the process set in motion, and of the necessity to start conceptualizing it early on: How is an event such as the Holocaust mediated to people who have no direct knowledge of it?

How to create generational transmission is a question that haunts "the art of the Holocaust" as well. In *Recent Holocaust Works in America* (1988), Vivian Alpert Thompson suggests that it be based on affect. She coins the term "empathizers' art," which she describes as an "art produced by those who have empathized with the victims". Somehow pre-figuring Marianne Hirsch's well-known concept of "post-memory",[29] she explains that empathy is "so deep that some of [the artists who are not survivors] have taken on characteristics normally attributable to survivors".[30] Milton takes the idea further. In the text she wrote for the catalogue of the exhibition of Alice Lok Cahana,[31] *From Ashes to the Rainbow* (Los Angeles, 1987) she expresses the conviction that "the Holocaust in Modern art will

---

27 Hana Shir and Roni Hameagel.
28 Skloot, Robert: Introduction. In: Skloot, Robert (ed.): The Theatre of the Holocaust. Madison 1982, pp. 3–37, here p. 3f.
29 Formulated in Family Pictures: Maus, Mourning and Post-Memory, Discourse. Journal for Theoretical Studies in Media and Culture 15:2 (Winter 1992–1993).
30 Thompson, Vivian Alpert: Mission in Art: Recent Holocaust Works in America. Macon (GA) 1988, p. 67.
31 Born in Hungary in 1929, Alice Lok Cahana is a Holocaust survivor. She has had an important artistic career in Israel and the United States.

be an ever expanding field".³² She advocates joining the "art of the Holocaust" and "art about the Holocaust" in forming "a new socially critical contemporary artistic tradition".³³ A decade later, she re-defines the concept as a "new, socially critical tradition of ethics in art".³⁴ This definition resonates with the claim Berel Lang makes in the realm of historiography:

> Far from marking a rupture of or within, the Holocaust is open to – indeed demands – historical, and so morally historical, analysis and understanding. In other words, it must be placed in a historical field that joins its pre-Holocaust antecedents to the post-Holocaust aftermath. Indeed the Holocaust as an event provides notable evidence for the claim of this continuum, which can thus also be read as a moral history.³⁵

Can we, on similar terms, read it as a moral art history? The question is much debated at the turn of the millennium, as the relation of Western civilization (for which art history seems to serve as metonymy) to the Holocaust is more than ever an object of scrutiny. With the advent of critical "Holocaust art" (another way to say post-Holocaust moral art history), art historians cannot but engage in articulating anew their practice.

Artistic representations of the Holocaust and Warburgian paradigms

The second re-conceptualization of works made in camps and ghettos occurred in the late 1990s and early 2000s in the wake of a major paradigm shift in Holocaust studies: the advent of trauma studies and memory studies. The works of

---

32 Milton, Sybil: The Imperatives of Memory: A Perspective on Art and the Holocaust. In: From Ashes to the Rainbow. A Tribute to Raoul Wallenberg. Works by Alice Lok Cahana. In: Exhibition Catalog. Curated by Barbara Gilbert, Spring-Summer 1987, Hebrew Union College Skirball Museum, Los Angeles, pp. 49–57, here p. 54.
33 Milton, Sybil: Art of the Holocaust: A Summary. In: Braham, Randolph L. (ed.): Reflections of the Holocaust in Art and Literature, New York 1990, p. 150.
34 Milton, Sybil: Culture under Duress: Art and the Holocaust. In: Decoste, F.C./Schwartz, Bernard (eds.): The Holocaust's Ghost. Writing on Art, Politics, Law, and Education, Alberta 2000, pp. 84–96, here p. 95.
35 Lang, Berel: Holocaust Representation. Art Within the Limits of History and Ethics. Baltimore 2000, p. 143.

Shoshana Felman, Dori Laub, and Cathy Caruth[36] on witnessing were central to this development. In *An Event Without A Witness: Truth, Testimony, and Survival* Laub argued that being inside the event made unthinkable the notion that a witness could exist. Nobody, he explained, could step outside the Nazi system and observe the event from that exterior vantage point.

> Against all odds, attempts at bearing witness did take place; chroniclers of course existed and the struggle to maintain the process of recording and of salvaging and safeguarding evidence was carried on relentlessly. [...] However, these attempts to bear witness could essentially *not be met during the actual occurrence*. The degree to which bearing witness was required, entailed such an outstanding measure of awareness and of comprehension of the event [...] that is was beyond the limits of human ability (and willingness) to grasp, to transmit, or to imagine. There was therefore no concurrent "knowing" or assimilation of the history of the occurrence. The event could thus unimpededly proceed as though there were no witnessing whatsoever, *no witnessing that could decisively impact on it*.[37]

As seen above, the argument of psychological numbing had already been used for some time. Yet, in the way Laub expressed it, it attested to a new kind of encounter with the postmodern discourse. Drawing after post-structuralism, semiotics and deconstruction, trauma studies proceeded from a critique of referentiality and the subject. This development could not but reflect in art history. Traumatic witnessing challenged the rather traditionally defined category of "Holocaust art". To take it up, art historians had to revise both this category and the nature of their expertise in relation to Nazi atrocities.

New temporalities of interpretation

Writing on the work *Life or Theater* by Charlotte Salomon (1917–1943), the art historian Ernst Van Alphen deplores the ongoing opposition between historical and documentary value of the work on the one hand, its artistic autonomy on the other hand.[38] However familiar it sounds (let us think about Blatter and Milton), Van

---

36 See: Felman, Shoshana/Laub, Dori (eds.): Testimonies: Crises of Witnessing in Literature, Psychoanalysis, and History (New York 1992); Caruth, Cathy: Trauma: Explorations in Memory (Baltimore 1995) and ead.: Unclaimed Experience: Trauma, Narrative, History (Baltimore 1996).
37 Laub, Dori: An Event Without A Witness: Truth, Testimony, and Survival. In: Felman, Shoshana/Laub, Dori (eds.): Testimonies: Crises of Witnessing in Literature, Psychoanalysis, and History. New York 1992, pp. 75–92, here p. 84.
38 Van Alphen, Ernst: Caught by History. Holocaust Effects in Contemporary Art, Literature, and Theory. Stanford 1997, pp. 66–67.

Alphen's analysis indicates a radically changed conceptual environment. In tune with Laub's view, his interpretation of the "documentary vs. aesthetic debate" sheds a new light on the question of artistic language. Victims could not experience the event itself because there was no available symbolic order that could help them to figure it out and express it. This absence is precisely what defines the event as traumatic.[39] The philosopher Jean-Luc Nancy puts it even more simply: the Holocaust is "une crise ultime de la représentation".[40] This signals a major paradigm shift for "Holocaust art". One no longer talks about "works of art" but about "artistic representations", thereby altering the nature of the discourse. Concurrently, "resistance" becomes a quasi-psychological category deciphered through notions such as trace, repressed, and return. The resistance of the event to being depicted gets increasingly mingled with the resistance of the (artistic) image to being interpreted. As Dora Apel suggests, a new temporality emerges out of this entanglement:

> This is especially true with *representations* of the continuing *trauma* of the Holocaust, which refuses to be *historicized* as an *event* safely ensconced in the past, and continues to drive a *compulsion* toward forms of *reenactment* by those who did not experience the original events, in response to the trauma experienced through intergenerational transmission.[41]

In an intellectual environment bent to Walter Benjamin and the *Theses on the Philosophy of History* (1940), the critical iconology of the German art historian Aby Warburg (1866–1929) proves a source of inspiration for art historians dealing with visual records of the Holocaust. Warburg's *Ikonologie des Zwischenraumes* (Iconology of Intervals) and *Nachleben* (Afterlife) of images respond to Benjamin's theory of history as constellation. Both refer to an "in-between space that ties together the present and past". They ground new temporalities of interpretation that make "historians and critics accountable for the present as well as the past" and sustain "a more integrated approach to an event that was never easily delimited in time and space".[42] The Atlas[43] Warburg developed in the 1920s

---

39 Van Alphen, Caught by History, pp. 44–45.
40 Nancy, Jean-Luc: La Représentation Interdite. In: Id. (ed.): L'Art et la Mémoire des Camps. Représenter, Exterminer. Paris 2001, pp. 13–39, here p. 20.
41 Apel, Dora: Memory Effects. The Holocaust and the Art of Secondary Witnessing. New Brunswick 2002, p. 7.
42 Rothberg, Michael: Traumatic Realism. The Demands of Holocaust Representation. Minneapolis 2000, pp. 10–11.
43 The Atlas (also known as Mnemosyne Atlas and *Bilderatlas*) consisted of sixty-three 150 x 200 cm sized wooden panels covered with black cloth. Warburg pinned on them all kinds of images and continuously changed their arrangement in search for new connections in his study of the evolution of human gesture in the mimetic arts from classical antiquity to the early twentieth century.

becomes a template for art historians. Based on visual juxtapositions, it revolves around *Pathosformeln* (pathos formulas), a concept initially indicating a repertoire of recurring figures embodying movement and nowadays synonymous with representational patterns.

The book *Encounters in the Virtual Feminist Museum* (2007) is a good example of a pathos formulas-based reading of representations of the Holocaust. The enterprise of the art historian Griselda Pollock, who juxtaposes photographic and artistic representations of Holocaust atrocities with Renaissance paintings of Hell, resonates with the work of Ziva Amishai-Maisels on cultural and artistic "prototypes". Pollock's application of "psychological aesthetics"[44] would certainly suit the author of *Depiction and Interpretation* as it implies digging into the "pictorial unconscious, a memory formation of deep emotions that were held in recurring patterns, gestures and forms in images that survived across the differences of time and space".[45] There is, however, more to Pollock's resort to pathos formulas. She uses them to open a breach in the fabric of academic art history and question the conditions of the practice. Is "the Greco-Christian European tradition of art still possible, or has history, the Holocaust shattered it", Pollock wonders.[46] Academic art history – her shortcut for Western culture – has been much compromised with the Holocaust. Therefore there is a need to radically break from it. As it goes against the usually progress-oriented frames of academic art history, the anachronistic reading of images involved in pathos formulas provides such a possibility. What Pollock advocates on such a basis is art history practiced as a continuous breaking of instruments of measure (we might recall Lyotard on this point). For these reasons, she cannot let a category such as "Holocaust art" be reconstructed:

> To create a new, museal category in which is emerging increasingly in contemporary publishing and exhibitions, *Holocaust Art*, is to reveal precisely the failure of art history as a discipline to understand that historical events like the Shoah ruined and changed the conditions of our practice, ethically as well as politically.[47]

Pollock rejects this easy closure offered by "Holocaust art" because it is at odds with the task she assigns to post-Holocaust art history: theorizing "both the

---

[44] Warburg coined the term in his study "Sandro Botticell's Birth of Venus and Spring". Research on the Image of Antiquity in the Early Italian Renaissance, 1893.
[45] Pollock, Griselda: Encounters in the Virtual Feminist Museum. Time, Space, and the Archive. New York 2007, p. 18.
[46] Pollock, Encounters, p. 171.
[47] Pollock, Encounters, p. 148.

individual trauma of those who suffer the event and the socio-cultural trauma of the societies in which it happened".[48]

New mediums of resistance

What makes Warburg popular among present-day art historians is not only his anachronistic vision of art history. His use of a variety of visual elements (e. g. photographic reproductions from art books, posters, stamps, press clippings, drawings, leaflets, maps) fits a discipline dramatically transformed by postmodern aesthetics and discourse. Warburg's techniques of montage and non-hierarchical treatment of images opens up a methodological path for art historians willing to analyze photographic and filmic mediums. So equipped, they reassess their expertise on representations of Nazi atrocities. In the process Jewish resistance is no longer seen (only) through works of "Holocaust art" but (also) through non-artistic images of the Holocaust to be approached via combined phenomenological and aesthetic readings. This new situation raises the question of the role art historians might play in the historiography of the Holocaust – all the more so as the latter field too is going through changes. The discussion "German history after the visual turn", on the academic forum H-German in 2006 points to the growing integration of visual sources into the study of German history, especially the Third Reich and the Holocaust. Yet, as Paul Betts, one of the forum participants, underscores, "what to do with images and image-making" remains a "thorny problem" for many historians.[49] More than ever, it seems, a greater interaction between Holocaust historiography and cultural history is needed.[50]

The art historian Georges Didi-Huberman aims at such an interaction in his essay *Images Malgré Tout* about the Sonderkommando pictures taken in Auschwitz in August 1944. The text first appears in the catalogue of the exhibition *Mémoire des Camps. Photographies de Camps de Concentration et d'Extermination 1933–1999* organized by the historian of photography Clément Chéroux in Paris in 2001. As the journal *Les Temps Modernes* (whose chief editor is Claude Lanzmann) reacts in polemical ways, Didi-Huberman replies in 2003 with the book *Images Malgré Tout* [Images in Spite of All]. He defines a new relation to

---

[48] Pollock, Encounters, p. 180.
[49] See http://www.h-net.org/~german/discuss/visual/visual_index.htm. Betts, Paul: Some Reflections on the Visual Turn (September 22nd, 2006).
[50] Stone, Dan: Holocaust Historiography and Cultural History. In: Dapim. Studies on the Shoah 23 (2009), pp. 52–68, here p. 67.

archival images and how art historians could contribute to reading "pictorial testimonies".[51] The intervention of Didi-Huberman generates analytical changes at several levels, in the nature of the image and the role of the present-day viewer. The "testimonial importance" of the photographic image demands, according to Didi-Huberman, that one goes beyond defining it only through its informational value as evidence. Against Lanzmann, he defends the idea that archive images possess "the emotional power of survivor testimony". They invite the beholder to imagine because they too have "the capacity to vehicle the feel of events".[52] This is why their materiality, and not only their content, must be addressed. Didi-Huberman gives the example of the abstract-like black frame on the Sonderkommando pictures, indicating that some photos were taken from inside a building, possibly the gas chamber. Many reproductions crop this black mass so that only the view in the window frame is preserved. This cropping denies a central dimension in the act of witnessing performed by the Sonderkommando members. It erases the dangerous conditions in which the men photographed the process of extermination. Against it, one must see the photos as sequence: the photographer (probably Alex, a Greek Jew) first hides in the gas chamber, then goes out in the open and takes the photos as fast as he can while the other members watch out. Only in such a sequential way does one understand the pictures as a "visual event" and give them back their full phenomenological power.[53]

The impact of *Images Malgré Tout* is to be considered in a context of re-appraisal of the Sonderkommandos within the broader discussion on Jewish resistance. In the 1960s the historian Ber Mark produced a heroic framing of the Sonderkommando members. While he acknowledged the presence among them of individuals without much moral strength, he emphasized those of the members

---

[51] Feyertag, Karoline: The Art of Vision and the Ethics of Gaze. On the Debate on Georges Didi-Huberman's Book Images In Spite of All. EIPCP, 2008. http://eipcp.net/transversal/0408/feyertag/en (April 14th, 2011).
[52] Chare, Nicholas: Auschwitz and Afterimages: Abjection, Witnessing, and Representation. London 2011, p. 81.
[53] Didi-Huberman, Georges: Images Malgré Tout. Paris 2003, pp. 50–52. In the same ways, Didi-Huberman denounces the retouching of the naked women on their way to death. When the photo was reproduced in the first anthology of Polish photography in the late 1990s, the editor of the collection, the Polish photographer Jerzy Lewczynski, enlarged the face and inserted it in the top right-hand corner of the frame. The caption read: "Worth noticing is the upward (heaven-bound) movement, on the diagonal line of the photos. The face of the beautiful woman in front can be almost clearly seen." He seemed to ignore the photos had been taken by a Jew and the faces of the women had been retouched. See: Struk, Janina: Photographing the Holocaust. Interpretations of the Evidence. London/New York 2004, p. 194.

who were part of resistance cells and/or had performed acts of resistance.[54] In his recent study on afterimages of Auschwitz, Nicholas Chare explains that such a narrative excluded specific documents. There were, for instance, personal letters wherein members expressed their concern that "many of their deeds would be later viewed as far from valiant".[55] As cultural theorist Susie Linfield reminds her reader:

> It is the *Sonderkommandos*, Primo Levi wrote, who represent "an extreme case of collaboration" and yet dwell in the "grey zone" beyond judgment; it is the *Sonderkommandos* who embody "National Socialism's most demonic crime [...], an attempt to shift onto others – specifically, the victims – the burden of guilt, so that they were deprived of even the solace of innocence." And it is the *Sonderkommandos*, Levi charged, who were recognized by the SS as "colleagues, by now as inhuman as themselves [...] bound together by the foul link of imposed complicity."[56]

This is a dramatic shift away from a conception of "spiritual resistance" as a belief in indomitable mankind toward an understanding of resistance as survival, including "grey zones" of compromise and collaboration. Such a shift draws our attention to duration – how acts of resistance in the past continue in the present. In this respect, the survival of the Sonderkommando members, eyewitnesses of the planned disappearance of a whole people, belongs with the afterlife of the pictures they took in Auschwitz on that day of August 1944. When Didi-Huberman posits the task of imagining what happened there as the only ethical way to honor the memory of both the victims and the Sonderkommando members, he calls to the responsibility of the viewer today. With this act of imagination, however small it appears in the face of Nazi-engineered destruction, one does not look passively at the photos but actively appropriates them in an affective way, thereby turning "images of resistance" into "images as resistance" to forgetting.

Conclusion

From the late 1970s to the present-day, the frames by which the artistic production of ghettos and camps is analyzed and interpreted went through many changes. As postmodernism began to spread across disciplines, challenging narratives and

---

54 Mark, Ber: Des Voix dans la Nuit. La Résistance Juive à Auschwitz. Paris 1982, pp. 145–153.
55 Chare, Auschwitz and Afterimages, p. 79.
56 Linfield. Susie: The Cruel Radiance. Photography and Political Violence. Chicago 2010, p 89.

standpoints, the concept of "spiritual resistance" gave way to a new notion, the "art of the Holocaust". The latter received different interpretations, ranging from an isolated category of art (corresponding to the uniqueness of the Holocaust) to a field of study in the making and necessitating new methodologies. During this first phase, the "art of the Holocaust" was re-positioned within Western art history and linked to earlier iconography of atrocity. Reflecting nascent concerns about generational transmission, art historians also related it to works of art made after 1945. This development led to the more integrated category of "Holocaust art" as a new ethical tradition. A second phase of re-conceptualization began in the wake of trauma studies. In this context, work of art was recoded into artistic representation and analyzed through notions of witnessing, trace, absence, return. Art historians produced new temporalities of interpretation that allowed them to both question the conditions of their practice (some considered academic art history compromised with the Holocaust) and expand their field of expertise to non-artistic documentation of Nazi atrocities. Doing so, they positioned themselves to becoming partners, alongside historians, political scientists and literary scholars, in establishing an inter-disciplinary visual history of the Holocaust.

Sahra Dornick
„[D]er Abfall fehlt"

Überlegungen zur Zeugenschaft als widerständiger Tätigkeit im Familienroman *So sind wir* von Gila Lustiger

> „So sind wir nicht, schrie es in mir auf. So sind wir nicht. „A. L. ist Überlebender", hörte ich und dachte, dass dieses Bild des Überlebenden ein falsches Bild war. Ein Szenenbild, ein Vorstellungsklischee zur Einschläferung des Grauens.
>
> [...]
>
> Als wäre es das schon. Als könne man meine Familie so zusammenfassen. Als wären wir immer nur das: prädestiniert zu leiden. Aber dann habe ich [...] begriffen, dass Fakten nichts sind und historisches Wissen nichts. Dass Daten nichts sind und Tatsachen ein Blendwerk, weil man der Geschichte meiner Familie nicht beikommen kann, wenn man sich nicht dem Zufall ausliefert. [...] Und den Gefühlen, Geräuschen, Eindrücken, Begegnungen und Sehnsüchten. Ich müsste mich vor allen Dingen mit den Sehnsüchten abgeben und den Lügen, Wünschen, Illusionen und Märchen."[1]

In Gila Lustigers Roman *So sind wir* nähert sich die Hauptfigur und Erzählerin „Gila" über Erinnerungsfragmente, Sprachverflechtungen und Kaskaden gleichenden Befragungen einer Kindheit an, die vor dem Nationalsozialismus sowohl behütet als auch ständig bedroht erscheint. Als Tochter des ehemaligen KZ-Häftlings Arno Lustiger sucht sie nach Identitätsanteilen, die von einer anderen – einer für die Erzählerin nur schwer zugänglichen – Kindheitswelt zeugen, einer Welt, die dem Verdrängten, dem Vergessenen oder Weggeworfenen anheimgefallen ist. Gleich mehrere Rätsel versucht die Erzählerin auf diese Weise zu lösen: Wer war der Vater bevor seine Zeit in den Konzentrationslagern begann? Weshalb verschweigt er den Kindern seine Erfahrungen? Wie bestimmt sich die Erzählerin selbst angesichts des Schweigens, das ihre Kindheit grundlegend bestimmt hat? Dabei wird deutlich, wie eng die Schicksale der Figuren miteinander verknüpft sind, in welcher Weise sie sich umspielen, durchdringen und bedingen.

In *So sind wir* reklamiert Gila Lustiger eine doppelte Zeugenschaft. Sie erkennt einerseits die Zeugenschaft ihres Vaters, des Shoah-Überlebenden, Zeitzeugen und Historikers Arno Lustiger an. Ebenso fordert sie Anerkennung für die Form der Zeugenschaft, welche von den Nachgeborenen eingebracht wird. Der

---

1 Lustiger, Gila: So sind wir. Berlin 2005, S. 250.

Widerspruch „So sind wir nicht"² gerät im Kontext des Romans zur Chiffre dieses Anliegens. In ihr drückt sich aus, dass sich die Zeugenschaft der zweiten Generation vor dem Hintergrund machtvoller und wirkungsmächtiger Erinnerungspolitik abspielt, gegen deren Vereinnahmungen sie sich gleichzeitig behaupten muss.³ In dieser Situation der ständigen Herausforderung gewinnt „das Finden des rechten Wortes im rechten Augenblick"⁴ eine zentrale Funktion. Hannah Arendt identifiziert dies in *Vita Activa* als Kernpunkt eines politischen Handelns, das „sich nicht der Mittel der Gewalt bedient, [sondern] sich durch Sprechen vollzieht".⁵ Zwar ist die Wirkkraft jeder performativen Äußerung zunächst ungewiss, sodass das „Finden des rechten Wortes im rechten Augenblick"⁶ weniger vom Einfallsreichtum der Autorin, als von den Bedingungen des Sprechens selbst abhängt. Judith Butler zeigt aber, dass widerständiges Handeln diese „unvorhersehbare Zukunft"⁷ nutzen kann, wenn es den „Derridaschen ‚Bruch' mit dem Kontext"⁸ performativ herbeiführt. Indem die Erzählerin in *So sind wir* den „Gefühlen, Geräuschen, Eindrücken, Begegnungen und Sehnsüchten"⁹ nachspürt und diese neben Daten und Fakten als relevante historische Zusammenhänge geltend macht, führt sie eben einen solchen performativen Bruch mit dem Kontext von Zeugenschaft herbei. Die Erzählerinnenrede wird vor diesem Hintergrund als widerständige Tätigkeit lesbar.

Nun unterscheidet sich der Widerstand gegen den Nationalsozialismus während der Shoah, welcher mit der existenziellen Bedrohung und Vernichtung der Widerstandskämpfer/-innen einher ging, von der Tätigkeit des Schreibens eines Romans aus der im Gegensatz dazu behaglich erscheinenden Position einer Nachgeborenen fundamental. Die Interpretation des Romans *So sind wir*

---

2 Lustiger, So sind wir, S. 250.
3 Vgl. dazu auch Nolden, Thomas: Junge jüdische Literatur. Konzentrisches Schreiben in der Gegenwart. Würzburg 1995; Gilman, Sander/Steinecke, Hartmut (Hrsg.): Deutsch-jüdische Literatur der neunziger Jahre. In: Besch, Werner [u. a.] (Hrsg.): Beihefte zur Zeitschrift für Deutsche Philologie. Berlin 2002, S. 9–16; Blasberg, Cornelia: Erinnern? Tradieren? Erfinden? Zur Konstruktion von Vergangenheit in der aktuellen Literatur über die dritte Generation. In: Dies./Birkmeyer, Jens (Hrsg.): Erinnern des Holocaust. Eine neue Generation sucht Antworten. Bielefeld 2006, S. 165–186. Düwell, Susanne: (Un)sichtbarkeit in der deutsch-jüdischen Gegenwartsliteratur. In: Schoenborn, Susanne (Hrsg): Zwischen Erinnerung und Neubeginn. Zur deutsch-jüdischen Geschichte nach 1945. München 2006, S. 214–231.
4 Arendt, Hannah: Vita Activa. München 2006, S. 36.
5 Arendt, Vita Activa, S. 36
6 Arendt, Vita Activa, S. 36
7 Butler, Judith: Hass spricht. Zur Politik des Performativen. Frankfurt a. M. 2006, S. 223.
8 Butler, Hass spricht, S. 223.
9 Lustiger, So sind wir, S. 250.

im Kontext der theoretischen Schriften Judith Butlers zeigt jedoch, dass mit dem diskursiven Widerstand gegen erinnerungspolitische Vereinnahmungen und dem Anspruch auf eine anerkannte Form der Zeugenschaft auch die Existenz der Nachgeborenen auf dem Spiel steht. Wird dieser Anspruch verworfen oder erkennen sie ihn schon von vornherein als verworfenen Anspruch an, vergeben sie die Möglichkeit über ihre spezifischen Erfahrungen als intelligiblen Teil ihres sozialen Lebens zu verfügen.[10]

Die Krise der Zeugenschaft

Das Erscheinen von *So sind wir* fällt wohl kaum zufällig in einen Zeitraum, in welchem der Begriff der Zeugenschaft selbst in einer historischen Krise steckt.[11] Gerade in den letzten Jahren erfährt dieser eine immer stärkere Problematisierung. Das liegt vor allem daran, dass sich bisherige Modelle und Konzepte des Bezeugens als unzureichend erwiesen haben, um das einzigartige Ausmaß der Shoah hinreichend zu erfassen.[12] Aleida Assmann spricht in diesem Kontext von einem Paradigmenwechsel in der Geschichtspolitik und macht auf die „ethische Wende in der kulturellen Praxis des Erinnerns"[13] aufmerksam. Dori Laub versteht den Holocaust „[a]ls einen unwiderruflichen Scheidepunkt",[14] „der die Zeit in ein Vorher und ein Nachher teilt"[15] und „eine Neubewertung aller Werte bewirkt".[16] Ein weiteres diskursives Indiz für die neuen Herausforderungen an das Konzept der Zeugenschaft bildet die Figur des „moralischen Zeugen".[17] Diese „vereinigt [...] die Rollen des Opfers und des Zeugen in sich"[18] und taucht bei Aleida

---

10 Vgl. Butler, Judith: Kritik der ethischen Gewalt. Frankfurt a. M. 2002, S. 74ff.
11 Mit dem Begriff der „Krise" soll hier auf den umkämpften Status des Begriffs der Zeugenschaft hingewiesen werden, vgl. Schmidt, Sybille [u. a.] (Hrsg.): Politik der Zeugenschaft. Bielefeld 2011.
12 Vgl. Friedländer, Saul (Hrsg.): Probing the Limits of Representation. Nazism and the "Final Solution". London/Cambridge (MA) 1992. Vgl. auch Hofman, Eva: After such Knowledge. A Meditation on the Aftermath of the Holocaust. London 2005.
13 Assmann, Aleida: Der lange Schatten der Vergangenheit. Erinnerungskultur und Geschichtspolitik. München 2006, S. 115.
14 Laub, Dori: Zeugnis ablegen oder Die Schwierigkeiten des Zuhörens. In: Baer, Ulrich (Hrsg.): Niemand zeugt für den Zeugen. Erinnerungskultur nach der Shoah. Frankfurt a. M. 2000, S. 68–83, hier S. 83.
15 Laub, Zeugnis ablegen, S. 83
16 Laub, Zeugnis ablegen, S. 83.
17 Margalith, Avishai: The Ethics of Memory. Cambridge 2003.
18 Assmann, Der lange Schatten, S. 88.

Assmann im Zusammenhang mit der Frage auf, wie der Verlust der Zeitzeugen, welche die historische Forschung in den 1960er-Jahren als privilegierte Instanz des Sprechens über den Holocaust und die Shoah eingesetzt hat, aufgefangen werden kann. Auch aus der Anlage der nationalsozialistischen Verbrechen selbst begründen sich Herausforderungen an das Konzept der Zeugenschaft. Der italienische Überlebende Primo Levi wirft in seinem Text: *Die Untergegangenen und die Geretteten* (1989) ein Schlaglicht auf den Nationalsozialismus als „Krieg gegen das Erinnern".[19] Er betont hier, dass sich die Zerstörungswut nicht nur gegen kulturelle Werke richtete, sondern in einem schwer zu fassenden Ausmaß mit der Ermordung der Träger des kommunikativen Gedächtnisses und der Vernichtung familiärer Beziehungen bis heute nachwirkt.[20] Aus dieser Spezifik des Nachwirkens der Shoah speist sich Marianne Hirschs Kritik am Konzept des kollektiven Gedächtnisses,[21] wie es von Jan und Aleida Assmann in Anschluss an Maurice Halbwachs' Forschungen vertreten wird.[22] Hirsch arbeitet heraus, dass die nationalsozialistischen Handlungen darauf abzielten, das kollektive Gedächtnis der Juden zu vernichten. Insofern lassen sich mit dem Konzept des kollektiven Gedächtnisses die Brüche und Leerstellen der Erinnerungen der Opfer des Nationalsozialismus gerade nicht erfassen. Im Zusammenhang mit der Frage der Weitergabe dieser Lücken als Inhalte des kulturellen Gedächtnisses führt sie daher den Begriff des „Postmemory"[23] ein:

> Postmemory's connection to the past is thus not actually mediated by recall but by imaginative investment, projection, and creation. To grow up with such overwhelming inherited memories, to be dominated by narratives that preceded one's birth or one's consciousness, is to risk having one's own stories and experiences displaced, even evacuated, by those of a previous generation. It is to be shaped, however indirectly, by traumatic events that still defy narrative reconstruction and exceed comprehension. These events happened in the

---

19 Levi, Primo: Die Untergegangenen und die Geretteten. Wien/München 2002, S. 28.
20 Vgl. Dublon-Knebel, Irith: Holocaust Parenthood – The Transformation of Child-Parent Relationships as Perceived by the Survivors. In: Brunner, José (Hrsg.): Mütterliche Macht und väterliche Autorität. Elternbilder im deutschen Diskurs. Göttingen 2008, S. 93–107.
21 „In einem engeren Sinne ‚kollektiv' kann allein eine Gedächtnisformation genannt werden, die zusammen mit starken Loyalitätsbindungen auch starke vereinheitlichte Wir-Identität hervorbringt. Dies gilt insbesondere für das ‚nationale' Gedächtnis, das eine Form des ‚offiziellen' oder ‚politischen' Gedächtnisses ist." (Assmann, Der lange Schatten, S. 36).
22 Vgl. dazu kritisch Jureit, Ulrike: Opferidentifikation und Erlösungshoffnung. Beobachtungen im erinnerungspolitischen Rampenlicht. In: Jureit, Ulrike/Schneider, Christian: Gefühlte Opfer. Illusionen der Vergangenheitsbewältigung. Stuttgart 2010, S. 17–104.
23 Vgl. Hirsch, Marianne: The Generation of Postmemory. In: Poetics Today 29/1 (2008), S. 103–128.

past, but their effects continue into the present. This is, I believe, the experience of postmemory and the process of its generation.[24]

„Postmemory" steht für eine spezifische Beziehung eines Subjekts zu den Erinnerungen anderer, welche Hirsch weniger direkt als vielmehr indirekt versteht. Das Subjekt setzt sich über Imagination,[25] Projektion und schöpferische Tätigkeit mit den Lücken in den Erzählungen des Erinnerten auseinander. Trotz ihres indirekten Charakters wirkt diese Beziehung machtvoll auf die Konstitution des Subjekts ein und beeinflusst dieses damit nachhaltig.[26]

Nicht zuletzt verdeutlichen die Beiträge der Memory-Studies und der Traumaforschung, dass Zeugenschaft im Sinne des historischen Augenzeugens, der als „Klammer zwischen dem Ort einer Katastrophe und dem Ort der entfernten Ahnungslosen"[27] funktioniert, im Kontext der Shoah neu gedacht werden muss.[28] Wie Dori Laub feststellt, haben die traumatisierten Zeuginnen und Zeugen „das Trauma selbst – als ein vom Bewußtsein erkanntes Ereignis und nicht nur als überwältigender Schock – noch gar nicht erfahren und wirklich zur Kenntnis genommen".[29] Erst im Sprechen über das Trauma wird es für diese Zeug/-innen möglich, Zugang zu dem Erfahrenen zu erlangen. Damit ist verbunden, dass zwischen Zeuge/Zeugin und Zeugenschaft differenziert werden muss.[30] Während die Zeuginnen und Zeugen gemeinhin als Ort des Traumas wahrgenommen werden,[31] macht Laub darauf aufmerksam, dass Zeugenschaft erst durch Zuhörer/-innen ermöglicht wird: „Die Person, die dem Trauma zuhört, wird zudem Teilnehmerin

---

24 Hirsch, The Generation, S. 111.
25 Zum Einsatz der Imagination als literarischer Strategie vgl. auch Lezzi, Eva: „Tell zielt auf ein Kind". Wilkomirski und die Schweiz. In: Diekmann, Irene/Schoeps, Julius H.: Das Wilkomirski-Syndrom. Eingebildete Erinnerungen oder Von der Sehnsucht Opfer zu sein. Zürich 2002, S. 180–214.
26 Vgl. dazu auch Butler, Judith: Psyche der Macht: Das Subjekt der Unterwerfung. Frankfurt a. M. 2001.
27 Assmann, Der lange Schatten, S. 86.
28 Vgl. Brunner, José/Zajde, Nathalie (Hrsg.): Holocaust und Trauma. Kritische Perspektiven zur Entstehung und Wirkung eines Paradigmas. Tel Aviver Jahrbuch für deutsche Geschichte. Göttingen 2011; Olick, Jeffrey K./Robbins, Joyce: Social Memory Studies. From "Collective Memory" to the Historical Sociology of Mnemonic Practices. In: Annual Review of Sociology 24 (1998), S. 105–140.
29 Laub, Zeugnis ablegen, S. 68.
30 Vgl. dazu auch Schmidt [u. a.], Politik der Zeugenschaft.
31 Vgl. dazu etwa Assmann, Aleida: Die vier Grundtypen der Zeugenschaft. In: Kößler, Gottfried/Elm, Michael (Hrsg.): Zeugenschaft des Holocaust. Zwischen Trauma, Tradierung und Ermittlung. Frankfurt a. M. 2007, S. 33–51.

und Teilhaberin des traumatischen Ereignisses: Durch das bloße Zuhören wird sie zu jemandem, der das Trauma zumindest teilweise in sich erlebt."[32]

Spezifika des Zeugnisses der zweiten Generation

Der Roman *So sind wir* setzt sich literarisch mit diesen unterschiedlichen Herausforderungen des Zeugens der zweiten Generation auseinander.[33] Die Geschichte wirft ausgehend vom Schweigen des Vaters neue Perspektiven auf die Verflochtenheit von Trauma und Zeugenschaft. Wie in anderen deutsch-jüdischen Romanen der zweiten Generation entwirft sich die Erzählerin hier bereits als in das Familiengeflecht verwickelt.[34] Gleichzeitig lauert sie gerade diesen Verwicklungen auf, um sie auf ihre Bedeutung für ihre Identität zu befragen. Dennoch hebt sich *So sind wir* von den meisten anderen Familienromanen der deutsch-jüdischen Literatur der zweiten Generation ab. Denn der Vater der Autorin – Arno Lustiger, welcher für die Vaterfigur der erzählten Geschichte Modell steht – ist als Historiker des jüdischen Widerstands gegen den deutschen Nationalsozialismus weit bekannt. Er ist selbst vereinzelt als Zeitzeuge der nationalsozialistischen Verbrechen während des Zweiten Weltkriegs aufgetreten. Dazu kommt, dass die Erzählstimme im Gegensatz zu anderen Erzähler/-innen kaum Interesse an diesen Zeugnissen des Vaters zeigt und diese mit der Bemerkung abtut: „Na, sieh mal einer an [...], der Alte hat wieder eine Rede gehalten."[35] Ein anderes Mal traut sie sich nicht zu, weiter zu fragen: „Ach, Leser, du hältst mich jetzt wohl für mutig. Aber mutig wäre ich gewesen, wenn ich meinen Vater gebeten hätte, mir etwas über den Krieg zu erzählen. Aber das traute ich mich nicht."[36] Dann wieder zeigt sie sich erbost und wütend darüber, dass er sie nicht einweiht. Es kränkt sie, dass der Vater, ihr nichts aus seiner Vergangenheit mitteilt und dies damit begründet, sie beschützen zu wollen:

---

32 Laub, Zeugnis ablegen, S. 68.
33 Ich verwende diesen Terminus in Anschluss an Geoffrey Hartman. Das Zeugnis der zweiten Generation bezieht sich auf „einen direkten Zeugnistransfer" (Schroeter, Gudrun: Worte aus einer zerstörten Welt. Das Ghetto von Wilna. St. Ingbert 2008, S. 20) auf die Kinder der ersten Generation.
34 Diese Erzählstruktur kommt überaus häufig vor. Vgl. dazu etwa Honigmann, Barbara: Ein Kapitel aus meinem Leben. München 2006; Roggenkamp, Viola: Familienleben. Zürich 2004; Seligmann, Rafael: Rubinsteins Versteigerung. München 1988; Menasse, Eva: Vienna. Köln 2005.
35 Lustiger, So sind wir, S. 55.
36 Lustiger, So sind wir, S. 67.

> Beschützen vor wem, wollte ich sagen, sagte aber nichts, weil ich mich nicht zu sagen getraute, was ich dachte, dass er uns nicht hat vor der deutschen Grausamkeit und dem deutschen Wahnsinn beschützen wollen. Hättest du uns vor der deutschen Grausamkeit und dem deutschen Wahnsinn beschützen wollen, wollte ich ihm sagen, sagte aber nicht, dann hättest du uns nicht ausgeliefert, dann hättest du uns nie in Deutschland leben lassen dürfen.[37]

Geschickt lässt die Erzählerin ihre Leser/-innen also zunächst in einer gewissen Unsicherheit ob ihrer Erzählabsichten. Sie montiert Erinnerungen an Träume, unterbricht den Erzählfluss abrupt und wechselt die Erzählerebenen. Dennoch steckt hinter den literarischen Selbsterkundungen, Wutausbrüchen und Beschimpfungen nicht, wie Markus Neuschäfer vermutet, der selbstverliebte Wunsch „nach einer narrativen Selbsttherapie".[38] Vielmehr offenbart sich in ihnen der Wille, gerade über das Zusammenleben mit dem Vater Zeugenschaft abzulegen. Mit diesem Vater, der schreibt wie „mit einem Ich wie aus Holz",[39] der woanders Reden hält und zu Hause „schonend"[40] schweigt. Der noch dazu gegen jeden Vorwurf erhaben zu sein scheint: als KZ-Überlebender, Zeitzeuge und bedeutender Historiker. Die Leser/-innen streift in den mit der Realität ringenden Passagen des Romans eine Ahnung von der übermenschlichen Kraft, die der Vater aufgebracht hat, um ein neues Leben zu beginnen. Trotz der Erfahrungen im KZ und auf den Todesmärschen, nach dem Verlust großer Teile seiner Familie, Freunde und Heimat, hat er es vermocht, nach vorn zu blicken und eine Familie zu gründen. Durch die erinnernden Recherchen der Erzählerin hindurch, entsteht das Bild eines Vaters, der trotz schwerer Traumatisierung zu Liebe und Einfühlungsvermögen fähig bleibt.

Wenn auch versteckt, so bleibt die tägliche Überwindung des Vaters der genau beobachtenden Tochter dennoch nicht verborgen. Geradezu besessen sammelt sie die Zeichen seines Bemühens, seiner Beständigkeit und seiner Erschöpfung und bringt diese als Ausdruck von Väterlichkeit in Einsatz. Gleichzeitig treibt Gila ihre eigene Erzählung auch auf der narrativen Ebene reflexiv voran. Dies kommt in den metaleptischen[41] Erzählsprüngen ebenso zum Ausdruck wie in den

---

37 Lustiger, So sind wir, S. 67f.
38 Neuschäfer, Markus: Vom doppelten Fortschreiben der Geschichte. Familiengeheimnisse im Generationenroman. In: Lauer, Gerhard (Hrsg.): Literaturwissenschaftliche Beiträge zur Generationenforschung. Göttingen 2010, S. 164–203, hier S. 202.
39 Lustiger, So sind wir, S. 63.
40 Lustiger, So sind wir, S. 68.
41 Ich greife für die Romananalyse auf erzähltheoretische Begriffe und Zusammenhänge nach Gérard Genette zurück, vgl. Genette, Gérard: Die Erzählung. Paderborn 2010, S. 64.

performativen Hinweisen zur Erzählstruktur. Allerdings lässt die Eigentümlichkeit der Erinnerung, sich mit Verschiedenstem zu verknoten, ihre zunächst als strukturierte Erinnerungsarbeit geplante Untersuchung immer mehr zu einem assoziativem Sprachtreiben werden. Gerade diese unvorhersehbare Wende verhilft ihr schließlich zu der gesuchten Erkenntnis:

> Erst jetzt, weil ich das Buch schreibe, diese Fußnoten zur Familie, habe ich erfasst, was in seinem [Arno Lustigers, Anm. d. Verf.] Lebensbericht ganz einfach abhanden gekommen ist. Vierzig Jahre, Dominique, habe ich gebraucht, um zu sehen, was er ausgelassen hat. Vierzig Jahre, bis die Wahrheit zu dämmern begann und ich begriff, ja, das ist es, es ist sonnenklar, der Abfall fehlt[42].

Mit Abfall, so erklärt sie es ihrer Freundin Dominique auf deren Nachfrage hin, meint sie „Fühlen".[43] Von dieser Einsicht aus, entschlüsselt Gila ihre eigene Position im Geflecht der Familie: „Aufgrund und infolge dieser Tilgung [...] hat er mich elenden Kopfmenschen zur Gefühlschronistin unserer Familie gemacht."[44] Es zeichnet sich hierin das eigentliche Drama des Romans zwischen dem Gegensatz von „Kopfmenschen"[45] und „Gefühlschronistin"[46] ab. Eigener Kopf und die Gefühle der Familie sind in der Erzählfigur auf unentwirrbare und unharmonische Weise miteinander verbunden. Denn Gila fühlt sich als Zeugin einer Tilgung, die willentlich vorgenommen wurde.[47] Somit widerspricht deren Zeugnis dem Willen des Vaters. Allerdings hofft die Erzählstimme in dem Text, der auf der Suche nach dem Getilgten entsteht, auf Spuren ihrer unzugänglichen Identitätsanteile zu stoßen und den „Erinnerungsgiftstoff [...] auszuschwitzen",[48] indem sie die „Kindheit reden [lässt]".[49]

---

42 Lustiger, So sind wir, S. 163.
43 Lustiger, So sind wir, S. 163.
44 Lustiger, So sind wir, S. 164.
45 Lustiger, So sind wir, S. 164.
46 Lustiger, So sind wir, S. 164.
47 Sharif-Nassab weitet den Begriff „Verdrängung" im Zusammenhang mit den Überlebenden gegen Freud auch auf bewusste Mechanismen des Abspaltens und Vergessens an, vgl. Sharif-Nassab, Arin: Über-Lebensgeschichten. Der Holocaust in Krakau – Biographische Studien. Innsbruck [u. a.] 2005; Durst, Nathan: Über die Einsamkeit und das unendliche Trauern von alternden Überlebenden des Holocaust. In: Stoffels, Hans (Hrsg.): Terrorlandschaften der Seele. Beiträge zur Theorie und Therapie von Extremtraumatisierungen. Regensburg 1994, S. 44–53; Danieli, Yael: As survivors age: An overview. In: Journal of Geriatric Psychiatry 30 (1997), S. 9–26.
48 Lustiger, So sind wir, S. 7.
49 Lustiger, So sind wir, S. 8.

Diskursiver Widerstand in dem Roman *So sind wir*

Es finden sich mithin in *So sind wir* Anhaltspunkte für das Bemühen, die Phänomene des Schweigens, des Imaginären und der textuellen und semiotischen Verflochtenheit in die Konzepte von Erinnerung, Gedächtnis und Zeugenschaft einzuschreiben.[50] In diesem Kontext wird Lustigers Roman als eine Praxis des Widerstands gegen Vorstellungen von Zeugenschaft lesbar, welche die Brüchigkeit und Verletzlichkeit von Erinnerungen bemänteln. Die Stoßrichtung dieses literarischen Widerstands ist vor allem diskursiv. Ihre Form, lässt sich weniger als eine Gegenbewegung vorstellen, als vielmehr als eine Bewegung der Ergänzung bzw. des semiotischen Umschreibens. Wie Judith Butler herausarbeitet, liegt die „‚Kraft' der performativen Äußerung"[51] gerade darin, dass sie die „Krise der Konvention"[52] herbeiführen kann. Die Tochter in *So sind wir* will nicht so sehr für den Zeitzeugen oder Historiker sprechen. Vielmehr wendet sie sich in ihrem erzählerischen Rückblick ihrer Beziehung zu Arno Lustiger als Vater zu. Gerade diese Verschiebung bietet die Ausgangslage für eine Ergänzung des Konzeptes der Zeugenschaft mit neuen Kontexten. Gleichzeitig schreibt dieses Vorgehen bisherige Vorstellungen der Zeugenschaft um und fordert damit die Legitimität bisheriger Konzeptionen heraus. Das zeigt sich beispielsweise darin, dass es der Erzählstimme weniger um das Formulierte geht. Ihr Ziel ist es, zugleich das zu „schildern, was gern wortlos bleiben würde".[53] Schritt für Schritt dröselt sie das vom Vater auferlegte schonende Schweigen[54] auf. In schonungsloser Beredsamkeit legt sie offen, inwiefern gerade sein Schweigen nachhaltig auf sie wirkt. Eine ihrer Kindheitserinnerungen bezieht sich dabei auf das Zeitungslesen:

> Meine allererste Zeitungserinnerung? Ich glaube, es ist Folgende, jedenfalls sehe ich mich so, wie ich auf meinen Vater blicke, der in seinem Sessel sitzt und Zeitung liest. Ich hocke gleich neben ihm auf einem kleinen Schemel. Wie still es ist, als wäre die Zeit stehen geblieben.[55]

Die Stille fungiert als ein Transportmittel der Erinnerung und unterstreicht die aus dem Alltag herausragende Einzigartigkeit der Situation. Der Nebensatz, „als

---

50 Kidron fragt, „ob die Holocausttrauma-Forschung diese Form von stummer Kopräsenz nicht etwa unabsichtlich ignoriert hat". Siehe Kidron, Carol: Verkörperte Präsenz statt Psychopathologie. In: Brunner/Zajde, Holocaust und Trauma, S. 182.
51 Butler, Hass spricht, S. 221.
52 Butler, Hass spricht, S. 223.
53 Lustiger, So sind wir, S. 48.
54 Vgl. Lustiger, So sind wir, S. 68.
55 Lustiger, So sind wir, S. 16f.

wäre die Zeit stehen geblieben",⁵⁶ bildet den Auftakt zur Entfaltung einer narrativen Retrospektive. Dies spiegelt sich in der Verlangsamung des Geschehens und dem gleichzeitigen Anschwellen der Narration wider. Indem sie das literarische Verfahren der „‚Deskription'"⁵⁷ anwendet, gelingt es Lustiger, die unterschiedlichen Facetten der Gefühlswelt des Kindes differenziert darzustellen.

> Langsam, ganz bedächtig, rücke ich an ihn heran. Arbeite mich Zentimeter um Zentimeter vor, während ich mit einer Puppe spiele. Lügnerin, spieltest gar nicht mit einer Puppe, hieltest das Ding nur an den Bauch gedrückt, um dich mit angehaltenem Atem, ein wenig beunruhigt, auf den Sessel zuzubewegen, der ein Attribut des Vaters ist, weil er allabendlich sein Hinterteil darauf ruhen lässt.⁵⁸

In der detaillierten Beschreibung wird deutlich, dass die Gefühle des Kindes unmittelbar mit seiner Erinnerung verflochten sind. Der angehaltene Atem des Kindes steht in Kongruenz mit der Erzeugung des Gefühls, die Zeit wäre stehen geblieben und verstärkt die Langsamkeit der Bewegung. Die in eine Rückblende eingebettete Rückblende und der Wechsel der Erzählperspektive entsprechen der unauflöslichen Verknotung der Identität der Erzählstimme mit den imaginären Bedeutungsgeflechten. Erst die Anwesenheit des Vaters verleiht dem sie umgebenden Raum eine Bedeutung, die Gila auch bedeutsam erscheint:

> Die Enttäuschung, dass der Vater nicht da ist, ist in *ihr* eingefangen, wie auch eine unterschwellige Spannung und Aufregung, die den Raum überflutet, sobald *du* gegen Abend seine Stimme im Flur vernimmst. Kommt er dann, gerätst du in seinen Sog [Hervorhebung d. Verf.].⁵⁹

Nach diesem Einschub, welcher dem Vater nahezu magische Wirkung zuschreibt, kommt die Erzählstimme auf die ursprüngliche Erzählung zurück. Das kündigt sich durch das Signalwort „Nun" ebenso an, wie in dem erneuten Perspektivwechsel: „Nun sitze *ich* neben ihm im Wohnzimmer. [Hervorhebung d. Verf.]"⁶⁰ Die aufs Äußerste gespannte Gefühlslage des Kindes wird in der folgenden Textpassage durch die Ambivalenz zwischen starrer körperlicher Fixierung und geistiger Aufregung abgebildet. Erzählerisch findet sich dies in der Zerklüftung der Sprache und in abrupten Erzählsprüngen umgesetzt:

---

56 Lustiger, So sind wir, S. 16f.
57 Genette, Die Erzählung, S. 64.
58 Lustiger, So sind wir, S. 17.
59 Lustiger, So sind wir, S. 17.
60 Lustiger, So sind wir, S. 17.

> Und natürlich, denke ich, während ich mit unbeirrbarem Blick die Puppe fixiere, ihren runden wächsernen Kopf, ihre blauen Glasaugen [...], wo meine Schwester ist, ob ich ihre Stimme vernommen habe, ob sie schon schläft, denn nur darum geht es mir, die Abwesenheit meines lesenden Vaters ganz für mich zu besitzen.[61]

Einem ungestümen Drang nachgebend, klammert sich das Mädchen schließlich an das Hosenbein des Vaters. Dabei fühlt Gila eine „herzzerreißende Sehnsucht".[62] Während dieser Akt der Annäherung an den Vater mit der umgekehrt ödipalen Auflösung endet, dass das Mädchen durch „zwei Frauen [...] in die Verbannung"[63] getragen wird, erinnert sich das Kind an eine ähnliche Situation mit anderem Ausgang. Erneut wird anachronisch eingeführt: „Diese hell glänzenden Nachmittage, sonntags zum Beispiel"[64], wieder sitzt das Kind „neben dem abwesenden Vater, der lesenden Gestalt".[65] Dieses Mal schaut sie „freundlich gelangweilt zu ihm herüber" und wird „abgelenkt von den hohen sich im Wind wiegenden Bäumen, [...] abgelenkt von dem Herbsttag, der blassrosa im gelben Laub ersäuft, [...] abgelenkt von einer Fliege."[66] In einem narrativen Einschub dringt die Erzählstimme in diese Heterotopie[67] ein und fragt: „Lerne ich so belanglos lieben, neben dem Vater, der mich auffordert, stumm, wie er es immer tut, mir zu nehmen, was es zu nehmen gab?"[68]

Mit der Metapher des „Schatten[s] inmitten ihrer Schatten"[69] führt Georges Perec in seinem Erinnerungsroman *W oder die Kindheitserinnerung* die Mehrdeutigkeit seiner Zeugenschaft und die Eindrücklichkeit und eigentümliche Präsenz des zu Bezeugenden zusammen. Diese Metapher macht deutlich, dass die Erinnerungsgegenstände, um die es den Zeugen der zweiten Generation geht, in einem subtileren Bereich als dem der Fakten, Dokumente oder Gebäude aufzusuchen sind. Es handelt sich um zwischenmenschliche Erfahrungen, welche Abschattungen gleichen und nur vage Spuren in den Identitäten der Beteiligten hinterlassen.[70] Diesen Umstand markiert Lustiger in ihrem Roman durch eine

---

61 Lustiger, So sind wir, S. 17.
62 Lustiger, So sind wir, S. 18.
63 Lustiger, So sind wir, S. 19.
64 Lustiger, So sind wir, S. 19.
65 Lustiger, So sind wir, S. 19.
66 Lustiger, So sind wir, S. 19.
67 Vgl. Foucault, Michel: Die Heterotopien/Der utopische Körper. Zwei Radiovorträge, zweisprachige Ausgabe, übersetzt von Michael Bischoff. Mit einem Nachwort von Daniel Defert. Frankfurt a. M. 2005.
68 Lustiger, So sind wir, S. 20.
69 Perec, Georges: W oder die Kindheitserinnerung. Berlin 1978, S. 52.
70 Vgl. dazu Margalith, The Ethics of Memory; sowie Kidron, Verkörperte Präsenz.

Erzählerinnenrede, die ihre eigenen Unsicherheiten ständig reflektiert. Das äußert sich darin, dass sie sich nicht davor scheut, sich selbst zu unterbrechen oder der Lüge zu bezichtigen.[71] Die durchgängig autodiegetische Erzählhaltung verstärkt den Eindruck einer imaginären Befangenheit. Die Beziehung zum Vater und anderen Familienmitgliedern wird konsequent aus Gilas Perspektive erzählt. Es wird auf diese Weise sichtbar, dass Vater und Tochter innerhalb eines Familiensystems agieren, das durch seine eigenen Rituale, Konstellationen, Konfliktlinien und Geschichten konstituiert wird. Der Familienroman *So sind wir* beinhaltet weniger einen dokumentarischen Bericht der Tochter. Vielmehr birgt er die Erzählung eines Beziehungsgeflechts, wie es rückblickend erscheint. Nicht nur das Bedeutete, auch die Modi der Konstruktion von Bedeutung werden auf diese Weise in den Focus des Romans gerückt. Wenn die Erzählstimme sich schließlich selbst antwortet, dass der „stumme Mund"[72] des Vaters sie aufforderte, „mit der Fliege, mit den Bäumen und dem Herbsttag"[73] zu spielen, dann wird deutlich, dass Vater und Tochter in *So sind wir* als stabile Positionen innerhalb eines dynamischen Geflechts angelegt sind. Dieses Beziehungsgeflecht ist zwar imaginiert, gleichwohl entfaltet es reale Wirkungen.

Die Narration dieser Episode kennzeichnet auffallende Ausweichbewegungen, deren Struktur Rückschlüsse auf die Weise der widerständigen Aneignung von Zeugenschaft in *So sind wir* ermöglicht. Zunächst einmal erreichen die Leser/-innen die Episode, in welcher der Vater in Form von Zitaten aus der Veröffentlichung: „*Als der Krieg zu Ende war ...*" – *Erinnerungen an den 8. Mai 1945* selbst zu Wort kommt, erst auf Seite 54 des Romans. Die Erzählstimme führt den Bericht des Vaters mit der Bemerkung ein, dass sie diesen in einem Buch gefunden hat, das sie erst im Alter von 32 Jahren zufällig in einer Pariser Buchhandlung entdeckt hat. Auch der Titel des Buches, in welchem der Vater über seinen „Leidensweg"[74] berichtet, wird nicht genannt. Die Erzählstimme verrät lediglich: „Ich habe damals [1995, Anm. d. Verf.] ganz zufällig zum Buch gegriffen, denn es interessierte mich a priori nicht, was prominente Zeitgenossen zum Thema 8. Mai 1945 zu sagen haben, dachte ich jedenfalls."[75] Anschließend beginnt sie:

---

71 Vgl. dazu auch Mona Körtes These, dass die Familienromane der deutsch-jüdischen Literatur der zweiten Generation diesen überschreiten, insofern sie ihm, „den Rücken [kehren], noch bevor er wieder zu vollen Ehren gelangt ist". Körte, Mona: Die Toten am Tisch. „Familienromane" nach dem Holocaust. In: Zeitschrift für deutsche Philologie 127 (2008), H. 4, S. 573–594.
72 Lustiger, So sind wir, S. 20.
73 Lustiger, So sind wir, S. 20.
74 Lustiger, So sind wir, S. 54.
75 Lustiger, So sind wir, S. 54.

„Ich las", um mit drei Auslassungszeichen einen Moment des Nachdenkens oder auch der Unentschiedenheit zu markieren. Die Ellipse: „Nein, nicht so schnell"[76] beendet ihre Lesetätigkeit bereits wieder. Es folgt der analeptische Rückgriff auf die Gefühle der Erzählstimme. Gila berichtet, wie sie in der Buchhandlung stehend, Zorn darüber empfand, dass der Vater ihr diesen Beitrag vorenthalten hatte. Zeitgleich plauderte sie mit ihrem Sohn, während ihren eigenen Worten zufolge, das „Scheusal inneres Stimmchen"[77] in ihr „rumorte und zeterte [...]: Los du feiges Aas! Du musst durch den Lebensbericht des Vaters gehen. Du wolltest es doch schon immer wissen. Nun kannst du es."[78] Während sie liest, erfährt der Leser nichts über den Inhalt des Gelesenen, sondern darüber, was sie während des Lesens fühlte: „Während ich las, beruhigte ich mich."[79] Diese Erklärung reicht der Erzählstimme jedoch nicht aus. Es folgt ein Stakkato der Frage: „Und dann?". Insgesamt sechs Mal innerhalb von elf Zeilen richtet sich diese Frage an die erinnernde Erzählstimme. Erst dann verschafft sie sich mit einer Episode über das Gefühl der Geistesgestörtheit ihrer Umgebung eine Atempause. Diese Atempause ist aber nur vordergründig eine Pause.[80] Sie gerät vielmehr zu einem Schauraum der Imagination und mündet in einer intensiven Ausweichbewegung. Die Intensität erinnert an das Moment des „Freeze", das Michaela Huber im Zusammenhang mit den Dissoziationsvorgängen bei Traumatisierung beschreibt.[81] Die Erzählstimme sagt:

> Und dann? Und dann drang Realität ein und zwar so: Alle kamen mir geistesgestört vor. Die zwei deutschen Studentinnen, die einen Langenscheidt suchten und auf ihrer Reise durch Wörterbuchland über irgendeine Party redeten und über einen Pierre oder Paul, der eine Claire oder Claude im Gästeklo gevögelt hatte – gevögelt? Ja, das war das Wort, und man konnte sich weiß Gott nichts dabei vorstellen, weder Amsel, Drossel, Fink und Star noch ein kopulierendes Paar: verrückt. Die Buchhändlerin im hellen Rollpulli, die mit zwei Zeigefingern im Gesicht herumstocherte, mit sanftem Augenaufschlag, so als berühre sie ein kleines Hündchen und nicht eine Pustel, die da entzündet und fettrot auf dem Kinn hockt: verrückt. Die vier Fußgänger, die lachend mitten auf der Straße stehen geblieben waren. Vielleicht standen sie ja schon ewig da, eine glucksende, eine kollernde, eine lautlose und

---

76 Lustiger, So sind wir, S. 54.
77 Lustiger, So sind wir, S. 55.
78 Lustiger, So sind wir, S. 55.
79 Lustiger, So sind wir, S. 55.
80 Vgl. Genette, Die Erzählung, S. 54.
81 „Wenn aber alles nichts hilft – no Fight, no Flight – dann bleibt dem Gehirn nichts anderes übrig, um der äußersten Bedrohung, nämlich der Auflösung des Selbst zu entkommen, als *Freeze* und *Fragment* [...]. Und vom Moment der Freeze-Reaktion an ist klar: Jetzt findet für den Menschen das Ereignis als Trauma statt." In: Huber, Michaela: Trauma und die Folgen. Trauma und Traumabehandlung, Teil 1. Paderborn 2003.

eine tränenfeuchte Schnauze auf Kommando fröhlich: verrückt. Sogar der Himmel, der sich müde und welk behauptete, schien verrückt geworden zu sein.[82]

Die Erzählstimme schildert an dieser Stelle die äußere Realität als einen schrillen Fremdkörper, der in ihre psychische Realität eindringt.[83] Das Gefühl des Eindringens korrespondiert erzählerisch mit der Darstellung einer psychischen Ausweichbewegung. Die Fixierung beliebig ausgewählter Sinneseindrücke zeichnet die problematische Integration des traumatischen Materials nach. Erzählerisch nutzt die Autorin hier das Mittel der unmittelbaren Ansprache, um den geistesabwesenden Zustand der Erzählerin aufzuheben. „‚Gila', sagte mein Sohn und augenblicklich versöhnte ich mich mit dieser lärmenden, gewöhnlichen und ahnungslosen Realität."[84] Der Wunsch des Sohnes nach einem Eis leitet den Wechsel des Ortes ein – von der Buchhandlung in ein Bistro – und gibt der Szene einen zeitlichen Rahmen. Solange sich der Sohn „wacker durch drei Kugeln synthetischgrünes Pistazieneis"[85] schlingt, zu welchen er später noch Pommes mit Ketchup nimmt, arbeitet sich die Erzählerin, nicht ohne eine letzte Ablenkung, die im Blick auf den Nachbarn am Tisch nebenan besteht – „Speck in dunkelblauem Polyester vor Speck in brauner Soße"[86] – Satz für Satz durch den Bericht des Vaters. Sie liest: „Alles wieder von vorn. Erster Satz: ‚Im Januar 1945 war ich Häftling Nr. A-5592 im KZ Blechhammer in Schlesien, einem Nebenlager von Auschwitz.' Zweiter Satz. Dritter Satz. Vierter Satz. Fünfter Satz. Sechster Satz."[87] Hier findet eine Verdoppelung des Textes statt. Während die Erzählerin die Einleitung liest, werden die Leser/-innen Zeugen des Zählens der Sätze und des einsetzenden Zitterns. Dieses befällt die Erzählstimme, als sie an die Stelle des wiedergegebenen siebten Satzes des väterlichen Berichtes kommt: „Wer nicht arbeiten konnte, wurde ins Hauptlager Auschwitz gebracht und dort vergast, wie mein Vater, den ich um zwei Wochen verpasste, als ich im KZ Blechhammer eintraf."[88] Die fragmentarische Wiedergabe schafft erzählerische Lücken, in welche die Erzählerin Darstellungen ihrer äußeren und psychischen Realität

---

82 Lustiger, So sind wir, S. 55.
83 Zur Abgrenzung von äußerer und psychischer Realität, vgl. Brainin, Elisabeth [u. a.]: Pathologie mehrerer Generationen oder Pathologie der Wirklichkeit? In: Grünberg, Kurt/Straub, Jürgen (Hrsg.): Unverlierbare Zeit. Psychosoziale Spätfolgen des Nationalsozialismus bei Nachkommen von Opfern und Tätern. Sigmund-Freud-Institut. Psychoanalytische Beiträge, Bd. 6. Tübingen 2001, S. 151–180.
84 Lustiger, So sind wir, S. 56.
85 Lustiger, So sind wir, S. 57.
86 Lustiger, So sind wir, S. 57.
87 Lustiger, So sind wir, S. 57.
88 Lustiger, So sind wir, S. 57.

montiert. Dieses Verfahren ermöglicht es, das Gelesene als heterodiegetische Realität in die Diegese zu integrieren. Statt der Situation eines traumatischen Erliegens bahnt sich eine mögliche Vermittlung zwischen den unterschiedlichen Bezugssystemen – Bistro und Lager – an. Dennoch bleibt die Dissonanz bestehen, was sich in der Bemerkung, „wieder wurde der Alltag ein schlechter Film",[89] ausdrückt und in der Gestaltung der Szene mit sich teils unvermittelt überlagernden Erzählräumen widerspiegelt.

Lustiger stellt die Aufdeckungsszene einerseits als eine aus der Zeit fallende, anachronistische Situation dar. Andererseits überführt sie diese in die erzählerische Form des zeitlichen Fortschreitens. Der Anachronismus der Situation wird auf der Erzählebene als nicht lösbares Problem reflektiert: „In diesem Zustand der Verwirrung durchkreuzten sich Vergangenheit und Gegenwart, verhedderten sich zu einem Knoten, den zu lösen ich nicht imstande war."[90] Die erzählerische Darstellung dieser Verknotung schließt an den Modus der Montage äußerer und innerer Realität an. Einzelne Sequenzen des von der Erzählstimme gelesenen Textes werden syntagmatisch vervielfacht und somit das Gefühl der Aufsprengung der normalen Lebenswelt erzählerisch nachvollzogen. Das Geschehen wird dabei abwechselnd dokumentarisch und dann wieder mit den Assoziationen der Erzählerin versetzt, dargestellt. Zwar zitiert Gila des Vaters Bericht: „‚nach einer Woche als Häftling Nr. 124880 im berüchtigten Kleinen Lager wurde ich mit der Bahn ins KZ Langenstein im Harz verbracht'."[91] Seine Schilderung über die viertägige Reise in einem offenen Waggon von Dresden über Jena nach Weimar, ohne Transportverpflegung, lässt sie jedoch aus. Stattdessen fügt sie die im Bericht angegebene, im KZ Langenstein praktizierte Parole „Verschrottung durch Arbeit"[92] an. Darauf folgt die Fokalisierung der psychischen Realität in Gestalt eines Freudianischen Über-ich: „Nichts mehr davon! Kehre zurück ins Bistro",[93] um von der Dokumentation der äußeren Realität abgelöst zu werden: „Der Kellner lachte mit einem Stammgast."[94] Doch noch im selben Moment schlägt der dokumentarische Modus in den fantastischen Modus um: „Der Kellner beugte sich vor und flüsterte dem Stammgast etwas ins Ohr, und die Metallbrille des Stammgastes machte ein paar diskrete Glückslaute vor Vergnügen."[95]

---

[89] Lustiger, So sind wir, S. 57.
[90] Lustiger, So sind wir, S. 58.
[91] Lustiger, So sind wir, S. 59.
[92] Lustiger, So sind wir, S. 59.
[93] Lustiger, So sind wir, S. 59.
[94] Lustiger, So sind wir, S. 59.
[95] Lustiger, So sind wir, S. 59.

Es folgt mit dem Beginn eines neuen Absatzes nur vordergründig eine andere Sequenz des Geschehens um die Erzählerin: „Am Nebentisch saß ein junges Paar über eine Plastikspeisekarte gebeugt."[96] Mit dieser beiläufig eingefügten Bemerkung entfaltet sich das Paradigma des „über etwas Beugens" und eröffnet und rahmt zugleich die nachfolgende anachronistische und heterotopische Situation, welche das Bezugssystem der Erzählerin erneut erschüttert. Während diese sich über ihre Kindheit und die Kindheit ihres Vaters „beugt"[97] – und damit auch über die Folgen der menschenverachtenden Handlungen der Nationalsozialisten, „beugt"[98] sich der Kellner für einen Witz vor, und das junge Paar sitzt „über eine Plastikspeisekarte gebeugt".[99] Nationalsozialistische Verfolgung, Folter und Mord werden insofern syntagmatisch mit „Witz" und „Plastikspeisekarte" verbunden. Diese parallelisierende Kopplung bricht sich aber an der semantischen Unverhältnismäßigkeit und stellt damit katachrestisch die Unvereinbarkeit der verschiedenen Realitäten heraus. In das Gewirr der Stimmen, des Vaters, des Kellners, des jungen Paares und des Sohnes mischen sich verschiedene Sprachen: Deutsch, Englisch und Französisch zu einem wie mit einem Blitzlicht erhellten absurden Standbild. Die Erzählung über den mörderischen Hunger des KZ-inhaftierten Vaters: „Schon in der zweiten Nacht wurde mir meine Brotration, die ich in einem Beutel verpackt, als Kissen benutzte, gestohlen. Damit war ich eigentlich zum Tode verurteilt, denn das war meine einzige Verpflegung während des [12-tägigen, Anm. d. Verf.] Marsches",[100] trifft unvermittelt auf die Nachfrage der Erzählerin: „Schmeckt es?".[101] Die Unterhaltung des Paares: „Do you like hamburger sur le cheval? [...] What is a hamburger sur le cheval? Horsemeat? [...] No, it's a hamburger with ... How do you say, oeuf sur les plats?",[102] wird mit dem Bericht des Vaters: „Einmal bekam ich Durchfall und war so schwach, dass ich mit letzter Kraft den Stollen erreichte"[103] kontrastiert. Und während Gila noch den Bericht des Vaters über seine Rettung durch einen arbeitsfreien Tag in einer Werkzeugkiste liest, formiert sich in ihrem Sohn der Wunsch nach einem Spiel mit dem Flipperautomaten.[104]

---

96 Lustiger, So sind wir, S. 59.
97 So rahmt die Erzählerin ihre gesamte Geschichte wie folgt: „Hast dich über andere gebeugt. Warum also nicht über dich?" Siehe Lustiger, So sind wir, S. 7.
98 Lustiger, So sind wir, S. 59.
99 Lustiger, So sind wir, S. 59.
100 Lustiger, So sind wir, S. 59.
101 Lustiger, So sind wir, S. 59.
102 Lustiger, So sind wir, S. 59f.
103 Lustiger, So sind wir, S. 60.
104 Lustiger, So sind wir, S. 60.

Selbst in dieser Aufdeckungsszene, die vordergründig den direktesten Bezug des Romans auf das Zeugnis des Vaters darstellt, bietet die Erzählstimme keinen unverstellten Blick auf das traumatische Geschehen. Zwar zitiert sie einzelne Sätze des väterlichen Berichts, gleichzeitig wirft sie mit ihren flankierenden Kommentaren subjektive Schatten auf das Zitierte. So verknotet sich das traumatische Geschehen mit den verschiedenen Zeugnissen des Vaters und der Tochter. Erzählerisch bildet sich das Verknoten durch die Kontextualisierung des väterlichen Berichtes erst heraus. Dabei spielt die Ebene der Narration eine entscheidende Rolle. Neben dem Syntagma des „Beugens" und der narrativen Reflexion auf die Verknotung der verschiedenen Erinnerungen, spielt die katachrestische Zusammenführung unterschiedlicher Realitäten in Form der Bezugssysteme des Bistros und des Lagers eine entscheidende Rolle. Einerseits bleibt das traumatische Geschehen so immer versteckt, andererseits wird deutlich, in welchen Weisen es weiterwirkt. Was wie ein Ausweichmanöver wirkt, ist gerade die Weise des Weiterwirkens selbst. Das traumatische Geschehen zeigt sich also, wenn auch in der Form der Katachrese; des Bruchs. Es zeigt sich hier, dass die Zeugnisse der zweiten Generation eine „Klammer zwischen dem Ort einer Katastrophe und dem Ort der entfernten Ahnungslosen"[105] bilden.

Intertextuelle Verflechtung als literarische Strategie diskursiven Widerstands

In einer Rezension zur Autobiografie Arno Lustigers: *Sing mit Schmerz und Zorn: Ein Leben für den Widerstand* (2004) auf dem internationalen digitalen Bücherportal amazon.de heißt es unter anderem: „Also, er (der Autor) ist fast ein Ausbund an Genauigkeit und Schnelligkeit – das kennen manche wohl schon aus dem Buch seiner Tochter Gila, die ihn so beschreibt, nämlich viele Zeitungen lesend und alles Wichtige wahrscheinlich sammelnd".[106] Die fiktive Darstellung der Figur des Vaters aus dem Roman *So sind wir* wird hier unvermittelt als historisches Dokument herangezogen. Der Rezensent bezieht sich auf dessen Beschreibung, um das Bild des KZ-Überlebenden, Damentrikotagen-Fabrikanten und Historikers Arno Lustiger mit persönlichen Details auszumalen. Sicher gibt diese unbotmäßige Verwischung von Fiktion und Realität Anlass zu literaturwissenschaftlicher

---

[105] Assmann, Der lange Schatten, S. 86.
[106] Rezension von Klaus Grunenberg: „Lebensbericht mit historischem Hintergrund", http://www.amazon.de/Sing-mit-Schmerz-Zorn-Widerstand/dp/3351025793 (20. 2. 2013).

Kritik. Gleichwohl bildet der grenzüberschreitende Fauxpas ein exzellentes Beispiel für den Vorgang der gegenseitigen Durchdringung der verschiedenen Bezugssysteme. Der Stoff des kollektiven Gedächtnisses besteht aus mehreren Fäden, wobei auch die Knäuel, denen sie entspringen, nicht genau zwischen Realität und Fiktion getrennt sind. Damit ist nicht gleich gesagt, dass die Inhalte des kollektiven Gedächtnisses fiktional sind. Eher soll diese Feststellung auf den Vorgang einer nicht zurück zu verfolgenden Durchdringung verschiedener Weisen des Wahrnehmens hinweisen. Reale Gedächtnisinhalte können auf diese Weise durch Deutungsmuster strukturiert werden, die der Fiktion entnommen sind – wobei natürlich auch fiktionale Inhalte den Deutungsmustern der Realität entspringen.[107] Was nun aber für die Historiker/-innen im besten Fall eine ärgerliche Angelegenheit ist, stellt für die Literaturwissenschaftler/-innen gerade die Schatzkiste dar, in der sie nach interessanten Funden suchen.[108] Der Roman *So sind wir* ist nicht deshalb interessant, weil er sich der Durchdringung von Realität und Fiktion ebenso wenig entziehen kann, wie alle anderen Texte seines Genres. Vielmehr zeichnet ihn aus, dass er die intertextuelle Verflochtenheit zwischen unterschiedlichen Kontexten entnommenen Figuren und Deutungsmustern narrativ zum Einsatz bringt.[109] In wechselnden erzählerischen Settings tauchen immer wieder Texte auf, die miteinander harmonisiert, kontrastiert oder katachrestisch ineinander gefügt werden. Diese narrative Darstellungsweise verdeutlicht, dass eine einwandfreie Darstellung (wie auch immer diese aussehen könnte) in den Modi des legitimen Zeugens die Erfahrung des wiedergebenden Subjekts nicht einlöst. Der Roman *So sind wir* thematisiert die Mechanismen, mit deren Hilfe sich Ereignisse, Gefühle, aber eben auch Wortloses[110] und Traumatisches innerhalb der Familie als Teil des Zeugnisses weitergegeben werden. Er weist auf damit auf die besondere Rolle der Vorstellung und des Imaginären hin und problematisiert zugleich die Auffassung einer Form der Zeugenschaft,

---

107 Zu den ethischen Implikationen dieses Verhältnisses vgl. Bendien, Elena: Remembering (in) the past perfect: Ethical shifts in times. In: Memory Studies, Oktober 2012, Bd. 5,4, S. 445–461.
108 Vgl. dazu Lyotard, Jean-Francois: Der Widerstreit. München 1989.
109 Beispielsweise findet sich in *So sind wir* folgende Diskussion der Zuverlässigkeit von Zeugnissen: „Aber was ist das schon, ein zuverlässiges Zeugnis?, wollte ich wissen und fügte hinzu, selbst in der offiziellen Geschichtsschreibung seien Wahrheit und Lüge vermischt, denn man könne dem sauberen, dokumentierten, dem roten Faden der Geschichte immer auch ein paar heimliche, schmutzige , ein paar schwarze Fäden hinzufügen, schwarz und rot seien jedoch derart miteinander verknotet, dass Generationen sich die Zeit damit vertreiben würden, sie zu entwirren?" Siehe Lustiger, So sind wir, S. 229.
110 Vgl. Lustiger, So sind wir, S. 48.

die von einem „reinen" Augenzeugen ausgeht.[111] Ohne Frage unterscheidet sich das Lesen des väterlichen Zeitzeugenberichts von „der unmittelbar sinnliche[n] Wahrnehmung am Schauplatz der Gewalt"[112] vollkommen. Andererseits ermöglicht es die dokumentierende Darstellung in *So sind wir* den Leser/-innen, die Abweichungen zwischen ihrer eigenen und der Perspektive der Erzählstimme wahrzunehmen. Denn Gilas Erleben beruht nicht nur auf den Zeilen des Vaters über das Überleben in einer Werkzeugkiste und die ständige Angst vor dem Tod. Vor allem gründet es auf der Eigentümlichkeit ihrer Beziehung zu ihrem Vater: auf dem Erzähltem und dem Ausgelassenem, auf dem Erlebten und dem Vorgestellten. Ihre Existenz konstituiert sich zu einem großen Teil auf der Grundlage ihrer familiären Funktion als Zeugin für die verdrängten Gefühle des Vaters. Die strukturalistische „Differenz zwischen der Primärerfahrung der wirklich Betroffenen und der hinterher aufzuarbeitenden Sekundärerfahrung der Heutigen"[113] erweist sich vor diesem Hintergrund also als zu starr.[114] Der Roman *So sind wir* macht deutlich, dass die Zeugenschaft der zweiten Generation mit Bezug auf die imaginären Beziehungen innerhalb der Familie hervorgebracht wird. Daraus lässt sich ableiten, dass die Nachgeborenen unwillkürlich Teil traumatischer Bezugnahmen sind und daher ihre Formen des Zeugnisses ein offeneres Konzept der Zeugenschaft benötigen.[115] Ein solches muss die Subjekte als verflochten mit den Bedingungen ihres Sprechens anerkennen. Der Roman *So sind wir* fordert ein legitimes Sprechen für diese Formen des Zeugnisses ein. Die Zeugenden kommen in *So sind wir* nicht allein zu Wort, sondern ihre Aussagen sind in andere Texte, Geschichten und Erinnerungen montiert. Klappert weist darauf hin, dass „Darstellungen der Shoah [...] dadurch unterscheidbar [sind], wie sie mit dem Politikum der Repräsentation und mit der Verantwortung umgehen, die sie im gesellschaftlichen Kontext als Medien der Erinnerung haben."[116] Schon zu Beginn

---

111 Vgl. dazu auch: Kertész, Imre/MacKay, John: Who Owns Auschwitz? In: Yale Journal of Criticism 14/1 (2001), S. 267–272.
112 Assmann, Grundtypen der Zeugenschaft, S. 35.
113 Vgl. Kosellek, Reinhart: Formen und Traditionen des negativen Gedächtnisses. In: Ders.: Vom Sinn und Unsinn der Geschichte, Aufsätze und Vorträge aus vier Jahrzehnten, hrsg. v. Carsten Dutt. Berlin 2010, S. 241–253.
114 Kosellek, Formen und Traditionen, S. 246; vgl. auch Grünberg, Kurt: Trauma-Tradierung, Überlebende der Shoah und ihre Nachkommen in der Bundesrepublik Deutschland. In: Tagungsband NS-Täter aus interdisziplinärer Perspektive. München 2006, S. 25–42.
115 Vgl. Friedländer, Saul: Trauma, Memory and Transference. In Hartman, Geoffrey (Hrsg.): Holocaust Remembrance. The Shapes of Memory. Oxford/Cambridge (MA) 1994, S. 252–263.
116 Klappert, Annina: Comic und Kulturpolitik. Der Hitler-Comic als Hitler-Denkmal. In: Düwell, Susanne/Schmidt, Matthias (Hrsg.): Narrative der Shoah. Repräsentationen der Vergangenheit in Historiographie, Kunst und Politik. Paderborn 2002, S. 143–167, hier S. 167.

des Romans heißt es: „Doch nicht um Zeitungswörter geht es hier, sondern um Zeitungen, eher um meinen zeitungslesenden Vater"[117], und an einer anderen Textstelle bezeichnet die Erzählstimme den vorliegenden Roman gar als „Fußnoten zur Familie".[118] Beide Male stellt die Erzählstimme den inter- bzw. paratextuelle Charakter des Dargestellten explizit heraus: Was wir in *So sind wir* lesen, ist in Form einer Trope gewendet als ein Beiwerk zum Haupttext des Vaters zu verstehen, als eine ergänzende Perspektive auf das Geschehen.[119] Die Funktion der Ergänzung mindert jedoch keinesfalls ihren Wert für das Zeugnis. Die Form der Beziehungen, welche in *So sind wir* zwischen der Erzählung (histoire) und dem Zeugnis des Vaters Text narrativ hergestellt werden, verdeutlicht einerseits die Spezifik des Weiterwirkens der Shoah in Form von „Postmemory"-Gedächtnissen und ist damit gleichzeitig eine diskursive Intervention auf der Ebene der analytischen Form der Zeugenschaft. Wenn die Erzählstimme bereits zu Beginn des Romans auf die verwickelte Intertextualität des Romans hinweist und dies ein immer wiederkehrendes Motiv desselben ist, gleichzeitig aber vom Willen zur Zeugenschaft angetrieben wird, dann übt dies unweigerlich auch Effekte auf der Ebene der Konstruktion von Zeugenschaft aus. Erstens wird das Zeugnis als eine Textform, die gewissen Regeln und Normen des Sagbaren unterliegt, kenntlich, des Weiteren wird deutlich, dass Zeugenschaft nicht losgelöst von den Kontexten und Normen, mit denen sie in Beziehung steht oder gebracht wird, gedacht werden kann. Da sich die legitime Aussage an der Norm orientiert, aber nicht die Norm selbst ist, kommt dem literarischen Text kraft seiner Performanz die Möglichkeit zu, die Norm zu verändern.[120] Lustigers Roman *So sind wir* zeichnet sich dadurch aus, dass er diese Verantwortung nicht nur annimmt, sondern produktiv als Praxis des diskursiven Widerstands einsetzt, um neue Blickweisen auf die Spezifika des Zeugnisses der zweiten Generation zu initiieren.

---

117 Lustiger, So sind wir, S. 9.
118 Lustiger, So sind wir, S. 163.
119 Vgl. Genette, Gerard: Paratexte. Das Buch vom Beiwerk des Buches. Frankfurt a. M. 2001.
120 Vgl. Butler, Hass spricht, S. 223.

Bertram Nickolay, Morgan Nickolay

„Nejn, mir woln nit kejnmol sajn letzte mohikaner"

Jüdische Partisanenlieder

Jiddische Lieder als Ausdruck der Identität

Der jüdische Widerstand in den Jahren des Zweiten Weltkrieges hinterließ in der Kunst viele Spuren. Vor allem spielte die Musik als Medium des Widerstandes eine große Rolle. In ihr konnten verschiedenste Stimmungen wie Trauer, Sehnsucht oder Mut ausgedrückt werden und sie diente auch der Aufrechterhaltung des Selbstwertgefühls. Doch unabhängig von der Stimmung, beinhalten alle Lieder eines: Identität. Schon allein durch die gesungene Sprache Jiddisch grenzte man sich ab und stand automatisch im Widerstand. „Das Lied als solches war eine der größten Ermutigungen und Unterstützungen für den Menschen und sein Denken. Es leistete einen gewaltigen Beitrag, um weiterhin wie ein Mensch leben zu können", so beschreibt Sima Skotkowicz, eine Überlebende des Holocausts aus Wilna, was Lieder für alle Menschen unter den entwürdigenden Lebensbedingungen der Ghettorealität im Nationalsozialismus bedeuteten.[1] Daher entstand in den Ghettos und Lagern eine Vielzahl von Liedern, die für die Nachwelt Zeugnis ablegen, was die Jüdinnen und Juden fühlten und hofften.

Je verzweifelter die Situation in den Ghettos wurde, umso mehr wurden Lieder für die Theater- und Kabarettrevuen geschrieben, um eine widerständige Haltung zum Ausdruck zu bringen, zunächst in verschlüsselter, dann in offener Form. Dies ist sehr schön in folgendem Lied zu erkennen:

---

[1] Vgl. Freund, Florian/Ruttner, Franz/Safrian, Hans (Hrsg.): Ess firt kejn weg zurik ... – Geschichte und Lieder des Ghettos von Wilna 1941–1943. Wien 1992.

Anmerkung: Zitat aus dem Lied: Yid, du partizaner von Schmerke Kaczerginski.

Mir lebn ejbik

(Text: Lejb Rosental, Musik: unbekannt)

> Mir lebn ejbik, ess brent a welt,
> mir lebn ejbik on a groschn gelt,
> un ojf zepukenisch di ale ssonim
> woss wiln unds farschwarzn undser ponim:
> Mir lebn ejbik, mir sajnen do,
> mir lebn ejbik in jeder scho,
> mir weln lebn un derlebn,
> schlechte zajtn ariberlebn.
> Mir lebn ejbik, mir sajnen do!²

Wir leben ewig

(Übersetzung: Gabi Bollinger-Erb)

> Wir leben ewig, es brennt die Welt.
> Wir leben ewig, auch ohne Geld.
> Und sind wir längst schon für die Feinde tot,
> so halten wir zusammen in der Not.
>
> Wir leben ewig, wir sind noch da!
> Wir leben ewig, trotz kleiner Schar.
> Wir wollen leben und erleben,
> schlechte Zeiten überleben!
> Wir leben ewig, wir sind noch da!³

Den Text des Liedes hat der Dichter und Dramatiker Lejb Rosental (1916–1945) für das Finale der gleichnamigen Revue, die im Wilnaer Ghetto-Theater 1943 aufgeführt wurde, geschrieben. Dass die Aufführung in Anwesenheit von Soldaten der Wehrmacht und der SS erfolgte, bezeugt den Widerstandswillen aller Beteiligten der Revue. Dieses Lied verbreitete sich sehr schnell und gehörte bald auch zum Repertoire der jüdischen Partisanen.

---

2 Freund/Ruttner/Safrian (Hrsg.), Ess firt kejn weg zurik …, S. 161.
3 ESPE: Der Mensch zum Menschen werden muss, Espe-Musik, ES5060. 1984.

Jüdische Partisanenlieder

Bei einer näheren Betrachtung jüdischer Partisanenlieder fällt auf, dass sich das jüdische – wie auch das Partisanenlied im Allgemeinen – kaum als Gattung abgrenzen lässt. Zu unterschiedlich sind die Ursprünge, zu willkürlich ist die Auswahl der Lieder. Schließlich müssen all jene Lieder als Partisanenlieder gelten, welche im Repertoire der einzelnen Partisanengruppen standen. Hierzu gehören, neben den explizit als Partisanenlied geschriebenen Stücken, auch Arbeiter-, Soldaten- oder Volkslieder, Lieder die ihren Ursprung in Russland haben, Lieder der Roten Armee, welche zu jener Zeit im Kampf gegen denselben Feind stand. Eine häufige Herangehensweise bei der Schaffung neuer Partisanenlieder war es, auf russische Lieder einen Text in jiddischer Sprache zu schreiben, zunächst als Übersetzung und später mit neuem Kontext. Dieser Prozess ähnelt der Entstehung politischer Kampflieder in den 1920er und 1930er Jahren. Der Vorteil solcher sogenannter Kontrafakturen, also Lieder, denen ein neuer Text auf eine bereits vorhandene Melodie gegeben wurde, lag darin, dass die Melodien nicht mehr neu erlernt werden mussten und somit die volle Aufmerksamkeit auf den Botschaften der Texte lag.[4] Die Wahl, verstärkt Lieder aus Russland als Quelle zu nehmen, kann damit erklärt werden, dass die Aktionsgebiete jüdischer Partisanenverbände hauptsächlich im politischen und kulturellen Einflussbereich Russlands lagen und dass man sich aus ideologischen Gründen gerne sowjetischer Arbeiter- und Massenlieder bediente.[5]

Doch zählen zu den Liedern der jüdischen Partisanen nicht nur Lieder in jiddischer Sprache, sondern auch beispielsweise Interpretationen russischer Originale, wie das Kriegslied *Semljanka*, eine Vertonung des gleichnamigen Gedichtes von Aleksej Surkov.

Im Folgenden sollen die bedeutendsten Autoren jüdischer Partisanenlieder und ihre Texte, als Teil einer Bestandsaufnahme, aufgezeigt werden. Das zu Beginn zitierte Lied *Mir lebn ejbik* stammt von:

Lejb Rosental (1916–1945)

Lejb Rosental, 1916 in Wilna geboren, wurde während seiner Zeit im Ghetto zu einem herausragenden Texter von Musik- und Theaterrevuen. Seine Lieder

---

4 Vgl. Heister, Hanns-Werner: Vorwärts und nicht vergessen. Politische Kampflieder. In: Paul, Gerhard/Schock, Ralph (Hrsg.): Sound der Zeit. Geräusche, Töne, Stimmen 1889 bis heute. Göttingen 2014, S. 157–162.
5 Vgl. Freund/Ruttner/Safrian (Hrsg.), Ess firt kejn weg zurik ..., S. 123–129.

beschreiben eindrucksvoll – auch noch für die heutigen Leser und Hörer – das tägliche Leben im Ghetto. Nach der Liquidierung des Wilnaer Ghettos wurde Lejb Rosental in das estnische KZ Klooga deportiert. Er starb im Jahr 1945.

Einer der bedeutendsten Textdichter jüdischer Partisanenlieder in jiddischer Sprache war:

Schmerke Kaczerginski (1908–1954)

Schmerke Kaczerginski wurde 1908 in Wilna geboren. 1942 gelang ihm die Flucht aus dem Ghetto von Wilna. Er schloss sich den Partisanen an, um in den weißrussischen Wäldern für die Freiheit des jüdischen Volkes zu kämpfen. Am 12. Juli 1944 konnte er mit einem Teil seiner Kampfgefährten in die geliebte Heimatstadt zurückkehren. Nach dem Krieg machte er sich einen Namen als Herausgeber von Publikationen zu Widerstandsliedern in jiddischer Sprache, wie der 1948 in New York veröffentlichten Anthologie *Lider fun di Getos un Lagern*. Im Jahre 1954 kam er bei einem Flugzeugabsturz ums Leben.

Als der russisch-jüdische Komponist Matvej Blanter 1935 das Gedicht *Partisan Schelesnjak* von Michail Golodnij über einen fiktiven Partisan, der im Kampfe gegen einen imaginären Aggressor während des russischen Bürgerkrieges fiel, vertonte, wusste er noch nicht, dass seine Melodie schon einige Jahre später die reale Geschichte des legendären Partisanen-Kommandanten Izik Witnberg untermalen würde. Izik Witnberg, Kommandant der FPO (Farejnikte Partisaner Organisazje), wurde am 16. Juli 1943 verhaftet. Nachdem er von Partisanen befreit wurde, drohte die Gestapo das Ghetto von Wilna zu zerstören. Um interne Auseinandersetzungen zwischen Ghettobewohnern und Partisanen zu verhindern und letztendlich um das Ghetto samt seiner Bewohner zu schützen, ergab sich Witnberg der Gestapo und wurde am 18. Juli 1943 hingerichtet.

Unmittelbar nach dem Tod Witnbergs schrieb Schmerke Kaczerginski das Lied zu Ehren des FPO-Kommandanten auf die vorhandene Melodie Matvej Blanters. An dieser Stelle sei angemerkt, dass Blanters Komposition stark den Melodien der sowjetischen Lieder *Pesnja o Kachovke* (1936) von Isaak Dunajevskij und *Orljonok* (1936) von Viktor Belij ähnelt. Grund hierfür ist, dass sich alle drei Komponisten einem alten jüdischen Folklore-Thema bedienten. Dieses wurde durch Schmerke Kaczerginskis Lied über Izik Witnberg wieder in einen direkten jüdischen Kontext zurückgeführt.

Izik Witnberg

(Text: Schmerke Kaczerginski, Musik: Matvej Blanter)

'Ss ligt ergez fartajet,
der fajnt wi a chaje,
der mauser er wacht in majn hant,
nor pluzim Gesstapo,
ess firt a geschmidtn
durch finzternisch dem komendant.

Di nacht hot mit blizn
doss geto zerissn,
„Gefar!" – schrajt a tojer, a want.
Chawerim getraje
fun kejtn bafrajen,
farschwindn mit dem komendant.

Di nacht is farflojgn,
der tojt far di ojgn,
doss geto ess fibert in brand.
In umru doss geto,
es drot di Gesstapo:
„Tojt, – oder dem komendant!"

Gesogt hot dan Izik –
un durch wi a bliz is –
„Ich wil nit ir solt zulib mir
darfn doss lebn
dem ssojne opgebn"
Zum tojt gejt schtolz der komandir!

Ligt wider fartajet
der fajnt wi a chaje,
wachsst wider, majn mauser, in hant,
Izt bisst mir tajer,
Saj du majn bafrajer,
saj du izter majn komendant!

Itzik Wittenberg

(Übersetzung: Thomas Soxberger)

Irgendwo liegt der Feind
wie eine Bestie verschanzt,

die Mauserpistole wacht in meiner Hand.
Doch plötzlich führt
die Gestapo in Fesseln
durch die Finsternis den Kommandant.

Die Nacht hat mit Blitzen
das Ghetto zerrissen.
„Gefahr!", schreit das Tor, schreit die Wand.
Treue Genossen
befreien ihn aus den Ketten
und verschwinden mit dem Kommandant.

Die Nacht ist verflogen,
den Tod vor Augen
fiebert das Ghetto in Brand.
Das Ghetto ist in Aufruhr,
da droht die Gestapo:
„Tod – oder den Kommandant!"

Darauf sagte Itzik –
und das schlug ein wie der Blitz –
„Ich will nicht, dass ihr
mir zuliebe euer Leben
dem Feind hingeben müsst."
Zum Tod ging stolz der Kommandant!

Wieder liegt der Feind irgendwo
wie eine Bestie verschanzt,
wieder wachst du, meine Mauser, in der Hand.
Jetzt bist du mir teuer,
sei du mein Befreier,
sei du jetzt mein Kommandant![6]

Am 21. Januar 1942 wurde die FPO gegründet. Schmerke Kaczerginski schrieb den Text der offiziellen FPO-Hymne zu der Melodie des *Einheitsfrontliedes* von Hanns Eisler und Bertolt Brecht, welches seit Mitte der 1930er-Jahre unter Freiheitskämpfern in ganz Europa bekannt war.[7]

Partisaner-marsch

(Text: Schmerke Kaczerginski, Musik: Hanns Eisler)

---

[6] Freund/Ruttner/Safrian (Hrsg.), Ess firt kejn weg zurik ..., S. 178–180.
[7] Vgl. Freund/Ruttner/Safrian (Hrsg.), Ess firt kejn weg zurik ..., S. 174.

Der weg is schwer, mir wejssn,
Der kamf nit lajcht, kejn schpil.
A partisan sajn lebn lejgt in schlacht,
farn grojssn frajhajt-zil!

– Hej F. P. O.!
– Mir sajnen do!
Mutige un drajsste zum schlacht.
Partisaner noch hajnt
gejen schlogn dem fajnt,
inem kamf far an arbeter-macht.

Ess sajnen fesst di glider,
gemusskelt in schtol un in blaj,
mir gejen blojss ojf hajnt funem geto arojss -
kedej morgn ajch zu brengen di fraj!

– Hej F. P. O.! [...]!
Bajm blut fun schwesster, brider,
mir schwern zu kemfn bis wan -
Mit Hitlerss jeder glid bapuzt wet sajn,
di wofn fun partisan.

– Hej F. P. O.! [...]

Partisanenmarsch

(Übersetzung: Thomas Soxberger)

Wir wissen, der Weg ist schwer,
der Kampf nicht leicht und kein Spiel.
Ein Partisan wirft sein Leben in die Schlacht
für das große Ziel: die Freiheit!

– Hej F. P. O.!
– Wir sind da!
Mutig und unerschrocken zur Schlacht bereit.
Die Partisanen gehen heute noch
den Feind schlagen
im Kampf für eine Arbeitermacht.

Fest sind die Glieder
mit Muskeln wie Stahl und Blei.
Wir gehen nur für heute aus dem Ghetto heraus,
um euch morgen die Freiheit zu bringen!

– Hej F. P. O.! [...]

Beim Blut der Schwestern und Brüder
schwören wir zu kämpfen, bis
mit jedem Glied von Hitler
die Waffe des Partisans geschmückt ist.

– Hej F. P. O.! [...][8]

Lejb Rosental schrieb nur ein Jahr später einen weiteren Text auf dieselbe Melodie. Sein Lied mit dem Titel *Zu ejnss, zwej, draj* thematisiert im Gegensatz zum *Partisanenmarsch* den Widerstand in der jüdischen Bevölkerung, anstatt auf die Partisanen einzugehen.

Zu ejnss, zwej, draj

(Text: Lejb Rosental)

Ess hot unds doss lebn gerufn,
doss lebn fun sunike teg.
Hot jeder in land
asoj munter geschpant
un basunder gegangen in weg.

Zu ejnss, zwej, draj,
zu ejnss, zwej, draj,
ojf arbet in weg sich gelost.
Jeder trot hot sajn klang,
jeder weg sajn gesang,
wen du wejsst wu du gejsst un farwoss.

Izt is far unds farwert trotuaren,
chotsch andere gejen dort fraj.
Un mir, tut a kuk
oifn stejnernen bruk
unter ajserne klep fun nagaj.

Zu ejnss, zwej, draj [...]

Ess hobn alte un junge
doss lebn gebojt un gehoft,

---

[8] Freund/Ruttner/Safrian (Hrsg.), Ess firt kejn weg zurik ..., S. 175–176.

bis ess hot asa schwerd
alz farwischt fun der erd
und gefirt hot men unds wi di schof.

Zu ejnss, zwej, draj [...]

Nor, bruder, an anderer ritm
wet bald zu dajn ojer dergejn.
Un di, woss far schrek
gewen erscht farschtekt,
schpanen mit unds nit alejn.

Zu ejnss, zwej, draj [...]

Zu eins, zwei, drei

(Übersetzung: Thomas Soxberger)

Es hat uns das Leben gerufen,
das Leben von sonnigen Tagen.
So ist jeder im Land
fröhlich einhergeschritten
und seinen eigenen Weg gegangen.

Zu eins, zwei, drei,
zu eins, zwei, drei,
ist man zur Arbeit aufgebrochen.
Jeder Schritt hat seinen Klang,
jeder Weg seinen Gesang,
wenn du weißt, wo du gehst wund warum.

Jetzt sind uns die Gehsteige verboten,
wenn auch andere dort frei gehen dürfen.
Und wir – seht nur her! –
gehen auf dem seinigen Pflaster
unter eisernen Knüppelschlägen.

Zu eins, zwei, drei [...]

Es haben Jung und Alt
das Leben aufgebaut und gehofft,
bis so ein Schwert
alles von der Erde fegte
und man uns wie Schafe getrieben hat.

Zu eins, zwei, drei [...]

Doch, Bruder, ein anderer Rhythmus
wird bald an dein Ohr gelangen.
Und jene, die aus Angst
bisher versteckt waren,
marschieren mit uns gemeinsam.
Zu eins, zwei, drei [...]⁹

Das folgende Lied ist ein besonderes Bespiel dafür, dass die jüdische Bevölkerung im Angesicht der Vernichtung aufgerufen wird, bewaffneten Widerstand zu leisten – also zum Partisanen zu werden.

Yid, du partizaner

(Text: Schmerke Kaczerginski)

Fun di getos tsife vent
In di velder fraye
Anshtot keytn af di hent
Kh'halt a biks a nayem
Af di oyfgabes mayn fraynt
Kusht mikh haldz un aktsl
Mitn biks bin ikh fun haynt
Fest tsunoyfgevaksn.

Veynik zenen mir in tsol,
Drayster vi milyonen
Raysen mir af barg un tol
Brikn ershalonen.
Dem fashist fartsitert vert,
Veyst nit vu fun vanen
Shturmen yidn fun unter der erd,
Yidn partizanen.

S'vot nekome hot a zin
Ven mit blut farshraybst im
Far dem heylikn bagin
Firn mir di shtraytn

---

9 Freund/Ruttner/Safrian (Hrsg.), Ess firt kejn weg zurik ..., S. 176–178.

Neyn! mir veln nit keynmol zayn
Di letste mohikaner
Brengt di nakht der zunenshayn
Der yid, der partizaner.

Yid, du partizaner

(Übersetzung: Gabi Bollinger-Erb)

Von den Gefängniswänden der Gettos
In die freien Wälder,
Statt Ketten um die Hände
Halte ich ein neues Gewehr.
Daß mir meine Aufgabe gelingt, mein Freund
Küß mir Hals und Achsel,
Mit dem Gewehr bin ich nicht erst seit heute
Fest zusammengewachsen.

Wenige sind wir,
Mutig wie Millionen,
Reißen wir auf Berg und Tal
Brücken und Heere.
Der Faschist, er soll erzittern,
Weiß er auch nicht woher –
So stürmen wir wie von unter der Erde –
Juden – Partisanen.

Das Wort „Rache" hat einen Sinn
Wenn man es mit Blut aufschreibt,
Für den heiligen Neubeginn
Kämpfen wir.
Nein, wir wollen nicht
Letzte Mohikaner sein,
So wie auf die Nacht Sonnenschein folgt,
So soll der Jude zum Partisan werden.[10]

---

10 ESPE: Sog nischt kejnmol, as du gejst dem letzn weg – Jiddische Lieder 2, LP, Espe-Musik ES5020, 1979.

Hirsch Glik (1921–1944)

Neben Schmerke Kaczerginski und Lejb Rosental gilt Hirsch Glik als ebenso signifikanter Texter jiddischer Partisanenlieder. Am 23. September 1943 wurden die Juden aus dem Ghetto von Wilna deportiert, viele Frauen und Kinder kamen nach Majdanek, die Kranken und Schwachen nach Ponar, andere in Todeslager nach Estland und Lettland. Glik starb wahrscheinlich in einem der Lager in Estland im Alter von 23 Jahren. Nach einer anderen Quelle ist er aus dem Lager ausgebrochen, als die Rote Armee im Baltikum einmarschierte und starb im Kampf gegen die deutsche Wehrmacht.

Aus Hirsch Gliks Feder stammt die offizielle Hymne der jüdischen Partisanen. *Sog nit kejnmol* entstand unter dem Einfluss des gescheiterten Aufstandes im Warschauer Ghetto, demonstriert, wie kein anderes Lied, die absolute Willenskraft eines Volkes zum Widerstand: „Es wird die Morgensonne uns das Heute vergolden, und das Gestern wird verschwinden mit dem Feind." Gleichzeitig zeigt es die auswegslose Lage, in der sich genau dieses Volk befand: „Es ist kein Lied eines Volkes in der Freiheit. Ein Volk zwischen einstürzenden Wänden hat dieses Lied gesungen [...]." Aus diesen beiden Extremen, dem Hochmut gepaart mit der Aussichtslosigkeit, entsteht ein nahezu unzerstörbarer Optimismus, der einer offiziellen Partisanenhymne durchaus gerecht wird.

Wie Schmerke Kaczerginski wählte Hirsch Glik für sein Lied eine sehr passende Melodie: Die Melodie des sowjetischen Massenliedes *To nje tutschi, grozovyje oblaka* von Dmitrij und Daniel Pokrass. Da sich das Lied bereits durch den sowjetischen Film *Sin trudovogo naroda* von 1938 einer großen Popularität erfreute, war der Grundstein gelegt, dass auch ein weiteres Mal die Töne Dmitrij und Daniel Pokrass' den neuen Text Hirsch Gliks mit großer Resonanz in die Welt begleiten würden. Und tatsächlich erfreute sich die Partisanenhymne eines Erfolgs, wie wohl kein anderes jiddisches Partisanenlied. Noch vor Ende des Zweiten Weltkrieges wurde das Lied in über ein Dutzend Sprachen übersetzt.

Sog nit kejnmol

(Text: Hirsch Glik, Musik: Dmitrij und Daniel Pokrass)

> Sog nit kejnmol, as du gejsst dem leztn weg,
> chotsch himlen blajene farschteln bloje teg,
> kumen wet noch undser ojssgebenkte scho,
> ess wet a pojk ton undser trot – mir sajnen do!

Fun grinem palmenland bis wajtn land fun schnej,
mir kumen on mit undser pajn, mit undser wej,
un wu gefaln is a schpriz fun undser Blut,
schprozn wet dort undser gwure, undser mut.

Es wet di morgensun bagildn unds dem hajnt,
un der nechtn wet farschwindn mitn fajnt.
Nor ojb farsamen wet di sun un der kajor,
wi a parol sol sajn doss lid fun dor zu dor.

Doss lid geschribn is mit blut un nit mit blaj,
'ss is kejn lid fun a fojgl ojf der fraj,
doss hot a folk zwischn falndike went
doss lid gesungen mit naganess in di hent.

To sog nit kejnmol, as du gejsst dem leztn weg,
chotsch himlen blajene farschteln bloje teg.
Kumen wet noch undser ojssgebenkte scho, –
ess wet a pojk ton undser trot - mir sajnen do!

Sage niemals

(Übersetzung: Thomas Soxberger)

Sage niemals, dass du den letzten Weg gehst,
wenn auch bleierner Himmel den blauen Tag verdeckt.
Unsere ersehnte Stunde wird noch kommen,
unser Schritt wird dröhnen – Wir sind da!

Vom grünen Palmenland bis zum fernen Land des Schnees
kommen wir mit unserem Leid und unserem Schmerz.
Und wo ein Tropfen von unserem Blut geflossen ist,
wird unser Heldentum und unser Mut sprießen.

Es wird die Morgensonne uns das Heute vergolden,
und das Gestern wird verschwinden mit dem Feind.
Selbst wenn die Sonne und das Morgenrot säumen,
so soll dieses Lied wie eine Parole von Geschlecht zu Geschlecht sein.

Das Lied wurde mit Blut und nicht mit Blei geschrieben.
Es ist kein Lied eines Volkes in der Freiheit.
Ein Volk zwischen einstürzenden Wänden
hat dieses Lied gesungen – mit Pistolen in den Händen.

Drum sage niemals, dass du den letzten Weg gehst,
wenn auch bleierner Himmel den blauen Tag verdeckt.
Unsere ersehnte Stunde wird noch kommen,
unser Schritt wird dröhnen – Wir sind da![11]

Ein weiteres Lied von Hirsch Glik gehört zu den bekanntesten Partisanenliedern überhaupt. Das Lied *Schtil, di nacht is ojssgeschternt* ist der jüdischen Partisanin Witke Kempner gewidmet. Es erzählt die Geschichte des erfolgreichen Sabotageaktes auf einen deutschen Militärkonvoi im Mai 1942 bei Novo-Vileyka in Litauen, an der die Partisanin beteiligt war. Die Melodie stammt von einem russischen Volkslied.

Schtil, di nacht is ojssgeschternt

(Text: Hirsch Glik, Musik: Unbekannt)

Schtil, di nacht is ojssgeschternt,
un der frosst – er hot gebrent.
Zi gedenksstu wi ich hob dich gelernt
haltn a schpajer in di hent?

A mojd, a pelzl un a beret,
un halt in hant fesst a nagan,
a mojd mit a sametenem ponim,
hit op dem ssojness karawan.

Gezilt, geschossn un getrofn
Hot ir klejninker pisstojl,
an ojto a fulinkn mit wofn
farhaltn hot si mit ejn kojl!

Fartog fun wald arojssgekrochn,
mit schnej-girlandn ojf di hor,
gemutikt fun klejninkn nizochn
far undser najem, frajen dor!

---

[11] Freund/Ruttner/Safrian (Hrsg.), Ess firt kejn weg zurik ..., S. 183–184.

Still, die Nacht ist sternenklar

(Übersetzung: Thomas Soxberger)

> Still, die Nacht ist sternenklar
> und der Frost - er hat gebrannt.
> Erinnerst du dich, wie ich dich lehrte,
> eine Pistole in der Hand zu halten?
>
> Ein Mädchen, ein Pelz und ein Barett,
> und in der Hand hielt es fest eine Waffe,
> ein Mädchen mit samtenem Gesicht
> hat den Zug der Feinde aufgehalten.
>
> Gezielt, geschossen und getroffen
> hat ihre kleine Pistole.
> Ein Auto, voll mit Waffen,
> hat sie mit einer Kugel zum Stehen gebracht.
>
> Am nächsten Tag kam sie vom Wald herausgekrochen,
> mit Schneegirlanden auf den Haaren,
> ermutigt von diesem kleinen Sieg
> für unsere neue, freie Generation.[12]

Bedeutung der jüdischen Partisanenlieder

Die Partisanenlieder in jiddischer Sprache verbreiteten sich schon während des Krieges rasch in allen Teilen des von den Nationalsozialisten besetzen Europas. So wurde das Lied *Sog nit kejnmal* in eine Reihe anderer Sprachen übersetzt und wurde zu einer Art Hymne der Überlebenden des Holocaust.[13] Nach dem Krieg gehörte das Lied zum Repertoire der Kibbuzim in Israel. Das Lied *Schtil, di nacht is ojssgeschternt* gehörte in den 1960er Jahren zum Repertoire der Liedermacher der Bürgerrechtsbewegung in den USA und der Folk- bzw. Politsangbewegung in Europa. In der jiddischen Lied-Anthologie *Sol Sajn*[14] ist dies anhand

---

12 Freund/Ruttner/Safrian (Hrsg.), Ess firt kejn weg zurik ..., S. 181–182.
13 Vgl. Heroes and Poets: Giboyrim un Poetn, Memorial Concert of the Warsaw Ghetto Uprising 1943, Shura Lipovsky, Zalmen Mlotek, Jeff Warschauer. Extraplatte/Büchergilde 2004.
14 Vgl. Bern, Alan/Lehmann, Heiko/Nickolay, Bertram (Hrsg.): Sol Sajn: Jiddische Musik in Deutschland und ihre Einflüsse (1953–2009), Bd. 1, Bear Family Records/Büchergilde Gutenberg. Hambergen 2009.

unterschiedlicher Versionen des Liedes dokumentiert. Zusammenfassend kann gesagt werden, dass die unterschiedlichen Widerstands- und Partisanenlieder heute Bestandteil des internationalen Liedguts geworden sind.

Zum Nachhören

Rise up and fight! Songs of Jewish Partisans, United States Holocaust Memorial Museum (Hrsg.), Washington, D.C. 1995, United States Holocaust Memorial Museum.
Partisans of Vilna: The Songs of World War II Jewish Resistance, Chicago 1989, Flying Fish Records.
Heroes and Poets: Giboyrim un Poetn, Memorial Concert of the Warsaw Ghetto Uprising 1943, Shura Lipovsky, Zalmen Mlotek, Jeff Warschauer, 2004, Extraplatte/Büchergilde.
Ess firt kejn weg zurik ... Jiddische Lieder aus dem Ghetto in Wilna 1941–1943, Gojim, Erweiterte Neuauflage zum 10-Jährigen Bestand des Programms, Wien 1992/2000, Extraplatte.
Dus gezang fin Geto Lodzh, Songs of the Lodz Ghetto, Brave Old World, 2005, Winter & Winter.
Lider fun getos un lagern, Daniel Kempin, 1994, Melisma Musikverlag AG Wiesbaden.

Anhang

Literaturverzeichnis

Ainsztein, Reuben: Jüdischer Widerstand im deutschbesetzten Osteuropa während des Zweiten Weltkrieges. Oldenburg 1993.
Albahari Perišić, Rahela: Bila je teška, ali časna borba protiv fašizma [Es war ein schwerer, aber ehrenvoller Kampf gegen den Faschismus]. In: Gaon, Aleksandar (Hrsg.): Mi smo preživeli. Jevreji o Holokaustu [Wir haben überlebt. Juden über den Holocaust]. Belgrad 2009, S. 107–123.
Albahari-Krivokuća, Judita: Probuđeno zlo [Das erweckte Böse]. In: Gaon, Aleksandar (Hrsg.): Mi smo preživeli. Jevreji o Holokaustu [Wir haben überlebt. Juden über den Holocaust], Bd. 1. Belgrad 2001, S. 32–46.
Allemany-Dessaint, Véronique: L'Expression Plastique dans les Prisons et les Camps de Concentration Nazis. In: Créer pour Survivre, S. 191–198. Symposium organized by the Fédération Nationale des Déportés et Internés Résistants et Patriotes, France, 1996.
Améry, Jean: Hand an sich legen. Diskurs über den Freitod. Stuttgart 1976.
Amishai-Maisels, Ziva: Depiction and Interpretation: The Influence of the Holocaust on the Visual Arts. Oxford 1993.
Anderl, Gabriele/Manoschek, Walter: Gescheiterte Flucht. Der jüdische „Kladovo-Transport" auf dem Weg nach Palästina 1939–1942. Wien 1993.
Anderl, Gabriele: „9096 Leben". Der unbekannte Judenretter Berthold Storfer. Berlin 2012.
Andrić, Ivo: Introduction. In: Samakovlija, Isak: Tales of Sarajevo. Portland 1997, S. 3.
Apel, Dora: Memory Effects. The Holocaust and the Art of Secondary Witnessing. New Brunswick 2002.
Arad, Yitzhak: Belzec, Sobibór, Treblinka. The Operation Reinhard Death Camps. Bloomington/Indianapolis 1999.
Arendt, Hannah: Eichmann in Jerusalem. Ein Bericht von der Banalität des Bösen. München 2011.
Arendt, Hannah: Vita Activa. München 2006.
Assmann, Aleida: Der lange Schatten der Vergangenheit. Erinnerungskultur und Geschichtspolitik. München 2006.
Badt-Strauss, Bertha: Eine jüdische Hausbücherei. Jüdische Rundschau, 18. 9. 1934, S. 5–6.
Barać, Stanislava: Pacifistički i antifašistički diskurs u listu Žena danas (1936–1941). [Der pazifistische und antifaschistische Diskurs im Blatt Žena danas (1936–1941)]. In: Roksandić, Drago/Cvijović-Javorina, Ivana (Hrsg.): Intelektualci i rat 1939–1947. [Intellektuelle und Krieg 1939–1947]. Zagreb 2012, S. 217–231.
Barkai, Avraham: „Wehr Dich!" – Der Centralverein deutscher Staatsbürger jüdischen Glaubens 1893–1938. München 2002.
Bartosz, Adam: Tarnowskie Judaica. Warszawa 1992.
Bauer, Yehuda: Rethinking the Holocaust. New Haven 2002.
Bauer, Yehuda: Trends in Holocaust Research. In: Rothkirchen, Livia (Hrsg.): Yad Vashem Studies, Vol. XII (1977), S. 7–36.
Bauminger, Arieh: The Fighters of the Cracow Ghetto. Jerusalem 1986.
Beck, Gad: Und Gad ging zu David. Die Erinnerungen des Gad Beck 1923 bis 1945. Berlin 1995.
Ben, Yoseph: Yehudei Yavan bashoah ubahitnagdut [Greek Jews in the shoah and the resistance]. Tel Aviv 1985. [in Hebrew].
Bendien, Elena: Remembering (in) the past perfect: Ethical shifts in times. In: Memory Studies, Oktober 2012, Bd. 5,4, S. 445–461.

Benyovsky, Lucija: Fašistički logor Kampor na Rabu prema sačuvanim bilješkama Elvire Kohn [Das faschistische Lager Kampor auf Rab nach Elvira Kohns aufbewahrten Notizen]. In: Kraus, Ognjen (Hrsg.): Antisemitizam, Holokaust, Antifašizam [Antisemitismus, Holocaust, Antifaschismus]. Zagreb 1996, S. 214–223.

Benz, Angelika: Handlanger der SS. Die Rolle der Trawniki-Männer im Holocaust. Berlin 2015.

Benz, Wolfgang: Die Erinnerung an den Widerstand gegen den Nationalsozialismus. Überlegungen zum 70. Jahrestag des 20. Juli 1944. In: Zeitschrift für Geschichtswissenschaft 7/8 (2014), S. 581–599.

Berger, Sara: Experten der Vernichtung. Das T4-Reinhardt-Netzwerk in Belzec, Sobibor und Treblinka. Hamburg 2013.

Bern, Alan/Lehmann, Heiko/Nickolay, Bertram (Hrsg.): Sol Sajn: Jiddische Musik in Deutschland und ihre Einflüsse (1953–2009), Bd. 1. Bear Family Records/Büchergilde Gutenberg. Hambergen 2009.

Berson, Robin Kadison: Young Heroes in World History. Westport (CT)/London 1999.

Bialowitz, Philip: A Promise at Sobibór. A Jewish Boy's Story of Revolt and Survival in Nazi-Occupied Poland. Wisconsin 2010.

Bitunjac, Martina: „Velike su naše dužnosti prema narodu." Intelektualke u Ženskoj lozi hrvatskog ustaškog pokreta. [„Groß sind unsere Pflichten dem Volk gegenüber". Intellektuelle im Weiblichen Zweig der kroatischen Ustaša-Bewegung]. In: Roksandić, Drago/Cvijović-Javorina, Ivana (Hrsg.): Intelektualci i rat 1939–1947 [Intellektuelle und Krieg 1939–1947]. Zagreb 2012, S. 243–253.

Bitunjac, Martina: Le donne e il movimento ustascia. Rom 2013.

Bitunjac, Martina: Le donne e il totalitarismo nel Novecento. In: Battaglia, Antonello/Cinalli, Danny/Vagnini, Alessandro (Hrsg.): Archivi di famiglia e storia di genere tra età moderna e contemporanea. Quaderni del Dottorato. Storia d'Europa. Rom 2010, S. 47–52.

Black, Peter: Foot Soldiers of the Final Solution: The Trawniki Training Camp and Operation Reinhard. In: Holocaust and Genocide Studies 25.1 (2011), S. 1–99.

Blasberg, Cornelia: Erinnern? Tradieren? Erfinden? Zur Konstruktion von Vergangenheit in der aktuellen Literatur über die dritte Generation. In: Dies./Jens Birkmeyer (Hrsg.): Erinnern des Holocaust. Eine neue Generation sucht Antworten. Bielefeld 2006, S. 165–186.

Blatt, Thomas T.: Nur die Schatten bleiben. Der Aufstand im Vernichtungslager Sobibór. Berlin 2000.

Blatt, Thomas T.: Sobibór – der vergessene Aufstand. Hamburg/Münster 2004.

Blatter, Janet/Milton, Sybil: Art of the Holocaust. London 1982.

Boeckh, Katrin: Jugoslawien. In: Krohn, Claus-Dieter [u. a.] (Hrsg.): Handbuch der deutschsprachigen Emigration 1933–1945. Darmstadt 1998, S. 279–284.

Bornstein, Heini: Insel Schweiz. Hilfe- und Rettungsaktivitäten 1939–1946. Zürich 2000.

Botsch, Gideon: Dr. Dr. Walter Lustig – vom preußischen Medizinalbeamten zum „Ein-Mann-Judenrat". In: Beddies, Thomas/Doetz, Susanne/Kopke, Christoph (Hrsg.): Jüdische Ärztinnen und Ärzte im Nationalsozialismus. Entrechtung, Vertreibung, Ermordung. Berlin/Boston 2014, S. 103–116.

Bowman, Steven: Freedom and Death. The Jews and the Greek Andartiko. In: Goda, Norman (Hrsg.): Jewish Histories of the Holocaust. Oxford/New York 2014.

Bowman, Steven: Greek Responses to the Nazis in the Mountains and in the Camps. In: Henry, Patrick (Hrsg.): Jewish Resistance to the Nazis. Washington, D. C. 2014.

Bowman, Steven: Jewish Resistance in Wartime Greece. London 2006.

Bowman, Steven: The Agony of Greek Jews, 1940–1945. Stanford 2009.

Bowman, Steven: Yosippon and Jewish Nationalism. In: Proceedings of the American Academy for Jewish Research LXI (1995), S. 23–51.

Brainin, Elisabeth/Ligeti, Vera/Teicher, Samy: Pathologie mehrerer Generationen oder Pathologie der Wirklichkeit? In: Grünberg, Kurt/Straub, Jürgen (Hrsg.): Unverlierbare Zeit. Psychosoziale Spätfolgen des Nationalsozialismus bei Nachkommen von Opfern und Tätern. Sigmund-Freud-Institut. Psychoanalytische Beiträge, Bd. 6. Tübingen 2001, S. 151–180.
Brevor, Anthony: Crete. The Battle and the Resistance. Boulder (CO) 1994.
Brodersen, Momme: Klassenbild mit Walter Benjamin. Eine Spurensuche. München 2012.
Brodersen, Momme: Spinne im eigenen Netz. Walter Benjamin – Leben und Werk. Bühl-Moos 1990.
Bronowski, Alexander: Es waren so wenige. Retter im Holocaust. Stuttgart 1991.
Broszat, Martin: Hitler und die Genesis der „Endlösung". In: Vierteljahrshefte für Zeitgeschichte 4 (1977), S. 739–775.
Bruder, Franziska: „Hunderte solcher Helden". Der Aufstand jüdischer Gefangener im NS-Vernichtungslager Sobibór. Münster 2013.
Brunner, José/Zajde, Nathalie (Hrsg.): Holocaust und Trauma. Kritische Perspektiven zur Entstehung und Wirkung eines Paradigmas. Tel Aviver Jahrbuch für deutsche Geschichte. Göttingen 2011.
Buber, Martin: Aus den Tiefen Rufe ich dich. 23 Psalmen in der Urschrift mit der Verdeutschung von Martin Buber. Bücherei des Schocken Verlags, Bd. 51. Berlin 1936.
Buber, Martin: Die Geschichten des Rabbi Nachman. Frankfurt a. M. 1906.
Butler, Judith: Hass spricht. Zur Politik des Performativen. Frankfurt a. M. 2006.
Butler, Judith: Kritik der ethischen Gewalt. Frankfurt a. M. 2002.
Butler, Judith: Psyche der Macht: Das Subjekt der Unterwerfung. Frankfurt a. M. 2001.
Cehreli, Sila: Témoignage du Khurbn. La résistance juive dans les centres de mise à mort – Chełmno, Bełżec, Sobibór, Treblinka. Brüssel 2013.
Cervi, Mario: The Hollow Legions. Mussolini's Blunder in Greece 1940–1941. New York 1971.
Chare, Nicholas: Auschwitz and Afterimages: Abjection, Witnessing, and Representation. London 2011.
Chéroux, Clément (Hrsg.): Mémoire des Camps. Photographies de Camps de Concentration et d'Extermination 1933–1999. Paris 2001.
Chrostowski, Witold: Extermination Camp Treblinka. London/Portland 2004.
Cohn-Radt, Margarete: Berliner Pflegekinder. Untersuchung über die Gründe des Pflegestellenwechsels in 4 Berliner Bezirken. (= Schriften des Deutschen Erziehungsbeirats für verwaiste Jugend e. V.). Berlin 1932.
Collin, Claude: Die jüdischen Immigrantinnen und Immigranten. In: Heuberger, Georg (Hrsg.): Im Kampf gegen Besatzung und „Endlösung". Widerstand der Juden in Europa 1939–1945. Frankfurt a. M. 1995, S. 106–125.
Corbach, Dieter: „Ich kann nicht schweigen!". Richard Stern, Köln, Marcilstein 20. Köln 1988.
Costanza, Mary: The Living Witness. New York 1982.
Crimp, Douglas: Pictures. October 8 (Spring 1979), S. 79–85.
Croquet, Jean-Claude/Molliet, Michel/Baré, Jean-Marie: Chemins de passage. Les passages clandestins entre la Haute-Savoie et la Suisse de 1940 à 1944. La Roche-sur-Foron 1996.
Cukierman, Icchak „Antek": Nadmiar pamięci (Siedem owych lat). Wspomnienia 1939–1946. Warszawa 2000.
Cymlich, Israel/Strawczynski, Oskar: Escaping Hell in Treblinka. New York/Jerusalem 2007.
Dahm, Volker: Das jüdische Buch im Dritten Reich. Frankfurt a. M. 1979.
Dahm, Volker: Jüdische Verleger, 1933–1938. In: Paucker, Arnold/Gilchrist, Sylvia/Suchy, Barbara (Hrsg.): Die Juden im nationalsozialistischen Deutschland 1933–1943. Tübingen 1986, S. 273–283.

Danieli, Yael: As survivors age: An overview. In: Journal of Geriatric Psychiatry 30 (1997), S. 9–26.
Davidowicz, Klaus S.: Rückführung zum Judentum. Der „jüdische Mensch von heute" und die Tradition. In: Schreuder, Saskia/Weber, Claude (Hrsg.): Der Schocken Verlag/Berlin. Essayband zur Ausstellung „Dem suchenden Leser unserer Tage" der Nationalbibliothek Luxemburg. Berlin 1994, S. 115–128.
Dawidowicz, Lucy S.: Lies About the Holocaust. (Commentary, December 1980). In: Kozodoy, Neal (Hrsg.): What is the Use of Jewish History? Essays by Lucy S. Dawidowicz. New York 1992, S. 84–100.
Dawidowicz, Lucy S.: The War Against the Jews 1933–1945. New York 1975.
Dawidsohn-Draengerowa, Gusta: Pamiętnik Justyny. Kraków 1946.
De Jong, Sytske: Die jüdischen Arbeitslager in den Niederlanden. In: Benz, Wolfgang/Distel, Barbara (Hrsg.): Terror im Westen. Nationalsozialistische Lager in den Niederlanden, Belgien und Luxemburg 1940–1945. Berlin 2004, S. 142.
Delpard, Raphaël: Überleben im Versteck. Jüdische Kinder 1940–1944. Bonn 1994.
Deutsche UNESCO-Kommission (Hrsg.): „Doss lid is geblibn ...": Tage der jiddischen Kultur, 1987–1996. Berlin/Bonn 1996.
Didi-Huberman, Georges: Images Malgré Tout. Paris 2003.
Dieckmann, Christoph/Quinkert, Babette (Hrsg.): Im Ghetto 1939–1945. Neue Forschungen zu Alltag und Umfeld. Göttingen 2009.
Diehl, Katrin: Die jüdische Presse im Dritten Reich – Zwischen Selbstbehauptung und Fremdbestimmung. Tübingen 1997.
Dienemann, Max: Midraschim der Klage und des Zuspruchs. Berlin 1935.
Dizdar, Zdravko: Žene u logoru „Danica" kraj Koprivnice 1941.–1942. godine [Frauen im Lager „Danica" bei Koprivnica von 1941–1942]. In: Historijski zbornik [Historische Jahresschrift] 59 (2006), S. 131–178.
Dobrovšak, Ljiljana: Prva konferencija zemaljskog udruženja Cionista južnoslavenskih krajeva Austrougarske monarhije u Brodu na Saci 1909 godine [Die erste Konferenz der Landesvereinigung der Zionisten aus den südslawischen Regionen der Österreich-ungarischen Monarchie]. In: Scrinia slavonica 6 (2006), S. 234–266.
Dobrovšak, Ljiljana: Prvi cionistički kongres u Osijeku 1904 godine [Der erste zionistische Kongress in Osijek im Jahre 1904]. In: Časopis za suvremenu povijest [Zeitschrift für Zeitgeschichte] 37 (2005) 2, S. 479–495.
Dublon-Knebel, Irith: Holocaust Parenthood – The Transformation of Child-Parent Relationships as Perceived by the Survivors. In: Brunner, José (Hrsg.): Mütterliche Macht und Väterliche Autorität. Elternbilder im deutschen Diskurs. Göttingen 2008, S. 93–107.
Durst, Nathan: Über die Einsamkeit und das unendliche Trauern von alternden Überlebenden des Holocaust. In: Stoffels, Hans (Hrsg.): Terrorlandschaften der Seele. Beiträge zur Theorie und Therapie von Extremtraumatisierungen. Regensburg 1994, S. 44–53.
Düwell, Susanne: (Un)sichtbarkeit in der deutsch-jüdischen Gegenwartsliteratur. In: Schoenborn, Susanne (Hrsg): Zwischen Erinnerung und Neubeginn. Zur deutsch-jüdischen Geschichte nach 1945. München 2006, S. 214–231.
Elkin, Rivka: Das Jüdische Krankenhaus in Berlin zwischen 1938 und 1945. Berlin 1993.
Elkin, Rivka: The Survival of the Jewish Hospital in Berlin 1938–1945. In: Leo Baeck Institute Year Book 38 (1993), S. 157–192.
Engelking, Barbara/Leociak, Jacek: Getto warszawskie. Przewodnik po nieistniejącym mieście. Warszawa 2001.

ESPE: Der Mensch zum Menschen werden muss, Espe-Musik, ES5060. 1984.
ESPE: Maseltow – Jiddische Lieder 3, Espe-Musik ES5030. 1980.
ESPE: Sog nischt kejnmol, as du gejst dem letzn weg – Jiddische Lieder 2, LP, Espe-Musik ES5020. 1979.
Feldman, Yael: "Not as Sheep to Slaughter". On Trauma, Selective Memory, and the Making of Historical Consciosness. Jewish Social Studies 19:3 (Summer 2013), S. 139–159.
Feldman, Yael: "The Final Battle" or "A Burnt Offering"? Lamdan's Masada Revisited. In: AJS Perspectives: The Newsletter of the Association for Jewish Studies (Spring 2009), S. 30–32.
Feyertag, Karoline: The Art of Vision and the Ethics of Gaze. On the Debate on Georges Didi-Huberman's Book Images In Spite of All. EIPCP, 2008; http://eipcp.net/transversal/0408/feyertag/en.
Finger, Jürgen [u. a.]: Vom Recht zur Geschichte. Akten aus NS-Prozessen als Quellen der Zeitgeschichte. Göttingen 2009.
Flam, Gila: Singing for Survival: Songs of the Lodz Ghetto 1940–45. Champaign (IL) 1992.
Flörsheim, Chanan Hans: Über die Pyrenäen in die Freiheit. Von Rotenburg an der Fulda über Leipzig nach Amsterdam und durch Frankreich und Spanien nach Israel 1923–1944. Konstanz 2008.
Flusser, David (Hrsg.): The Yosippon [Josephus Gorionides]. Jerusalem 1981.
Foucault, Michel: Die Heterotopien/Der utopische Körper. Zwei Radiovorträge, zweisprachige Ausgabe, übersetzt von Michael Bischoff. Mit einem Nachwort von Daniel Defert. Frankfurt a. M. 2005.
Freiberg, Dov: To survive Sobibor. Jerusalem 2007.
Freidenreich, Harriet Pass: The Jews of Yugoslavia. A Quest for Community. Philadelphia 1979.
Freund, Florian/Ruttner, Franz/Safrian, Hans (Hrsg.): Ess firt kejn weg zurik ... – Geschichte und Lieder des Ghettos von Wilna 1941–1943. Wien 1992.
Friedlander, Henry: Der Weg zum NS-Genozid. Von der Euthanasie zur „Endlösung". Berlin 1997.
Friedländer, Saul (Hrsg.): Probing the Limits of Representation. Nazism and the "Final Solution". London/Cambridge (MA) 1992.
Friedländer, Saul: Trauma, Memory and Transference. In Hartman, Geoffrey (Hrsg.): Holocaust Remembrance. The Shapes of Memory, Oxford/Cambridge (MA) 1994, S. 252–263.
Frijtag Drabbe Künzel, Geraldien von: Das Gefängnislager Amersfoort. In: Benz, Wolfgang/Distel, Barbara (Hrsg.): Terror im Westen. Nationalsozialistische Lager in den Niederlanden, Belgien und Luxemburg 1940–1945. Berlin 2004, S. 73ff.
Fröhlich, Claudia: „Wider die Tabuisierung des Ungehorsams". Fritz Bauers Widerstandsbegriff und die Aufarbeitung von NS-Verbrechen. Frankfurt a. M. 2006. (Wissenschaftliche Reihe des Fritz Bauer Instituts, Bd. 13).
Fuchs, Konrad: Ein Konzern aus Sachsen. Das Kaufhaus Schocken als Spiegelbild deutscher Wirtschaft und Politik. 1901 bis 1953. Stuttgart 1990.
Gammon, Carolyn/Unger, Israel: The Unwritten Diary of Israel Unger. Waterloo 2013.
Gaon, Aleksandar (Hrsg.): Mi smo preživeli. Jevreji o Holokaustu [Wir haben überlebt. Juden über den Holocaust], Bd. 1–5. Belgrad 2009–2010.
Gavrilović, Vera: Žene lekari u ratovima na tlu Jugoslavije [Ärztinnen in den Kriegen auf dem Gebiet Jugoslawiens]. Belgrad 1976.
Gelber, Yoav: The Reactions of the Zionist Movement and the Yishuv to the Nazis' Rise to Power. In: Yad Vashem Studies XVIII (1987), S. 41–101.
Genette, Gérard: Die Erzählung. Paderborn 2010.
Genette, Gérard: Paratexte. Das Buch vom Beiwerk des Buches. Frankfurt a. M 2001.

Gilbert, Martin: The Holocaust: The Jewish Tragedy. London 1986.
Gilman, Sander/Steinecke, Hartmut (Hrsg.): Deutsch-jüdische Literatur der neunziger Jahre. In: Besch, Werner [u. a.] (Hrsg.): Beihefte zur Zeitschrift für Deutsche Philologie. Berlin 2002, S. 9–16.
Gitman, Esther: Courage to Defy: Jews of the Independent State of Croatia Fight Back, 1941–1945. In: Henry, Patrick (Hrsg.): Jewish Resistance Against the Nazis. Washington, D. C. 2014, S. 426–447.
Gitman, Esther: When Courage Prevailed, Rescue and Survival of Jews in the Independent State of Croatia 1941–1945. St. Paul (MN) 2011.
Gitman, Esther: A Question of Judgement. Dr. Alojzije Stepinac and the Jews. In: Review of Croatian History 1 (2006), S. 47–72.
Glatzer, Nahum/Strauss, Ludwig (Hrsg.): Ein jüdisches Lesebuch. Sendung und Schicksal. Aus dem Schrifttum des nachbiblischen Judentums, Bd. 1. Berlin 1931.
Glazar, Richard: Die Falle mit dem grünen Zaun. Überleben in Treblinka. Frankfurt a. M. 1992.
Gödde, Christoph/Lonitz, Henri (Hrsg.): Walter Benjamin. Gesammelte Briefe. Bd. III: 1925–1930, Frankfurt a. M. 1997; Bd. IV: 1931–1934, Frankfurt a. M. 1998; Bd. V: 1935–1937, Frankfurt a. M.1999; Bd. VI: 1938–1940, Frankfurt a. M. 2000.
Goetz, Samuel: I never saw my face. Poughkeepsie (NY) 2001.
Golczewski, Frank: Polen. In: Benz, Wolfgang (Hrsg.): Dimension des Völkermords. Die Zahl der jüdischen Opfer des Nationalsozialismus. München 1991, S. 411–497.
Goldmann, Nahum: The Influence of the Holocaust on the Change in the Attitude of World Jewry to Zionism and the State of Israel. Holocaust and Rebirth. A Symposium. Jerusalem 1974.
Goldstein, Ivo/Goldstein, Slavko: Holokaust u Zagrebu [Holocaust in Zagreb]. Zagreb 2001.
Goldstein, Ivo: Židovi u Zagrebu 1918–1941 [Juden in Zagreb 1918–1941]. Zagreb 2005.
Goldstein, Slavko: Židovi Hrvatske u antifašističkom otporu [Die Juden Kroatiens im antifaschistischen Widerstand]. In: Kraus, Ognjen (Hrsg.): Antisemitizam, Holokaust, Antifašizam. Zagreb 1996, S. 148–155.
Goldstein, Slavko: Židovi u narodnooslobodilačkom ratu [Juden im Volksbefreiungskrieg]. In: Sorić, Ante/Salih, Isaac (Hrsg.): Židovi na tlu Jugoslavije [Juden auf dem Gebiet Jugoslawiens]. Zagreb 1988, S. 192–197.
Gollwitzer, Helmut/Kuhn, Käthe/Schneider, Reinhold (Hrsg.): Du hast mich heimgesucht bei Nacht. Abschiedsbriefe und Aufzeichnungen des Widerstandes 1933 bis 1945. München 1954, Taschenbuchausgabe: München/Hamburg 1964.
Gottlieb, Hinko: A Letter from a Concentration Camp. Confederation of Jewish Communities in Yugoslavia. Belgrad 1954.
Gottwaldt, Alfred/Schulle, Diana: Die „Judendeportationen" aus dem Deutschen Reich 1941–1945. Eine kommentierte Chronologie. Wiesbaden 2005.
Graber, Felicia/Bialecki, Leon (Hrsg.): Our father's voice. A Holocaust Memoir. Ohne Erscheinungsort 2012.
Grabowski, Jan: Judenjagd. Polowanie na Żydów 1942–1945. Studium dziejów pewnego
Gray, Martin: Der Schrei nach Leben. München 1992.
Greenspan, Henry: On Listening to Holocaust Survivors. Recounting and Life History. Westport 1998.
Grossmann, Renate: Survival. My destiny. Darlinghurst (NSW) 2010.
Gruber, Heimo: Gefühl für Gefahr. Herta Reich und der „Kladovo-Transport". In: Zwischenwelt 27 (2010) 1–2, S. 50–53.

Grünberg, Kurt: Trauma-Tradierung, Überlebende der Shoah und ihre Nachkommen in der Bundesrepublik Deutschland. In: Tagungsband NS-Täter aus interdisziplinärer Perspektive. München 2006, S. 25–42.
Gruner, Wolf: Judenverfolgung in Berlin 1933–1945. Eine Chronologie der Behördenmaßnahmen in der Reichshauptstadt. Berlin 1996.
Gruner, Wolf: Öffentliche Wohlfahrt und Judenverfolgung. Wechselwirkungen lokaler und zentraler Politik im NS-Staat (1933–1942). München 2002.
Gruner, Wolf: Widerstand in der Rosenstraße. Die Fabrik-Aktion und die Verfolgung der „Mischehen" 1943. Frankfurt a. M. 2005.
Gutman, Israel: Jüdischer Widerstand – Eine historische Bewertung. In: Lustiger, Arno: Zum Kampf auf Leben und Tod! Vom Widerstand der Juden in Europa 1933–1945. Köln 1994.
Gutman, Israel/Zuroff, Efraim (Hrsg.): Rescue attempts during the holocaust. Jerusalem 1977.
Hartung-von Doetinchem, Dagmar/Winau, Rolf (Hrsg.): Zerstörte Fortschritte. Das Jüdische Krankenhaus in Berlin 1756 – 1861 – 1914 – 1989. Berlin 1989.
Haymann, Emmanuel: Marianne Cohn, la dernière victime. Quelques jours avant la Libération, à peu de la frontière suisse, a été assassinée une jeune fille coupable d'avoir sauvé des enfants juifs. In: Tribune Juive (Paris) 738 (1982), S. 16–19.
Heiber, Helmut: Die Katakombe wird geschlossen. Archiv der Zeitgeschichte, Bd. 3, München 1966.
Heister, Hanns-Werner: Vorwärts und nicht vergessen. Politische Kampflieder. In: Paul, Gerhard/Schock, Ralph (Hrsg.): Sound der Zeit. Geräusche, Töne, Stimmen 1889 bis heute. Göttingen 2014, S. 157–162.
Hembera, Melanie: „Die Stadt Krakau müsse die judenreinste Stadt des Generalgouvernements werden." Die Umsiedlung der jüdischen Bevölkerung aus Krakau. In: Form, Wolfgang [u. a.] (Hrsg.): Narrative im Dialog. Deutsch-polnische Erinnerungsdiskurse. Dresden 2013, S. 311–334.
Hembera, Melanie: Ermittlungsakten aufgeschlagen. Aufklärung und Strafverfolgung von NS-Verbrechen an den Häftlingen des jüdischen Zwangsarbeiterlagers Pustków. In: Mitteilungen aus dem Bundesarchiv, Themenheft 16 (2008), S. 83–93.
Hersco, Tsilla: Le Mouvement de la jeunesse sioniste (MJS). In: Organisation juive de combat. Résistance/sauvetage. France 1940–1945. Paris 2002, S. 117–170.
Hesse, Klaus/Springer, Philipp: Vor aller Augen. Fotodokumente des nationalsozialistischen Terrors in der Provinz, für die Stiftung Topographie des Terrors hrsg. von Reinhard Rürup. Essen 2002.
Hilberg, Raul: Die Vernichtung der europäischen Juden. Frankfurt a. M. 1994.
Hilberg, Raul: The Destruction of the European Jews. New York 1985.
Hildesheimer, Esriel: Jüdische Selbstverwaltung unter dem NS-Regime. Der Existenzkampf der Reichsvertretung und Reichsvereinigung der Juden in Deutschland. Tübingen 1994.
Hirsch, Marianne: The Generation of Postmemory. In: Poetics Today 29/1 (2008), S. 103–128.
Hoegner, Wilhelm: Flucht vor Hitler: Erinnerungen an die Kapitulation der ersten deutschen Republik 1933. Frankfurt 1979.
Hoffmann, Peter: Carl Friedrich Goerdeler gegen die Verfolgung der Juden. Köln 2013.
Hofman, Eva: After such Knowledge. A Meditation on the Aftermath of the Holocaust. London 2005.
Honigmann, Barbara: Ein Kapitel aus meinem Leben. München 2006.
Huber, Michaela: Trauma und die Folgen. Trauma und Traumabehandlung, Teil 1. Paderborn 2003.

Internationaler Militärgerichtsh of Nürnberg (IMT): Der Nürnberger Prozess gegen die Hauptkriegsverbrecher, Bd. 29: Urkunden und anderes Beweismaterial, Nachdruck. München 1989.
Ivanković, Mladenka: Jevreji u Jugoslaviji 1944–1952. Kraj ili novi početak [Juden in Jugoslawien 1944–1952. Das Ende oder ein neuer Anfang]. Belgrad 2009.
Ithai, Josef (Indig): Children of Villa Emma. Rescue of the Last Youth Aliyah Before the Second World. In: Herzer, Ivo/Voigt, Klas/Burgwyn, James (Hrsg.): The Italian Refuge, Rescue of Jews During the Holocaust. Washington, D. C. 1989, S. 178–204.
Jäckel, Eberhard/Longerich, Peter/Schoeps, Julius H. (Hrsg.): Enzyklopädie des Holocaust. Die Verfolgung und Ermordung der europäischen Juden, 4 Bde. Berlin 1993.
Jah, Akim: Die Deportation der Juden aus Berlin. Die nationalsozialistische Vernichtungspolitik und das Sammellager Große Hamburger Straße. Berlin 2013.
Jakob, Volker/Van der Voort, Annet: Anne Frank war nicht allein. Lebensgeschichten deutscher Juden in den Niederlanden. Berlin/Bonn 1988.
Jancar-Webster, Barbara: Women and Revolution in Yugoslavia: 1941–1945. Denver 1990.
Jelinek, Žuži: Život Žuži Jelinek [Žuži. Das Leben von Žuži Jelinek]. Zagreb 2014.
Josip Presburger, Zbornik 3 (Jevrejski Istorijski Muzej-Beograd Studije, Arhivska i Memoraska Građa) 1975.
Jureit, Ulrike: Opferidentifikation und Erlösungshoffnung. Beobachtungen im erinnerungspolitischen Rampenlicht. In: Jureit, Ulrike/Schneider, Christian: Gefühlte Opfer. Illusionen der Vergangenheitsbewältigung. Stuttgart 2010, S. 17–104.
Kabeli, Isaac: The Resistance of the Greek Jews. In: YIVO Annual of Jewish Social Science VIII (1953), S. 281–288.
Kahn, Robert A.: Holocaust Denial and the Law. A Comparative Study. Basingstoke 2004.
Kaltenbrunner, Matthias: Flucht aus dem Todesblock. Der Massenausbruch sowjetischer Offiziere aus dem Block 20 des KZ Mauthausen und die „Mühlviertler Hasenjagd". Hintergründe, Folgen, Aufarbeitung. Innsbruck [u. a.] 2012.
Kamiński, Adam: Diariusz podręczny 1939–1945. Warszawa 2001.
Kapel, René S.: Un rabbin dans la tourmente (1940–1944). Dans les camps d'internement et au sein de l'Organisation juive de combat. Paris 1986.
Kast, Jochen/Siegler, Bernd/Zinke, Peter (Hrsg.): Das Tagebuch der Partisanin Justyna. Jüdischer Widerstand in Krakau. Berlin 1999.
Kecman, Jovanka: Žene Jugoslavije u radničkom pokretu i ženskim organizacijama 1918—1941. [Die Frauen Jugoslawiens in der Arbeiterbewegung und in Frauenorganisationen 1918–1941]. Belgrad 1978.
Kemper, Friedmar: Marianne Cohn. Hrsg. von Frag Doch! Verein für Begegnung und Erinnerung e. V. in Kooperation mit dem Bezirksamt Tempelhof-Schöneberg von Berlin. Berlin 2012.
Kertész, Imre/MacKay, John: Who Owns Auschwitz? In: Yale Journal of Criticism 14/1 (2001), S. 267–272.
Kidron, Carol: Verkörperte Präsenz statt Psychopathologie. In: Brunner, José/Zajde, Nathalie (Hrsg.): Holocaust und Trauma. Kritische Perspektiven zur Entstehung und Wirkung eines Paradigmas. Tel Aviver Jahrbuch für deutsche Geschichte. Göttingen 2011, S. 161–182.
Klappert, Annina: Comic und Kulturpolitik. Der Hitler-Comic als Hitler-Denkmal. In: Düwell, Susanne/Schmidt, Matthias (Hrsg.): Narrative der Shoah. Repräsentationen der Vergangenheit in Historiographie, Kunst und Politik. Paderborn 2002, S. 143–167.
Klarsfeld, Serge: Le calendrier de la persécution des Juifs en France (septembre 1942–août 1944). Paris 2001.
Klarsfeld, Serge: French Children of the Holocaust. A Memorial. New York/London 1996.

Klarsfeld, Serge: Le calendrier de la persécution des Juifs en France (1940–1944). Paris 1993.
Klimpel, Volker: Ärzte-Tode. Unnatürliches und gewaltsames Ableben in neun Kapiteln und einem biographischen Anhang. Würzburg 2005.
Kochba, Adina (Hrsg.): Het Verzet van de nederlandse Chaloetsbeweging en de Westerweelgroep tijdens de duitse Bezetting Palestina-Pioniers, unveröff. Manuskript, o. J.
Kociolek, Robert: La mort de Marianne Colin. Poèmes et dessins. Hrsg. von Anne Kociolek. Strasbourg 1982.
Koliopoulos, John S.: Plundered Loyalties. New York 1999.
Kolonomos, Žamila: U borbi od prvog dana [Im Kampf seit den ersten Tag]. In: Gaon: Mi smo preživeli. Jevreji o Holokaustu [Wir haben überlebt. Juden über den Holocaust], Bd. 3, S. 17–24
Körte, Mona: Die Toten am Tisch. „Familienromane" nach dem Holocaust. In: Zeitschrift für deutsche Philologie 127 (2008), H. 4, S. 573–594.
Kosellek, Reinhart: Formen und Traditionen des negativen Gedächtnisses. In: Ders.: Vom Sinn und Unsinn der Geschichte, Aufsätze und Vorträge aus vier Jahrzehnten, hrsg. v. Carsten Dutt. Berlin 2010, S. 241–253.
Kotowski, Elke-Vera/Schoeps, Julius H.: Vom Hekdesch zum Hightech. 250 Jahre Jüdisches Krankenhaus im Spiegel der Geschichte der Juden in Berlin. Berlin 2007.
Kotula, Franciszek: Losy Żydów rzeszowskich 1939-1944. Kronika tamtych dni. Rzeszów 1999.
Kowalski, Tadeusz: Obozy hitlerowskie w Polsce połodniowo-wschodniej 1939–1945. Warszawa 1973.
Kraus, Lavoslav: Susreti i sudbine. Sjećanja iz jednog aktivnog života [Begegnungen und Schicksale. Erinnerungen aus einem aktiven Leben]. Osijek 1973.
Kraus, Ognjen (Hrsg.): Antisemitizam, Holokaust, Antifašizam [Antisemitismus, Holocaust, Antifaschismus]. Zagreb 1996.
Kreutzer, Michael: „Die Gespräche drehten sich auch vielfach um die Reise, die wir alle antreten müssen." Leben und Verfolgtsein der Juden in Berlin-Tempelhof. Biographien, Dokumentation. Berlin 1988, S. 17–19.
Krieger, Karsten (Bearb.): Der „Berliner Antisemitismusstreit" 1879–1881. Eine Kontroverse um die Zugehörigkeit der deutschen Juden zur Nation. Kommentierte Quellenedition. 2 Bde. München 2003.
Kroh, Ferdinand: David kämpft. Vom jüdischen Widerstand gegen Hitler. Mit einem Nachwort von Nathan Schwalb-Dror. Reinbek 1988.
Ktorza, Magali: Marianne Cohn. „Je trahirai demain pas aujourd'hui". In: Revue d'Histoire de la Shoah. Le monde juif 161 (1997), S. 108.
Kundrus, Birthe/Meyer, Beate (Hrsg.): Die Deportation der Juden aus Deutschland. Pläne – Praxis – Reaktionen 1938-1945. Göttingen 2004.
Kwiek, Julian: Dzieje ludności żydowskiej w Tarnowie po II wojnie światowej. In: Studia Judaica 8 (2005), 1–2, S. 187–211.
Kwiet, Konrad: Ein Lesebuch zum jüdischen Widerstand. In: Jahrbuch für Antisemitismusforschung 4 (1995), S. 301–304.
Kwiet, Konrad/Eschwege, Helmut: Selbstbehauptung und Widerstand. Deutsche Juden im Kampf um Existenz und Menschenwürde 1933–1945 (Hamburger Beiträge zur Sozial- und Zeitgeschichte, Bd. 19). Hamburg 1984.
Landau, Ludwik: Kronika Lat Wojny i Okupacji.Tom 1–3. Warszawa 1962/1963.
Land-Weber, Ellen: To save a life. Stories of Holocaust Rescue. Urbana 2000.
Lang, Berel: Holocaust Representation. Art Within the Limits of History and Ethics. Baltimore 2000.

Langbein, Hermann: „... Nicht wie die Schafe zur Schlachtbank!". Widerstand in NS-Konzentrationslagern 1938–1945. Frankfurt a. M. 1980.
Langer, Lawrence L.: Holocaust Testimonies. The Ruins of Memory. New Haven/London 1991.
Lanzmann, Claude: Sobibor. 14 octobre 1943, 16 heures. Paris 2001.
Latour, Anny: La résistance juive en France (1940–1944). Paris 1970.
Latour, Anny: The Jewish Resistance in France. New York 1981.
Laub, Dori: „Zeugnis ablegen oder Die Schwierigkeiten des Zuhörens". In: Baer, Ulrich (Hrsg.): Niemand zeugt für den Zeugen. Erinnerungskultur nach der Shoah. Frankfurt a. M. 2000, S. 68–83.
Laub, Dori: An Event Without A Witness: Truth, Testimony, and Survival. In: Felman, Shoshana/Laub, Dori (Hrsg.): Testimonies: Crises of Witnessing in Literature, Psychoanalysis, and History, S. 75–92. New York 1992.
Lazare, Lucien: Rescue as Resistance. How Jewish Organizations Fought the Holocaust in France. New York 1996.
Lazare, Lucien: La résistance juive en France. Paris 1987.
Lazarus, Jacques/Lazare, Lucien: Organisation Juive de Combat. Résistance/sauvetage. France 1940–1945. o. O. 2006.
Lazarus, Jacques: Combattants de la liberté. Paris 1995.
Lehnhardt, Peter S.: Das Forschungsinstitut für hebräische Dichtung und sein Beitrag zur Kenntnis der hebräischen Dichtung des Mittelalters. In: Schreuder, Saskia/Weber, Claude (Hrsg.): Der Schocken Verlag/Berlin. Essayband zur Ausstellung „Dem suchenden Leser unserer Tage" der Nationalbibliothek Luxemburg. Berlin 1994, S. 299–320.
Lehnstaedt, Stephan: Täterforschung als Kulturgeschichte. Ein neuer Blick auf die Ludwigsburger Akten. In: Mitteilungen aus dem Bundesarchiv. Themenheft 16 (2008), S. 72–83.
Leksikon narodnooslobodilačkog rata i revolucije u Jugoslaviji 1941.–1945. [Lexikon des Volksbefreiungskrieges und der Revolution in Jugoslawien 1941–1945], Bd. 2. Belgrad 1980.
Lemm, Manfred: Mordechaj Gebirtig – Jiddische Lieder. Wuppertal 1992.
Lengel-Krizman, Narcisa: A Contribution to the Study of Terror in the So-Called Independent State of Croatia: Concentration Camps for Women in 1941–1942. Yad Vashem Studies 20 (1990), S. 1–52.
Lengel-Krizman, Narcisa: Destiny of Jewish Survivors from the Rab concentration camp 1943–1945. Voice of the Jewish Communities in Croatia 2 (1998), S. 67–71.
Lengel-Krizman, Narcisa: Numerus clausus – jesen 1940. In: Časopis za suvremenu povijest 38 (2006) 3, S.1007–1012.
Leugers, Antonia (Hrsg.): Berlin, Rosenstraße 2–4: Protest in der NS-Diktatur. Neue Forschungen zum Frauenprotest in der Rosenstraße 1943. Annweiler 2005.
Levi, Primo: Die Untergegangenen und die Geretteten. Wien/München 2002.
Lezzi, Eva: „Tell zielt auf ein Kind". Wilkomirski und die Schweiz. In: Diekmann, Irene/Schoeps, Julius H.: Das Wilkomirski-Syndrom. Eingebildete Erinnerungen oder Von der Sehnsucht Opfer zu sein. Zürich 2002, S. 180–214.
Lindeman, Yehudi: All or nothing. The Rescue Mission of Joop Westerweel. In: Scrase, David/Mieder, Wolfgang/Quimby Johnson Katherine: Making a Difference. Rescue and Assistance during the Holocaust. Burlington 2004, S. 241.
Lindwer, Willy: Kamp van hoop en wanhoop. Getuigen van Westerbork 1939–1945. Amsterdam 1990.
Linfield. Susie: The Cruel Radiance. Photography and Political Violence. Chicago 2010.
Loker, Cvi: Začeci i razvoj cionizma u južnoslavenskim krajevima [Anfänge und die Entwicklung des Zionismus in den südslawischen Regionen]. In: Kraus, Ognjen (Hrsg.): Dva

stoljeća povijesti i kulture Židova u Zagrebu i Hrvatskoj [Zwei Jahrhunderte der jüdischen Geschichte und Kultur in Zagreb und Kroatien]. Zagreb 1998, S. 66–178.
Löw, Andrea/Roth, Markus: Das Warschauer Ghetto. Alltag und Widerstand im Angesicht der Vernichtung. München 2013.
Löw, Andrea/Roth, Markus: Juden in Krakau unter deutscher Besatzung 1939–1945. Göttingen 2011.
Löw, Andrea: Juden im Ghetto Litzmannstadt. Lebensbedingungen, Selbstwahrnehmung, Verhalten. Göttingen 2006.
Löwenthal, Richard (Hrsg.): Widerstand und Verweigerung in Deutschland 1933 bis 1945. Berlin/Bonn 1984.
Lubin, Aron: L'Organisation Juive de Combat (OJC). In: Le Monde Juif. Revue d'histoire de la Shoah 152 (1994), S. 75.
Lustiger, Arno: „Wir werden nicht untergehen". Zur jüdischen Geschichte. München 2002.
Lustiger, Arno: Judenretter in Wehrmachtsuniform. Feldwebel Anton Schmid. In: Ders.: Wir werden nicht untergehen. Zur jüdischen Geschichte. München 2002, S. 140–161.
Lustiger, Arno: Jüdische Widerstands- und Arbeiterlieder. In: Ders., „Wir werden nicht untergehen". Zur jüdischen Geschichte. München 2002, S. 254–270.
Lustiger, Arno: Rettungswiderstand. Über die Judenretter in Europa während der NS-Zeit. Göttingen 2011.
Lustiger, Arno: Shalom libertad. Juden im Spanischen Bürgerkrieg. Frankfurt a. M. 1989.
Lustiger, Arno: Zum Kampf auf Leben und Tod! Vom Widerstand der Juden 1933–1945. Köln 1994.
Lustiger, Gila: So sind wir. Berlin 2005.
Lyotard, Jean-Francois: Der Widerstreit. München 1989.
Lyotard, Jean-François: The Differend: Phrases in Dispute. Minneapolis 1988 [1983].
Mageen, Nathan: Zwischen Abend und Morgenrot. Eine Geschichte aus dem niederländischen Widerstand. Düsseldorf 2005.
Maierhof, Gudrun: Frauen in der jüdischen Selbsthilfe 1933–1943. Frankfurt a. M./New York 2002.
Mallmann, Klaus-Michael: „Mensch, ich feiere heut' den tausendsten Genickschuß". Die Sicherheitspolizei und die Shoah in Westgalizien. In: Paul, Gerhard (Hrsg.): Die Täter der Shoah. Fanatische Nationalsozialisten oder ganz normale Deutsche? Göttingen 2002, S. 109–136.
Margalith, Avishai: The Ethics of Memory. Cambridge 2003.
Mark, Ber: Des Voix dans la Nuit. La Résistance Juive à Auschwitz. Paris 1982.
Matsas, Michael: The Illusion of Safety. New York 1997.
Mechanicus, Philip: Im Depot. Tagebuch aus Westerbork. Berlin 1993.
Menasse, Eva: Vienna. Köln 2005.
Meyer, Beate: Tödliche Gratwanderung. Die Reichsvereinigung der Juden in Deutschland zwischen Hoffnung, Zwang, Selbstbehauptung und Verstrickung (1939–1945). Göttingen 2011.
Meyer, Beate: Gratwanderung zwischen Verantwortung und Verstrickung. Die Reichsvereinigung der Juden in Deutschland und die Jüdische Gemeinde zu Berlin 1938–1945. In: Dies./Simon, Hermann (Hrsg.): Juden in Berlin 1938–1945. Berlin 2000, S. 290–337.
Meyerstein, Heinz Jehuda: Gehetzt, gejagt und entkommen. Von Göttingen über München und das KZ Dachau nach Holland, Deutschland, Holland und durch Frankreich über die Pyrenäen in Spanien gerettet. Konstanz 2008.
Michman, Dan: The Emergence of Jewish Ghettos During the Holocaust. Cambridge [u. a.] 2011.
Michman, Dan: Zionist Youth Movements in Holland and Belgium and their activities during the Shoah. In: Cohen, Asher/Cochavi, Yehoyakim (Hrsg.): Zionist Youth Movements during the Shoah. New York [u. a.] 1995, S. 156.

Michman, Dan/Rosenberg, Alan (Hrsg.): Postmodernism and the Holocaust. Atlanta 1994.
Mildt, Dick de: In the Name of the People: Perpetrators of Genocide in the Reflection of their Post-War Prosecution in West Germany. The „Euthanasia" and „Aktion Reinhard" Trial Cases. Den Haag 1996.
Milton, Sybil: Art of the Holocaust: A Summary. In: Braham, Randolph L. (Hrsg.): Reflections of the Holocaust in Art and Literature, S. 147–152. New York 1990.
Milton, Sybil: Culture under Duress: Art and the Holocaust. In: Decoste, F.C./Schwartz, Bernard (eds.): The Holocaust's Ghost. Writing on Art, Politics, Law, and Education, S. 84–96. Alberta 2000.
Milton, Sybil: The Imperatives of Memory: A Perspective on Art and the Holocaust. In: From Ashes to the Rainbow. A Tribute to Raoul Wallenberg. Works by Alice Lok Cahana, S. 49–57. Exhibition Catalog. Curated by Barbara Gilbert, Spring-Summer 1987, Hebrew Union College Skirball Museum Los Angeles, California.
Minc, Rachel: Kinder der Nacht. Schicksale jüdischer Kinder 1939–1945, Frankfurt a. M. 1963.
Miron, Guy (Hrsg): The Yad Vashem Encyclopedia of the Ghettos During the Holocaust. Jerusalem 2010.
Młynarczyk, Jacek Andrzej: Treblinka – ein Todeslager der „Aktion Reinhard". In: „Aktion Reinhardt". Der Völkermord an den Juden im Generalgouvernement 1941–1944. Tagungsband, hrsg. von Bogdan Musial. Warschau 2004.
Moore, Bob: Survivors: Jews Self-Help and Rescue in Nazi Occupied Western Europe. New York 2010.
Mühlen, Patrik von zur: Fluchtweg Spanien – Portugal. Die deutsche Emigration und der Exodus aus Europa 1933–1945. Bonn 1992.
Murray, Oswyn (Hrsg.): The Greeks and Greek Civilization. New York 1999.
Musial, Bogdan (Hrsg.): „Aktion Reinhardt". Der Völkermord an den Juden im Generalgouvernement 1941–1944. Osnabrück 2004.
Nadav, Daniel S./Stürzbecher, Manfred: Walter Lustig. In: Hartung-von Doetinchem, Dagmar/Winau, Rolf (Hrsg.): Zerstörte Fortschritte. Das Jüdische Krankenhaus in Berlin 1756 – 1861 –
1914–1989. Berlin 1989, S. 221–226.
Nancy, Jean-Luc: La Représentation Interdite. In: Ders. (Hrsg.): L'Art et la Mémoire des Camps. Représenter, Exterminer. Paris 2001, S. 13–39.
Neuschäfer, Markus: Vom doppelten Fortschreiben der Geschichte. Familiengeheimnisse im Generationenroman. In: Lauer, Gerhard (Hrsg.): Literaturwissenschaftliche Beiträge zur Generationenforschung. Göttingen 2010, S. 164–203.
Nirensztein, A.: Ruch Oporu Żydów w Krakowie pod okupacją hitlerowską. In: Biuletyn Żydowskiego Instytutu Historycznego, Nr. 1 (3) 1952. S. 126–186.
Nolden, Thomas: Junge jüdische Literatur. Konzentrisches Schreiben in der Gegenwart. Würzburg 1995.
Novak, Zdenka: When Heaven's Vault Cracked, Zagreb Memories. Cambridge 1995.
Novitch, Miriam (Hrsg.): Sobibor, martyre et révolte. Paris 1978.
Ofer, Dalia/Weitzman, Leonore J. (Hrsg.): Donne nell'Olocausto. Florenz 2001.
Ofer, Dalia: The Community and the Individual: The Different Narratives of Early and Late Testimonies and their Significance for Historians. In: Bankier, David/Michman, Dan (Hrsg.): Holocaust Historiography in Context. Emergence, Challenges, Polemics and Achievements New York 2008, S. 519–535.
Olick, Jeffrey K./Robbins, Joyce: Social Memory Studies. From "Collective Memory" to the Historical Sociology of Mnemonic Practices. In: Annual Review of Sociology 24 (1998),

S. 105–140.
Ortmeyer, Benjamin (Hrsg.): Jiddische Lieder gegen die Nazis. Witterschlick/Bonn 1996.
Pantelić, Ivana: Partizanke kao građanke. Društvena emancipacija partizanki u Srbiji 1945–1953 [Partisaninnen als Bürgerinnen. Die gesellschaftliche Emanzipation der Partisaninnen in Serbien 1945–1953]. Belgrad 2011.
Parke, Mary Susan: Holocaust Art: A Cultural/Historical Approach to its Genesis with Attention Given to the Work and Experiences of Alfred Kantor, Concentration Camp Survivor. PhD Thesis, Department of Art, University of Mississippi, 1981.
Paucker, Arnold: Deutsche Juden im Widerstand. In: Steinbach, Peter/Tuchel, Johannes (Hrsg.): Widerstand gegen die nationalsozialistische Diktatur 1933–1945. Berlin 2004, S. 285–306.
Pemper, Mieczysław (Mietek): Der rettende Weg. Schindlers Liste – die wahre Geschichte. Hamburg 2005.
Perec, Georges: W oder die Kindheitserinnerung. Berlin 1978.
Perl, Shaindy: Tell the World. The Story of the Sobibor Revolt. Lakewood (NJ) 2004.
Perlis, Rivka: The Hechalutz Fighting Resistance in Cracow. In: Cohen, Asher (Hrsg.): Dapnim. Studies on the Shoah. Frankfurt a. M. [u. a.] 1991. S. 221–253.
Picard, Jacques: Die Schweiz und die Juden 1933–1945. Schweizerischer Antisemitismus, jüdische Abwehr und internationale Migrations- und Flüchtlingspolitik. 3. Aufl., Zürich 1997.
Pietrzykowa, Aleksandra/Potępa, Stanisław: Zagłada Tarnowskich Żydów. Tarnów 1990.
Pinkhof, Mirjam (Hrsg.): De jeugdalijah van het Paviljoen Loosdrechtsche Rade 1939–1945. Hilversum 1998.
Pinto, Avram/Pinto, David: Dokumenti o stradanju jevreja u logorima NDH. Sarajevo 1972.
Podhorizer-Sandel, Erna: O Zagładzie Żydów w Dystrykcie Krakowskim. In: Biuletyn Żydowskiego Instytutu Historycznego, Nr. 30 (1959), S. 87–109.
Poliakov, León/Sabille, Jacques: Jews under Italian Occupation. Paris 1955.
Pollock, Griselda: Encounters in the Virtual Feminist Museum. Time, Space, and the Archive. New York 2007.
Poppel, Stephen M: Salman Schocken and the Schocken Verlag: A Jewish Publisher in Weimar and Nazi Germany. Harvard Library Bulletin 21.1 (1973), S. 20–49.
Präg, Werner/Jacobmeyer, Wolfgang (Hrsg.): Das Diensttagebuch des deutschen Generalgouverneurs in Polen 1939–1945. Stuttgart 1975.
Prel, Max du: Das Deutsche Generalgouvernement Polen. Ein Überblick über Gebiet, Gestaltung und Geschichte. Krakau 1940.
Presser, Jacques: Ashes in the wind. The Destruction of Dutch Jewry. Detroit 1988.
Rączy, Elżbieta: Zagłada Żydów w dystrykcie krakowskim w latach 1939–1945. Rzeszów 2014.
Rajchman, Chil: Ich bin der letzte Jude: Treblinka 1942/43. Aufzeichnungen für die Nachwelt. München 2009.
Reichel, Peter: Erfundene Erinnerung. Weltkrieg und Judenmord in Film und Theater. München/ Wien 2004.
Revelli, Nuto: Mussolini's Death March. Eyewitness Accounts of Italian Soldiers on the Eastern Front. Lawrence (KS) 2013.
Richarz, Monika (Hrsg.): Jüdisches Leben in Deutschland. Bd. 3: Selbstzeugnisse zur Sozialgeschichte 1918–1945. Stuttgart 1982.
Ristović, Milan: Jugoslavija i jevrejske izbeglice 1938–1941. [Jugoslawien und die jüdischen Flüchtlinge 1938–1941]. In: Istorija 20. veka 15 (1996) 1 [Geschichte des 20. Jahrhunderts], S. 21–43.
Roggenkamp, Viola: Familienleben. Zürich 2004.

Romano, Jaša: Jevreji Jugoslavije 1941.–1945. Žrtve genocida i učesnicni Narodnooslobodilačkog rata. [Die Juden Jugoslawiens 1941–1945. Opfer des Genozids und Teilnehmer des Volksbefreiungskrieges]. Belgrad 1980.

Rose, Sven-Erik: Auschwitz as Hermeneutic Rupture, Differend, and Image: Jameson, Lyotard, Didi-Huberman. In: Bathrick, David/Prager, Brad/Richardson, Michael D. (eds.): Visualizing the Holocaust. Documents, Aesthetics, Memory, S. 114–137. Rochester/New York 2008.

Rosen, Philip/Apfelbaum, Anne: Bearing Witness. A Resource Guide to Literature, Poetry, Art, Music, and Videos by Holocaust Victims and Survivors. Westport (CT) 2002.

Rosenfeld, Gavriel D.: The Politics of Uniqueness: Reflections on the Recent Polemical Turn in Holocaust and Genocide Scholarship. Holocaust and Genocide Studies 13:1 (Spring 1999), S. 28–61.

Roth, Markus: Starostowie powiatowi i zagłada Żydów w dystrykcie krakowskim Generalnego Gubernatorstwa. In: Sitarek, Adam [u. a.]: Zagłada Żydów na polskiej prowincji. Łódź 2012, S. 279–307.

Rothberg, Michael: Traumatic Realism. The Demands of Holocaust Representation. Minneapolis 2000.

Rückerl, Adalbert (Hrsg.): NS-Vernichtungslager im Spiegel deutscher Strafprozesse. Belzec, Sobibor, Treblinka, Chelmno. München 1977.

Rufeisen-Schüpper, Hella: Abschied von Mila 18. Als Ghettokurierin zwischen Krakau und Warschau. Köln 1998.

Ruhm von Oppen, Beate (Hrsg.): Helmuth James Graf von Moltke, Briefe an Freya 1939–1945. München 1988.

Rürup, Reinhard: Emanzipation und Antisemitismus. Studien zur „Judenfrage" der bürgerlichen Gesellschaft. Göttingen 1975.

Sakowska, Ruta: Menschen im Ghetto. Die jüdische Bevölkerung im besetzten Warschau 1939–1943. Osnabrück 1999.

Sakowska, Ruta: Die zweite Etappe ist der Tod. NS-Ausrottungspolitik gegen die polnischen Juden, gesehen mit den Augen der Opfer. Berlin 1993.

Sarafis, Stephanos: ELAS. Greek Resistance Army. London 1980.

Sarner, Harvey: Rescue in Albania: One Hundred Percent of Jews in Albania Rescued from the Holocaust. Palm Springs (CA) 1997.

Scheffler, Wolfgang: NS-Prozesse als Geschichtsquelle. Bedeutung und Grenzen ihrer Auswertbarkeit durch den Historiker. In: Scheffler, Wolfgang/Bergmann, Werner (Hrsg.): Lerntag über den Holocaust als Thema im Geschichtsunterricht und in der politischen Bildung. Berlin 1998, S. 13–27.

Schelvis, Jules: Vernichtungslager Sobibór. Berlin 1998.

Schilde, Kurt: „Geht die Arbeit weiter?". Marianne Cohn – illegale Sozialarbeiterin in der Résistance. In: Ders.: Jugendopposition 1933–1945. Ausgewählte Beiträge. Mit einem Geleitwort von Johannes Tuchel. Berlin 2007, S. 63–75.

Schilde, Kurt: Erinnern – und nicht vergessen. Dokumentation zum Gedenkbuch für die Opfer des Nationalsozialismus aus dem Bezirk Tempelhof. Hrsg. vom Bezirksamt Tempelhof von Berlin anlässlich der Erweiterung des Gedenkbuches am 9. November 1988. (= Reihe Deutsche Vergangenheit – Stätten der Geschichte Berlins, Bd. 31). Berlin 1988.

Schmidt, Sybille/Krämer, Sybille/Voges, Ramon (Hrsg.): Politik der Zeugenschaft. Bielefeld 2011.

Schneider, Lambert: Rechenschaft über vierzig Jahre Verlagsarbeit 1925–1965. Ein Almanach. Heidelberg 1965.

Schocken, Gershom: „Salman Schocken: Ich werde seinesgleichen nicht mehr sehen". In: Der Monat 242 (1968), S. 15.
Schocken, Salman: Referat auf dem Delegiertentag der ZVfD. In: Jüdische Rundschau, 5. 1. 1917, S. 2–6.
Schreuder, Saskia/Weber, Claude (Hrsg.): Der Schocken Verlag/Berlin. Essayband zur Ausstellung „Dem suchenden Leser unserer Tage" der Nationalbibliothek Luxemburg. Berlin 1994.
Schreuder, Saskia: Inmitten aller Not und aller Angriffe. Der Schocken Verlag im Spiegel der jüdischen Kritik. In: Schreuder, Saskia/Weber, Claude (Hrsg.): Der Schocken Verlag/Berlin. Essayband zur Ausstellung „Dem suchenden Leser unserer Tage" der Nationalbibliothek Luxemburg. Berlin 1994. S. 377–395.
Schroeter, Gudrun: Worte aus einer zerstörten Welt. Das Ghetto von Wilna. St. Ingbert 2008.
Schwoch, Rebecca (Hrsg.): Berliner jüdische Kassenärzte und ihr Schicksal im Nationalsozialismus. Ein Gedenkbuch. Berlin 2009.
Seghers, Pierre: La Résistance et ses poètes. Bd. 2: France 1944–1945. Choix de poèmes. Paris 1978.
Seligmann, Rafael: Rubinsteins Versteigerung. München 1988.
Selle, Irene: Frankreich meines Herzens. Die Résistance in Gedicht und Essay. Leipzig 1987.
Sentić, Marija: O sudjelovanju ženske omladine u jedinicama NOV na području Hrvatske u razdoblju 1941–1945 [Über die Teilnahme der weiblichen Jugend in den Einheiten der Volksbefreiungsarmee 1941–1945]. In: Boban, Ljubo (Hrsg.): Revolucionarni omladinski pokret u Hrvatskoj 1941–1948 [Die revolutionäre Jugendbewegung 1941–1948]. Zagreb 1972, S. 77–86.
Sereny, Gitta: Am Abgrund. Eine Gewissensforschung. Gespräche mit Franz Stangl, Kommandant von Treblinka, und anderen. Wien 1980.
Sharif-Nassab, Arin: Über-Lebensgeschichten. Der Holocaust in Krakau – Biographische Studien. Innsbruck [u. a.] 2005.
Shelah, Menahem: The Yugoslav Connection. Immigration of Jewish Refugees to Palestine through Yugoslavia, 1938–1948. Tel Aviv 1994.
Shmuel Yosef Agnon und Salman Schocken. Briefwechsel. Sh. Y. Agnon – Sh. Z. Schocken. Chilufe igrot. Jerusalem 1991.
Siegel, Paul: In ungleichem Kampf. Von Köln nach Holland durch Westerbork über Frankreich und Spanien nach Israel 1924–1947. Christlich-jüdische Hilfsaktion der Westerweel-Gruppe. Konstanz 2001.
Silver, Daniel B.: Überleben in der Hölle. Das Berliner Jüdische Krankenhaus im Dritten Reich. Berlin 2006.
Simon, Ernst: Aufbau im Untergang. Jüdische Erwachsenenbildung im nationalsozialistischen Deutschland als geistiger Widerstand. Schriftenreihe wissenschaftlicher Abhandlungen des Leo Baeck Institute of Jews from Germany. Tübingen 1959.
Simon, Ernst: Der Schocken Verlag. In: Jüdische Rundschau, 12. 11. 1937, S. 9–10.
Sklevicky, Lydia: Organizirana djelatnost žena Hrvatske za vrijeme narodnooslobodilačke borbe 1941.–1945. [Die organisierte Teilnahme von Frauen Kroatiens zur Zeit des Volksbefreiungskampfes 1941–1945]. In: Povijesniprilozi [HistorischeBeiträge] 1 (1984), S. 85–127.
Skloot, Robert: Introduction. In: Skloot, Robert (Hrsg.): The Theatre of the Holocaust. Madison 1982, S. 3–37.
Smith, Helmut Walser: Die Geschichte des Schlachters. Mord und Antisemitismus in einer deutschen Kleinstadt. Göttingen 2002.
Sorić, Ante (Hrsg.): The Jews in Yugoslavia. A Catalogue. Zagreb 1988.

Staas, Christian: Tollkühn aus Nächstenliebe. In: Die Zeit, 27. 6. 2013.
Steckel, Charles: Destruction and Survival. Los Angeles 1973.
Steinbach, Peter: Eröffnungsvortrag auf der Konferenz „Der jüdische Widerstand gegen die nationalsozialistische Vernichtungspolitik in Europa 1933–1945 am 8. 4. 2013 in Berlin.
Steinbach, Peter: Widerstand gegen den Nationalsozialismus in der zeitgeschichtlichen Auseinandersetzung. Berlin 2001.
Steinberg, Jonathan: All Or Nothing, The Axis and the Holocaust 1941–1943. New York 2002.
Steindorff, Ludwig: Die jüdische Gemeinde in Zagreb. Ein Gang durch ihre Geschichte. In: Engel-Braunschmidt, Annelore/Hübner, Eckhard (Hrsg.): Jüdische Welten in Osteuropa, Bd. 8. Frankfurt a. M. 2005, S. 155–175.
Stiffel, Frank: The Tale of the Ring: A Kaddish. Toronto [u. a.] 1984.
Stone, Dan: Holocaust Historiography and Cultural History. Dapim: Studies on the Shoah 23 (2009), S. 52–68.
Strobl, Ingrid: Die Angst kam erst danach. Jüdische Frauen im Widerstand in Europa 1939–1945. Frankfurt a. M. 1998.
Struk, Janina: Photographing the Holocaust. Interpretations of the Evidence. London/New York 2004.
Sundhaussen, Holm: Jugoslawien. In: Benz, Wolfgang (Hrsg.): Dimension des Völkermords. Die Zahl der jüdischen Opfer des Nationalsozialismus. München 1991, S. 311–330.
Švob, Melita: Židovi u Hrvatskoj. Židovske zajednice [Juden in Kroatien. Jüdische Gemeinden]. Buch I, Zagreb 2004.
Szmajzner, Stanislaw: Inferno em Sobibor. A tragédia de um adolescente judeu. Rio de Janeiro 1979.
Tauber, Eli: Holokaust u Bosni i Hercegovini [Holocaust in Bosnien und Herzegowina]. Sarajewo 2014.
Tec, Nechama: Le donne fra i partigiani della foresta. In: Ofer, Dalia/Weitzman, Leonore J. (Hrsg.): Donne nell'Olocausto. Florenz 2001, S. 235– 245.
Tec, Nechama: When light pierced the darkness. Christian rescue of Jews in Nazi-occupied Poland. New York [u. a.] 1986.
The Jewish Museum of Greece: Synagonistis. Greek Jews in the National Resistance. Exhibition Newsletter. Athens 2013.
Thompson, Vivian Alpert: Mission in Art: Recent Holocaust Works in America. Macon (GA) 1988.
Ticho, Kurt: My Legacy. Holocaust, History and the Unfinished Task of Pope John Paul II. Włodawa 2008.
Toll, Nelly. When Memory Speaks. The Holocaust in Art. Westport (CT) 1998.
Toll, Nelly: Without Surrender. Art of the Holocaust. Philadelphia 1978.
Tomasevich, Jozo: War and Revolution in Yugoslavia, 1941–1945. Stanford (CA) 2001.
Tuchel, Johannes: Die NS-Prozesse als Materialgrundlage für die historische Forschung. In: Weber, Jürgen/Steinbach, Peter (Hrsg.): Vergangenheitsbewältigung durch Strafverfahren? München 1984, S. 134–144.
Van Alphen, Ernst: Caught by History. Holocaust Effects in Contemporary Art, Literature, and Theory. Stanford 1997.
Voigt, Klaus (Hrsg.): Joškos Kinder. Flucht und Alija durch Europa 1940–1943. Josef Indigs Bericht. Berlin 2006.
Voigt, Klaus (Hrsg.): Villa Emma. Jüdische Kinder auf der Flucht 1940–1945. Berlin 2002.
Völkl, Katrin: Die jüdische Gemeinde von Zagreb. Sozialarbeit und gesellschaftliche Einrichtung in der Zwischenkriegszeit. In: Münchner Zeitschrift für Balkankunde 9 (1993), S. 105–154.

Vulesica, Marija: Jugoslawische antijüdische Gesetze. In: Benz, Wolfgang (Hrsg.): Handbuch des Antisemitismus, Bd. 4. Berlin/Boston 2011, S. 212–214.
Vulesica, Marija: Antisemitismus im ersten Jugoslawien 1918–1941. In: Jahrbuch für Antisemitismusforschung 17 (2008), S. 131–152.
Weinstein, Eddi: 17 Days in Treblinka. Daring to Resist, and Refusing to Die. Jerusalem 2008.
Wette, Wolfram: Feldwebel Anton Schmid. Ein Held der Humanität. Frankfurt a. M. 2013.
Wette, Wolfram (Hrsg.): Zivilcourage. Empörte, Helfer und Retter aus Wehrmacht, Polizei und SS. Frankfurt a. M. 2006.
Wewryk, Kalmen: To Sobibór and Back. An Eyewitness Account. Włodawa 2008.
Wiernik, Jankiel: Rok w Treblince. A Year in Treblinka. Warschau 2003.
Wiese, Klaus [u. a.] (Redaktion): Wir waren Nachbarn. Biografien jüdischer Zeitzeugen. Eine Ausstellung in der Berliner Erinnerungslandschaft. Hrsg. von Frag doch! Verein für Begegnung und Erinnerung e. V. Teetz 2008.
Wiesinger, Barbara N.: Partisaninnen. Widerstand in Jugoslawien. Wien [u. a.] 2008.
Willenberg, Samuel: Revolt in Treblinka. Warschau 1992.
Wolff, Hans-Peter (Hrsg.) Biographisches Lexikon zur Pflegegeschichte. Berlin/Wiesbaden 1997.
Wolff, Janet: The Iconic and the Allusive: The Case of Beauty in post-Holocaust Art. In Hornstein, Shelley/Jacobowitz, Florence (Hrsg.): Image and Remembrance: Representation and the Holocaust, S. 153–174. Bloomington 2003.
Yigael, Benjamin: They were our friends. A Memorial for the Members of the Hachsharot and the Hehalutz Underground in Holland murdered in the Holocaust. Tel Aviv 1990.
Young, James E.: Writing and Rewriting the Holocaust. Narrative and the Consequences of Interpretation. Bloomington 1988.
Zabierowski, Stanisław: Szebnie. Rzeszów 1985.
Zabierowski, Stanisław: Pustków. Hitlerowskie obozy wyniszczenia w służbie poligonu SS. Rzeszów 1981.
Żbikowski, Andrzej (Hrsg.): Friedrich Katzmann, Rozwiązanie kwestii żydowskiej w dystrykcie Galicja. Warszawa 2001.
Zeitoun, Sabine: L'Œuvre de Secours aux Enfants (OSE) sous l'occupation en France. Du légalisme à la résistance (1940–1944). Paris 1990.
Zimmermann, Moshe: Die deutschen Juden 1914–1945. München 1997.

Über die Autorinnen und Autoren

Stéphanie Benzaquen, hat Kunstgeschichte an der Sorbonne in Paris studiert. Im Rahmen ihrer Promotion forscht sie derzeit am Centre for Historical Culture der Erasmus-Universität Rotterdam/Niederlande. Sie arbeitet auch als Kuratorin und hat Ausstellungen in Israel, Frankreich, Deutschland, Zentral- und Osteuropa sowie in Russland organisiert. 2012 erhielt sie ein Leon-Milman-Memorial-Stipendium am United States Holocaust Memorial Museum in Washington D. C. Zu ihren jüngsten Veröffentlichungen gehören: Social media and the future of Auschwitz remembrance, in: Auschwitz heute – dzisiaj – today, Berlin 2015; die Präsentation „The afterlife of a media event: Watching the miniseries Holocaust on YouTube" auf der Konferenz des Simon Wiesenthal Centres in Wien 2014; #Holocaust: social networks and the cultural memory of the Holocaust, Toronto 2013.

Sara Berger, Dr. phil., studierte Geschichte, Sozialpsychologie und Italienische Literaturwissenschaft an der Ruhr-Universität Bochum. Zurzeit ist sie wissenschaftliche Mitarbeiterin der Fondazione Museo della Shoah in Rom und bearbeitet den Teilbereich Italien im Editionsprojekt „Verfolgung und Ermordung der europäischen Juden" (VEJ). Sie beschäftigt sich mit der Judenverfolgung im Nationalsozialismus, insbesondere in Polen und Italien und ist Verfasserin u. a. von Experten der Vernichtung. Das T4-Reinhardt-Netzwerk in den Lagern Belzec, Sobibor und Treblinka, Hamburg 2013; und Herausgeberin (zusammen mit Marcello Pezzetti und Bruno Vespa) von I Ghetti Nazisti, Ausstellungskatalog, Rom 2012.

Martina Bitunjac, Dr. phil., promovierte an der Humboldt Universität zu Berlin und an der Universität La Sapienza in Rom zum Thema „Frauen und die Ustascha-Bewegung". Sie ist wissenschaftliche Mitarbeiterin am Moses Mendelssohn Zentrum für europäisch-jüdische Studien (MMZ) und geschäftsführende Redakteurin der Zeitschrift für Religions- und Geistesgeschichte (ZRGG). Zu ihren Forschungsinteressen zählen: Frauen- und Geschlechtergeschichte, Zweiter Weltkrieg, Erinnerungskultur und Geschichte Südosteuropas. 2012 erschien ihre italienischsprachige Monografie: Le donne e il movimento ustascia.

Gideon Botsch, Dr. phil., ist Privatdozent an der Wirtschafts- und Sozialwissenschaftlichen Fakultät der Universität Potsdam, wissenschaftlicher Mitarbeiter am Moses Mendelssohn Zentrum für europäisch-jüdische Studien in Potsdam. Studium der Politikwissenschaft an der Freien Universität Berlin. Tätigkeiten in der Gedenkstättenpädagogik und historisch-politischen Bildungsarbeit. Forschungsschwerpunkte: Antisemitismus- und Rechtsextremismusforschung, Nationalsozialismus, Jüdische Geschichte. Publikationen u. a.: Dr. Dr. Walter Lustig – vom preußischen Medizinalbeamten zum „Ein-Mann-Judenrat", in: Beddies, Thomas [u. a.] (Hrsg.): Jüdische Ärztinnen und Ärzte im Nationalsozialismus. Entrechtung, Vertreibung, Ermordung, Berlin/Boston 2014, S. 103–116; Von der Judenfeindschaft zum Antisemitismus. Ein historischer Überblick, in: Aus Politik und Zeitgeschichte 28–30 (2014), S. 10–17.

Steven Bowman, Prof. em., lehrte Jüdische Studien an der University of Cincinnati. Schwerpunkt seiner Forschungen ist das tausendjährige Zusammenleben von Griechen und Juden als Beispiel für die Grundstruktur der westlichen Zivilisation. Er ist Herausgeber der Sephardi and Greek Holocaust Library, die derzeit aus fünf Bänden besteht. Zu seinen jüngsten Publikationen gehören: Jewish Resistance in Wartime Greece, London/Portland 2006; The Agony of Greek Jews, 1940–1945, Stanford, 2009; einige Beiträge in Greek Responses to the Nazis in the Mountains and in the Camps, in: Henry, Patrick (Hrsg.): Jewish Resistances to the Nazis, Washington 2014; sowie Freedom and Death. The Jews and the Greek Andartiko, in: Goda, Norman (Hrsg.): Jewish Histories of the Holocaust, Oxford/New York 2014.

Sahra Dornick, ist Soziologin und Germanistin und promoviert mit einem interdisziplinären Forschungsvorhaben zu den Romanen Gila Lustigers am Institut für Germanistik der Universität Potsdam und am Zentrum für Interdisziplinäre Frauen- und Geschlechterforschung (ZIFG) der TU Berlin, außerdem ist sie wissenschaftliche Mitarbeiterin der Stiftung Universität Hildesheim. Zu ihren jüngsten Veröffentlichungen gehört: Fußnoten zur Familie. Zur Performativität des Traumas der Shoah in den deutsch-jüdischen Familienromanen „So sind wir" (Gila Lustiger) und „Familienleben" (Viola Roggenkamp), in: Zeitschrift für Religions- und Geistesgeschichte (ZRGG) 64/4 (2012), S. 138–151.

Tanja von Fransecky, Dr. phil., Studium der Soziologie, geschichtswissenschaftliche Promotion, wissenschaftliche Mitarbeiterin im Projekt Stille Helden in den deutsch besetzten Gebieten 1939–1945 in der Gedenkstätte Stille Helden, Stiftung Gedenkstätte Deutscher Widerstand; jüngste Publikationen zum Thema: Die Flucht der Tunnelgräber von Drancy. Einzelfallstudie zur Flucht von 19 Waggoninsassen aus dem 62. Deportationszug in Frankreich, in: Fröhlich, Roman [u. a.] (Hrsg.): Zentrum und Peripherie. Die Wahrnehmung der nationalsozialistischen Konzentrationslager, Berlin 2013, S. 15–35; Der 20. Transport. Vor 70 Jahren überfielen Widerstandskämpfer in Belgien einen Deportationszug nach Auschwitz, in: Antifaschistisches Infoblatt 99 (2013); Fluchten von Juden aus Deportationszügen in Frankeich, Belgien und den Niederlanden, Berlin 2014; Die Wachmannschaften der Deportationszüge: Frankreich, Belgien und die Niederlande, in: Francia. Forschungen zur westeuropäischen Geschichte, Bd. 42, Ostfildern 2015.

Esther Gitman, Ph. D., studierte Geschichte und Soziologie an der Carlton Universität in Ottawa sowie Strafrecht an der Long Island University in New York. Sie promovierte 2005 in Jüdischer Geschichte an der City University in New York. Im Rahmen ihrer Postdoc-Studien als Barbara-und-Richard-Rosenberg-Stipendiatin am United States Holocaust Memorial Museum in Washington erforschte sie die Rettung von 9.500 Juden während des Zweiten Weltkrieges und erstellte eine der ersten größeren Studien auf Englisch über das Schicksal kroatischer Juden. Zu ihren jüngsten Publikationen gehört: A Question of Judgement. Dr. Alojzije Stepinac and the Jews, in: Review of Croatian History 1 (2006), S. 47–72; When Courage Prevailed. The Rescue and Survival of Jews in the Independent State of Croatia 1941–1945, St. Paul (MN) 2011; und Courage to Defy. Jews in the Independent State of Croatia Fight Back, in: Henry, Patrick (Hrsg.): Jewish Resistance against the Nazis, Washington D. C. 2014, S. 426–447.

Melanie Hembera, Dr. phil., hat Mittlere und Neuere Geschichte sowie Politische Wissenschaft an der Ruprecht-Karls-Universität in Heidelberg studiert. Von Oktober 2008 bis Dezember 2010 war sie als geschäftsführende Mitarbeiterin am Lehrstuhl für Zeitgeschichte am Historischen Seminar an der Universität Heidelberg tätig. 2014 wurde sie an der Universität Heidelberg mit ihrer Arbeit „Die Shoah im Distrikt Krakau des Generalgouvernements. Eine Fallstudie am Beispiel der Stadt Tarnów" promoviert. Seit 2014 ist sie wissenschaftliche Mitarbeiterin der Forschungsstelle Ludwigsburg der Universität Stuttgart. Zu ihren jüngsten Veröffentlichungen gehört: „Die Stadt Krakau müsse die judenreinste Stadt des Generalgouvernements werden". Die Umsiedlung der jüdischen Bevölkerung aus Krakau, in: Form, Wolfgang [u. a.] (Hrsg.): Narrative im Dialog. Deutsch-polnische Erinnerungsdiskurse, Dresden 2013, S. 311–334.

Stefanie Mahrer, Dr. phil, ist Postdoctoral Fellow am Rosenzweig Minerva Center der Hebräischen Universität Jerusalem sowie wissenschaftliche Mitarbeiterin am Zentrum für Jüdische Studien der Universität Basel. Sie studierte Jüdische Studien und allgemeine Geschichte an der Universität Basel und Jewish History, Culture, and Thought an der University of Sussex. Promoviert wurde sie an der Universität Basel mit einer Arbeit zur Geschichte der jüdischen Uhrmacher in der Schweiz im 19. Jahrhundert. Die Arbeit erschien 2012 und wurde im selben Jahr mit dem Fakultätspreis der philosophisch-historischen Fakultät ausgezeichnet. Der Beitrag in diesem Band ist thematisch eng mit ihrem Habilitationsprojekt mit dem Arbeitstitel „Transnationale Neukonstituierung. Salman Schockens kulturelles Projekt und der Kreis deutschjüdischer Intellektueller in der ersten Hälfte des 20. Jahrhunderts" verbunden.

Bertram Nickolay, Dr.-Ing., studierte Elektrotechnik an der Technischen Universität Berlin und promovierte 1990. Im Jahre 1981 wurde er am Fraunhofer Institut für Produktionsanlagen und Konstruktionstechnik (IPK) wissenschaftlicher Mitarbeiter und seit 1990 Leiter der Abteilung Sicherheitstechnik. 1992 erhielt er den Joseph-von-Fraunhofer-Preis für seine Arbeiten zu lernfähigen Bildauswertungssystemen. Ehrenamtlich engagiert sich Bertram Nickolay im kulturellen Bereich. Er ist Initiator und Mitgestalter einer Reihe von Buch- und Musikveröffentlichungen, u. a. einer 12 CDs umfassenden Anthologie „Sol Sajn – Jiddische Musik von 1945 bis 2009". Außerdem berät er Festivals und konzipiert literarisch-musikalische Programme.

Morgan Nickolay, Studium der Musikwissenschaft und Russischen Philologie an der Humboldt-Universität zu Berlin. Sein Forschungsinteresse gilt der Musiksoziologie Russlands und Osteuropas, in dessen Rahmen er einen Artikel über die Entwicklung der Balalaika zu Beginn des 20. Jahrhunderts veröffentlichte: Balalaika-Spieler in deutschen Kriegsgefangenenlagern. Dokumentation des Standardisierungs- und Verbreitungsprozesses eines russischen Instruments, in: Riva, Nepomuk (Hrsg.): Klangbotschaften aus der Vergangenheit. Forschungen zu Aufnahmen aus dem Berliner Lautarchiv, Aachen 2014. Zudem ist Morgan Nickolay Balalaika-Spieler und Gründer der Berliner Balalaika-Speedfolk-Band Cosmonautix, mit der er 2011 das Debütalbum „Energija" veröffentlichte. Die Gruppe ist international aktiv und feierte bereits Erfolge auf Festivals u. a. in Russland, Israel und Mexiko.

Johann Nicolai, schloss im Dezember 2014 seine Promotion über den Centralverein deutscher Staatsbürger jüdischen Glaubens in den Jahren des Nationalsozialismus ab. Zuvor studierte er von 2000 bis 2008 Judaistik an der Freien Universität Berlin und der Hebräischen Universität Jerusalem. Im Studienjahr 2008/2009 absolvierte er weiterhin einen durch die deutschamerikanische Fulbright-Kommission finanzierten Gastaufenthalt an der Baltimore Hebrew University in den USA. Anschließend absolvierte er 2010 ein Praktikum in der Londoner Wiener Library for the Study of Holocaust and Genocide, durch welches er wesentliche Impulse für seine Dissertation erhielt. Ab Frühjahr 2011 nahm er schließlich die Arbeit an seiner Dissertation an der Universität Potsdam auf und wurde dabei durch ein Promotionsstipendium der Friedrich-Naumann-Stiftung für die Freiheit unterstützt.

Markus Roth, Dr. phil., Historiker, Studium der Germanistik, Polonistik sowie Neueren und Neuesten Geschichte, seit 2008 Mitarbeiter der Arbeitsstelle Holocaustliteratur an der Universität Gießen, seit 2010 stellvertretender Leiter der Arbeitsstelle Holocaustliteratur. Publikationen (Auswahl): Juden in Krakau unter deutscher Besatzung 1939–1945, Göttingen 2011 (mit Andrea Löw); Das Warschauer Getto. Alltag und Widerstand im Angesicht der Vernichtung, München 2013 (mit Andrea Löw); „Ihr wißt, wollt es aber nicht wissen". Verfolgung, Terror und Widerstand im Dritten Reich, München 2015.

Kurt Schilde, Dr. phil., studierte Betriebswirtschaft an der Fachhochschule für Wirtschaft Berlin und Soziologie an der Freien Universität Berlin, promovierte in Neuerer Geschichte an der Technischen Universität Berlin zur Jugendopposition gegen den Nationalsozialismus, freier Mitarbeiter der Gedenkstätte Deutscher Widerstand und der Fachhochschule der Polizei des Landes Brandenburg, Forschungsschwerpunkte: Geschichte des Nationalsozialismus (Täter- und Opferbiografien und Regionalgeschichte). Publikationen zum Thema dieses Bandes: „Geht die Arbeit weiter?" Sozialarbeiterin in der Résistance. Marianne Cohn (1922–1944), in: Hering, Sabine (Hrsg.): Jüdische Wohlfahrt im Spiegel von Biographien (= Schriften des Arbeitskreises Geschichte der jüdischen Wohlfahrt in Deutschland, Bd. 2), Frankfurt a. M. 2006, S. 136–151; Fluchthilfe und Flüchtlingsfürsorge – „… ein kompliziertes Netz von Kontakten und Verbindungen …". Jüdische Verfolgte aus Nazi-Deutschland in der Schweiz, in: Hauss, Gisela/Maurer, Susanne (Hrsg.), Migration, Flucht und Exil im Spiegel der Sozialen Arbeit. (= Studien zur Historischen Pädagogik und Sozialpädagogik), Bern/Stuttgart/Wien 2010, S. 189–205.

Julius H. Schoeps, Prof. em., 1991–2007 Inhaber des Lehrstuhls für Neuere Geschichte (Schwerpunkt deutsch-jüdische Geschichte) an der Universität Potsdam. 1992–2014 Gründungsdirektor des Moses Mendelssohn Zentrums für europäisch-jüdische Studien in Potsdam. 1993–1997 nebenamtlich Gründungsdirektor des Jüdischen Museums der Stadt Wien, 1974–1991 Professor für Politische Wissenschaft und Direktor des Salomon Ludwig Steinheim Instituts für deutsch-jüdische Geschichte an der Universität Duisburg. Publikationen u. a.: Das Erbe der Mendelssohns. Biographie einer Familie, Frankfurt a. M. 2009; David Friedländer. Freund und Schüler Moses Mendelssohns, Hildesheim 2012, Der König von Midian. Paul Friedmann und sein Traum von einem Judenstaat auf der arabischen Halbinsel, Leipzig 2014.

Peter Steinbach, Prof. em., 1974 Staatsexamen in Marburg, 1974 Promotion (bei G. Oestreich), 1978/1979 Habilitation und Doppelvenia in Neuerer und Neuester Geschichte sowie Politikwissenschaft; 1981 Heisenberg-Stipendiat der DFG, 1982–1992 Universität Passau, seit 1983 wissenschaftlicher Leiter der ständigen Ausstellung „Widerstand gegen den Nationalsozialismus" in Berlin, seit 1989 wiss. Leiter der Gedenkstätte Deutscher Widerstand Berlin, seit 1992 Professor an der Freien Universität Berlin, seit 2001 Ordinarius für Neuere und Neueste Geschichte an der Universität Karlsruhe (TH), 2007 Lehrstuhl für Neuere Geschichte/Zeitgeschichte Universität Mannheim. Publikationen u. a.: Nationalsozialistische Gewaltverbrechen in der öffentlichen Auseinandersetzung der Nachkriegszeit, Berlin 1981; Widerstand im Widerstreit: Die Deutschen und der Widerstand gegen den Nationalsozialismus, Paderborn 2001; Die deutsche Gesellschaft und der Widerstand gegen den Nationalsozialismus (Hrsg.), München 1994; Geschichte als politisches Argument, Bonn 2012; Nach Auschwitz, Bonn 2015.

Marija Vulesica, Dr. phil., ist seit 2012 wissenschaftliche Mitarbeiterin am Zentrum für Antisemitismusforschung der Technischen Universität Berlin. Sie studierte Geschichte und Politikwissenschaft in Berlin. Promoviert wurde sie 2011 mit einer Studie über „Die Formierung des politischen Antisemitismus in den Kronländern Kroatien und Slawonien 1878–1906". Ihre Forschungsschwerpunkte sind die Geschichte des Antisemitismus, des Holocaust und der Jüdischen Geschichte, insbesondere die Geschichte des Zionismus in den ehemals jugoslawischen Territorien. Jüngste Publikationen: Bewachung und Ausführung. Alltag der Täter in nationalsozialistischen Lagern (hrsg. mit Angelika Benz), Berlin 2011. Der Aufsatz „Zur Migration von Ideen. Die Ausbreitung des jüdischen Nationalismus in den südslawischen Ländern der Habsburgermonarchie" erscheint voraussichtlich 2016.

Personenregister

Abromeit, Franz 114
Accatino, Enrico 257
Agnon, Samuel Joseph/S. J. Czazkes 225, 226
Alalouf, Jean 141
Albahari-Krivokuća, Judita 132
Albert-Lazard, Lou (Mabull) 257
Alcalay, Isaak 98
Alkalaj, Olga 127, 128, 130
Allemany-Dessaint, Véronique 261
Alphen, Ernst van 267, 268
Altarac, Hermina 135
Améry, Jean 14
Amishai-Maisels, Ziva 264, 269
Andrić, Ivo 113
Anielewicz, Mordechaj 5
Appel, Julian 67
Arar, Yaakov 148
Arendt, Hannah IX, 14, 20, 70–72, 86, 114, 115, 243, 275
Armuth, Edit 122
Artuković, Andrija 119
Arukh, Manolis (Emmanuel) 153
Ascher, Ernest 199
Ascher, Louis 257
Assmann, Aleida 276f
Atanasijević, Ksenija 126
Augstein, Franziska 18
Awret, Irene 257

Bacon, Jehuda 257
Badt-Strauss, Berta 233
Baeck, Leo 225
Bakolas, Salvator (Sotiris) 150
Barth, Karl 30
Bauer, Fritz 18
Bauer, Yehuda 108, 109, 110
Baum, Herbert 9, 243
Bauminger, Heshek 62, 63, 68
Beckmann, Rudolf 83
Belij, Viktor 297
Bembas, Jelisaveta (Beška) 127, 128
Benaroya, Abraham 150
Benjamin, Walter 161–169, 182, 268
Benz, Wolfgang IX, 4

Benzanquen, Stephanie XII
Berdischewski, Micah 147
Berg, Leopold 219
Berger, Sara XI
Bergmann, Hugo 225
Berliner, Meir 78
Bettelheim, Bruno 14
Betts, Paul 270
Biela, Max 78, 79
Bitunjac, Martina XI
Blanter, Matvej 297, 298
Blatt, Thomas 84
Blatter, Janet 262–264, 267
Blumenfeld, Kurt 225
Bollinger-Erb, Gabi 295, 304
Bonhoeffer, Dietrich 30, 252
Bonhoeffer, Klaus 252
Bošan-Simin, Magda 127
Bošković, Magda 127
Botsch, Gideon XII, 161
Bowman, Steven XI
Božević, Sara 136
Brainin, David 257
Brauntuch, Troy 257
Brecht, Bertolt 166, 299
Bree, Max 83
Brod, Max 225
Brudo, David 148, 149
Bruegel, Pieter 264
Brunner, Alois 245
Buber, Martin 222–226, 228, 231–234, 235, 239
Buber, Paula 222
Bujas, Srečko 106
Burckhardt, Jacob 139
Burckhardt, Rene 144
Butler, Judith 275, 276, 282
Butz, Arthur R. 259

Cagli, Corrado 257
Cahana, Alice Lok 265
Calvary, Moses 225
Carasso, Marko
Caruth, Cathy 267
Carpi, Aldo 257

Chare, Nicholas 272
Chéroux, Clément 271
Chorozycki, Julian 79
Churchill, Winston 142, 145
Cohen, Albert 153, 174
Cohn-Radt, Margarete (Grete) 161, 163, 164, 169, 170, 171, 180
Cohn, Alfred 161–171, 180
Cohn, Lisa 161, 163, 164, 168, 170, 171
Cohn, Marianne/Marianne Colin 161–181
Costanza, Mary 263
Cranach, Lukas 263
Crimp, Douglas 257
Cukierman, Yitzak 67

D., Josef 49
Dagnan, Antoni 52
Dagnan, Augustyn 52
Dam, Max van 257
Dantzig, Mauritis Michiel van 257
Darlan, François 170
Daumier, Honoré 263
Dawidowicz, Lucy 109
Deffaugt, Jean 176, 177
Didi-Huberman, Georges 270–272
Dienemann, Max 233
Dobberke, Walter 248, 252–254
Doering, Heinz 58, 59
Donovan, William 142
Dornick, Sahra XII
Dränger-Dawidsohn, Gusta (Justyna) 56, 62, 63, 66, 68, 69
Dränger, Simon 62, 68
Droste-Hülshoff, Annette von 235
Dunajevskij, Isaak 297
Durlacher, Lore 187

Eckart, Lolly 198
Ehaus, Heinz 59
Ehrenburg, Ilja 7
Ehrlich, Hans 190, 191
Ehrlich, Vera Stein 100
Eichler, Carl 164
Eichmann, Adolf 71, 114, 244, 245, 248
Eisler, Hanns 299
Engel, Josip 103
Enrico, Robert 86

Eskenazi, Samuel 152
Euripides 142, 145

Faber, David 43, 44
Faber, Romek 43, 44
Falke-Ettlinger, Emmy 257
Fast, Józef 45
Faurisson, Robert 259
Feder, Aizik 257
Feldhendler, Leon 82, 83
Felman, Shoshana 267
Finci, Ela 124
Finck, Werner 222
Fink, Michel/Moshe Finkelstein 257
Fischer-Lederer, Klara 136
Fleischmann, Karel 257
Florentin, Fanny 153
Florentin, Leon 153
Flörsheim, Chanan Hans 190, 200–203, 207
Flunt, Myron 81
Flusser, David 147
Flutter, Jindrich 257
Fournier, Joseph 175, 176
Fraenkel, Alfred 188, 190, 198, 204
Frajdenfeld, Dora 127
Franco, Francisco 145
Frankl, Heinz 192–196
Fransecky, Tanja von XI
Franz, Kurt 79, 80
Freiberger, Miroslav 119
Freier, Recha 102
Frick, Wilhelm 10
Fritta, Bedrich (Fritz Taussig) 257
Frizis, Mordecai 140, 151

Galewski, Marceli 79
Gaulle, Charles de 202
Genette, Gérard 280
Gerritsen, Frans 185, 188, 206
Gilbert, Martin 108
Gitman, Esther XI
Glatzer, Nahum 226
Glik, Hirsch 305, 306, 307
Globocnik, Odilo
Goebbels, Joseph 223
Goerdeler, Carl Friedrich 12
Goetz, Samuel 51

Gold, Jack 86
Goldhagen, Daniel 24
Goldman, Nahum 116
Goldschmidt, Zora 136
Goldstein, Ivo 116
Goldstein, Slavko X
Goldstein, Viktor 13
Golodnij, Michail 297
Göring, Hermann 10
Göth, Amon Leopold 40
Gotko, Jacques 257
Gottlieb, Hinko 120, 121
Goya, Francisco 263
Grabowski, Jan 46
Graetschus, Siegfried 83
Gross, Mirjana 132
Gross, Otto (Čiča) 95
Grossman, Wassili 7
Grosz, George 263
Gurion, David Ben 147

H., Leon 175, 177
Haas, Leo 257
Hadjis, Yohannes 152
Halbreich, Benek 62, 68
Halbwachs, Maurice 277
Hartmann, Geoffrey 279
Hashaa, Hayey 111
Haushofer, Albrecht 252
Hebrang, Andrija 104
Hebrang, Olga 104
Helm, Hans 114
Hembera, Melanie X
Herman, Susi 188, 204
Herzl, Theodor 224
Herzog, Mila 127
Heydrich, Reinhard 60
Hilberg, Raul IX, 14, 70, 72, 86, 109, 113, 114, 115
Himmler, Heinrich 28, 60, 156
Hirsch, Ernst 185, 198, 204, 205
Hirsch, Marianne 265, 277, 278
Hitler, Adolf 8, 9, 10, 11, 12, 15, 30, 107, 110, 111, 114, 116, 117, 126, 128, 141, 142, 211, 257, 263, 301
Hoffmann, Peter 12
Hofstaetter, Osias 257

Holomucki, Alina 257

Indig, Josef 102
Irving, David 259
Italiaander, Herman 186, 187, 189

Jah, Akim 240
Jaspers, Karl 25
Jelinek, Žuži 133
Josephus, Flavius 147

K., Israel 47
Kaczerginski, Schmerke 294, 297–299, 303, 305
Kahan, Hilde 245
Kahn, Felix 219
Kaiser, Abraham Adolf 11
Kajis, Yohannes (Skoufas) 150
Kakis, Carmen 152
Kakis, Emil 152
Kakis, Zach 152
Kamhi, Bončika 135
Kamiński, Adam 59
Kapeta, Alegra (Alegra Skyphti) 149, 150
Kara-Kaufmann, Otto 257
Kario-Pap, Valerija 127
Karlinski 257
Kasorla, Solči 135
Kattenbusch 191
Katzmann, Friedrich (Fritz) 36
Kaufmann, Paula 188, 199, 204, 205
Kaveson, Eliezer 123
Kaveson, Erna 124
Kidron, Carol 282
Kischka, Isis 257
Klein, Aleksa (Aleksandar) 99, 101, 102
Kochanowski, Erich 231, 232, 238
Kochba, Uri 257
Kociolek, Robert 176
Kolonomos, Žamila 137
Kon, Hugo 119
Koning, Bouke 203
Konrad, Fritz 83
Kopp, Josef 81
Kotula, Franciszek 59
Kovner, Abba 139, 146, 147
Krajina, Zora 132

Kraus-Lederer, Julijana 136
Kraus, Lavoslav 103
Küttner, Fritz 80
Kvaternik, Slavko 111
Kwiet, Konrad IX

Laban-Leibowicz, Abraham 62
Lamdan, Isaac 147
Landau, Leon 257
Landau, Ludwik 59
Lande, Meta 188, 189
Lang, Berel 266
Lanzmann, Claude 86, 270, 271
Laub, Dori 267
Laufer, Frida 135
Laval, Pierre 170
Lazarus, Jacques 199
Lederberger, Salomon 44–46
Lehmann, Josef 96
Leitman, Shlomo 82
Levi, Primo 14, 272, 277
Levit, Shimon 198
Lévitte, Simon 177
Lewczynski, Jerzy 271
Licht, Aleksandar 95
Licht, Herman 95
Lichth, Richard 123
Liebeskind, Adolf (Dolek) 60, 62, 68
Lilienblum, Lea 257
Linfield, Susie 272
Lock, Gerhard 231
Loinger, Georges 174, 177
Lorenz, Alexander XIII
Löwenfeld, Raphael 220
Lubitsch Joseph 257
Lurie, Esther 257
Lustig, Walter 240, 241, 242, 244–249, 251, 254
Lustiger, Arno IX, X, XII, 3–9, 14, 16, 180, 274, 279, 281, 290
Lustiger, Gila XII, 274–293
Lyotard, Jean-François 260, 262, 269

M., Lila 51, 52
Macznik, Jacov 257
Mageen, Nathan 206
Mahrer, Stefanie XII
Majstorović, Ivan 101

Mark, Ber 271
Markus, David 219
Matalon, Salomon 151, 153
Matisse, Henri 257
Matsas, Joseph 148, 156, 157
Matsas, Michael 148
Meir, Alberto 148–150
Mellé-Oldeboerrigter 257
Metaxas, Ioannes 140, 145, 149
Meyer 176, 180
Meyer, Albert 219
Meyers, Eddy 150
Meyerstein, Hans Jehuda 184, 192, 200, 206
Michelangelo 263
Mickiewicz, Adam 67
Milton, Sybil 262–265, 267
Mire, Gola 62, 68
Mitranis, Robert 153
Mitterand, François 181
Möller, Erich 251, 252, 254
Moltke, Helmuth James Graf von 7, 20
Mommsen, Hans 17, 232
Mondrian, Piet 257
Moore, Bob 108
Mosheh, Itshak (Kitsos) 149, 152, 156
Mosheh, Yitshak 141
Müller-Botsch, Christine XII
Müller, Heinrich 60
Mussolini, Benito 128, 140, 148

Nachama, Andreas 240
Najfeld-Spitzer, Eta 136
Najman, Zlatko 117
Nancy, Jean-Luc 268
Naumann, Curt 251–254
Neumann, Ljuba 136
Neumann, Selmar 248, 252, 253
Neuschäfer, Markus 280
Nickolay, Bertram XII
Nickolay, Morgan XII
Nicolai, Johann XII
Niemann, Johann 83
Nissim, Elias 140
Nissim, Jules 148
Noak, Ronny XII
Novitch, Miriam 258

Oberhauser, Josef 86

Personenregister — 341

Olère, David 257
Oranien-Nassau, Wilhelmina H. P. M. von (Königin der Niederlande) 141
Ovadija, Estreja (Mara) 129
Owens, Jesse 11
Owens, Walter 231
Ozmo, Hana 127

Papo, Berta 132
Papo, Roza 136
Parke, Mary Louise 259
Pavelić, Ante 106, 109, 111, 112, 114, 115
Perec, Georges 284
Perels, Friedrich Justus 252
Perišić, Rahela Albahari 133
Pétain, Philippe 170
Petscherski, Alexander 82, 83
Picasso, Pablo 257
Pijade, Moša 127
Pineas, Hermann 245
Pinkhof, Menachem 183–185, 190, 191, 194, 196
Pinkhof, Mirjam/Mirjam Waterman 184, 206
Pinkus, Bubie 189
Podchlebnik, Schlomo 81
Pohoryles, Henri 192, 198
Pokrass, Daniel 305
Pokrass, Dmitrij 305
Pollak, Fritz 189
Pollak, Heinz 189
Pollock, Griselda 269
Poppel, Stephen M. 232
Presburger, Josip 117

Racine, Emmanuelle 162, 174, 177
Racines, Mila 174
Radig, Juliane XII
Radt-Cohn, Jula 164, 166, 167
Radt, Fritz 164, 167, 168
Reichleitner, Franz 82, 83
Reilinger, Kurt 185, 190, 193–196, 198, 200, 204, 205
Repin, Ilya 264
Ringelblum, Immanuel 259
Rivera, Diego 263
Rodin, Auguste 257
Romano, Jaša 110
Roosevelt, Franklin Delano 142

Rosenberg, Walter 194, 195
Rosenzweig, Franz 226, 233
Rosenzweig, Viktor 112
Rostental, Lejb 295, 296f, 301, 305
Roth, Markus XI
Rothmüller, Cvi 98
Rufeisen-Schüpper, Hella 63

Sagal, Vladimir 257
Salazar, António de Oliveira 145
Salmon-Livne, Irit 265
Salomon, Charlotte 267
Sapheka, Saby/Sabbethai 150
Sarafis, Stefanos 142, 156
Sarner, Harvey 108
Schalkova, Malvina 257
Schein, Schlomo 62
Scherner, Julian 40
Schibi, Baruch 149
Schick, Lavoslav 100
Schilde, Kurt XI
Schleifer, Savely 257
Schlesinger-Brand, Marija 136
Schmid, Anton 6, 7
Schmid, Gertha 7
Schmid, Stefi 7
Schneider, Lambert 222, 223, 225–231, 239
Schneider, Marion 230
Schocken, Gershom 224
Schocken, Salman 222–239
Schocken, Theodor 228, 238
Schoen, Ernst 169
Schoeps, Julius H. X
Schröder, Sabine XIII
Schwarzschild, Leo 198
Schwersenz, Jitzchak/Jizchak 9, 243
Seckbach, Amalie 257
Seidemann, Gustav 96
Sharif-Nassab, Arin 281
Shimshi, Ido 150
Siegel, Paul/Shaul Sagiv 185–189, 201–203, 207
Siesel, Fritz 187, 189
Silver, Daniel B. 249, 250
Simon, Bruno 257
Simon, Ernst 227, 229, 232, 233, 237
Simon, Joachim (Schuschu) 183, 184, 197, 198, 206

Skloot, Robert 265
Skotkowicz, Sima 294
Smit, Jan 185, 188, 206
Sonnenberg, Paul 187
Souris, Lisa 161, 170, 180
Soxberger, Thomas 298, 300, 302, 306, 308
Spielberg, Steven 36
Spitzer, Moritz 226, 228, 231–233, 236, 238, 239
Sporrenberg, Jakob 84
Stalin, Josef Wissarionowitsch 57, 142, 145, 154
Stauffenberg, Claus Schenk Graf von 7, 19
Steckel, Charles 111, 115
Steffel, Thomas 83
Stein, Vera 100
Steinbach, Peter X, 90
Steinberg, Jonathan 108
Steiner, Drago (Yakir Eventov) 104
Steiner, Zdenka 116
Stengelin, Hermann 83
Stern, Richard 10, 11
Stock, Walther 248
Stoecker, Adolf 25
Stracke, Stephan 177, 180
Strauss, Ludwig 226
Student, Kurt Arthur Benno 141
Surkov, Aleksej 296
Szepansky, Regina 161
Szerman, Szimon 257
Szwarc, Amos 257

Tec, Nachama 131
Tennenbaum, Juda 60
Thomashausen, Edgar 144
Thompson, Vivian Alpert 265
Tiefenbrunner, Isi 201
Tito, Josip Broz 89, 104, 127, 144
Toll, Nelly 261–263
Tomasevich, Jozo 110, 111
Treitschke, Heinrich von 25
Troyke, Karsten X
Tsolakoglou, Georgios 141
Turowski, Eugeniusz 79
Uffenheimer, Martin (Uffi) 187–189, 201, 202

Ungar, Otto 257
Unger, David 43
Unger, Israel 55
Unger, Markus David 52, 53
Urison, Haim 257

Vallaster, Josef 83
Varouh, Joseph 155
Veesenmayer, Edmund 111
Velouhiotis, Aris 145
Vidal-Naquet, Pierre 259
Vol, Lola 127
Vulesica, Marija XI

Wahrhaftig-Siesel, Lotti 189
Walter, Kurt 189
Warburg, Aby 268, 270
Wasmuth, Ewald 222
Wasmuth, Marion 222
Wattenberg, Frida 181, 200
Weill, Leo 199
Weiss, Slavko (Hilel Livni) 104
Weissmann, Nathan 67
Werfel, Franz 147
Westerweel, Johan Gerard (Joop) 182–207
Westerweel, Wilhelmina 182–207
Wiernik, Jankiel 79
Wilder, Kurt 193, 194
Windmüller, Max 185, 188, 190, 191, 196, 198, 204
Witnberg, Izik 297, 298
Wöhrn, Fritz 248
Wolf, Josef 83
Wolff, Janet 260
Woodhouse, Christopher 150, 152
Wulf, Joseph 14

Yeshurun, Sarah (Sarika) 151
Yigael, Benjamin 199
Young, James Edward 263

Zelenka, Frantizek 257
Zervas, Napoleon 145
Živković, Andrija 110
Zöpf, Wilhelm 189
Zwarte, Joseph De 257

Sachregister

Akiba 61–63, 67, 68
Allied Military Mission (AMM) 142, 153
American Jewish Joint Distribution Committee 202, 203
Andartiko 151, 153, 156
Antifašistička Fronta Žena Jugoslavije (AFŽJ) 134
Antifašistički Front na Ženite na Makedonija (AFŽ) 122
Antifašističko vijeće narodnog oslobođenja Jugoslavije (AVNOJ) 130
Archiv der Stiftung Topographie des Terrors 245
Armée Juive (AJ) 171, 196–200, 203, 204
Armia Krajowa/Armija Krajowa (AK) 13, 61
Auswärtiges Amt 18

Bar Giora/Verein Jüdischer Akademiker aus den südslawischen Ländern 91
Baum-Gruppe 9, 243
Bibliothèque Nationale de France 163
Börsenverein des Deutschen Buchhandels 230
British Liaison Officers (BLO) 142, 145, 156
Bund der jüdischen Religionsgemeinden 92
Bund der Rabbiner 92
Bund der Zionisten 92
Bundesverfassungsgericht 18
Bundeswehr 7
Bundisten 5

Central Archives for the History of the Jewish People (CAHJP) 212
Central-Verein deutscher Staatsbürger jüdischen Glaubens/Central-Verein der Juden in Deutschland/Jüdischer Central-Verein e. V./(C.-V.) 211–221
Četnik 111, 130
Chug Chaluzi 9, 243
Cohen Brigade 140

De Werkplaats Kinder Gemeenschap 183
Delegazione per l'Assistenza degli Emigranti Ebrei (DELASEM) 123

Der Blaue Reiter 257
Deventer Vereinigung 191, 192
Düsseldorfer Sondergericht 11

Éclaireurs Israélites de France (EIF) 170–172, 197, 198
Ellguth 184
Eniaia Panelladiki Organosi Neon (EPON) 150
Ethnikos Dimokratikos Ellinikos Syndesmos (EDES) 140, 144, 145, 150
Ethnikós Laikós Apelevtherotikós Stratós (ELAS) 142–144, 145, 149, 150, 151, 156, 157

Farejnikte Partisaner Organisazje (FPO) 297, 299
Fédération Nationale des Déportés 261

Gebirgsjäger 201
Geheime Staatspolizei (Gestapo) 11, 17, 45, 49, 50, 56, 60, 62, 63, 67, 68, 107, 112, 114, 126, 130, 175, 176, 194, 197, 199, 204, 223, 231, 240–242, 244, 246–254, 297, 299
Gendarmerie 81, 200
Ghetto Fighters' House Museum 258
Goce Delčev 129
Guardia Civil 202
Gwardia Ludowa (GL) 57, 68

Hachschara 92, 100, 183, 191, 192, 205
Hashomer Hatzair 42, 102, 127
Hechaluz-Bewegung 92, 182, 184, 187, 189, 191, 194, 198, 201, 203, 205, 207
Hilfskomitee für jüdische Flüchtlinge 100
Hilfsverein der Deutschen Juden 101
Histadrut 149

Insel-Verlag 227
Institut für Zeitgeschichte 35
Institute for Historical Review 259
Italienische Armee 114, 119, 123
Jewish Museum of New York 257

Jischuw 69
Judenrat 20, 39, 45, 115, 241
Jüdische Auswanderungshilfsorganisation
    HICEM 101, 102
Jüdische Kultusvereinigung Berlin (JKV) 244,
    245
Jüdische Soziale Selbsthilfe 39, 61
Jüdische Kampforganisation 56, 57, 63,
    66–68
Jüdischer Kulturbund 227
Jüdischer Ordnungsdienst 40, 45, 62, 67
Jüdisches Krankenhaus Berlin (JKB) 240–254
Jüdisches Krankenhaus München 247
Jüdisches Raber Bataillon 135
Jugoslawische Armee 130
Jugoslawisches Flüchtlingskomitee 99–101

Kommounistikó Kómma Elládas (KKE) 150,
    152
Kommunisten 5, 9, 12, 18, 57, 60–62, 68,
    103–105, 127–130, 132, 135, 136, 142,
    143, 144, 149
Kommunistische Partei Deutschlands
    (KPD) 18
Komunistička Partija Jugoslavije
    (KPJ)/Kommunistische Partei
    Jugoslawiens 103, 104, 127, 128, 130,
    131, 133, 134
Kreisauer Kreis 20

La Sixième/Die Sechste 170, 171
Likaner Divison 133

Makedonische Kampfbrigade 129, 130
Maquis 197, 201, 202
Mittelstelle für Erwachsenenbildung 227
Mouvement de la Jeunesse Sioniste
    (MJS) 171–173, 174, 177, 197

Narodnooslobodilacka Vojska (NOV) 119
Narodnooslobodilački odbori (NOB) 119, 130
Nationaal-Socialistische Beweging (NSB) 193
Nationale Volksarmee 19
Nationalkomitee Freies Deutschland 19
Nationalsozialistische Deutsche
    Arbeiterpartei (NSDAP) 25

Nationalsozialistische Handwerks-,
    Handels- und Gewerbeorganisation
    (NS-HAGO) 217
Neu Beginnen 9

Osoby-Archiv 212
Œuvre de secours aux enfants (OSE) 172
Office of Strategic Services (OSS) 142
Organisation Juive de Combat (OJC)
    197–199
Organisation Todt (OT) 62, 188, 190, 194,
    196, 199, 207

Pfadfinder 139, 147, 170, 171, 197, 201
Philo-Verlag 211
Poale Zion/Arbeiter Zions 92
Polizei-Reiterabteilung III 84
Polska Partia Robotnicza (PPR)/Polnische
    Arbeiterpartei 62–65, 66
Propagandaministerium 223, 231

Reichsschriftumskammer 230–232
Reichssicherheitshauptamt (RSHA) 60, 244,
    247, 249
Reichsvereinigung der Juden in Deutschland
    (RV) 241, 244, 246, 247
Résistance 12, 161, 197
Revisionisten (Zionisten) 92
Rote Armee/Sowjetische Armee/sowjetische
    Soldaten 22, 53, 73, 74, 84, 118, 146,
    154, 242, 251–253, 305
Rote Falken 192
Rotes Kreuz 120, 144, 153, 205, 253

Savez Komunističke Omladine Jugoslavije
    (SKOJ) 127, 129, 130, 132
Schocken Books New York 228
Schocken-Verlag Berlin 222–239
Schutzstaffel (SS) 4, 5, 6, 15, 36, 40,
    47, 61, 67, 73, 80, 84, 107, 112, 114,
    155–157, 187, 189, 242, 248, 251, 252,
    254, 272, 295
Service Social des Jeunes La Sixième 171
Sicherheits- und Ordnungspolizei (Sipo) 40,
    73, 83, 84, 199
Sicherheitsbataillon 689

Sicherheitsdienst (SD) 176, 180, 251
Sonderkommando 76, 84, 154–156,
　270–272
Sonderreferat Hinkel 230, 231, 238
Sozialisten 127, 174, 192, 206
Special Operations Executive (SOE) 142
Staatspolizei (Stapo) 244, 245, 248, 249,
　251, 252
State Committee for Investigation of the
　Crimes Committed by the Occupying
　Forces and their Supporters in the
　Peoples Republic of Croatia (ZKRZ)/
　National Commission 106, 107
Sturmabteilung (SA) 10
Survivors oft he Shoah Visual History
　Foundation 36

Union Génerale des Israélites de France
　(UGIF) 170
United States Army/US-amerikanische
　Armee/GI 10
United States Holocaust Memorial Museum
　(USHMM) 35, 36
Ustaša – Hrvatska revolucionarna
　organizacija/Ustaše 106–109,
　111–116, 118, 119, 121–123, 128–130,
　133, 135–137
Visual History Archive 103

Volksbefreiungsarmee 130, 134
Volksgerichtshof 9

Wehrmacht 6, 12, 18, 61, 67, 77, 84, 111, 117,
　132, 144, 148, 151, 169, 188, 190–195,
　200, 201, 295, 305
Westerweel-Gruppe 182, 184, 185, 190, 192,
　195, 198, 199, 203–207
Women's International Zionist Organization
　(WIZO) 102

Yad Vashem 7, 36, 181

Zemaljsko antifašističko vijeće
　narodnog oslobođenja Hrvatske
　(ZAVNOH) 124, 135
Ženska loza hrvatskog ustaškog
　pokreta 136
Zentralstelle für soziale und produktive
　Hilfe 99
Zionisten 5, 9, 26, 61, 89–105, 116, 123, 127,
　139, 156, 162, 171, 174, 182, 185, 186,
　190–192, 197, 198, 200, 206, 220, 223,
　224, 226, 243
Zionistische Föderation 198
Zionistische Vereinigung für Deutschland
　(ZVfD) 223–225
Zydowska Organizacja Bojowa (ZOB) 5

Geografisches Register

Aachen 185
Accun 195
Adria 106, 114, 122
Ägäisches Meer 147, 148
Agia Triada 153
Ägypten 143, 148–150, 151
Ahrensfelde 252
Aix-les-Bains 172, 173
Albanien 108, 140, 141, 148, 151–154
Aliakmonas 153
Amersfoort 186
Amfissa/Amphissa 150–152
Amsterdam 183, 185, 186, 188, 191, 193–195
Annecy 173–175
Annemasse 173, 175, 176, 178, 180
Antwerpen 190
Arachova 153
Arkadien 149
Arnheim 199
Arta 150, 152, 155
Athen 141, 142, 144, 145, 148, 149, 155, 156
Atlantikwall 188, 190–195
Auffay 195
Auschwitz 41, 70, 86, 120–122, 141, 145, 153–156, 174, 185, 186, 245, 270, 272, 287
Auschwitz-Birkenau 4, 76, 84, 85, 154–156, 204
Auschwitz-Blechhammer 5, 287

Bad Hersfeld 218
Baden 213
Bamberg 189
Barcelona 165–168
Batschka 128
Belgrad 126–131
Belzec 39, 66, 70, 75, 86
Bergen-Belsen 141, 187, 189, 196, 204
Berlin X, XI, XII, 9, 11, 17, 28, 90, 96, 100–102, 162–165, 172, 181, 183, 189, 211, 212–214, 216, 219, 222, 226, 240–254
Berlin-Charlottenburg 161
Berlin-Mariendorf 163–165, 181

Berlin-Mitte 250
Berlin-Tempelhof-Schöneberg 165, 181
Berlin-Wedding 242, 243, 253
Beuthen 218
Bex-les-Bains 123
Białystok XI, 61, 85
Bilthoven 183
Bitol 129
Bochnia 61
Bonge 177
Bonn 17
Bosnien-Herzegowina 90, 91, 106, 117, 128
Boulogne 167
Brandenburg XII, 213
Breda 190, 198
Bremen 213
Breisach 187
Breslau 188, 214
Brüssel 188, 195
Buchenwald 132, 184, 204, 205, 206
Bug 80
Bulgarien 91, 106, 109, 128, 140, 141, 143, 144, 147, 156
Bundesrepublik Deutschland 17, 18, 19

Cadiz 203
Çeşme 149, 151
Chalkis 151
Cham 204
Chambéry 172
Chełm 84
Condamine 166
Côte d'Azur 166

Dąbrowa 46, 188
Dachau 11, 154, 156, 204, 206
Đakovo
Dalmatien 90, 91, 119, 128
Dębica 65
Den Haag 188, 189
Département Pyrénées-Atlantiques 170
Deutsche Demokratische Republik (DDR) 19
Dortmund-Hoerder 185
Dresden 288

Dubrovnik 119, 135
Düsseldorf 11, 219

El Alamein 150
Ellecom 186
Elysium 156
Emden 185
England 150, 202
Epirus 151
Essen 213, 219
Esterwegen 222
Estland 305
Euböa 149, 151

Flossenbürg 204
Fort 175
Frankfurt am Main 4, 7, 102, 163, 214
Frankreich 12, 127, 162, 165, 168, 169, 170, 171, 174, 181, 182, 185, 188, 190–204

Galizien 38, 41
Ginneken 190
Gelderland 192
Generalgouvernement für die besetzten polnischen Gebiete 38, 39, 41, 56, 58, 59, 60, 61, 66
Genf 123, 174
Gießen 187
Glogoba 149
Gorgopotamos 150
Gortini 149
Göttingen 184
Gouda 183
Grabówka 39
Grenoble 173, 176, 180
Grevena 140
Griechenland 139–157
Grodno 71
Gurs 170

Haifa 150, 203
Hamburg 213
Haute Savoie 174, 180
Heppenheim 226
Hessen 213, 218
Holland 141, 183, 187, 190, 193, 194, 195, 196, 198, 199

Ioannina 148, 150, 155
Israel 162, 181, 196, 200, 233, 258, 259, 265, 308
Italien 106, 111, 114, 119, 123, 124, 128, 132, 135, 141, 144, 148, 151, 152, 170, 171, 173, 174, 257

Jajinci 131
Jasenovac 100, 129
Jena 288
Jerusalem 7, 36, 114, 176, 212, 228
Jugoslawien 89–103, 107, 108–111, 113, 116–118, 124, 126–138, 144, 150

Kajmakčalan 130
Kalyvia tou Handjiara 157
Kampor 135
Karlsruhe 188
Karmel (Gebirge) 148
Kassel 100, 218
Kastoria 147, 152
Kavala 149
Kladovo 102
Klooga 297
Koblenz 218
Köln 10, 11, 185, 201
Kopaliny 61
Korčula 119
Korfu 155
Krakau XI, 37, 38, 40, 41, 45, 56–69
Kreta 141, 144, 148, 156
Kroatien-Slawonien 90, 91

La Versine 180
Langenstein 5, 6, 288
Larissa 140, 152, 157
Leipzig 100, 213, 214
Lemberg/Lwow 38, 51, 261
Lettland 305
Lille 193, 195
Limoges 172–174
Lippstadt 204
Litauen 4, 139, 147, 307
London 152, 238
Loosdrecht 183
Los Angeles 265
Lourdes 169

Lublin 38, 73, 84
Lyon 172–174, 176, 179, 198

Maastricht 195
Magdeburg 217
Majdanek 305
Małkinia 81
Mannheim 162–164, 181
Mansbach 218
Marathon 156
Marseille 169, 172
Massif Central 201
Mauthausen 84, 141, 154, 156
Mazedonien 90, 141, 149
Mecklenburg-Vorpommern 213
Menonge 177
Miechów 65
Minsk 82
Mittelbau-Dora 204, 205
Modena 123
Moissac 169, 170, 171, 180
Monaco 166
Montelupich 68
Montenegro 106, 128
Montpellier 171, 172, 176, 197
Mostar 132
München 161, 247
Münster 215

New York 257, 297
Nezavisna Država Hrvatska (NDH)/
   Unabhängiger Staat Kroatien
   106–125, 144
Niederlande XI, 108, 182, 184, 185,
   189–206
Niederlausitz 196
Niedersachsen 213
Nizza 172, 174, 192
Nonantola 123
Nordafrika 150, 202
Normandie 193
Novo-Vileyka 307

Oberschlesien 184, 217, 218
Offenbach 233
Oise 180
Olymp 144, 157

Oranienburg 164
Osijek 111, 115, 119, 120, 122, 123
Osowa 83
Österreich 96, 113, 123, 127, 144, 182, 192,
   205, 213, 257
Ostmakedonien 128
Ostpreußen 213
Overijssel 192

Paderborn 216
Palästina 61, 92, 95, 98–105, 112, 143, 145,
   146, 148–151, 168, 169, 182, 185, 187, 189,
   190, 192, 197, 199, 200, 203, 205, 206
Paris 101, 163, 164, 165, 167–170, 172, 175,
   180, 191, 193–195, 199–201, 204, 270,
   285
Pas-de-Calais 195
Pelion 152
Peloponnes 144, 149, 156
Peyrehorade 201
Pindos 144
Płaszów 41, 57, 68
Polen 93, 113, 116, 144, 145, 186, 188, 257,
   261
Pommern 213
Ponar 305
Port Bou 169
Potsdam X, 3
Pustków 47
Pyrenäen 170, 189, 197, 199–201, 202, 203,
   207

Rab 119, 122–124, 135
Radom 38
Raghun 204
Ravensbrück 132, 203
Rheinland 213
Rheinprovinz 213
Rosendaal 194
Rotenburg an der Fulda 190
Rotterdam 183
Rouen 195
Rumänien 93, 109
Rupel Pass 140, 156
Russland 127, 172, 182, 257, 296
Rzeszów 58, 59

Sachsen 213, 219

Saint-Gervais 173
Saint-Julien 174, 175
Salonika 140, 147, 149, 150, 153, 155
Sanik 259
San Remo 168
Sarajevo 93, 103, 106, 109, 118–123
Savoyer Alpen 170
Schlesien 213, 217, 287
Schleswig-Holstein 213
Schweden 205
Schweiz 123, 185, 197, 228
Septfonds 170
Serbien 90–92, 100, 128
Serres 153
Slavonski Brod 119, 120, 121
Slowenien 90, 128
Sobibór XI, 4, 15, 70–77, 81–86, 154
Sowjetunion 10, 41
Spanien 103, 105, 122, 127, 165, 167, 169, 185, 194, 196, 197, 199, 200, 202, 203
Split 101, 119, 123
Spreenhagen 191
St. Giron 202
St. Maximen 180
Stuttgart 185
Südbaranja 128
Svendborg 166
Syrmien 128
Szebnie 41

Tarn et Garonne 170
Tarnów XI, 35–55
Theresienstadt 205, 242, 245
Thessaloniki 141, 143, 144
Thrakien 141
Thüringen 213
Toulouse 171, 172, 192, 198, 200–203

Trawniki 73, 78, 80–83
Treblinka XI, 4, 70–73, 74, 76–86, 145
Tschechoslowakei 164, 257
Türkei 112, 141, 148, 149, 151

Ukraine 4
Ungarn 93, 106, 109, 128, 130, 144, 265
United States of America (USA) 228, 261, 265, 308

Valence 172
Veskoti 153
Vichy 170
Villar-d'Arêne 170
Ville-la-Grand 162, 180, 181
Viry 175, 176
Vistula 154
Vizilles 170
Volos 150, 152
Vught 196, 203, 204

Warschau X, XI, 4, 5, 16, 35, 36, 38, 47, 48, 57–59, 61, 63–68, 71, 77, 85, 145, 154, 156
Weichsel 4, 67, 154
Weimar 288
Weißrussland 4
Westerbork 185–187, 189, 196, 207
Westfalen 213, 215
Wien 91, 96, 102, 114, 127, 188, 192
Willebadessen 216
Wilna XI, 6, 61, 139, 294–297, 305
Witten-Annen 204
Württemberg 213

Zagreb XII, 93, 98, 102, 104, 109, 111, 114, 115, 119, 120, 127, 132, 133
Zwickau 228

www.ingramcontent.com/pod-product-compliance
Lightning Source LLC
Chambersburg PA
CBHW050855300426
44111CB00010B/1259